dtv

Hat ein Klavier eine Seele? Die Journalistin Perri Knize ist fest davon überzeugt, seit sie auf ihrer langwierigen Suche nach einem geeigneten Instrument zum ersten Mal auf einem wertvollen Cabinet-Flügel gespielt hat. Dessen voller, warmer Klang, der sie an Marlene Dietrichs dunkle, sinnliche Stimme erinnert, berührt sie tief, ja erschüttert sie, wie sie es noch nie erlebt hat – und lässt sie nicht mehr los. Doch als »Marlene« bei ihr zu Hause eintrifft, ist dieser ganz besondere Klang verschwunden und kein Klavierstimmer scheint in der Lage zu sein, ihn wiederherzustellen. Perri Knize, die über ein ausgesprochen feines Gehör verfügt, will sich nicht damit abfinden. Spannend wie ein Krimi ist ihre Suche nach der Schönheit des Klangs und dem Wesen der Musik – den Leser nimmt sie mit auf eine faszinierende Reise: von der Piano Row in New York bis in die Braunschweiger Pianomanufaktur Grotrian-Steinweg.

Perri Knize wuchs als Tochter eines Berufsmusikers in einem von klassischer Musik erfüllten Haus auf und war schon als Kind fasziniert von Klavieren. Als Erwachsene verlor sie das aktive Musizieren zunächst aus dem Blick und konzentrierte sich auf ihre Arbeit als Umweltjournalistin. Für ihre Artikel und Essays wurde sie bereits mehrfach ausgezeichnet. Perri Knize lebt in Missoula, Montana.

Perri Knize

Der verlorene Klang

Die Geschichte einer Leidenschaft

Aus dem Englischen
von Brigitte Hilzensauer

dtv

Ausführliche Informationen
über unsere Autoren und Bücher
www.dtv.de

Ein Hinweis vorab:
»Klavier« wird in diesem Buch als Oberbegriff
sowohl für den Flügel (horizontale Besaitung)
als auch für das Pianino (vertikale Besaitung) verwendet.

2015 dtv Verlagsgesellschaft mbH & Co. KG, München
Copyright © 2013 der deutschsprachigen Ausgabe:
dtv Verlagsgesellschaft mbH & Co. KG, München
Copyright © 2008 by Perri Knize
All rights reserved.
Published by arrangement with the original publisher, Scribner,
a division of Simon & Schuster, Inc.
Die amerikanische Originalausgabe erschien 2008 unter dem Titel
›Grand Obsession. A Piano Odyssey‹ bei Simon & Schuster, New York.
Umschlagkonzept: Balk & Brumshagen
Umschlaggestaltung nach einem Entwurf
von Wildes Blut, Atelier für Gestaltung,
Stephanie Weischer unter Verwendung
eines Fotos von Corbis/Topic Photo Agency
Satz: Greiner & Reichel, Köln
Druck und Bindung: Druckerei C.H.Beck, Nördlingen
Gedruckt auf säurefreiem, chlorfrei gebleichtem Papier
Printed in Germany · ISBN 978-3-423-14421-6

Für Wendell

Präludium

Von einem Baum im Wald

Im Leben war ich stumm; im Tode singe ich.
The Maple's Lament

Christian Maier sitzt auf einem Baumstamm in der Sonne, die Bergschuhe halb in matschigem Schnee vergraben, und studiert seine Waldkarte. Es ist ein strahlender Apriltag in den Alpen: Glitzernd weiß ragt der Dachstein über mit turmhohen Fichten bestandenen Kämmen empor. Ein gezacktes Schablonenmuster vor dem mit Wolkenfetzen gesprenkelten Himmel. Zu Christians Füßen verläuft ein schmaler Forstweg, den die Schneeschmelze in eine Schlammrinne verwandelt hat. Etwas weiter unten halten vier Holzfäller auf dem Stamm eines gefällten Riesen ihr Mittagsschläfchen, wärmen sich wie eine Familie bemalter Schildkröten, die orange-grünen Uniformen der Bundesforste leuchten grell in der Sonne.

Christian, Förster und Revierleiter im 4500 Hektar großen Revier 381Fl der Österreichischen Bundesforste, schlägt seinen Managementplan auf und faltet die dazugehörende, mit ungleichmäßigen bunten Gebilden bedruckte topographische Karte auseinander. Diese Karte und der Zehnjahresplan verraten ihm alles, was er wissen muss, um zu entscheiden, wann und wo er welche Bäume in diesem Revier fällen lassen wird.

Diese Bäume hier sind etwa 120 Jahre alt, das erkennt er an den Farben auf seiner Karte. Sie stehen etwa 1300 Meter über dem Meer an einem zu 25 Grad geneigten Abhang. Dem Plan ist auch zu entnehmen, dass hier der Sauerklee wächst, eine seltene Wildpflanze. Neunzig Prozent der Bäume sind Europäische Fichte, geschätzte 2064 Festmeter Holz auf etwa 2,90 Hektar. Geplant ist, in den nächsten zehn Jahren etwa 540 Festmeter Holz zu schlagen. Bei dieser Menge kann der Wald auf unbegrenzte Zeit Altholz liefern.

Der Förster wählt sorgfältig aus, welche Bäume gefällt werden sollen. Es müssen die ältesten sein, die Öffnung, die sie im Baumkronendach hinterlassen, muss möglichst vielen Jungbäumen Licht verschaffen. Die jungen Bäumchen sind schwer auszumachen, der Schnee liegt immer noch hoch. Trotzdem muss bei dieser Schneelage gefällt werden, damit abrutschende Stämme nicht den Waldboden oder den Sauerklee schädigen.

Die Einschlagzeit währt, solange die Schneedecke geschlossen ist – von November bis April. Die Bäume müssen gefällt sein, bevor im Frühjahr der Saft aufsteigt. Fließender Saft färbt das weiße Holz der Europäischen Fichte schwarz und macht es unbrauchbar für die am besten zahlenden und anspruchsvollsten Kunden. Den ganzen Winter hindurch werden Bäume gefällt und neben den Forstwegen aufgestapelt, bis sie trocken genug sind, um verladen zu werden. Dann müssen die Stämme rasch aus dem Wald abtransportiert werden, bevor sie von Insekten befallen werden.

Reinhard Kirchner, ein Rundholzhändler, kommt in den Holzschlag, balanciert über die Holzstapel, rudert mit den Armen, um das Gleichgewicht zu halten. Kirchner ist in einem alten VW Sedan in den Wald gekommen, musste das Auto aber stehen lassen, weil er auf dem morastigen Forstweg nicht weiterkam. Die Holzfäller rappeln sich hoch, um ihn zu begrüßen. Christian steht auf, schlägt Kirchner auf die Schulter und schüttelt ihm die Hand. Kirchner ist da, um Fichtenholz für seinen besten Kunden auszusuchen. Sein Sägewerk befindet sich in Filzmoos, einem nahe gelegenen Alpendorf mit 1200 Einwohnern, in dem er aufgewachsen ist. Er ist ein athletischer, hochgewachsener Mann, 39 Jahre alt, mit rosigem Gesicht und einem dichten Lockenschopf.

Das wichtigste Anliegen des Försters ist die Gesundheit des Waldes, sie allein bestimmt die Größe, den Standort und das Alter der Bäume, die er fällen lässt. Das wichtigste Anliegen des Händlers ist die Qualität des Holzes. Für ihn kommen nur Bäume in Frage, die unter genau festgelegten Bedingungen gewachsen sind.

Die Fichten müssen auf natürliche Weise an ihrem Standort aus Samen gekeimt sein, die von den Elternbäumen direkt auf den Waldboden gefallen sind. Verpflanzte Setzlinge wachsen zu rasch, und rasch gewachsenes Holz ist aufgrund der großen Abstände zwischen den Jahresringen nicht fest genug.

Diese Bäume gedeihen nur in diesem ganz besonderen Mikroklima: Die Sommer sind kurz, die Winter lang; der Boden ist karg, und so wachsen sie langsam und bilden eng beieinanderliegende, gleichmäßige Jahresringe, zwanzig oder mehr auf zweieinhalb Zentimeter. Die ideale Höhenlage reicht von etwa 1100 bis 1400 Meter. Sie wachsen in Nordwestlage, wo sich die Stämme nicht zu sehr oder zu wenig nach der Sonne drehen. Zu viel Sonne lässt zu viel Harz im Holz entstehen. Diese Fichten wachsen in windgeschützten Lagen, auf ebenem Grund. Bäume, die in Hanglage wachsen, bilden an der Hangseite engere Jahresringe aus. Zu viel Wind wiederum presst die Holzfaser zusammen. Nur an wenigen Plätzen gedeiht die geeignete Subspezies der Europäischen Fichte im genau passenden Mikroklima; sie liegen in den schweizerischen, bayerischen, österreichischen und italienischen Alpen. Geeignet sind 80 bis 280 Jahre alte Bäume, die besten sind 130 bis 140 Jahre alt und waren weder krank noch haben sie Brandschäden oder Schädlingsbefall erlitten. Eine Ausnahme bilden Bäume, die nur in den ersten Lebensjahren krank waren. Sie eignen sich aufgrund des anfänglich verlangsamten Wachstums sogar besonders gut.

Kirchner geht zwischen der Ernte des Winters herum, begutachtet die Dichte und Gleichmäßigkeit der Jahresringe, die Geradheit der Stämme, die Anzahl der Äste. Ein guter Baum ist sehr gerade gewachsen, vollkommen zylindrisch und hat auf den ersten dreieinhalb Metern keine Äste. Nur drei bis fünf Prozent der selbst unter den günstigsten Bedingungen gewachsenen Bäume kommen für Kirchners Kunden in Frage. Er ist ein sehr kritischer Abnehmer.

Der Förster hat markante Züge und trägt einen grau melierten Dreitagebart. Er klappt seinen Plan zu und tritt in das Dunkel des Waldes. Lichtstrahlen sprenkeln seine Schultern. Er legt den Kopf mit der breiten Stirn in den Nacken, blinzelt in das Baumdach, mustert es. Welcher Baum?

»Der da«, sagt er und weist mit dem pfeilgerade ausgestreckten Arm auf eine mehr als sechzig Zentimeter dicke Fichte.

Ein in der Nähe stehender Forstarbeiter tritt hinzu. Er trägt eine Kettensäge und einen grellorangefarbenen Helm mit Gittervisier, dazu gelbe Ohrenschützer. Den Großteil seiner Berufsjahre hat der 59-jährige Josef Jäger, genannt Hackl Sepp, im Pongau Bäume gefällt. Wie viele, die sich eine Arbeit in den Bergen gewählt haben, hegt er eine unbändige Liebe zum Leben im Freien. Jäger und die anderen Forstarbeiter gehen im Sommer zum Paragliding, im Winter unternehmen sie Skitouren im ungezähmten alpinen Hinterland. Leicht und gewandt, mit der raschen Sicherheit des Athleten, geht er auf den bezeichneten Baum zu.

Christian zeigt auf den Boden, dorthin soll der Baum fallen. Jäger stemmt das Motorgehäuse seiner Kettensäge gegen einen Oberschenkel und reißt am Seilzug. Fauchend erwacht die Säge zum Leben. Jäger schneidet einen tortenstückförmigen Keil aus der Seite des Baumes gegenüber der Fallrichtung, Späne und Sägemehl wirbeln hoch. Dann macht er auf der gegenüberliegenden Baumseite einen tiefen Einschnitt in Richtung auf die Keilspitze zu und zieht die Kettensäge zurück, kurz bevor das Gewicht des Baumes sie einklemmt. Nur ein Viertel des Stammes ist jetzt noch nicht von den Wurzeln getrennt. Die Luft ist geschwängert von Harzgeruch.

Dann passt Jäger in die letzte Kerbe einen orangefarbenen Stahlkeil ein, den er aus einer Ledertasche an seinem Gürtel genommen hat, und hämmert ihn mit dem dicken Ende seiner Axt zum Herz des Baumes hin. Seine Schwünge sind rasch, sicher und kraftvoll, jeder von ihnen landet mit einem lauten Klirren genau auf dem Keil. Der Baum schwankt und seufzt, die Luft pfeift in den Ästen, eine ätherische Musik. Ein letzter präziser Hieb auf den Keil, dann ein Knacken, der erste Ton der Stimme des Baumes, einer Stimme, die nur im Tod zu vernehmen ist.

Doch der Baum fällt nicht. Jäger schiebt sein Visier hoch und schaut in die Höhe. Seine forschenden Augen sind ruhig, als könnten sie Zeugnis ablegen von den Geheimnissen der Berge. Er deutet mit dem Axtstiel auf das Problem – der Baum hat sich in den Armen einer benachbarten Fichte verfangen.

Der Holzfäller holt seinen Keil aus dem frischen Stumpf und durchtrennt mit seiner Kettensäge den letzten, splittrigen

Zusammenhalt des Baumes mit dem Leben. 120 Jahre. Nun vorbei. Der Förster und der Forstarbeiter treten zurück. Der Riese fällt, sachte beinahe, auf seine Äste, in den Schnee, zuerst mit einem Flüstern, dann mit einem verspäteten, nachtönenden Schrei, einem Kanonenschuss, der von den Bergen widerhallt.

Ein Baum stirbt. Ein Klavier ist geboren.

I

1

Ein Moment der Erleuchtung

Im Herbst meines dreiundvierzigsten Lebensjahres erinnerte ich mich ganz unerwartet daran, dass ich eigentlich Pianistin hätte werden wollen.

Ich war alleine in meinem Auto unterwegs zu einem Wochenende mit Freunden. Ich kramte in einer Schachtel mit Kassetten und entdeckte eine, die mein Bruder mir geschenkt hatte: Arthur Rubinstein spielt Chopin-Walzer. Das könnte eine gute Begleitmusik für den Ausflug sein, dachte ich und schob die Kassette ein.

Von den ersten Noten des Opus 18 an – rasche, hämmernde Wiederholungen in e-Moll – schien der Wagen im Rhythmus des dynamischen, in einem wilden, fröhlichen Tempo gespielten Dreivierteltakts mitzuschaukeln. Die absolute Freiheit, zu der Rubinstein in seiner Chopin-Interpretation fand, erstaunte mich, seine Hingabe an sie war ansteckend – die Musik schien in meinen Pulsschlag einzudringen und meinem Blut Kohlensäure zuzuführen.

Der leuchtende Indian Summer von Montana vor der Windschutzscheibe bot die passende Kulisse: Ein saphirfarbener Himmel hing über den Elkhorn Mountains, wo im abnehmenden Tageslicht gelbbraune Gräser schimmerten. Zitterpappeln säumten die Ufer des Boulder River; ihre wie poliert glänzenden Blätter wandten ihre Unterseite dem Wind zu und vibrierten im Einklang, ein goldenes Band, das sich talaufwärts schlängelte.

Ich merkte, wie ich das Lenkrad umklammerte, als müsste ich mich festhalten, ergriffen von einem Entzücken, das so süß wie sengend war.

Das ist alles, was ich mit meinem Leben anfangen möchte. Wie aus dem Nichts kamen mir diese Worte in den Sinn, erstaunten mich. *Das ist alles, was ich mit meinem Leben anfangen möchte.* Sie trafen mich mit der Kraft eines nicht zu hinterfragenden inneren Befehls. Wieder und wieder tauchten sie auf, wie von den Wogen der Musik selbst emporgetragen.

Die Schönheit des Tages intensivierte meinen Kummer: Ich hatte das Gefühl, eine dringende und außerordentlich wichtige Verabredung versäumt zu haben, die niemals nachgeholt werden konnte. Ich hatte meinen eigenen Herbst erreicht, bald würden die Blätter fallen. Wie konnte ich da mein Leben dem Klavier widmen wollen?

Ich erkannte die innere Stimme; sie war die des Kindes, das ich gewesen war, acht Jahre alt; es bat um Klavierstunden, die es nicht geben sollte.

*

»Welches Instrument wirst du dir aussuchen?«, fragte mein Vater an einem Frühlingsabend. Er sah mich mit gerunzelter Stirn an, in seinem Blick jene Intensität, die einen heraufziehenden Sturm ankündigte. An diesem Tag hatte meine dritte Klasse einer Vorstellung aller Band- und Orchesterinstrumente beigewohnt, die man für die Musikstunden im kommenden Herbst mieten konnte.

Manche Menschen sind, was die Musik betrifft, voller Leidenschaft. Bei meinem Vater war es Ingrimm. Bis ich auf den

Plan trat, war er Berufsmusiker gewesen. In den 1940er Jahren hatte er in Orchestern in Denver, Colorado, im Civic Orchestra of Chicago und im Orchester des Ballet Russe de Monte Carlo die Erste Klarinette gespielt. In den Kriegsjahren hatte er – neben einer Ausbildung im Militärgeheimdienst in Yale – bei Paul Hindemith, dem großen deutschen Komponisten des Neoklassizismus, studiert und davon geträumt, Dirigent zu werden. Anfang der 1950er Jahre, am Ende seiner immer noch jungen Musikerkarriere, spielte er im Orchester der Metropolitan Opera und im Metropolitan Quintett die Erste Klarinette.

Obwohl er mit fünfunddreißig Jahren seine Musikerkarriere gegen eine lukrativere Beschäftigung als Projektmanager einer Schallplattenfirma eintauschte, blieben sein Leben und unser Zuhause ganz und gar von Musik erfüllt. In meiner Kindheit drang seine Liebe zur Musik in jede meiner Zellen und Poren. Jeden Abend schlief ich unter den sonoren Lauten seiner Klarinette ein, während er Aufnahmen seiner Lieblingswerke begleitete. Eine Klarinette war nie bloß eine Klarinette für mich, und sie wird es auch nie sein: So klingt die Stimme meines Vaters.

Ich kann mich an keine Zeit erinnern, wo er nicht mein musikalisches Hörvermögen trainiert hätte. Keine zwei Jahre alt, hatte ich schon meine eigene Stereoanlage und meine eigene Sammlung klassischer Schallplatten für Kinder: *Der Karneval der Tiere* von Saint-Saëns, *Peter und der Wolf* von Prokofjew, *Die Nussknackersuite* von Tschaikowsky und die Oper *Hänsel und Gretel* von Humperdinck (der Komponist, nicht der Schlagerstar).

Aber die Stereoanlage war nie einfach nur an – nein! – das war keine Hintergrundmusik! Stattdessen mussten wir immer genau hinhören: »Merkst du, wie das Thema vom Anfang hier wiederkehrt, aber in einer anderen Tonart?«, pflegte uns mein Vater aufmerksam zu machen.

Auch wenn wir mit dem Auto irgendwo hinfuhren, lief nie einfach das Radio. Ein Klassiksender war eingestellt, und ich lauschte mit allen Sinnen, wenn mein Vater die Eigenschaften des Solisten beschrieb – »Er hat einen saftigen Klang«, meinte er etwa – oder etwas zum Tempo anmerkte: »Hörst du? Er hetzt. Du darfst niemals hetzen. Du musst jede Note nach ihrem vollen Wert spielen.«

Ich hörte auch deshalb genau zu, weil ein Quiz folgen würde – bevor das Stück zu Ende war, würde mein Vater mich nach dem Komponisten fragen, dem Dirigenten, dem Orchester und dem Solisten. Wenn dann der Sprecher übernahm, würden wir sehen, wie gut ich abgeschnitten hatte. Mit großer Entschlossenheit brachte mein Vater mir das Hören bei.

Aus seiner Sicht war das keine verlorene Liebesmüh – ich hatte ein sehr gutes Gehör, gut genug, dass mich mein Vater oft als Probencoach einsetzte und mein Urteil über sein Spiel ernst nahm. Ich wies die Gaben, die er mit mir teilte, nicht zurück, sondern nahm sie an, verehrte ihn, wie man den Gott des Alten Testaments verehrt hatte, mit einer Mischung aus Furcht und Anbetung. Seine Theologie, seine einzige Religion – die Musik – akzeptierte ich als die meinige.

Dieses strenge Training wandte mein Vater auch bei meiner intellektuellen Erziehung an. Er brachte mir bei, alle Annahmen zu hinterfragen, zwischen den Zeilen zu lesen, selbständig zu denken. Jeden Sonntag analysierten wir kritisch die Zeitungsartikel, nach Inhalt wie nach stilistischer Qualität. Welche Fragen waren unbeantwortet geblieben? Wo wurde der Leser irregeführt? Und in jedem Gespräch mit meinem Vater, egal wie ernsthaft oder banal, wurden diese Fertigkeiten auf Hochglanz geschliffen: anzweifeln, hinterfragen, untersuchen, aufspießen. Er lehrte das so streitsüchtig, wie ein Rabbi einem Jeschiwa-Schüler den Talmud beibringen mag. Kein Wunder, dass ich schließlich investigative Reporterin wurde und diese formidablen Werkzeuge in meiner Arbeit einsetzte.

Unterdessen plünderte ich mit seinem stillschweigenden Einverständnis seine riesige Plattensammlung. Ich verschliss seine Platten mit Nathan Milstein, der das Tschaikowsky-Violinkonzert spielte, das Wiener Oktett mit dem Schubert-Oktett und Karl Böhm, der die Berliner Philharmoniker bei der Wiedergabe der 1. Symphonie von Brahms dirigierte. Sie wurde zu einer Art persönlicher Hymne – stundenlang hörte ich sie allein in meinem Zimmer, wobei ich vor dem Spiegel den Taktstock schwang.

Doch das riesige musikalische Universum, das ich bewohnte, isolierte mich auch. Die Musik, die ich liebte, konnte ich meinen Freunden nicht vorspielen – sie hätten sie nicht verstanden, und ich wäre zur Ausgestoßenen geworden. So unermesslich diese Musik war, so sehr sie mich in andere Sphären führte, sie hatte auch etwas Klaustrophobes: Sie gehörte nur zu mir, meinem Vater und gelegentlich zu seinen Musikerfreunden.

An manchen Sonntagvormittagen kamen seine Freunde mit ihren Instrumenten – Streich- oder Holzblasinstrumente – und verbrachten einige anregende Stunden bei Kammermusik in unserem Wohnzimmer. Mozart, Hindemith, Beethoven, Couperin, Brahms, Schubert. Die Musikerfreunde meines Vaters waren immer entspannt, stets zu geistreichen Witzen aufgelegt, die mir zu hoch waren. Sie waren ganz anders als die Eltern, die ich sonst kannte: Sie lachten laut, erzählten frivole Geschichten und zwinkerten mir oft zu. Ich genoss es, in ihrer Nähe zu sein.

Meine Mutter tischte ein »jüdisches Frühstück« auf, wie sie es nannte: Bagels und Räucherlachs mit Frischkäse, geräucherte Felchen und mit Marmelade gefüllte Donuts. Mein jüngerer Bruder und ich saßen mit am Tisch, wir durften zuhören, die Erwachsenen aber nicht unterbrechen oder Fragen stellen.

Mein Vater hingegen stellte mir eine ganze Reihe von Fragen: Welches Instrument würde ich wählen, um ihn auf seiner musikalischen Pilgerfahrt zu begleiten? Welches, wenn wir Duette spielten? Mit welchem Instrument würde ich mich an seinen Kammermusiktreffen beteiligen? Und schließlich: Mit welchem Instrument würde ich jenes musikalische Versprechen einlösen, das er selbst gebrochen hatte?

Im Universum meines Vaters war Musik eine ernste Angelegenheit, und daraus folgte, dass die Wahl eines Instrumentes nichts Beiläufiges an sich hatte; nein, mit ihr wurden die Weichen für das weitere Schicksal eines Menschen gestellt. Ich war zu jung, um das bewusst zu durchdenken, doch ich spürte es, spürte die Last, und sie war mir zu schwer, zu finster, ja beklemmend. Ich wuchs ja nicht nur im Schatten der musikalischen Leistungen meines Vaters auf, sondern auch unter dem langen, dunklen Bahrtuch seiner preisgegebenen musikalischen Ambitionen, dazu verunsichert von seiner machtvollen, tief frustrierten und explosiven Persönlichkeit.

Meinem Vater Antworten zu geben war meistens eine Herausforderung. Er hatte in der Highschool Football gespielt und war mit beinahe einem Meter neunzig ein einschüchternder Riese, angeschwollen auf 122 Kilo, mit dicken, fleischigen Händen. Seine ehemals üppigen Locken waren beinahe verschwunden, sein dunkles, gut aussehendes Gesicht aufgedunsen von Unmäßigkeit, Sorgen und zu viel Arbeit. Er schaute oft finster drein, war kurz angebunden, sein Tonfall gereizt oder zornig, sogar wenn er vorgab, entspannt zu sein. Manchmal brachen wir Kinder schon in Tränen aus, wenn wir nur seine Stimme vernahmen.

Ich ahnte, was mein Vater hören wollte, doch einen Augenblick lang hörte ich meine innere Stimme mir zuflüstern: *das Klavier*.

Wir besaßen ein ramponiertes Pianola aus der Zeit um 1900, das meine Mutter bei einer Versteigerung gekauft hatte, als ich drei war. Als wir im Jahr darauf in Annapolis in Maryland ein geräumiges Haus aus der Kolonialzeit bezogen, strich sie das Instrument mit Wandfarbe weiß an, damit es zur Einrichtung aus den 1830er Jahren passte. Wenn ich die Klappe über der Klaviatur hochhob und die vergilbten Tasten zum Vorschein kamen, war der ursprüngliche mahagonifarbene Firnis noch zu sehen. Auf dem Deckel stand kein Name. Es war eines von den Millionen namenloser Klaviere, die in der Goldenen Ära dieses Instruments Anfang des 20. Jahrhunderts hergestellt worden waren, als jeder Mittelklasse-Haushalt unbedingt ein Pianino besitzen wollte. Damals pflegten sich die Familien um ein Klavier zu versammeln – bevor dessen Anziehungskraft vom Grammophon, von Radio und Fernsehen und schließlich vom Computer abgelöst wurde.

Dieses alte Klavier wurde mein Freund. Sobald es in seiner Nische untergebracht war, setzte sich meine Mutter an die Klaviatur, hob mich auf ihren Schoß und begann, zwischen den geöffneten Türen des unteren Klavierteils auf die Pedale zu treten. Sie ächzten und knarrten, gaben dumpfe Geräusche von sich und setzten die Bälge in Gang, die durch einen pneumatischen Spielmechanismus Luft ansaugten und damit wiederum eine Spule antrieben, um die ein Papierstreifen gerollt war. In das Papier waren in einem bestimmten Muster wie bei einem Lochstreifen Aussparungen gestanzt.

Die Türen in der oberen Verkleidung standen offen, sodass wir sehen konnten, wie sich das Papier um die Spule drehte. Während es über einen Trakturbalken glitt, wurde Luft durch die ausgestanzten Löcher gesaugt, von denen jedes einer Note auf dem Pianola entsprach. Das Vakuum aktivierte einen pneumatischen Anschlagmechanismus, der dann wiederum die Hämmer in Gang setzte. Wenn die Hämmer auf die Saiten trafen, zogen sie die elfenbeinernen Tasten mit.

Der Anblick der sich auf und ab bewegenden Tasten, die wie von Geisterhänden niedergedrückt und losgelassen wurden, hypnotisierte mich. Das Knarren und Ächzen der Pedale, das Schnaufen der Bälge im Leib des alten Klaviers waren gespenstisch. Die Melodie war ein Gassenhauer aus der Zeit der Jahrhundertwende, »Daisy, Daisy«, albern, lustig und munter. Ich kreischte vor Vergnügen, wenn meine schöne junge Mutter mitsang und mich auf ihrem schlingernden Schoß hielt, während ihre Beine sich unter mir wie beim Fahrradfahren hoben und senkten und dieser riesigen Spieldose Luft einbliesen.

Wenn der Vater meiner Mutter zu Besuch kam, spielte er immer für uns. Grandpa Joe hatte nie Noten lesen gelernt, aber er war ein Naturtalent, hatte große Hände und ein unfehlbares Gehör. Sang man ihm irgendetwas vor, konnte er die Melodie sofort wiedergeben und auf der Stelle eine Akkordbegleitung spielen. Meist aber spielte er dieselbe Art Musik, die auf den Notenrollen des Pianolas war; einiges erinnerte an die Sommer, als er als Jugendlicher am Strand von Coney Island Rettungsschwimmer gewesen war, manches auch an seine Zeit als Soldat im Ersten Weltkrieg. Er spielte »Take Me Out to the Ball Game«, »Who's Sorry Now?«, »Shine On, Harvest Moon« und »Baby Face«. Meine Großmutter sang mit, wippte im Schaukelstuhl, tappte mit dem Fuß den Rhythmus, strahlte und erinnerte sich zweifellos an ihre eigene Jugend.

Grandpa Joe war ein bescheidener Mann mit einem etwas albernen, leicht anzüglichen Humor. In der Jugend meiner Mutter, während Wirtschaftskrise und Zweitem Weltkrieg, ging er einmal pro Woche in den Plattenladen, um sich die dümmlichste Aufnahme auszusuchen, die er finden konnte. Ich erbte seine Plattensammlung, da sie keines seiner Kinder wollte – mein Onkel Carl steckte alle 78er-Platten in ein Album, beschriftete es mit »Schrott« und gab es meiner Mutter. Meine Mutter reichte es an mich weiter. Wenn ich die Platten heute spiele, erinnern sie mich an Großvaters Ungehörigkeiten: Spike Jones singt »The Fuehrer's Face« mit Furzgeräuschen und »The Sheikh of Araby« mit obszön gurgelnden Toneffekten, Eddie Cantor singt »I'm Hungry for Beautiful Girls«. Es gibt beliebte Lieder aus dem Ersten Weltkrieg: »I Don't Want to Get Well – I'm in Love with a Beautiful Nurse«, mit den neckischen Versen: »Fühlt sie mir den Puls wann immer, wird mein Zustand gleich noch schlimmer.«

Meine Freunde und ich hämmerten oft auf dem alten Klavier herum; es stand im Mittelpunkt unserer Spiele und hyperkinetische Interpretationen von »Chopsticks« und »Heart and Soul« waren an der Tagesordnung. Babysitter unterhielten uns damit, und einmal, nachdem mir eine meiner Freundinnen auf der Musiktruhe ihrer Familie Beethovens »Für Elise« vorgespielt hatte, ging ich heim und versuchte stundenlang mit blindwütigem Eifer, es auf dem alten Klavier nachzuspielen. Meine Freundin erhielt Klavierstunden, und ich erinnere mich, dass ich neidisch war, doch bis dahin hatte ich nie daran gedacht, selbst um welche zu bitten.

Und so hatte ich, als mein Vater seine Frage stellte, bereits eine tiefe Zuneigung zu einem bestimmten Instrument gefasst.

»Ich möchte Klavier spielen«, antwortete ich also und war selbst verblüfft darüber, wie klar und richtig diese meine Bitte war.

Mein Vater antwortete nicht sofort und wich meinem Blick aus. »Warum suchst du dir kein Instrument aus, das in der Schule unterrichtet wird?«, sagte er schließlich. Seine Stimme klang gepresst, als wäre er zusammengezuckt. »Dann müssten wir keine Privatstunden bezahlen.«

Das war eine Überraschung. Ich wusste nicht, dass wir uns keine Stunden leisten konnten. Wir schienen alles zu haben, was wir jemals brauchen oder uns wünschen würden. Hätte ich nur ein wenig Widerstand geleistet, darauf bestanden, dass mir das Klavier wichtig war, hätte mein Vater wahrscheinlich nachgegeben, und dann wäre der Rest dieser Geschichte anders ausgefallen. Aber ich hatte noch nicht gelernt, meiner inneren Stimme zu vertrauen. Zuhause sollte mir das auch nicht gelingen.

Am nächsten Tag in der Schule wählte ich das Cello. Es war das Lieblingsinstrument meines Vaters, dasjenige, das er selbst gerne gelernt hätte. Ich wusste, er würde sich freuen. Er verbrachte einen Abend in seiner Werkstatt im Keller, um mir eine hölzerne Stütze zu drechseln, damit der Cellostachel nicht am Boden verrutschte. Er sprach von den wunderbaren Stücken, die wir zusammen spielen würden. Ein paar Monate danach ging ich, verzweifelt darüber, wie mühsam es war, das schwere Cello beinahe einen Kilometer weit zur Schule zu schleppen, zur Flöte über. Mit fünfzehn ließ ich dann auch das Flötenspiel sein; ich war gelangweilt von dem begrenzten Repertoire und überfordert von der Erwartung meines Vaters, ich würde Berufsmusikerin werden.

Und dennoch blieb ich im Bann der Musik. Als ich sechzehn war, schenkte mir mein Vater zu Weihnachten Glenn Goulds Aufnahme von Bachs *Wohltemperiertem Klavier*; ich selbst entdeckte bald darauf seine Aufnahme der *Goldberg-Variationen* von 1955. Dieses Werk wurde mein geheimer Trost, ein Lichtkreis, in den ich mich stellte, wenn ich Zuflucht vor dem düsteren Chaos suchte, das meine Familie geworden war. Bach besänftigte mich, Gould aber mit seiner atemberaubenden Virtuosität, der Art, wie er das Klavier zu seiner eigenen Stimme machte und so deutlich von den kontrapunktischen Absichten des Komponisten sprach, als verwendete er Worte, befeuerte meine Sehnsucht, Klavier zu spielen, bis daraus eine lodernde, wütende Leidenschaft wurde.

Doch inzwischen hatte es keinen Sinn mehr, um Klavierstunden zu bitten. Meine Familie brach allmählich auseinander, meine Eltern waren tief bekümmert und versuchten, so gut wie möglich mit der Diagnose einer degenerativen Hirnkrankheit bei meinem jüngsten Bruder und mit den jahrelangen Krisen, die darauf folgten, fertig zu werden. Außerdem kannte ich meinen Vater gut. Ich hatte meine Chance gehabt und sein Vertrauen zerstört, als ich das Flötenspiel aufgab. Es würde keine Musikstunden mehr geben.

*

Ein Jahrzehnt später, noch immer beseelt von Glenn Gould und inzwischen mit Zeit und Geld versehen, begann ich beim ersten einer Reihe von Lehrern und Lehrerinnen Klavierstunden zu nehmen. Ihnen allen sagte ich, es sei mein Ziel, die *Goldberg-Variationen* zu spielen. Als ich 1981 nach New York zog, studierte ich am Mannes College of Music im Institut für

Gaststudenten Klavier. Doch binnen weniger Jahre ließen die Mühen und Komplikationen des Erwachsenwerdens meine Hingabe an das Klavier in nichts zerfallen. Es gab dringendere und drängendere Anforderungen, die auf mir lasteten, ich musste für mich selbst sorgen, mir eine Wohnung suchen, meinen Lebensunterhalt verdienen. Mein letzter Klavierlehrer beschwor mich, mein Talent wertzuschätzen, und verlangte mehr von mir, als ich glaubte geben zu können. Und so warf ich die Sache hin.

Fünfzehn Jahre vergingen.

*

Als ich nach meinem Moment der Erleuchtung am Boulder River zuhause in Missoula ankomme, rufe ich das Büro der Musikschule an der Universität von Montana an und frage, ob man mir einen Klavierlehrer oder eine Lehrerin in der Gegend empfehlen könne. Die Sekretärin verbindet mich mit Dr. Jody Graves, Leiterin der Abteilung für Tasteninstrumente.

Dr. Graves stellt viele Fragen. Sie sagt, sie sei selbst eben erst von New York nach Missoula gezogen und kenne meinen letzten Lehrer. Sie bittet mich zu kommen und ihr vorzuspielen. Ich könne nicht mehr spielen, sage ich, aber Dr. Graves besteht darauf. »Wenn Sie nicht spielen wollen, dann reden wir eben einfach«, meint sie. »Wie wär's mit morgen?«

Als ich in ihr Büro komme, spielt Dr. Graves gerade einem jungen Mann, der an einem der beiden Flügel sitzt, eine schwierige Passage vor. Sie ist eine füllige Blondine, wahrscheinlich in den Vierzigern, klein, aber kräftig. Während ich zuhöre, wie sie Rachmaninow spielt, kann ich nicht umhin zu denken, dass ich niemals etwas so Schwieriges zustande bringen werde.

Ich empfinde eine altbekannte, lähmende Angst – Lampenfieber. Ich habe ein Heft mit Chopin-Nocturnes dabei; einige habe ich schon öfter gespielt, doch plötzlich wünsche ich mir, ich hätte sie zuhause gelassen.

Dr. Graves entlässt ihren Schüler und wendet ihre Aufmerksamkeit mir zu. »Nun, warum setzen Sie sich nicht hierher?«, fragt sie und klopft auf die freie Klavierbank. Zögernd setze ich mich. »Ich sehe, Sie haben Noten mitgebracht. Warum spielen Sie mir nicht ein bisschen was vor?« Ihre Stimme klingt unbeschwert, nicht fordernd, als wolle sie sagen: »Nicht so wichtig, ob Sie's tun oder nicht.« Das macht mir Mut. Ich lege die Noten auf den Ständer und fange an.

Obwohl meine Hände unsicher sind und zittern, verblüffen sie mich – sie kennen die Nocturne immer noch. Mit schockierender Vertrautheit kehren meine Finger an die richtigen Stellen zurück. Die Töne, die sie hervorrufen, machen mich sehr betroffen.

Was hast du aus deinem Leben gemacht? Wieder die innere Stimme. *Wie hast du das aufgeben können?* Ich lasse beide Hände schwer auf die Klaviatur fallen. Oh, wie ich das vermisst habe, das Gefühl der Tasten unter meinen Fingern! Wie war es mir bloß möglich, sie von dieser Berührung abzuhalten? Plötzlich erscheint mir diese einst nicht sonderlich bemerkenswerte Tatsache unglaublich.

Die schwarz-weiße Topographie der Klaviatur löst eine Flut taktiler Erinnerungen aus. Ich möchte diesen Kontakt, ich will ihn haben. Der Rausch, die Zuversicht, das Gefühl von Schicksalhaftigkeit, die ich verspürte, als ich Rubinstein lauschte, sind wieder da. Dieses Mal, so beschließe ich, werde dabeibleiben.

»Das war sehr, sehr gut!«, frohlockt Dr. Graves. »Ich glaube, eine meiner Studentinnen aus der Meisterklasse ist gerade die Richtige für Sie. Und dann können Sie natürlich auch zum Üben in die Schule kommen.«

Meine Lektionen mit der Studentin beginnen bereits in der Woche darauf; sie und ich verbringen den Winter damit, das Repertoire, das ich ungefähr zwanzig Jahre zuvor gelernt habe, aufzufrischen. Im Frühjahr aber legt meine neue Lehrerin ihr Examen ab und zieht weg; sie lässt mir den Namen ihrer ehemaligen Klavierlehrerin an der Highschool zurück, einer Frau, die viele Erwachsene unterrichtet. Erst im Herbst werden die Stunden bei ihr beginnen.

In der Zwischenzeit werde ich einen Monat in der Mesa Refuge in Point Reyes in Kalifornien verbringen – eine Residenz für Autoren, die dort ungestört an ihren Projekten zu Umweltthemen arbeiten können. Wenn ich das bisschen festhalten möchte, das ich auf dem Klavier wiedergewonnen habe, würde ich ganz auf mich gestellt sein.

2

Eine Lektion mit Mozart

Zu leicht für Kinder, zu schwer für Erwachsene.
Artur Schnabel über Mozarts Sonaten

Die Mesa Refuge ist ein modernes, asymmetrisches Haus, es liegt hoch oben auf einem Felsvorsprung in einem üppigen Garten am Hang. Eine geflügelte Muse auf einem Torpfosten begrüßt die Neuankömmlinge. Die riesigen Eingangstüren öffnen sich auf ein kathedralenartiges Foyer, eine von Kletterrosen umrahmte Fensterwand blickt Richtung Nordwesten und bietet einen freien Blick auf die Tomales Bay und den Küstenstreifen. Als ich eintreffe, warten auf den Fliesen der Eingangshalle ordentlich gestapelte Kartons mit Forschungsunterlagen, die ich von zuhause vorausgeschickt habe, auf mich. Zehn Jahre lang habe ich Notizen gemacht und Material für ein Buch über Naturschutz gesammelt; nun habe ich die Zeit und die finanziellen Mittel, um es zu schreiben.

Zuerst aber muss ich ein Klavier auftreiben. Kaum habe ich mich in meinem Zimmer im oberen Stockwerk eingerichtet, wandere ich auch schon wieder den Hügel hinab ins Dorf Point Reyes Station; auf der Taxifahrt hierher habe ich dort eine Kirche gesehen. Ich klopfe am Pfarrbüro, aber dort ist niemand. Auf einem kleinen Zettel am Fenster steht die Telefonnummer der Pastorin, die die Vertretung übernommen hat. Ich gehe wieder zum Haus zurück und rufe sie an, und sie verweist mich an einen Kirchenältesten, einen ursprünglich aus Montana stammenden Anwalt, der sich zufällig wie ich beruflich für den Umgang mit öffentlichem Grund interessiert. Er bietet mir an, in seinem Büro vorbeizuschauen, ich könne mir seinen Schlüssel zum Chor borgen, wo ein Flügel prangt. Ich kann den Schlüssel den ganzen Monat lang haben. Schon nach ein paar Stunden in Point Reyes habe ich ein Instrument zum Üben! Ich kehre zur Kirche zurück und schließe auf.

Der Chor hat eine hohe Balkendecke, ein akustisch angenehm lebendiger Hintergrund zum Musizieren. Die Flügelfenster gehen auf der einen Seite auf den Parkplatz, auf der anderen blicken sie in Richtung Meer. Wenn sie offen stehen, wehen der Salzduft von der Bucht und der strenge Geruch der Milchfarmen herein.

Meine Noten unter dem Arm, gehe ich zwischen den langen Bankreihen durch den Mittelgang zum Klavier. Über dem Instrument liegt eine schwere braune, maßgeschneiderte Steppdecke. Ich schlage sie nur so weit zurück, dass die Klaviatur und das Notenpult freiliegen; das Gehäuse bleibt verhüllt wie ein Patient auf einem Operationstisch. Ich hebe den Klaviaturdeckel. Der Name ist ausgebleicht und zerkratzt, man kann ihn nicht lesen. Die Tasten sind angeschlagen und vergilbt. Ich drücke ein paar nieder, lausche. Verstimmt. Die Mechanik ist ausgeleiert wie alte Hausschuhe, nachgiebig unter meinen Fingern, schwer zu kontrollieren. Einige Augenblicke genieße ich die Stille und Abgeschiedenheit im Chor. Dann schiebe ich die Bank zurück, setze mich vor die Klaviatur und beginne das einzige Stück zu spielen, das ich auswendig kann: das erste Präludium aus Bachs *Wohltemperiertem Klavier*.

Der Patient, so scheint es, benötigt einen Eingriff, der ihn wiederherstellt; die Mechanik klackert, ein paar Tasten reagieren nicht, und er hat eine schwächliche Greisenstimme. Ich wünschte, ich könnte der Kirche meinen Dank abstatten und ihr ein neues Klavier spendieren oder zumindest einen guten Techniker. Immerhin, für eine Wiederanfängerin, die sich allein abmüht, dürfte es wohl reichen. Aus meiner Fächermappe ziehe ich die Partitur meines Sommerprojekts, Mozarts Klaviersonate in G-Dur, und mache mich ans Werk.

Vor siebzehn Jahren habe ich dieses Stück zum ersten Mal in Angriff genommen, mit meinem letzten Lehrer, Robert, bei dem ich am Mannes College Unterricht nahm. Ich habe die Sonate nie beherrscht, in diesem Sommer aber hoffe ich, sie bis zur Aufführungsreife zu bringen oder sie zumindest so gut zu spielen, dass meine neue Lehrerin im Herbst positiv beeindruckt ist. Also halte ich mich an einen festen Ablauf: Jeden Tag verlasse ich am späten Nachmittag meinen Schreibtisch in der Refuge, schlendere unter Eukalyptusbäumen den Hügel hinunter ins Dorf, vorbei an hohen, duftenden Hecken und prachtvollen Bungalows, die Noten unter dem Arm und den Schlüssel zum Chor in der Tasche.

Zwei Wochen vergehen, aber obwohl ich täglich übe, wird meine Interpretation des Mozart-Stücks nicht besser – nicht einmal ein *bisschen* besser. Tatsächlich, überlege ich mit wachsender Frustration, scheint es, als würde mein Spiel immer *schlechter*, je mehr ich mich bemühe, die Noten exakt wiederzugeben. Was mache ich falsch? Jedes Mal, wenn ich eine falsche Note spiele, höre ich auf und beginne von Neuem. Als sich herausstellt, dass das nichts bringt, spiele ich einfach weiter, und dann misslingen ganze Takte, meine Finger geraten ins Stolpern, bis die gesamte Architektur des Stücks in einem Kuddelmuddel auf der Klaviatur kollabiert. Also hole ich die mentale Peitsche heraus, beiße die Zähne zusammen und möchte das Stück zwingen, sich mir zu ergeben. Aber es ergibt sich keineswegs. Inzwischen würde ich am liebsten die Partitur quer durch den Raum schleudern, wenn ich nur eine einzige Note falsch spiele. So macht das keinen Spaß.

Warum will ich überhaupt Klavier spielen? Was für eine lausige, gnadenlose Angelegenheit das doch ist. Ich fühle mich von meinen Träumen verraten, vom Sirenengesang der Rubinstein-Aufnahme, der mich in dieses absurde und peinliche Unterfangen getrieben hat. Ich sollte aufgeben. *Was glaubst du eigentlich, wer du bist?*, beschimpfe ich mich.

Wutentbrannt und gedemütigt wende ich mich von der Klaviatur ab und schaue durch die Flügelfenster auf die Bucht. Im Westen braut sich ein Sturm zusammen, ein heftiger Wind jault in den Zweigen; sie sägen und kratzen an den Fensterscheiben. Der Luftdruck fällt, im Chor ist es drückend vor Feuchtigkeit.

Ein so einfaches, schönes Werk ist dieser Mozart, verspielt, rein und voller Liebe. Der Verlauf der Melodie erklingt in meinem inneren Ohr, Robert hat mir das beigebracht, es ist wie in einer Miniaturoper: Erst betritt die junge Naive die Bühne von rechts und singt von Liebe. Dann hüpft ihr kleiner Bruder von links daher, ihm folgt, eine Oktave tiefer, seine Gouvernante. Anschließend läuft aus dem Nirgendwo kommend ein fetter Provinzbürger die Bühnentreppe auf und ab, eine Kappe mit wippender Feder auf der schief sitzenden Puderperücke, sein Bauch hüpft, während er die Klaviatur hinauf und hinunter galoppiert und mit seinem Stock den Takt schlägt. Was macht er da? Sein Part hat keine besondere Bedeutung, er ist möglicherweise einzig einer Grille Mozarts geschuldet.

Wie paradox, dass solche Alberei, solche Herzensleichtigkeit durch mein Beharren darauf, jede Note richtig zu spielen, in Schwülstigkeit stecken bleibt. Ich spüre, wie meine Ehrfurcht meine Liebe zum Klavier und mein Verlangen zu spielen auslöscht, ja, die Musik selbst zunichte macht. Ich denke: Ich wette, Mozart wäre es völlig egal, ob jede Note stimmt. Und dann: *Und warum sollte es dann mir nicht auch egal sein?*

Ein revolutionärer Gedanke steigt in mir hoch. Warum sollte es mir eigentlich etwas ausmachen? Für wen spiele ich denn, wenn nicht für mich? Wenn das Spielen keinen Spaß macht, warum tue ich es dann? Außerdem, was würden mich ein paar falsche Noten kosten? Es ist ja nicht so, als würde jede der leeren Kirchenbänke fünfzig Dollar zahlen, um mich spielen zu hören.

Der Himmel birst mit einem Blitz, ein Sturzbach bricht hernieder, schwappt über die Fensterbretter, ich laufe, um die Flut einzudämmen, schlage die Fenster zu, so rasch ich kann. Der Donner dröhnt und lässt die Kirche erbeben; der Himmel wird zu einem einzigen Vorhang aus Wasser. Das Anbranden der negativ geladenen Ionen erfrischt mich, hebt meine Stimmung. Ich erschauere vor Entzücken.

Plötzlich fühle ich mich elektrisiert. Ich habe nichts zu verlieren, wenn ich Mozart im Geiste Mozarts spiele, also mit Liebe, Verspieltheit, Respektlosigkeit. Gib die Vorstellung von den richtigen Noten auf. *Spiel einfach! Sei verspielt beim Spielen!* Beinahe sage ich es laut.

Wieder fange ich die Sonate an, dieses Mal in raschem Tempo, so wie ich das Werk im Kopf höre, stürze mich mit Verve und Gefühl in die Musik. Meine Finger fliegen – ich werfe sie auf die Tasten, wie ein Maler Farbe gegen eine Leinwand schleudern könnte, um zu sehen, welches Zauberwerk auch immer sich dort bilden mag. Wieder kracht der Donner. Die Musik reißt mich hoch in ihre Arme, wirbelt mich herum. Mozart und ich, allein in dieser Kirche, haben einen Riesenspaß. Meine Hände kennen die Noten – wie denn auch nicht: Ich muss ihnen bloß den Weg freimachen. Ich fühle mich angesteckt von einer neuen inneren Haltung, einem erregenden Draufgängertum. Ich lache laut auf. Und spiele keine einzige falsche Note.

Als ich den letzten Akkord anschlage, kann ich nur staunen. Warum habe ich diesmal alle Noten getroffen? Eine Idee beschleicht mich: *Du hast dein Leben genauso gelebt, wie du jetzt diese Sonate lernen wolltest.* Ich war hart zu mir, verleugnete mich selbst, bestrafte mich für jeden Verstoß, kettete mich an ein perfektionistisches Ideal und ließ keine Freude zu. So wie ich meinen Händen im Weg bin, wird mir klar, so bin ich auch meiner Seele im Weg. Die Hände kennen die richtigen Noten, die Seele kennt das richtige Leben, ich muss ihnen nur vertrauen. Was wird geschehen, wenn ich mir selbst den Weg freimache? Noch vertraue ich mir nicht so recht. Aber einen Augenblick lang habe ich Mozart vertraut.

Der Sturm ist vorüber. Ich decke das Klavier wieder zu, drehe das Licht aus und verlasse den Chor. Die Abendluft ist kühl und frisch, ich gehe langsam zum Haus zurück, erfreue mich am Spiel der Wolken am Abendhimmel.

In dieser Nacht träume ich von meinem Vater. Er kommt mit dem Bus nach Point Reyes, ein kleiner, quengelnder Fünfjähriger. Sein Verlangen nach Trost ist unstillbar, es ist größer, als ich ihm zu geben bereit bin. Nachdem er, an meine Hand geklammert, mit mir herumgegangen ist, wird er wieder zum Mann. Er sitzt in einem Kanu in einem Wildbach, während ich am Ufer stehe und den am Bug befestigten Strick halte. Wir schweigen. Mein Vater im Kanu, ein Scherenschnitt, zweidimensional. Ich lasse den Strick los und sehe zu, wie die Strömung meinen Vater davonträgt, das Kanu wird immer kleiner, bis es schließlich hinter einer Biegung verschwindet.

Am Morgen schiebe ich die Kartons mit den Forschungsunterlagen zum Naturschutz in eine Ecke meines Zimmers und werfe eine Tischdecke darüber. Ich habe etwas zurückgewonnen. Jetzt bin ich bereit, so zügellos zu sein wie diese Mozart-Sonate. Und bereit für eine neue Annäherung an das Klavier.

3

Klavierstunden

Wer bis in seine tiefste Seele von der Musik ergriffen ist und an seinem Instrument wie ein Besessener arbeitet, wer die Musik und das Instrument leidenschaftlich liebt, der wird die virtuose Technik beherrschen, der wird das künstlerische Bild eines Werks wiederzugeben vermögen, der wird ein Interpret sein.

Heinrich Neuhaus, ›Die Kunst des Klavierspiels‹

Molly Morrisons Unterrichtsraum liegt hoch oben auf einem Hügel über dem Missoula Valley. Noch bevor ich die Tür an der Hausrückseite erreiche, höre ich Musik. Durch die Scheibe sehe ich zwei Frauen Seite an Seite an einem glänzenden schwarzen Flügel sitzen. Die eine steht auf, als sie mein Klopfen hört, und öffnet die Schiebetür. Sie hat eine matronenhafte Figur, ist ganz in Braun gekleidet, Twinset und knielanger Rock, die grau melierten hellbraunen Haare sind zu einer Pagenfrisur geschnitten. Aus runden blauen Augen in einem ebenfalls runden Gesicht blickt sie mich an. Sie will etwas sagen, aber in diesem Augenblick springt ein Shih Tzu mit verfilztem Fell zwischen ihren Pumps hervor und kläfft wütend.

»Charles! Schsch!« Sie scheucht den Hund weg und zieht ihre Strickjacke enger um sich. »Achten Sie nicht auf ihn.

Kommen Sie rein, setzen Sie sich. Wir sind gleich mit der Stunde fertig.«

Die andere Frau, die am Klavier sitzt, scheint ungefähr in meinem Alter zu sein. Sie lächelt mich strahlend an und winkt mir fröhlich zu, dann wendet sie sich wieder den Tasten zu.

Ich sitze auf dem Sofa, das als Raumteiler fungiert, schaue vom Flügel weg. Rechts von mir steht ein Yamaha-Pianino, auf dem Deckel jede Menge Nippes, der mit Klavier zu tun hat, zweifellos Geschenke von Schülern. An den Wänden deckenhohe Bücherschränke voller Partituren und Bücher zum Klavierspiel.

Die Schülerin quält sich durch ein Stück, das ich nicht kenne. »Gut gemacht!«, ruft Molly, als die Musik aufhört. »Das geht ja schon ganz fein.« Die Stunde ist zu Ende. Die Schülerin erhebt sich von der Bank, und wir drehen uns um, um einander zu begrüßen.

»Sandy, das ist Perri, eine neue Schülerin«, sagt Molly. Sandy gibt mir die Hand. »Schön für Sie«, grinst sie. »Aber passen Sie auf«, sie blinzelt mir zu, »Molly ist ein harter Knochen.«

»Ja, ja, ganz recht«, meint Molly, gespielte Verachtung in der Stimme. Sie lachen. Dann geht Sandy, und ich bin allein mit meiner neuen Lehrerin.

»Möchten Sie mir etwas vorspielen?« Molly und ich lassen uns vor dem Klavier nieder, ich auf der verstellbaren Klavierbank, sie neben mir auf einem Stuhl. Jede ihrer Bewegungen nehme ich so deutlich wahr, dass es mich ablenkt. Sie streicht den Rock über ihrem Schoß zurecht und zieht die Jacke wieder zusammen. Ich lege die Noten zum ersten Teil von Bachs *Wohltemperiertem Klavier* auf den Notenständer und schlage das Präludium Nummer eins auf.

»Ich werde ziemlich nervös, wenn ich vor anderen Leuten spielen muss«, zögere ich die Sache hinaus.

»Das ist in Ordnung«, sagt Molly freundlich. »Spielen Sie einfach so, wie Sie können.«

Ich atme tief durch und möchte gerade die Tasten berühren, als sie mich unterbricht. »Ich glaube, die Bank ist ein bisschen zu nahe an der Klaviatur, nicht wahr? Rücken wir sie doch zurück. Und stimmt die Höhe für Sie? Sandy ist kleiner als Sie, lassen wir die Bank ein bisschen runter.« Sie dreht am Knopf, bevor ich Gelegenheit habe aufzustehen, und hört auf, als meine Ellbogen nur noch ein kleines Stück über der Klaviatur sind und in Richtung Tasten eine leichte Schräge anzeigen. »So ist's besser.«

Ich fange zu spielen an, lasse mich aber trotz Mollys besänftigender Worte von meinen Nerven überwältigen. Ich fühle mich, als würde ich auf einem Hochseil balancieren, und kann kaum atmen. Einige Male höre ich auf und fange von Neuem an. Schließlich stolpere ich bis zum Ende durch, erleichtert, dass es vorbei ist, aber enttäuscht, wie schlecht ich war. *Ich kann eigentlich viel besser spielen!*, möchte ich protestieren.

»Okay, nicht schlecht! Eigentlich ganz gut, wirklich!«, sagt Molly, während ich den Kopf schüttle. Ihre großen blauen Augen blicken mich voll strahlendem Mitgefühl an. »Ich zeige Ihnen mal was.« Sie steht auf und scheucht mich von der Bank, rutscht selbst darauf. »Schauen Sie auf meine Hände. Sehen Sie, wie entspannt sie sind? Sehen Sie, wie ich das ganze Gewicht meines Arms auf die Note lege, die ich spiele, und wie ich dann loslasse? Bemerken Sie meine Handgelenke? Wie sie federn, wie beweglich sie sind?«

Ihre weichen runden Hände schweben über die Tasten, flüssig, gleichsam knochenlos. Unter ihrer Berührung schimmert das Präludium.

»Und so haben Sie gespielt.« Abrupt werden ihre Hände

steif und flach, fallen wie Klauen auf die Klaviatur. »Hören Sie, wie *notenhaft* das klingt? Wenn Sie sich so steif halten, können Sie sich nirgendwohin bewegen. Sie müssen von den Tasten loskommen, lassen Sie Ihre Hände in der Luft schweben. Stellen Sie sich vor, Sie würden sie auf und ab werfen.«

»Aber wie soll ich die richtigen Noten finden, wenn ich so hoch über der Klaviatur bin?«

»Sie finden sie, Ihre Hände wissen ja schon, wo sie hin müssen. Vertrauen Sie ihnen einfach. Hier.« Sie steht auf und setzt sich wieder auf ihren Stuhl. »Versuchen Sie es jetzt. Nur die erste Zeile.«

Ich setze mich und fange noch einmal an; sofort fällt mir auf, wie starr meine Hände sind. Bewusst lasse ich sie weich werden, gebe ihnen Freiheit, aber jetzt finde ich mich nicht mehr zurecht.

»Denken Sie nur an die Musik«, drängt Molly. »Ihre Hände kennen sie auswendig.«

Ich versuche es noch einmal, erst mit der rechten Hand, dann mit der linken, dann mit beiden zusammen. Geduldig arbeitet sie mit mir an etlichen Wiederholungen der ersten Notenzeile. Als meine Bewegungen allmählich entspannter werden, finden meine Hände von selbst ihren Weg über die schwarz-weiße Landschaft. Sobald die Spannung weg ist, bewegen sich die Finger einfach dorthin, wo sie hingehören, wie ich mit Verwunderung feststelle.

»Sehen Sie? Viel besser! Probieren Sie die nächste Zeile.«

Ich mache es, und wieder geschieht dasselbe. Meine Hände können fliegen. Dieses Gefühl von Mühelosigkeit ist zutiefst befriedigend. Es klingt auch besser, mehr wie Musik, weniger wie ein Übungsstück.

»Das ist es!«, ruft Molly. »Lassen Sie uns diese Woche ein paar Arpeggios üben.«

Sie setzt sich wieder auf die Bank und zeigt mir, wie ich die Noten zu Akkorden zusammenfasse und den Händen beibringe, wohin sie sollen. C-Dur lautet die Aufgabe. »Gebrauchen Sie Ihr Gehör. Lassen Sie die Akkorde melodisch und zusammengehörig klingen.« Sie legt meine Hand auf ihren Arm, während sie mir vorführt, was sie meint, damit ich fühlen kann, wie sich ihr Gewicht verlagert, wie ihre Muskeln sich anspannen und entspannen.

Beschwingt von Mollys aufrichtiger Ermutigung verlasse ich an diesem ersten Tag ihren Unterrichtsraum, erwartungsvoll und entschlossen.

In den folgenden Tagen arbeite ich an den Arpeggios und übe, das Bach-Präludium mit lockerer Hand zu spielen. Es bedarf einer ganzen Menge Geduld und Konzentration. Ich fühle mich träge und abgelenkt und bin nicht so fleißig, wie ich sein könnte. Vielleicht besteht das Problem darin, dass ich eine so bescheidene Aufgabe habe. Ich möchte ein großartigeres, ein ehrgeizigeres Ziel, eines, das besser zu meinem Tagtraum passt, ich besäße ein angeborenes, vernachlässigtes Talent, das plötzlich in den Vordergrund branden wird, sämtliche Hindernisse und mein Handicap, so spät angefangen zu haben, hinwegfegen und alle überraschen wird, wenn ich Großes leiste.

Was genau sind meine Aussichten, die Aussichten einer erwachsenen Anfängerin? Was kann ich angesichts meines Alters, meiner Fähigkeiten erwarten? Solche Fragen stürmen auf mich ein. Und noch häufiger frage ich mich, während ich Woche um Woche mit Molly übe, ob sie mich ernst nimmt. Wird sie mir ein Übungsprogramm zuteilen, das meine Aussichten fördert, so wie sie es tun würde, wenn ich eine frühreife Achtjährige wäre, oder bin ich dazu verdammt, für immer eine Hobbykünstlerin zu bleiben, jemand, für den wirkliche Meisterschaft – und damit auch die Vorbereitung darauf – gar nicht erst in Frage kommt?

Und ich möchte unbedingt das Klavier meistern. Ich finde heraus, dass es berühmte Konzertpianisten gab, die spät anfingen: Ignaz Paderewski mit 22, Harold Bauer mit 20 Jahren begannen erst als Studenten Klavier zu lernen und gingen bereits im Jahr darauf in Europa als Solisten auf Tournee. Swjatoslaw Richter nahm erst am Moskauer Konservatorium ernsthaft das Klavierstudium auf, da war er 27. Heinrich Neuhaus, sein damaliger Lehrer, musste ihm nicht viel beibringen und fungierte hauptsächlich als Übungsleiter. Aber ein solcher Grad an Virtuosität ist nicht eben das Schicksal der meisten erwachsenen Anfänger. Warum nicht? Ist es allein das geheimnisumwobene »Talent«, das den entscheidenden Unterschied macht?

Ich schneide das Thema mit Molly an, aber das stellt sich als Fehler heraus. Von ihren Schülern möchte sie Begriffe wie »Talent« oder »begabt« nicht hören. Manchmal denke ich, sie muss es anmaßend und ärgerlich finden, dass ich unbedingt eine große Pianistin werden will.

»Sie können alles spielen, was Sie hören können«, sagt sie mir immer wieder. »Aber Sie müssen intensiv hören, und Sie müssen unendlich geduldig sein.« Der einzige Unterschied zwischen einem virtuosen Spieler und uns anderen, behauptet sie, seien unendliche, zahllose Stunden, Jahre des Übens, mehr Üben, als die meisten von uns jemals aufwenden werden, wenn wir im Leben auch noch etwas anderes machen wollen. In ihrem Ton schwingt eine sanfte Zurechtweisung mit. »Sie müssen diesen Prozess lieben lernen. Es ist schwere Arbeit, auch für die Begabten.«

Erstes Ziel unserer Übungsstunden ist es, meine gestelzte Haltung an den Tasten zu sanieren. Molly leiht mir ein Video,

»Die Befreiung des gefangenen Vogels«, mit Filmaufnahmen von Arthur Rubinstein, anhand derer eine gute Körpermechanik am Klavier demonstriert wird. Rubinstein am Klavier erinnert mich an Cowboys in Montana; sie werden ein Teil des Pferdes, sitzen so lässig im Sattel wie auf einem Schaukelstuhl. Rubinsteins Körper wird zur Verlängerung des Instruments; seine Wirbelsäule wächst aus der Klavierbank hervor, jeder Wirbel ruht auf dem nächsten, eine biegsame Turmspitze, auf der sein Kopf balanciert, der Hals ist nicht gebeugt, nur die Augen blicken nach unten auf die Klaviatur. Seine Arme fallen locker von den Schultern, er lässt vielmehr die Schwerkraft die Tasten niederdrücken, als Muskelkraft einzusetzen. Diese bewusste Entspannung verleiht ihm eine offenkundige, anstrengungslose Freiheit. Ich sehe mir das Video ganz genau an und zeichne das Gesehene in mein Übungsheft ab, um es mir einzuprägen.

Anfangs lässt mich Molly meine Stücke selbst aussuchen. Ich möchte die Mozart-Sonate in G-Dur beherrschen und das erste von Mendelssohns *Liedern ohne Worte* lernen. Schließlich habe ich das Gefühl, es sei wichtig, Musik zu spielen, die mich begeistert. Sonst wäre es zu schwer, genügend Motivation zum Üben aufzubringen.

Doch selbst nach einigen Monaten mache ich keine nennenswerten Fortschritte beim Mendelssohn. Ich kann nur das spielen, was ich mir durch mühseliges, endloses Wiederholen der Partitur eingeprägt habe. Und diese Partitur ist viel zu komplex, mit Mittelstimmen und Außenstimmen wie bei einem Chorsatz, um sie auf solche Weise zu lernen. Ich weiß, dass es nicht so zeitaufwendig sein sollte, aber ich kenne keinen anderen Weg.

Molly lässt mich gegen die Wand fahren, bevor sie ein Wort sagt.

»Sie lesen nicht ab«, verkündet sie eines Tages, als ich schließlich kapituliere und frage, warum ich keine Fortschritte mache. Ich sitze am Klavier, Charles, Mollys Shih Tzu, liegt zusammengerollt auf seinem üblichen Platz hinter mir. »Sie lesen nicht ab«, wiederholt sie. »Sie spielen nach dem Gehör und aus dem Gedächtnis.«

»Ich habe nie richtig Noten lesen gelernt.« Ich platze damit heraus, bevor ich mir auf die Zunge beißen kann. *Und was jetzt? Wird sie mich rausschmeißen?*

»Was ist das für eine Note?«, fragt Molly und zeigt auf die Bass-Zeile der Partitur. Ich muss hinstarren und nachdenken, bevor ich antworten kann. »Sie sollten das auf Anhieb erkennen, so wie einen Buchstaben des Alphabets, sofort, ohne zu überlegen.«

Sie steht auf und nimmt eine Mappe mit losen Blättern aus einem ihrer zahlreichen Regale. Es sind Lernkarten und Bilder von zufällig ausgewählten Noten auf Notenzeilen ohne Notenschlüssel. »Nehmen Sie das mit und üben Sie, die Noten auf Anhieb zu benennen und sie dann sofort auf der Klaviatur zu finden. Wechseln Sie immer zwischen dem Violin- und dem Bassschlüssel hin und her. Wir werden das Notenlesen üben. Ab jetzt werden Sie nur Stücke spielen, die Sie lesen können; Sie werden nicht mehr ein Jahr brauchen, um ein Stück spielen zu können, sondern sich jede Woche ein neues einprägen.«

Ich weiß, es ist sinnlos, zu protestieren, aber mir gefällt es gar nicht, von dem Repertoire für Fortgeschrittene abzulassen. Um *solche* Musik zu spielen, habe ich mit dem Klavier angefangen, nicht für irgendwelchen Kinderkram. Wie soll ich mich hierfür motivieren? Inzwischen stöbert Molly in einem anderen Bücherschrank voller Noten.

»Hier, das können Sie sich ausborgen.« Sie gibt mir ein Heft mit Klavierlektionen für Anfänger. Ich überfliege sie, entmutigt und gekränkt. Ich bin degradiert worden. Ich sehe lustlose Wochen voll halbherzigen Übens vor mir; so einfache Sachen zu lernen ist einfach demütigend.

»Versuchen wir es mal«, sagt Molly. Sie legt das Heft auf den Notenständer, über die Mendelssohn-Partitur.

Das Stück wirkt so unglaublich simpel, dass ich nicht daran zweifle, es lesen zu können, aber unter meinen Fingern kollabiert es rasch. Ich spiele vermutlich zu schnell, also beginne ich von vorne, sehr langsam. Doch sogar wenn ich ganz langsam spiele, kann ich die Musik nicht durch bloßes Hinsehen ablesen. Nach nur wenigen Zeilen höre ich auf. Auf einen Schlag ist mein musikalisches Analphabetentum offengelegt. Ich bin am Boden zerstört. Alle meine pianistischen Phantasien implodieren mir vor den Augen.

»Okay, ich zeige Ihnen, wie man vom Blatt spielt«, sagt Molly, sie erlaubt mir keinen Augenblick Selbstmitleid. Ihre Regeln lauten: auf die Vorzeichen achten, die Taktangabe, die Tonsprünge, die Musik im Kopf durchgehen und dabei mitzählen. Mit beiden Händen zusammen spielen, das Tempo so langsam wie möglich halten, um jede Note zur richtigen Zeit zu treffen. »Versuchen wir's.«

Nun erwische ich zwar die richtigen Noten, wenn ich sehr, sehr, sehr langsam spiele, aber sie haben nicht den richtigen Zeitwert.

»Sie zählen nicht mit.«

»I-ich weiß nicht, wie man mitzählt.« Mein Eingeständnis bringt mir augenblicklich wieder die Stimme meines Vaters ins Ohr, als wäre er mit uns im Raum: *»Zählen! Zählen!«* Ich höre, wie er mich heftig und gereizt zurechtweist, während ich mich bemühe, in unserem Duett mit ihm mitzukommen. Aber er hat mir nie gezeigt, wie ich zählen sollte. Ich hatte immer mit meinem Gehör geschummelt, genauso wie ich geschummelt habe, um die richtigen Noten zu finden, statt vom Blatt zu spielen. Wie mein Großvater bin ich ganz Gehör und musikalische Intuition. Aber ein gutes Gehör ist noch keine Eintrittskarte ins fortgeschrittene klassische Repertoire.

»Wie viele Schläge hat diese Note?«, will Molly wissen und zeigt auf eine beliebige Note mitten auf dem Notenblatt. Das ist noch schwieriger, als die Tonhöhe zu bestimmen. Ich muss die Partitur genau studieren, mit meinem Bleistift auf den Noten zählen, um es rauszukriegen. Es gibt so viele Noten in diesem Takt! »Sie sollten jederzeit wissen, welchen Wert die Note hat, und zwar auf Anhieb.«

»Aber warum?«, jammere ich. »Was macht es für einen Unterschied?« Molly erklärt es mir, doch die Erklärung ergibt für mich keinen Sinn.

»Es ist großartig, dass Sie ein so gutes Gehör haben.« Ihr Ton ist sanft, sie bemerkt meine Verstörtheit und meinen Kummer. »Viele haben kein Gehör, Sie besitzen also ein wichtiges Werkzeug. Aber das Gehör ist nur eines von mehreren Werkzeugen. Sie müssen auch vom Blatt spielen und zählen können. So, wie wir ganze Wörter und Sätze lesen statt einzelner Buchstaben. Wir werden jetzt jede Woche einige Zeit vom Blatt spielen, zählen und Theorie lernen.«

Mir bleiben jetzt ein paar einfache Wahlmöglichkeiten: Ich kann protestieren, ein nutzloser Versuch, auf meinen Illusionen zu beharren. Ich kann zu dem Schluss kommen, Klavierspielen sei einfach zu schwierig und demütigend, und aufhören. Oder ich kann einen dritten Weg einschlagen.

»Einverstanden«, gehe ich nach. Ich beschließe, mich dem Unbekannten zu stellen, dem Erschreckenden, meiner eigenen Inkompetenz. Falls meine früheren Lehrer erkannt haben sollten, dass ich nach dem Gehör statt vom Blatt spielte, dann hatten sie wohl nicht gewusst, wie man das abstellen sollte. Diesmal aber, mit dieser Lehrerin, werde ich meiner Beeinträchtigung auf den Grund gehen. Jetzt hat mein Klavierstudium erst wirklich begonnen. »Führen Sie mich zum Anfang zurück«, sage ich. »Vermitteln Sie mir die Grundlagen, die ich nie hatte.«

Und so mache ich mir Woche um Woche in meinen Unterrichtsstunden ausführliche Notizen und übe fleißig, während ich das Lernen nach dem Gehör aufgebe. Das Vom-Blatt-Spielen wird besser; bald kann ich alle Stücke in dem Heft spielen, das Molly mir geliehen hat. Die Tests in meinem Arbeitsbuch zur Klaviertheorie schaffe ich mit links. Mein Selbstvertrauen wächst, und während es zunimmt, verändert sich meine innere Haltung. Mein Fokus verlagert sich von den Phantasien, was aus mir werden könnte, zu dem, was ich jetzt bin, zur gegenwärtigen Realität meiner tatsächlichen Fähigkeiten. Nur wenn ich daran arbeite, versichert mir Molly, indem ich lerne, den Lernvorgang zu genießen, den Augenblick, ganz beim Klavier zu sein, könne ich echte Fortschritte machen. Und meine Fortschritte beweisen, dass sie recht hat.

Nach zwei Monaten Vom-Blatt-Spielen und Zählen ist Molly der Ansicht, ich könne mich jetzt wieder mit Mendelssohns *Liedern ohne Worte* befassen.

Wir beginnen mit Blockakkorden und damit, die inneren und äußeren Stimmen zu trennen – die Sopran-, Alt-, Tenor- und Bassstimmen –, um sie dann in verschiedenen Variationen wieder zusammenzuführen. Das Stück besitzt eine komplexe Tonalität, und obwohl mein Gehör mir nach wie vor hilft, kann ich es doch nicht so vom Blatt spielen, wie es dasteht.

»In welchem Takt sind Sie?«, ruft Molly plötzlich, als ich die Hälfte der ersten Notenzeile gespielt habe.

»Ähmm.« Ich zögere.

»Zählen Sie beim Spielen laut mit. Dies sind die Taktschläge.« Sie schreibt sie mit Bleistift über die Noten, graviert sie förmlich in die Partitur: 1 + 2 + 3 + 4. »Konzentrieren Sie sich auf die Taktschläge.«

Ich rutsche unruhig auf dem Schemel hin und her. Wie soll ich diese komplizierten vier Stimmen spielen, wenn ich mich aufs Zählen konzentrieren muss? Ich werde nicht vom Blatt spielen können.

»Versuchen Sie's einfach.« Sie klingt ermutigend. »Lesen Sie von Taktschlag zu Taktschlag, schauen Sie, welche Note zu welchem Taktschlag gehört. Das ist, als hätte man eine Landkarte der Musik. Die Taktschläge sind Anhaltspunkte. Die anderen Noten betrachten Sie als Füllsel, Sie müssen sie nicht lesen.«

Es gibt kein Entrinnen. Ich schließe die Augen und hole tief Atem, als müsste ich gleich von einer Klippe springen. »Es ist okay«, lockt sie, als spräche sie zu einem ängstlichen Tierchen. »Lassen Sie es einfach geschehen.«

Ich atme aus und lege meine Hände auf die Tasten. »Eins und zwei und drei und vier. Eins und zwei und drei und vier.« Wir zählen gemeinsam laut, und dann beginne ich zu spielen. Und dann geschieht etwas Eigenartiges. Die Musik strömt einfach aus meinen Händen. Die Taktschläge sind wie eine nahende Lokomotive, die Räder klackern rhythmisch; meine Hände werden mitgezogen. Der Rhythmus ist der Motor der Musik, er trägt meine Hände zu den richtigen Noten. Mich auf die Taktschläge zu konzentrieren verbraucht so viel von meiner Aufmerksamkeit, dass kein Raum mehr dafür bleibt, die Noten zu lesen. Ich spiele die erste Seite durch, akkurat, im richtigen Zeitmaß. Ich mache Musik mit einem Stück, das ich nie richtig spielen konnte. Was ist da gerade geschehen?

Wie bei der Mozart-Sonate habe ich mich von meinen inneren Blockaden freigemacht, aber diesmal war das Taktzählen das Mittel dazu. Da ich mich auf das Zählen konzentriert habe, wurden meine Hände frei, das zu tun, was sie bereits konnten. Es fühlte sich genauso an, als würde man zum ersten Mal ganze Sätze laut lesen. Die Augen schweifen voraus, sehen die Sätze kommen, und die Geschichte fließt dahin, anstatt von der Zunge zu holpern. Mir wird klar, dass ich vorausgesehen habe, wie die folgenden »Sätze« der Musik lauten würden.

»Ich lese Noten! Ich lese Noten!« Mein Entzücken ist ganz und gar kindlich. »Ich möchte ein goldenes Sternchen haben!«

Molly holt ein Blatt mit goldenen Sternchen, das sie für ihre jungen Schüler bereithält, und klebt eines in mein Musikheft unter meine Notizen für die Stunde. Dann schreibt sie »Hervorragend!« und unterstreicht es. Meine innere Viertklässlerin ist überglücklich.

»Ich werde Sie zum Aushängeschild für meine erwachsenen Schüler machen«, meint Molly. Sie klingt verhalten, vielleicht überrascht. Da kommt mir der Gedanke, dass es sehr schwierig sein muss, eine ehrgeizige, starrköpfige Schülerin zu unterrichten, die keine Noten lesen kann. Meine Leistungen gehen ebenso gut auf Mollys Konto wie auf meines. Ich beginne mich selbst zu rügen, dass ich eine so schwierige Schülerin bin, aber Molly unterbricht mich. Sie sagt, es könne leicht zehn Jahre dauern, bis ein Schüler die Bass- und Sopranzeilen einer Klavierpartitur gleichzeitig lesen kann.

»Ich glaube, dieses Stück können wir beiseitelegen«, sagt Molly. »Konzentrieren wir uns jetzt auf Ihre Mozart-Sonate. In einem Monat gibt's eine Piano-Party und da möchte ich, dass sie sitzt.«

4

Die Piano-Party

*»Jede mutige Handlung im Leben verändert
uns in gewisser Weise. Wenn wir unseren Platz auf der
Bühne einnehmen, zitternd vor Angst, und zu musizieren
wagen, erschaffen wir nicht nur ein musikalisches Werk neu,
sondern auch uns selbst.«*
Madeleine Bruser, ›Die Kunst des Übens‹

Lampenfieber hat mich immer schon geplagt. Als ich vierzehn war, fuhr mein Vater, der für mich eine Karriere als professionelle Flötistin im Auge hatte, einmal mit mir zu einem Vorspielen beim Orchester des Bundesstaats, und ich war vor Angst so gelähmt, dass ich mich weigerte, aus dem Auto zu steigen. Mein Vater trug mich buchstäblich in den Vorspielraum, aber er konnte mich nicht zwingen, auf die Bühne zu gehen und zu spielen, und wir kehrten in bitterbösem Schweigen nach Hause zurück. Als ich am Mannes College Klavier studierte, erstarrte ich, wenn ich wusste, dass jemand draußen vor dem Übungsraum stand, und konnte mich nicht konzentrieren. Solche Reaktionen sind eigentlich normal und weit verbreitet – vor anderen zu spielen löst einen Adrenalinschub aus, der uns in einen Kampf- oder Fluchtmodus versetzt; beinahe alle Berufsmusiker haben beträchtliche Zeit darauf verwendet zu lernen, mit diesem biochemischen Vorgang umzugehen. Doch ich hatte diese Chance ausgeschlagen und glaubte nun, die Angst sei ein Teil von mir.

Als dann Molly die Piano-Party für Erwachsene erwähnt und von mir zu erwarten scheint, vor einem Haufen fremder Leute zu spielen, sage ich ihr, das werde wohl nicht möglich sein. »Meine Hände werden erstarren, mein Kopf wird ganz leer sein. Ich werde es nicht schaffen«, sage ich ihr.

»Na dann«, meint sie und klingt, als würde es ihr nicht viel ausmachen. »Sie müssen nicht spielen, wenn Sie nicht wollen. Aber üben wir auf jeden Fall den Mozart, und wenn Sie dann auf der Party sind, können Sie ja entscheiden, ob Sie spielen mögen oder nicht.«

Es ist beruhigend zu wissen, dass ich nicht spielen muss. Einer der Vorteile, wenn man als Erwachsener mit dem Klavierspielen beginnt: Man kann nach eigenem Gutdünken üben und vortragen. Noch etwas anderes haben wir erwachsenen Klavieranfänger den meisten Kindern voraus: Wir motivieren uns selbst, wir haben größere intellektuelle Fähigkeiten, wir sind musikalisch erfahrener und physisch besser ausgestattet, das Klavier zu spielen, das ja für erwachsene Hände und Körper geschaffen wurde, nicht für die von Kindern. Und, der Hauptvorteil: Wir haben die notwendige Geduld und Selbstdisziplin für ein effektives Üben entwickelt.

Unglücklicherweise aber fehlt es uns auch an der natürlichen Zuversicht eines Kindes. Wir sind daran gewöhnt, uns mit einer gewissen Kompetenz durchs Leben zu bewegen, aber wenn es ums Klavierspielen geht, müssen wir uns Inkompetenz eingestehen. Wir klettern auf einem fremden Baum an einem Ast entlang, etwas, das wir vielleicht seit dem Ende der Schulzeit nicht mehr getan haben. Kinder vergleichen sich mit anderen Kindern. Wir Erwachsenen vergleichen uns mit Rubinstein oder Horowitz und machen uns dementsprechend nieder – wozu müssen wir auch in unserem Alter noch mit dem Klavierspielen anfangen? Witzfiguren! Als Erwachsener Stunden zu nehmen ist mutig.

Zehn erwachsene Schüler hat Molly in unserer kleinen Stadt in den dünn besiedelten nördlichen Rocky Mountains, und die sind offenkundig bereit, eine Blamage zu riskieren und bei einer Piano-Party aufzutreten. Wie sich herausstellt, sind wir Teil eines Trends.

Laut dem nationalen Verband der Musiklehrer sind Erwachsene über 25 die am schnellsten wachsende Gruppe unter den Klavieranfängern. Manche haben als Kinder Unterricht gehabt, sind aber entweder zu sehr gedrillt worden oder haben das Interesse verloren. Wenn dann ihre eigenen Kinder zu spielen anfangen, kehren sie wieder zum Klavier zurück. Sie kommen in die mittleren Jahre, bilanzieren, was sie erreicht und was sie immer wieder verschoben haben, und beginnen Klavier zu spielen, um einen lange gehegten Traum in die Realität umzusetzen.

Es gibt neuerdings Lehrbücher, Übungsgruppen, Lehrpläne und Organisationen für Erwachsene. Klavierlehrer berichten, dass sie auf Partys unweigerlich die Sätze hören: »Hätte ich doch das Klavier nie aufgegeben« oder: »Ich wollte immer schon Klavier spielen lernen.« Im ganzen Land sind Piano-Salons für erwachsene Amateurpianisten entstanden: das Adult Forum für erwachsene Musikschüler in Washington D. C., die Piano Amateurs in Boston, der Salon in Dallas, der Piano Club im Hudson Valley, das »Open Stage« in New Hampshire und eine Gruppe für erwachsene Klavierschüler in San Francisco. Klavierwettbewerbe für Amateurpianisten finden immer häufiger statt; der berühmteste wird von der Van Cliburn Foundation organisiert.

Ich bin auch nicht die Einzige, die von einer Virtuosenlaufbahn träumt. Eine ganze Branche hat sich entwickelt, die uns zu Diensten ist. »Nehmen Sie Ihre eigene CD mit Orchesterbegleitung auf«, lockt eine winzige Anzeige im *New Yorker*. »Lassen Sie Ihren Traum wahr werden.« Für schlappe 4595 Dollar kann man sich selbst gemeinsam mit dem Prager Rundfunkorchester aufnehmen lassen. Das Angebot umfasst vier Nächte in einem First-Class-Hotel in Prag, Proben mit dem Orchester, Frühstück, die tägliche Fahrt zum Aufnahmestudio und die Produktion einer Master-CD.

Das Interesse am Klavier erlebt anscheinend mehr als eine Renaissance: Es wird eine richtiggehende Bewegung.

Das überrascht mich, denn es gibt wenige Tätigkeiten, die höhere Anforderungen stellen, als Klavierspielen zu lernen. Man muss so viel Aufmerksamkeit gleichzeitig auf so viel Verschiedenes richten. Es ist eine höchst anspruchsvolle Form von Multitasking, in der wir voll und ganz – physisch, emotional, geistig, schöpferisch – im gegenwärtigen Augenblick präsent sein müssen. In nur einem Moment hört man auf die Linienführung der Melodie und meistert die Phrasierung, lauscht auf die Tonbildung und passt entsprechend den Anschlag an, navigiert auf der Architektur der Tasten, indem man die richtigen Abstände zwischen den Noten erfühlt, liest und analysiert die Partitur und übersetzt sie augenblicklich in Bewegung, achtet darauf, wie der Takt sich in den Ablauf der Zeit fügt, und auf den Rhythmus, kreiert eine künstlerische Interpretation, indem man die übergeordnete Struktur der Musik erfasst, liest Sopran- und Bassschlüssel, spielt zwei oder vier Stimmen simultan mit zwei Händen, betätigt die Pedale, achtet auf die Parameter der Vorzeichen und auf die Körpermechanik, damit sie nicht die Freiheit der Bewegung behindert.

Das ist viel verlangt von einem Gehirn – vor allem von dem

eines Erwachsenen, der die Schule lange hinter sich hat. Besonders dann, wenn man Kinder großzieht, arbeitet, verheiratet ist, Freundschaften pflegt. Molly aber macht ihren erwachsenen Schülern Mut, erinnert sie daran, dass sie mehr von ihren Ängsten und Unsicherheiten als von Unfähigkeit gehemmt werden. Das menschliche Gehirn kann in jedem Alter Neues lernen. Der Unterschied zwischen einem Gelegenheits- und einem fortgeschrittenen Klavierspieler ist in erster Linie eine Sache der Geschwindigkeit, erklärt mir Molly. Es ist uns nicht bewusst, aber die Hände bewegen sich gerne schnell, es ist ihnen lieber so. Man muss ihnen nur erlauben, das zu tun, was sie gerne tun, nachdem sie durch langsames und konsequentes Üben bestimmte Muster erlernt haben.

Unter Mollys geduldiger Anleitung wächst meine Beziehung zum Klavier und füllt mich so sehr aus, dass es manchmal scheint, als werde sie mein Leben ganz und gar in Beschlag nehmen. Das Gefühl, in meinem Gehirn neue neuronale Verbindungen zu schmieden, ganz dem Augenblick hingegeben zu sein, die Integration meines gesamten Wesens, physisch wie spirituell, erfasst mich so gründlich, ist so köstlich, so tief befriedigend, dass es sich allmählich wie eine Sucht anfühlt. Um aber eine Stufe zu erreichen, die der Sucht nahekommt, bedarf es viel Zeit und Arbeit. Was sagt unsere leidenschaftliche Lust auf dieses Instrument, unsere Weigerung, sich von ihm abschrecken zu lassen, über uns aus? Warum bleiben wir hartnäckig dabei?

»Musik lehrt Spiritualität, indem sie jemandem einen Teil von sich selbst offenbart, den er sonst nicht entdeckt hätte«, sagt der Jazzpianist Bill Evans.

Molly drückt es nüchterner aus. »Man kann sich nur schwer selbst ausweichen, wenn man Klavier spielen lernt«, sagt sie. »Man lernt einiges über seine eigenen Ansprüche, seine Geduld, seinen Optimismus oder den Mangel daran. Es formt den Charakter.«

Molly war dreißig, als sie sich in Mozart verliebte und den Entschluss fasste, wieder ans College zu gehen und Klavier zu studieren, und sie hat sehr ausgeprägte Vorstellungen davon, wie er richtig zu interpretieren sei. Anfangs widerstehe ich ihrer Anleitung, wie ich die Mozart-Sonate spielen soll. Was ich in dieser Musik höre, sind Leidenschaft und Dramatik. Molly wiederum hört Zartheit und Leichtigkeit. »Denken Sie daran«, wiederholt sie wieder und wieder, »diese Musik wurde für das Pianoforte geschrieben, nicht für das moderne Klavier. Ein Forte sollte höchstens so laut wie ein Mezzoforte gespielt werden.«

»Aber ich spiele es doch auf einem modernen Klavier«, wende ich ein. »Und zarte Mozart-Interpretationen gefallen mir nicht.« Ich muss allerdings zugeben, dass Mollys eigene Wiedergabe dieses Werks, die sie mir viele Male vorspielt, großartig ist. Sie scheint für diese Kompositionen geboren zu sein. Nie habe ich eine bessere Mozart-Interpretation gehört. Vielleicht höre ich mich selbst nicht?

Ich fange an, meine Übungsstunden auf Band aufzunehmen und höre sofort, was meine Lehrerin hört: unsensiblen Schwulst. Also ergebe ich mich Mollys Leitung. Trotzdem finde ich es immer noch schwer, meinen Anschlag leicht genug für diesen Komponisten zu gestalten. Ich bin äußerst überrascht, als ich bemerke, dass es mit dem Grad meiner Entspanntheit zu tun hat, wie mein Spiel klingt. Wenn ich angespannt bin, klingt Mozart nie richtig. Und das Vorspielen macht mich sehr angespannt. »Deshalb spielen viele Berufspianisten möglichst nicht Mozart«, sagt Molly.

Doch ein Teil von mir wünscht sich sehr, auftreten zu können, und so stürze ich mich, je näher die Piano-Party rückt, immer eifriger ins Üben, nehme die Sonate auseinander, arbeite an einzelnen Abschnitten, setze sie dann wieder zusammen. Erste Zeile: jede Hand für sich, dann gemeinsam sehr langsam, dann rasch. Zweite Zeile: jede Hand für sich, dann gemeinsam sehr langsam, dann rasch. Dann noch einmal die erste Zeile, versuchen, sie musikalischer klingen zu lassen. Ich übe, meinen Hals, mein Rückgrat, meine Arme, Handgelenke, Hände bewusst zu lockern. Stelle mir bildlich Rubinsteins Glieder vor, wie sie von seinem geraden, doch entspannten Rückgrat ausgehen, den locker auf der Schulter sitzenden Kopf, die Bewegung, die am Angelpunkt seiner Hüften ihren Ausgang nimmt, und lasse meinen Körper ihn nachahmen. Wähle eine problematische Stelle aus, nur einige Noten, und spiele sie langsam durch. Spiele mit der Linken Akkorde, benenne die Akkorde, nehme die Rechte dazu. Spiele das ganze Stück ganz langsam. Spiele es ohne Pause durch, egal wie viele Fehler ich mache. Und auch abseits vom Klavier übe ich – spiele mir die Musik im Kopf vor, während ich in den Bergen wandern gehe, entscheide mich für bestimmte Interpretationen, die ich dann an der Klaviatur ausführe.

So geht es dahin, Tag für Tag, als würde man aus Blöcken ein Gebäude errichten. Manchmal empfinde ich den Übungstrott als beengend, besonders dann, wenn eine lästige Passage durch nichts, was ich mache, besser wird. Dann frage ich Molly um Rat, und wir analysieren gemeinsam das Problem. Ich begreife bald, dass es kein Hinweis auf mangelndes Talent ist, wenn man Schwierigkeiten an den Tasten hat, sondern eine ganz normale und unvermeidliche Herausforderung unserer Fähigkeiten zur Problemlösung. Molly bringt mir bei, wie man mit Analyse und Kreativität jedes Hindernis überwindet. In wenigen Wochen hat sich meine Interpretation der Sonate so sehr verbessert, dass es kaum zu glauben ist, wie sehr ich einmal mit ihr gekämpft habe und dass ich deswegen beinahe das Klavierspielen aufgeben wollte.

*

Der Tag der Piano-Party ist gekommen. Mein Mann Oliver, der zweifellos annimmt, er werde sich stundenlang mieses Geklimper anhören müssen, erklärt sich widerstrebend bereit, als moralische Unterstützung mitzukommen. Die Party findet bei Mollys Schülerin Clara Erickson und ihrem Mann Ron statt. Sie wohnen südlich der Stadt hoch oben an einem Hang. Wir wandern ihre steile Zufahrt hinauf, Oliver trägt einen Salat für das Abendessen, zu dem jeder etwas beisteuert, ich meine Noten. Ron nimmt uns unsere Jacken ab, Sandy, die einzige andere Schülerin, die ich kenne, springt auf und umarmt mich herzlich. Ich stelle Oliver Molly vor und sie uns beide dem Raum voller Schüler. Es sind Männer und Frauen, meist in mittlerem Alter, Ärzte, Lehrer und Geschäftsleute, Hausfrauen und Rentner. Die dazugehörigen Ehepartner sind sofort an ihrer entspannten Haltung zu erkennen und an ihrem Blick gelangweilter, wenn auch leutseliger Toleranz.

Im geräumigen Wohnzimmer sind Stuhlreihen vor einem Baldwin-Flügel aufgestellt. Das Haus hat eine Glasfront mit Blick auf die Berge rundum, die Raumaufteilung schafft eine akustische Live-Situation, also hat man bei der Deckelstütze die niedrigste Position gewählt. Clara und ein paar andere sind in der Küche, richten das Essen und die vielen Flaschen Wein her, die wir laut Mollys »Regeln« erst nach dem Spielen austrinken dürfen. Andere probieren zur Einstimmung das Klavier aus.

Ich fühle mich mit der Mozart-Sonate so gut vorbereitet wie nur je, bin aber bereits sehr nervös und muss mich daran erinnern, dass ich ja nicht unbedingt zu spielen brauche. Bald nehmen alle ihre Plätze ein, und die Aufführung beginnt. Molly ruft die erste Schülerin auf, die, wie sie erklärt, erst vor drei Monaten angefangen hat und heute nur mit der rechten Hand spielen wird. Eine Frau etwa in meinem Alter geht nach vorn zum Klavier.

Als sie sich hinsetzt, bemerken wir, dass ihre Hände heftig zittern. Sie behält ein Lächeln bei, das eher einer Grimasse gleicht, macht aber trotz allen Innehaltens und neu Anfangens weiter. Ich fühle ihr Herzklopfen wie mein eigenes. Ich zucke für sie zusammen. Dann aber steht sie auf, das Gesicht rot vor Stolz und Verlegenheit. Eilig greift sie nach ihren Noten und geht wieder zu ihrem Platz, während der Raum in Applaus und Bravo-Rufe ausbricht. Ich beteilige mich begeistert. Wie mutig sie ist!

Sandy kommt als Nächste an die Reihe, sie spielt ein einfaches Stück des amerikanischen Komponisten Dennis Alexander, der einer von Mollys Mentoren ist. Sandy streicht ihren Rock glatt und liefert eine nervöse Einleitung zum Stück. Sie fängt mehrmals an, hält inne, sagt irgendwann einmal »Mist!«, fängt wieder an. Als sie zum Ende kommt, rafft sie die Noten vom Pult, steht auf und macht einen forschen kleinen Diener. Wir johlen unsere Anerkennung.

Zwei weitere Schüler werden von Molly zum Klavier gebeten, auch sie spielen sehr einfache Stücke, mühen sich ab, fangen wiederholt neu an. Ihre Hände zittern, wir fühlen ihre Nervosität mit. Jeder bekommt seinen herzlichen, enthusiastischen Beifall. Und ich komme mir allmählich blöd vor, aus Angst vor einer Blamage nicht spielen zu wollen. Offensichtlich ist es hier eine Leistung, überhaupt zu spielen, und nicht, fehlerlos zu spielen. Überdies sind die Zuhörer mehr als nachsichtig, sie unterstützen einen regelrecht. Wir sind nicht hier, um ein Urteil zu fällen, wie es mein Vater so oft getan hat, wenn ich als Kind spielte, sondern um anzuspornen, zu ermutigen. Je unvollkommener die Darbietung, so scheint es, desto lauter, anhaltender und aufrichtiger der Beifall. Uns allen geht es wie dir, scheint das ehrliche Lächeln der Zuhörer zu sagen, wir helfen einander, unsere Ängste zu besiegen. Auch ich muss das hinter mich bringen. Hier müsste es eigentlich klappen.

»Perri, möchten Sie spielen?« Molly schaut mich mit ihren runden, glänzenden Augen erwartungsvoll an. Ich gehe mit großen Schritten zum Klavier, habe das schreckliche Gefühl, dass alle Blicke auf mich gerichtet sind, und fühle mich trotzdem ein wenig waghalsig und unverfroren. »Das ist Perri. Sie hat vor einigen Jahren in New York Unterricht genommen und erst kürzlich nach einer langen Pause wieder angefangen zu spielen.« Mein Herz hämmert. Ich möchte, dass man von mir ebenso wenig erwartet wie von diesen anderen Anfängern. »Perri, sagen Sie uns, was Sie spielen wollen.«

Ich sitze bereits auf der Klavierbank, die Noten aufgeschlagen auf dem Pult. Molly setzt sich links neben mich, um umzublättern. Meine Handflächen sind schon feucht, die Hände zittern. Ich atme tief ein und wieder aus, um das Adrenalin loszuwerden. Obwohl ich der kleinen Schar gegenübersitze, verbanne ich sie aus meinem Gesichtsfeld und starre ins Leere, während ich sage: »Ich werde den ersten Satz aus Mozarts Sonate in G-Dur, Köchelverzeichnis 283, spielen.«

Ich spiele mir die ersten Takte im Kopf vor, um mir ins Gedächtnis zu rufen, was ich tun werde und mein Gehör einzustimmen, und dann stürze ich mich hinein, beinahe ohne Luft zu holen. Mit steifen Händen stolpere ich durch die erste Seite, kämpfe mich aber eisern zur zweiten durch. Plötzlich schwimme ich im Strom der Musik; das klingt gar nicht so schlecht. Dieser Gedanke fühlt sich an wie eine starke Brise, die mich durchbläst, und mich erfasst ein Gefühl von Leichtigkeit und freudiger Erregung. Im Geist bin ich allein, geborgen und vertraut mit dem Klavier und der Musik, und die Zuhörer sind gar nicht da.

Auf der dritten Seite habe ich es mit einigen Passagen zu tun, die ich noch nicht völlig beherrsche, und bin schon vorher etwas ängstlich. Erstaunlicherweise helfen mir meine Hände da durch, und mich durchzuckt der Gedanke: »Ich schaffe es! Ich schaffe es!« An diesem Punkt verspiele ich mich und muss innehalten, um mich wiederzufinden. Ich mache eine flapsige Bemerkung zum Publikum, die mir aus Nervosität herausplatzt, und fange dann wieder dort an, wo ich aufgehört habe.

Solche Gedanken, die uns ablenken, nennt Molly »den eigenen griechischen Chor«. Er sabotiert so manche Darbietung. »Verdammt!«, denke ich und halte wieder den Atem an. Nur noch eine halbe Seite bis zum Schluss. Ich muss mich irgendwie durchkämpfen. Ich spiele taktweise falsche Noten und verpatze die Schlussakkorde, aber immerhin schaffe ich es bis zum Ende.

Als ich die Hände von den Tasten nehme, gibt es einen enormen Beifallssturm, der mir in den Ohren donnert und vor Schock die Sicht vernebelt. Kann das sein – meine Mitstreiter, die erwachsenen Klavieramateure, stehen auf, entbieten mir Standing Ovations? Oder bin ich einfach im Raum-Zeit-Kontinuum zu meiner Premiere in der Carnegie Hall versetzt worden?

Ich weiß, ihr Enthusiasmus könnte eventuell bedeuten, dass ich die bis jetzt schlechteste Darbietung geliefert habe; es ist eher die Begrüßung eines Neulings als der Ausdruck musikalischer Wertschätzung, aber es fühlt sich trotzdem gut an.

Sie applaudieren nicht der Perfektion meines Auftritts, sondern meinem Mut, überhaupt aufzutreten. In diesem dankbaren Moment entschließe ich mich, ihren Maßstab für Erfolg zu dem meinen zu machen. Ich bin zur Party gekommen, ich habe gespielt und das Stück bis zum Ende durchgestanden. Das ist eine enorme Leistung. Ich bin überglücklich. Zu meinem Erstaunen denke ich: *Ich möchte das noch einmal machen.*

Als ich vom Klavier zurücktrete, reicht mir Sandy ein Glas Rotwein, das ich freudig hinunterstürze. Dann setze ich mich wieder neben Oliver, zitternd vor Euphorie. Er legt mir den Arm um die Schultern und drückt mich. Der Wein beruhigt meine Nerven gerade so weit, dass ich mich auf das Spiel der nächsten Schüler konzentrieren kann.

Da erkenne ich, dass ich hereingelegt wurde.

Die nächste Schülerin ist Clara, sie spielt einen spanischen Tanz von Granados, einem Komponisten, der mir kein Begriff ist. Ihre Darbietung wirkt zwar wegen ihrer Nervosität ein wenig gekünstelt, doch sie spielt ohne Patzer und endet äußerst schwungvoll. Die Schülerinnen nach ihr kann man dann wirklich Pianistinnen nennen – eine ist besser als die andere. Anne spielt eine Bach-Fuge, die ich selbst einmal versucht und wieder aufgegeben habe; sie klingt, wenn auch nicht makellos, so doch sehr musikalisch. Jean, selbst Klavierlehrerin, spielt eine komplette Beethoven-Sonate, leidenschaftlich und meisterhaft. Es ist eine wunderschöne und äußerst erfreuliche Darbietung.

Hätte ich gewusst, dass mir so versierte Klavierspieler folgen würden, oder hätten diese Schüler gleich am Anfang gespielt, wäre ich zweifellos voller Lampenfieber auf meinem Platz unter den Zuhörern sitzen geblieben. Ich hätte nie meinen kleinen Triumph erlebt. War das nicht schlau von Molly?

Ein neuer Wunsch wallt in mir auf: mein Lampenfieber ein für alle Mal zu besiegen.

Inzwischen haben alle gespielt, und jeder bekommt zur Belohnung ein Glas Wein. Im Raum herrscht Stimmengewirr, während wir in die Küche zu unserem bunt zusammengewürfelten Abendessen gehen. Dann kommen alle auf mich zu, einer nach dem anderen, um sich vorzustellen und mir zu meiner Vorführung zu gratulieren. »Sie spielen mit so viel Inbrunst«, sagt Gary, der einige bekannte Jazz-Stücke vorgetragen hat. »Sie haben den Mozart so gut hingekriegt, und der ist so schwer zu spielen«, meint Anne. Jeder findet etwas Besonderes an meinem Mozart, etwas Lobens- und Bemerkenswertes.

Aber sie wenden sich nicht nur an mich. Alle Schüler schlendern durch das Zimmer, jeder schenkt jedem anderen ein paar Worte des Lobes, hebt hervor, was ihm besonders gefallen hat. Ich folge ihrem Beispiel, suche mir die erste Vorspielende heraus, die Anfängerin, die mit bloß einer Hand gespielt hat, und sage ihr, wie sie mich mit ihrem Mut angespornt hat: »Ich habe gedacht: ›Wenn sie nach bloß drei Monaten Unterricht da rausgehen und vor allen anderen Patzer riskieren kann …‹«

Die herumschlendernden Klavierschüler werden still, als sie das hören. Dann kichert jemand: »Patzer? Was für Patzer?« Und alle brechen wir in Gelächter aus.

5

Die Suche beginnt

Ich übe jeden Abend in der Schule und kann meist ein ganz anständiges Instrument finden. Aber die Übungsinstrumente jeder Musikschule leiden darunter, dass sie unregelmäßig gewartet und überbeansprucht werden, und die hier sind keine Ausnahme. Manchmal sind alle Zimmer besetzt, das Gebäude ist verschlossen, oder ich finde keinen Parkplatz in der Nähe und muss im Dunkeln weit laufen, bei Schlechtwetter, in einer Kälte, bei der einem die Finger einfrieren. Trotzdem denke ich noch nicht ernsthaft darüber nach, ein Klavier zu kaufen oder zu mieten; mir gefällt es, mitten unter den Musikschülern zu sein und das Geklimper aus dem Keller der Schule zu hören.

Nicht lange nach der Piano-Party bittet mich eine Freundin, während ihres Sabbatical auf das aus dem Jahr 1905 stammende Steinway-Pianino ihrer Familie achtzugeben. Sie lässt das Klavier in unser Haus schaffen und bittet nur darum, dass ich darauf spiele und es gestimmt halte. Bald bin ich verwöhnt von diesem Glücksfall: Das Klavier hat ein wunderbares Gehäuse, Mahagoni-Einlegearbeit, und es ist ein großer Luxus, auf meinem eigenen Instrument zu spielen, wann immer ich möchte. So beschließe ich, das Sabbatical meiner Freundin als die Frist zu betrachten, innerhalb derer ich mir ein eigenes Klavier kaufen werde.

Als bescheidene Klavierspielerin mit bescheidenen Mitteln

habe ich es mir zum Ziel gesetzt, ein gebrauchtes Pianino in annehmbarem Zustand für etwa 3000 Dollar zu finden. Es soll nicht das ultimative Traumklavier sein, sondern ein Übungsgerät, ein Arbeitsgaul.

Ich beginne in den drei Klaviergeschäften in Missoula. Das erste liegt an der Hauptgeschäftsstraße, im vorderen Schaufenster lockt ein Flügel. Zwei Reihen Flügel bilden eine Prachtstraße zum hinteren Teil des Geschäfts, wo dicht an dicht viele neue Pianinos stehen.

Ich bin fast beim ersten angelangt, als ein sehr großer, imposanter Herr mit weißen Haaren mich abfängt. Er spricht mich mit gutturalem holländischem Akzent an: »Spielen Sie?«, verlangt er zu wissen.

»Ich bin Schülerin, Anfängerin«, bringe ich vor. »Ich suche ein gutes gebrauchtes Pianino zum Üben.«

»Ja, also, diese Samicks wären perfekt für Sie. Mein Freund Klaus Fenner, ein deutscher Klavierdesigner, hat sie entworfen. Sie sind äußerst preiswert.« Er deutet auf das Pianino neben sich und winkt mich auf die Klavierbank.

Ich setze mich, der Mann weicht nicht von meiner Seite. Seine Größe und herrische Art schüchtern mich ein, ich spüre, wie mein Lampenfieber wieder angaloppiert kommt und eine leichte Panik auslöst. Ich schaffe es, ein paar Noten zu spielen, während der Mann mich genau beobachtet.

»Nein, nein, nein!«, unterbricht er. »Ihre Technik ist furchtbar! Sie sollten Ihre Hand nicht so halten!« Ich erstarre.

»Lass sie spielen!«, flötet eine einschmeichelnde Frauenstimme. Ich drehe mich um und bemerke eine schlanke, freundlich aussehende Dame. Das ergrauende Haar ist mit einem Ripsband und einer akkuraten Schleife nach hinten gebunden, die Lesebrille sitzt auf der Nasenspitze, sie sieht aus wie eine altmodische Bibliothekarin. Ihre Stimme trällert mit einem leichten holländischen Akzent. Sie lächelt mich an. »Lassen Sie sich Zeit.«

Der weißhaarige Autokrat stolziert zurück in den hinteren Bereich des Geschäfts und verschwindet hinter einem Vorhang. Die Frau zieht sich in ein Büro zurück, um außer Sichtweite zu sein. Ich fasse mich genug, um das erste Präludium aus Bachs *Wohltemperiertem Klavier* zu spielen.

Das Samick missfällt mir sofort. Der Ton klingt irritierend, brüchig. Die Klaviatur ist schwergängig. Ich wandere von Pianino zu Pianino, öffne die Deckel und schlage ein paar Noten an, setze mich manchmal lange genug, um einige Takte zu spielen. Es sind lauter neue Samicks. Sie klingen und spielen sich alle gleich.

Der Mann taucht wieder auf und weicht mir neuerlich nicht von der Seite. »Wie gefallen Sie Ihnen?«

»Nicht besonders«, sage ich. »Was haben Sie noch?«

»Sie gefallen Ihnen nicht?«, ruft er ungläubig aus. »Klaus Fenner ist ein enger Freund von mir, er ist ein hervorragender deutscher Designer. Die haben das beste Preis-Leistungs-Verhältnis von allen Klavieren, die Sie finden werden, egal wo.« Die Worte scheinen aus seinem Mund zu klicken, so deutlich artikuliert er sie.

»Es tut mir leid, sie sind nicht nach meinem Geschmack.«

»Das ist ganz in Ordnung.« Wieder die Frau. Sie steht dicht hinter mir. »Sehen wir uns doch mal die älteren Pianinos an.« Sie führt mich in den hintersten Bereich des Ausstellungsraums, dort stehen an der Rückwand eine Reihe sehr großer amerikanischer Pianinos, die meisten in Eiche und Mahagoni. »Versuchen Sie die mal«, sagt sie mit einer anmutigen Handbewegung. »Die sind alle sehr gut.«

Der Autokrat, der immer noch etwas über die Samicks vor sich hin brummelt, verzieht sich in die Werkstatt, in die ich nun durch einen aufgezogenen schwarzen Vorhang einen Blick werfen kann. Ein junger Mann ist darin, sein Gesicht wird von einer Arbeitslampe erhellt; er leimt Teile auf eine sonderbare Vorrichtung, es muss eine Klaviermechanik sein.

Diese alten Pianinos gefallen mir besser: Sie erinnern mich an das Instrument, mit dem ich aufgewachsen bin. Sie klingen besser als die Samicks. Aber man muss bei allen etwas machen. Das eine gibt eine Reihe irritierender mechanischer Geräusche von sich. Bei einem anderen funktionieren einige Tasten nicht. Die Frau, die sich wieder zu mir gesellt hat, meint, ich solle mir keine Sorgen machen; die Pianinos würden alle vom Geschäftsinhaber, dem weißhaarigen Herrn, restauriert und danach perfekt sein. »Ich rufe Sie an, wenn eines fertig ist, Sie können dann darauf spielen«, sagt sie sehr liebenswürdig. »Hier ist meine Karte. Rufen Sie mich in ungefähr einem Monat an. Dann werden wir etwas für Sie da haben.«

Auf dem Weg hinaus genehmige ich es mir, auf jedem der Flügel, die den Weg zur Tür säumen, ein paar Takte zu spielen. Zwei Steinways stehen da, ein Kawai, ein Baldwin und ein Yamaha, alle gebraucht. Das letzte Instrument ist ein älterer Flügel mit einem schönen, glänzend polierten Mahagonigehäuse – das Klavier im Schaufenster. Ich öffne den Deckel. »Schimmel« steht da, eine Marke, von der ich noch nie gehört habe. Ich schlage ein paar Tasten an und bin tief berührt von der Schönheit des Tons. Ich setze mich, um zu spielen, und meine Hände werden mitgetragen von der Vollkommenheit des Anschlags, als würde das Klavier mich spielen. Ich seufze. Ein Flügel ist einfach ausgeschlossen. Zu teuer. Aber der da ist so schön. Er ist für einen wahren Künstler bestimmt, nicht für eine erwachsene Anfängerin wie mich.

*

Als Nächstes suche ich den örtlichen Yamaha-Händler auf, der auch neue Baldwin-Pianinos verkauft. Dieses Geschäft ist hell erleuchtet, liegt in einer Einkaufsmeile, Jazz-Pianisten sind die Eigentümer und Betreiber. Sie führen Instrumente für Bands und auch Noten. Auf halber Treppe steht ein neues Schimmel-Pianino mit einem futuristischen weißen Fiberglasgehäuse. Ich spiele ein paar Takte der Mozart-Sonate, es scheint ein perfektes Mozart-Klavier zu sein, kultiviert und empfindsam. Es hat einen wunderbaren Anschlag, aber es ist zu teuer und sogar der Verkäufer witzelt über das Raumzeitalter-Gehäuse. Dann gibt es noch ein neues Modell, einen Yamaha-S4-Flügel. Es strebt eine ähnliche Tonqualität an wie europäische oder amerikanische Instrumente, sagt der Verkäufer. Es ist nett – allerdings ist diese Nettigkeit keine 64 000 Dollar wert. Die Baldwin- oder Yamaha-Pianinos, auf denen ich spiele, sagen mir nicht zu. Die Baldwins wirken ein wenig leblos. Und der Klang der Yamahas ist zu scharf und durchdringend.

Ich hoffe auf ein gebrauchtes Instrument, aber dieses Geschäft führt keine, also gehe ich in das dritte und am wenigsten renommierte Geschäft in Missoula. Es gehört einem alten, taub gewordenen Klavierstimmer. Er führt es zusammen mit seinem Sohn. Der »Ausstellungsraum« ist ein halbdunkles, stockfleckiges, verstaubtes Lagerhaus, die Pianinos stehen so eng beieinander, dass man sich kaum vor die Klaviatur zwängen kann, um darauf zu spielen. Das meiste Inventar besteht aus alten, kaputten Spinetten, den kleinsten Klavieren. Ich hebe ein paar staubige Deckel hoch und schlage viele falsche oder klanglose Töne an. Auf den meisten dieser Klaviere kann man schlicht nicht spielen.

Da steht aber auch ein glänzendes neues Yamaha-Pianino, das Modell U3, ebenholzschwarz lackiert und poliert. Ich kann es für 35 Dollar im Monat leasen, das sind dann Abschlagszahlungen auf den Kaufpreis von 3500 Dollar. Das Yamaha klingt gut, vor allem verglichen mit den kaputten Spinetten, aber die Basstöne weisen ein lautes Summen auf, und es ist verstimmt; immerhin, der Preis ist angemessen. Der Sohn meint, das Klavier sei fünf Jahre alt, man werde vor der Lieferung das Summen beseitigen und das Instrument stimmen. Ich bitte ihn, das Yamaha zu reservieren. Als ich heimkomme, rufe ich beim Hersteller an und erkundige mich nach der Ursache für das Summen in den Basstönen. Ich möchte das Instrument nicht kaufen, wenn der Defekt wieder auftritt.

Als ich dem Yamaha-Vertreter für die USA die Seriennummer des Klaviers nenne, sagt er mir, es sei 1964 für den japanischen Markt mit seinem feuchteren Klima gebaut worden und nicht für ein trockeneres Klima geeignet. Der Verkauf solcher Klaviere sei nicht vom Hersteller autorisiert, erklärt er. Ich rufe das Geschäft an und ziehe meinen Auftrag zurück. Ein Klavier zu kaufen stellt sich als komplizierter heraus, als ich gedacht hatte.

Mir fällt das Versprechen der Verkäuferin im ersten Geschäft ein, und so rufe ich an, um zu fragen, ob eines der alten Klaviere fertig sei. »Ja, wir haben ein altes amerikanisches Pianino bereit, Sie können es ausprobieren.« Sie klingt erfreut, von mir zu hören. »Können Sie morgen kommen?«

Das Klavier ist ein 75 Jahre altes Kurtzmann, eine angesehene amerikanische Marke, die es seit Anfang des 19. Jahrhunderts gibt. Es klingt gut, hat eine anständige Ansprache, ein schönes Eichenholzgehäuse und kostet bloß 1300 Dollar. Aber das Erlebnis mit dem Yamaha hat mich Vorsicht gelehrt. Ich beschließe, über Kurtzmann zu recherchieren, um keine unangenehmen Überraschungen zu erleben.

Ich suche im Internet, mit dem ich mich erst vor Kurzem

vertraut gemacht habe. Eine kursorische Suche nach »Kurtzmann Klavier« bringt mich zu einem Posting in einer Newsgroup namens rec.music.makers.piano, auch als »rmmp« bekannt. Eine Frau namens Rosemarie hat im Jahr zuvor gepostet, sie habe ein altes Kurtzmann-Klavier gekauft; ob jemand etwas über die Qualität dieser Instrumente wisse? Auf ihre Frage sind keine Antworten gekommen, aber ihre E-Mail-Adresse ist angeführt. Ich schreibe ihr und frage, wie ihr das Kurtzmann heute zusagt und was sie mir darüber mitteilen kann.

Beinahe umgehend erhalte ich eine Antwort.

»Machen Sie's nicht! Ich habe 300 Dollar für meines bezahlt; der Bass klingt zwar wunderbar, aber sonst ist es kein besonderes Klavier. Im Allgemeinen ist es nur für Klimperer geeignet. Ein Klavier wird mit der Zeit schlechter, anders als eine gute Geige. Außer einem weltberühmten Klaviertechniker kann es wahrscheinlich keiner mehr zum Leben erwecken.

Dann gibt sie mir meinen ersten wertvollen Hinweis zum Klavierkauf:

Je neuer das Klavier sein darf, desto besser. Bei 1300 Dollar müsste ein zwanzig Jahre altes Kawai in besserem Zustand drin sein. Sehen Sie sich sorgfältig um – Sie wollen ja nicht Ihr Geld zum Fenster rausschmeißen oder enttäuscht sein, weil Sie nicht den Klang bekommen, den Sie möchten.

Hastig mailen wir hin und her. Ich habe so viele Fragen, und Rosemarie, eine Klavierlehrerin in Seattle, die häufig bei Klavierkäufen zu Rate gezogen wird, kennt sich offenbar gut aus.

Gehen Sie in die besten Geschäfte, die Sie finden können. Spielen Sie zumindest einige Male auf deren hochwertigsten Klavieren und finden Sie heraus, welcher Klang Ihnen zusagt. SPIELEN Sie auf den Bösendorfer und Steinways – Sie werden ja wissen wollen, wie Qualität klingt. ERST DANN suchen Sie ein Klavier aus. Es ist ein bisschen wie bei einer Hauseinrichtung, nachdem man jahrelang den Architectural Digest *statt* Woman's Day *gelesen hat. HA! Sie sehen die Sache dann ganz anders.*

Und bevor Sie etwas kaufen: hören, hören, hören. Warum kommen Sie nicht mal nach Seattle? Mehr Klaviere zum Anhören.

*

Einen Monat später sitze ich im Flugzeug nach Seattle, um mit der Recherche für ein Langzeitprojekt zu beginnen. Ich habe ein bescheidenes Hotelzimmer in fußläufiger Entfernung zur Innenstadt und ein Mietauto. Eine Woche lang führe ich Interviews in Orten von Olympia bis Sedro-Woolley. Wann immer ich ein paar freie Minuten habe, studiere ich die örtlichen Gelben Seiten und rufe so viele Geschäfte an wie möglich. Ich habe keine Zeit, Rosemarie zu treffen, aber wir telefonieren, und sie empfiehlt mir die Klaviergeschäfte mit dem besten Lagerbestand. Und sie nennt mir den Namen ihres Klaviertechnikers, Steve Brady von der University of Washington, falls ich jemanden benötigen sollte, der ein gebrauchtes Klavier für mich inspiziert.

Inzwischen habe ich auf Rosemaries Rat hin *The Piano Book: Buying & Owning a New or Used Piano* von Larry Fine gekauft. Es ist die Bibel aller Klavierkäufer, und ich nehme es mit in jeden Ausstellungsraum. Larry Fine, ein Klaviertechniker aus der Gegend von Boston, hat Spitzentechniker aus dem ganzen Land damit beauftragt, sämtliche Klaviermarken, die in den Vereinigten Staaten erhältlich sind, zu bewerten. Der Hauptvorteil, dieses Buch immer dabeizuhaben, besteht darin, dass ich bei einem mir unbekannten Modell das Buch aufschlagen und lesen kann, was Klavierfachleute darüber zu sagen haben.

Ich entdecke denn auch viele Marken, von denen ich noch nie gehört habe. Darunter sind Petrof aus der Tschechischen Republik, Blüthner aus Leipzig, Pramberger aus Korea und Charles Walter aus Indiana.

Ich spiele auf neuen Steinways, Kawais, Yamahas und Bösendorfer und finde zudem eine riesige Bandbreite von Handelsmarken-Modellen aus Korea und China. Auf den Deckeln dieser Klaviere prangen die Namen berühmter, jetzt nicht mehr existierender amerikanischer Hersteller – Knabe, Weber, Chickering –, der Name ist aber auch alles, was sie mit diesen ehrwürdigen Marken gemeinsam haben.

In diesem Stadium ist nicht ein Kauf mein Ziel; ich will Rosemaries Rat befolgen und »meinen« Klang finden. Ich spiele auf einem Steinway D, dem Konzertflügel, und erwarte, begeistert zu sein, aber dem ist nicht so – ich finde ihn grob und schwer zu beherrschen. Ich erwarte auch, vom Bösendorfer hingerissen zu sein, Rosemaries Traumklavier, bin es aber nicht. Meinem Gehör nach ist das ein riesiges Klavier mit einem mickrigen, ausdrucksschwachen Ton. Die Blüthners klingen zu süßlich, sie haben einen lieblichen, unkomplizierten Ton. Die Mechanik der chinesischen Klaviere ist schwer zu beherrschen, sie klingen grell. Die Kawais klingen subtil, aber die Klaviatur ist schwergängig.

Ich spiele auf jedem Klavier in jedem Ausstellungsraum, den ich aufsuche, Flügel wie Pianinos. In der Innenstadt von Seattle finde ich außer den chinesischen Instrumenten nur wenige Exemplare, die meinem Budget entsprechen. Der Händler, der Bösendorfer verkauft, bietet auch Charles-Walter-Pianinos an, sehr preiswert. Larry Fines *Piano Book* gibt ihnen zwar gute Noten, aber mich lassen sie kalt.

Als ich meine Suche begann, dachte ich, es wäre egal, welches Klavier man kauft, solange die Tasten funktionieren und man eine Melodie darauf spielen kann. Warum wähle ich also nicht eines aus, irgendeines? Ich kann mich einfach nicht durchringen.

Vor meiner Heimreise habe ich gerade noch genug Zeit, auf dem Weg zum Flughafen in ein weiteres Geschäft zu schlüpfen. Jetzt kaufe ich ein Klavier, beschließe ich. Wann werde ich schon wieder in Seattle sein? In Missoula gibt es nichts, was mir gefällt und was ich mir leisten könnte, und Seattle, etwa 800 Kilometer Richtung Westen, ist die nächstgelegene Großstadt.

Ich biege bei Federal Way von der Interstate ab und folge der Wegbeschreibung, die mir der Geschäftsführer am Telefon gegeben hat. Der Ausstellungsraum ist klein, die Klaviere stehen dicht an dicht. Es gibt viele Pianinos, wenige Flügel. Als ich hineingehe, ist gerade ein Klaviermechaniker mit dem Stimmen eines Flügels beschäftigt. Der Geschäftsführer begrüßt mich, und ich erkläre, dass meine Zeit knapp sei, ich müsse ein Flugzeug erreichen, aber ich würde gerne auf allen Instrumenten spielen, die ausgestellt sind.

»Machen Sie es sich bequem und spielen Sie, was Sie mögen«, sagt er.

»Störe ich Ihren Stimmer auch nicht?«

»Der ist daran gewöhnt. Kümmern Sie sich einfach nicht um ihn.«

Die Art der Präsentation verheißt ein Maximum an Effizienz. In einer Reihe stehen fast ein Dutzend Charles-Walter-Pianinos, ich kann also von einer Klaviatur zur anderen rutschen. Schulter an Schulter stehen da auch einige neue Schimmel-Pianinos, und in einer Ecke ein schöner, zwei Meter breiter Flügel aus Kirschholz. Ich hebe nicht einmal die

Klappe. Auf dem Preisschild steht 23 000 Dollar, und ich darf mich nicht ablenken lassen.

Inzwischen habe ich eine Menge Übung beim Ausprobieren von Klavieren und brauche bloß einige Noten zu spielen, um zu wissen, ob ich interessiert bin. Wieder einmal sind die Walter-Pianinos angenehme, praktische Lerninstrumente, aber keines spricht mich an.

Ich gehe zu den Schimmels über. Mir fällt der alte Schimmel-Flügel ein, auf dem ich in Missoula gespielt habe, und ich hoffe, dass mir die hier gefallen. Aber sie sind weit vom Klang des Flügels oder des futuristischen Pianinos entfernt. Sie klingen sehr hell, mehr wie die neuen Yamahas. Ich frage den Geschäftsführer: »Haben Sie etwas an diesen Pianinos geändert? Ich habe schon auf einem Schimmel gespielt, das hat aber ganz anders geklungen.«

Ja, bestätigt er meine Vermutung, dieses Klavier wurde vor Kurzem umgebaut. Die neuen Schimmel-Flügel hier klingen ebenfalls sehr hell, mit einem leichten Anschlag, den ich angenehm finde. Der Geschäftsführer entschuldigt sich, er geht zum Mittagessen. Ich schaue auf die Uhr. Ein wenig Zeit bleibt mir noch.

»Suchen Sie schon sehr lange?«, fragt jemand. Es ist der Klaviertechniker, der seinen Kopf unter dem Flügel hervorstreckt.

»Hab eigentlich erst angefangen.«

»Sie spielen aber sehr gut.«

»Und Sie sind ein sehr guter Verkäufer!«

»Nein, das meine ich wirklich. Wenn Sie dann ein Klavier haben, kenne ich den richtigen Fachmann für Sie. Er stimmt so, wie Sie spielen. Er arbeitet für die Oper von Seattle.«

Er stimmt so, wie ich spiele? Jetzt bin ich vollkommen verwirrt. Was soll das heißen?

»Probieren Sie mal den da drüben.« Der Techniker deutet mit dem Kopf auf den Kirschholzflügel, während er sein Werkzeug zusammenpackt.

Ich nähere mich dem Instrument. Das polierte Kirschholz schimmert. Der Chippendale-Stil des Gehäuses ist elegant und anmutig. Ich hebe die Klappe: Charles Walter.

»Ich habe gar nicht gewusst, dass die auch Flügel bauen«, sage ich, mehr zu mir selbst. Ich setze mich und spiele das erste der *Lieder ohne Worte* von Mendelssohn, nur ein paar Takte, höre dann abrupt auf, bewegt von der fließenden Schönheit des Tons. Ich spiele mein ganzes begrenztes Repertoire durch, hole sogar Noten von Stücken heraus, die ich gerade erst lerne, nur um länger auf diesem Klavier spielen zu können. Der Flügel hat einen hinreißenden, großen und starken, offenen, sonnigen amerikanischen Klang. Viel Komplexität und Tiefe im Ton, doch warm und freundlich, ein bisschen wie das Mädchen von nebenan. Der Dynamikumfang ist wunderbar, die Mechanik leichtgängig, die Pianissimi sind vollkommen. Es gefällt sogar mir viel besser als die Steinways und Bösendorfer, auf denen ich gespielt habe, Klaviere, die um die 60 000 bis 125 000 Dollar kosten. Da ist dieses Klavier für knapp 23 000 Dollar ein Schnäppchen. Wenn ich bloß Platz für einen Flügel hätte!

»Das ist ein ganz besonderes Klavier, aus verschiedenen Gründen«, sagt der Klaviertechniker, der nun neben mir steht.

»Aber ich habe keinen Platz für einen Flügel. Ich suche ein 5000-Dollar-Pianino!« Um der Realität Genüge zu tun, hat sich mein Budget in der Woche in Seattle erhöht.

Der Techniker muss den Kummer darüber, dass ich den Charles Walter nicht haben kann, aus meiner Stimme herausgehört haben, denn er nimmt ein weißes Kärtchen vom Schreibtisch des Chefs und schreibt etwas auf die Rückseite.

»Das ist jemand, der Ihnen helfen kann. Er entwirft und restauriert Klaviere.« Er hält inne, als müsse er überlegen. »Er hat auch einen Bruder, der neue Klaviere entwickelt und alte umbaut. Der eine ist der gute, der andere der böse Bruder.« Er zwinkert, als er mir die Karte aushändigt. »Sie können selbst herausfinden, wer welcher ist.«

Ich sehe mir die Blockbuchstaben auf der Rückseite der Karte an:

DEL FANDRICH
DARRELL FANDRICH

»Einer von beiden sollte Ihnen behilflich sein können, ein Klavier zu finden, das Ihnen zusagt«, sagt der Techniker und weist mit der Spitze seines Stifts auf die Karte, die ich in der Hand halte. »Alles Gute.«

Ich bedanke mich und schüttle ihm die Hand. Dann stecke ich die Karte hastig in die Brusttasche meines Blazers, nehme meinen Regenmantel und meinen Aktenkoffer und eile hinaus, um mein Flugzeug zu erwischen.

*

Welcher ist der gute und welcher der böse Bruder? Zuhause lese ich im Internet über die Fandrichs nach. Del, so erfahre ich, hat den Charles Walter entworfen, von dem ich so begeistert war, und baut in seiner Werkstatt in Hoquiam an der Olympic Coast im Staat Washington Flügel und Klaviere im Auftrag von Kunden mit besonderen Vorstellungen um. Darrell, Dels älterer Bruder, hat eine Mechanik für Pianinos erfunden, die sich wie eine Flügelmechanik spielt, und baut sie in tschechische Klaviere ein, die er Fandrich & Sons-Klaviere nennt. Seine Werkstatt befindet sich etwa eine Stunde nördlich von Seattle in Stanwood im Staat Washington. Beide scheinen vielversprechende Quellen für gute Pianinos zu sein, und so schreibe ich sie an.

Del Fandrichs Antwort:

Leider nein, wir haben keine Pianinos zu verkaufen. Die Lage auf dem Klaviermarkt ist so, dass es sich für uns nicht rentiert, sie für den Weiterverkauf wiederaufzuarbeiten ... Für ein Pianino bekommen wir nur etwa 25 Prozent des Preises, den ein Flügel erzielt. Oft ist das weniger, als wir investiert haben.

Heather Fandrich, Darrells Frau und Geschäftspartnerin, schreibt Folgendes:

Lassen Sie es mich wissen, wenn Sie in Seattle sind, wir zeigen Ihnen gerne unsere Klaviere. Wir führen sie gerne selbst vor, wegen der Mund-zu-Mund-Propaganda. Bringen Sie bitte Noten mit und spielen Sie, so lange Sie wollen.

Leider stehen keine weiteren Rechercheaufenthalte in Seattle an. Erst in über einem Jahr werde ich aus beruflichen Gründen wieder dort hinkommen. Ich mache mir Gedanken darüber, wie ich mir den Charles-Walter-Flügel trotzdem zulegen könnte. Das Wohnzimmer umgestalten? In ein neues Haus ziehen? Solche Fragen schmoren in meinem Hinterkopf, während ich weiterhin nach einem Pianino Ausschau halte.

Im nächsten Jahr bin ich beruflich viel unterwegs. Im Mai besuche ich eine Konferenz in Yale und erhasche in New Haven einen kurzen Blick auf fabrikneue Klaviere. Im Dezember besuche ich in Boston eine weitere Konferenz und nehme den Zug nach New York, wo mir vor einem Verwandtenbesuch auf Long Island zwei Tage bleiben, um mir Klaviere anzusehen. Im Februar führt mich meine Arbeit nach San Francisco, und ich suche vor dem Rückflug zwei Klavierhändler auf. Im Juni folgt eine weitere Konferenz in Banff, Alberta, und ich schaffe es, ein paar Stunden lang die Klaviergeschäfte von Calgary heimzusuchen.

Obwohl mein Terminkalender voll ist, inklusive Interviews morgens und abends, habe ich bald eine effiziente Klaviersuchstrategie entwickelt: Gleich nach meiner Ankunft im Hotel werfe ich einen Blick in die Gelben Seiten, dann folgen Anrufe bei so vielen Klavierhändlern wie möglich. Ich besuche aber nur diejenigen, die das interessanteste Angebot in ihren Läden haben und die vom Hotel oder vom Ort des Interviews aus leicht zu erreichen sind.

Den Heimflug von Calgary buche ich so, dass sich ein fünfstündiger Zwischenstopp in Salt Lake City ergibt, wo ich auf zwei Klaviermodellen spielen kann, die mir bisher noch nicht untergekommen sind: Instrumente des italienischen Herstellers Schulze Pollmann und von Astin-Weight, einem ortsansässigen Familienbetrieb.

Die SPs haben erlesene Gehäuse – mein Favorit ist das aus »Blumen-Mahagoni«–, doch jedes der vier Modelle, auf denen ich spiele, hat ein Problem mit dem Registerwechsel zwischen Bass und Tenor. An der Stelle im Klavier, wo die mit Kupferdraht umsponnenen Basssaiten in einfache Stahlsaiten übergehen, ändert sich die Stimme des Klaviers, und die linke Seite der Klaviatur – die Bassseite – hat eine andere Tonqualität als die rechte. Später erfahre ich, dass dies ein häufiges Mensurproblem ist.

Die Astin-Weights haben eine hübsche offenporige Eichenlasur und sind gut gebaut, aber der Klang dröhnt unkontrollierbar, und die Mechanik ist ausgeleiert. Es wären hervorragende Klaviere für eine Kirche oder Schule, wo Lautstärke und Robustheit wichtig sind. Doch das Versprechen der Firmenanzeigen, sie würden sich wie Flügel spielen, gilt nur für die Lautstärke, nicht für den Anschlag.

Nachdem ich auf diesen Klavieren gespielt habe, außerdem auf Modellen von Mason & Hamlin, Petrof, Kawai, Yamaha, Baldwin, Blüthner, Boston, Steinway, Haessler, Irmler, Charles Walter, Samick, Young Chang und vielen anderen, habe ich wohl Hunderte Instrumente ausprobiert und mir gehen die verfügbaren Marken aus.

Inzwischen habe ich mein Budget auf 8000 Dollar erhöht; für dieses Geld gibt es eine ganze Menge guter neuer Instrumente. Ich rufe mir ins Gedächtnis, dass ich eine erwachsene Schülerin bin, die immer noch die Grundlagen lernt. Warum besorge ich mir nicht irgendein praktisches, ordentlich gebautes Klavier und belasse es dabei? In Banff habe ich eine Woche lang in den Übungsräumen des Banff Centre auf den Yamaha-U1-Studio-Pianinos geübt und war vollauf zufrieden damit. Warum also bringe ich es nicht übers Herz, meine Suche mit solch einem Klavier zu beschließen?

Es ist ja nicht gerade so, dass ich die Klaviersuche genießen würde; nein, ich hasse sie regelrecht. Ich hasse die devoten Verkäufer, die mir keine Ruhe lassen, ich hasse es, vor ihnen und den anderen Kunden zu spielen. Verstimmte Instrumente ärgern mich, es ist mir lästig, in einer fremden Stadt ein Geschäft ausfindig machen zu müssen, dazu der Stress, mich bei meinem ohnehin übervollen Terminkalender noch auf die Suche zu begeben. Trotzdem lasse ich nicht locker. Ich verstehe mich selbst überhaupt nicht.

Und dann entdecke ich Piano World.

6

Piano World

> »*Was ist so faszinierend an Klavieren? Ich bringe es nicht
> übers Herz zu sagen, dass es nicht die Klaviere sind …
> es sind die Leute, die sie lieben. Die sind faszinierend.*«
>
> Posting von Matt G. auf Piano World

Nur wenige Jahre eher hätte ich ganz andere Erfahrungen beim Klavierkauf gemacht. Wie Generationen von Anfängern vor mir hätte ich mich mit einem »annehmbaren« Klavier aus der Umgebung zufriedengegeben. Ich hätte vielleicht von privat ein kleines Klavier gekauft oder aber ein altes, das seine Besitzer beim Umzug zurücklassen wollten, oder sogar das nicht autorisierte Yamaha mit dem summenden Bass aus dem Secondhand-Shop. Und noch ein paar Jahre eher wäre Mollys Studio der einzige Ort gewesen, wo ich andere spät berufene Pianophile hätte treffen können.

Doch im zweiten Jahr meiner Klaviersuche sind das Internet und seine Online-Gemeinschaften allgegenwärtig geworden und meine erste Anlaufstelle, wann immer ich irgendetwas über was auch immer erfahren will. Wenn man etwas so Teures und Komplexes wie ein Klavier kaufen will, ist es für Klavierschüler – oder ihre Eltern – inzwischen ganz normal, sich ans World Wide Web zu wenden. Rasch und unkompliziert finde ich online viele andere Klavierkäufer in meiner Lage, die sich austauschen wollen. Einer von ihnen bringt mich zu einer Website namens Piano World.

Das ist das beste Klavierforum im Netz, schreibt Mark aus Massachusetts, den ich auf einem »Mr. Land's Board« benannten Online-Nachrichtenbrett »kennenlerne«, einem Treffpunkt für Klavierkäufer, Händler und Techniker. Mark möchte wissen, was ich von dem Astin-Weight halte, auf dem ich in Salt Lake City gespielt habe, und liefert mir im Austausch gegen meine Eindrücke Links zu einigen anderen Klavier-Communities im Web. Als er mir Piano World empfiehlt, folge ich dem Link sofort: *Ich habe von den regelmäßigen Besuchern in diesem Forum mehr gelernt als aus meiner ganzen Lektüre und meinen Besuchen bei Klavierhändlern.*

Diese Worte sind der Auftakt für eine Verbindung, die für meine Klaviersuche wie für mein Leben als erwachsene Anfängerin von zentraler Bedeutung werden soll. Auf Piano World stecke ich mich mit einem unheilbaren Fieber an – einer Begeisterung für die besten Klaviere der Welt – und finde verwandte Geister, die mit demselben Leiden geschlagen sind.

An dem Tag, an dem ich zum ersten Mal auf Piano World surfe, feiern die Mitglieder gerade das Ende von »Pennys« Klaviersuche, die sie monatelang begleitet haben, einige virtuell, andere leibhaftig. Ich erfahre, dass Penny eine Ehefrau und Mutter aus Kalifornien ist, Inneneinrichtung ist ihr wichtig, und deshalb wollte sie sich unbedingt einen roten Flügel als kraftvollen Kontrast zu den gelben Wänden ihres Wohnzimmers zulegen. Sie, ihr Mann und ihre beiden Jungen sind alle Klavieranfänger. Penny hat ein Schulze-Pollmann-Modell 190 gewählt, einen Flügel in gebeiztem Mahagoni. Sie hat eben erst den Kaufvertrag unterschrieben und beginnt nun, nachdem sie die Glückwünsche aller entgegengenommen hat, mit anderen Mitgliedern des Forums auszutüfteln, wie sie ihren Mann damit zum Geburtstag überraschen könnte.

Ich schnüffle noch ein wenig auf der Seite herum. In einem Thread namens »Klavier-Entzug« schreibt »Derick«, ein Software-Entwickler bei IBM, dass er es zwei Monate ohne Klavier aushalten musste; das ähnle dem Versuch, das Rauchen aufzugeben. Schließlich kauft er einen Bösendorfer Imperial, einen 2,70 Meter langen Konzertflügel, und stellt ihn in seine Wohnung.

In einer Diskussion darüber, wie man einen örtlichen Klavierklub ins Leben rufen könne, berichtet »Nina« von den jeweils an einem anderen Ort stattfindenden monatlichen Treffen ihrer Gruppe, die es den Mitgliedern ermöglichen, auf vielen verschiedenen Klavieren zu spielen. Das letzte Treffen hat auf einem Wohnwagenstandplatz in der Nähe ihres Hauses in Phoenix, Arizona, stattgefunden. In einem Wohnwagen wartete ein Yamaha-C5-Konzertflügel, der vorher an der Metropolitan Opera in Gebrauch war. *Ein tolles Klavier*, schreibt sie. *Ich musste meinen Hut davor ziehen, wie sie ihre Prioritäten setzen.*

Ein Thread über Reue nach dem Kauf ist nicht besonders umfangreich. »Thomas« aus Sausalito in Kalifornien schreibt, er könne nicht glauben, dass er eben einen neuen Flügel gekauft habe und dabei einen Wagen fahre, der mehr als 850 000 Kilometer auf dem Tacho hat; noch dazu lebt er in einer nicht übermäßig großen Wohnung. *Aber der Bechstein geht immer noch als der cleverste Kauf durch, den ich jemals getätigt habe, er klingt jeden Tag besser und ist ein unverzichtbarer Teil meines Lebens.*

Immer wieder wird darüber geschrieben, wie verflixt verführerisch Klaviere doch seien. »Ted«, ein Komponist aus Neuseeland, beginnt einen Thread namens »Warum dieser

Holzkasten mit Drähten drin?« und fordert uns auf, zu erläutern, was uns so daran fasziniert. »Jeanne W.« hat die Idee zu Klavier-Sammelkarten. *Was stimmt nicht mit mir?*, schreibt sie, nachdem sie ihren Vorschlag gepostet hat. *Merkt ihr, was es mit dem Verstand anstellt, wenn man auf diesen tollen Klavieren spielt?* Andere wirken bestürzt darüber, wie hingerissen sie sind. *Warum sehen neue Klaviere bloß so betörend aus?*, jault »Allazart«. *Sirenen sind das, reißen unglückselige Musiker in den finanziellen Abgrund. Ich muss widerstehen!*

Als ich die Website aufsuche, hat Frank Baxter Piano World eben erst neu eingerichtet – die Vorgänger-Seite wurde wegen Flame-Wars geschlossen –, und es gibt bloß etwa hundert Mitglieder. Doch die Zahl schwillt rasch auf mehrere Zehntausend an, und die Seite wird ein rege besuchter Treffpunkt für eine internationale Subkultur der Klavieranhänger, eine einzigartige Ansammlung von Persönlichkeiten, die sich durch Intelligenz, Witz und nicht selten durch Streitlust auszeichnen.

Nach und nach eröffnet Frank weitere Foren, um den sich entfaltenden Interessen der Piano-World-Mitglieder Rechnung zu tragen: ein Komponisten-Forum, ein Jazz-Forum, ein Digital-Forum, ein Forum für erwachsene Klavieranfänger. Es gibt sogar ein Forum, in dem man sich über alles *außer* Klavieren und Musik unterhalten kann: das Kaffeezimmer. Bei meinem ersten Besuch allerdings gibt es erst drei: das allgemeine Klavier-Forum, die Pianistenecke und das Forum für Klavierstimmer und -techniker. Die Mitglieder wechseln zwischen diesen drei Treffpunkten zwanglos hin und her, aber jeder hat eine Basismitgliedschaft in einem der Foren.

Im allgemeinen Piano-Forum tauschen wir uns über den Klavierkauf aus. Bald vermitteln mir die virtuellen Stimmen der Stamm-User ein so deutliches und unverwechselbares Bild ihrer Persönlichkeiten, als hätte ich tatsächlich mit ihnen gesprochen. Wir lernen einander gut kennen, da die Mitglieder online Dinge über sich verraten, die man von einer Zufallsbekanntschaft nicht erfahren würde.

Das erste Forumsmitglied, das ich »treffe«, ist »Larry«, ein Klavierhändler, Pianist und Klaviertechniker aus Atlanta. Eigentlich hat Mark aus Massachusetts mich Larry vorgestellt, noch bevor ich zu Piano World stieß. Als ich Larry auf Marks Rat hin mailte, empfahl er mir Klaviermarken und -händler in meiner Gegend. Er schien so gut wie alles über Klaviere zu wissen. Da er 4800 Kilometer von mir entfernt wohnt und wir uns wahrscheinlich niemals persönlich treffen werden, kann Larry nur durch reine Hilfsbereitschaft motiviert gewesen sein. Jetzt ist er hier auf Piano World und hält Hof, ist eine wichtige Anlaufstelle für alle Neulinge.

Larry wird rasch zur tonangebenden – und umstrittenen – Person in den Foren. Abwechselnd ätzend und liebevoll, kaltschnäuzig und gemein, großzügig und mitfühlend, hat er es sich zur Aufgabe gemacht, Klavierkäufer in Not vor skrupellosen Händlern zu bewahren. Sein Slogan lautet: »Ich bremse nicht für schlitzohrige Verkäufer«, und er führt gern detaillierte Beweise für die diversen Tricks an, vor denen sich Käufer in Acht nehmen müssen. Als ich berichte, ein Händler habe mir gesagt, er verkaufe nur von diesem selbst gebaute Charles-Walter-Flügel, schreibt Larry: *Jetzt ist mir fast mein Baloney-Sandwich runtergefallen. Charles Walter ist über siebzig und baut selbst keine Klaviere.*

Liest man Larrys Beiträge, könnte man schnell zum Schluss kommen, dass es im Klaviergeschäft ungefähr so sauber zugeht wie im Gebrauchtwagenhandel, wenn nicht sogar weniger sauber. Wenn ein Händler in den Foren auftaucht und anfängt, ein bestimmtes Klavier aufdringlich anzupreisen, kann er umgehend mit einer Rüge rechnen. Larrys Ausdauer in einer Auseinandersetzung ist legendär: Tritt man ihm auf die Füße, brüllt er einen nieder und verbannt einen aus den Foren, und er ist sich auch nicht zu schade für Spötteleien auf Teenie-Niveau. Einige Neulinge begehen den Fehler, ihn ihrerseits zu beleidigen, aber seine Fähigkeit, andere runterzumachen, ist unerschöpflich.

Larry macht sich also viele Feinde, hat aber eine treue Gefolgschaft. Sie erwärmen sich besonders für seine schlichten Geschichtchen über die Kunden in seinem Geschäft in Atlanta; wie er beispielsweise den Eltern eines kleinen Mädchens einen chinesischen Flügel unter seinem Einkaufspreis verkaufte, weil es ihn so rührte, wie hingerissen das Mädchen war. Für sie war offensichtlich der Stutzflügel von Pearl River das schönste Klavier der Welt. Zur Bestürzung der Eltern machte Larry den Kauf möglich.

Ein weiterer äußerst produktiver Poster ist »Jolly«. Jolly arbeitet in einem Krankenhaus irgendwo in Louisiana. Mithilfe von Piano-World-Mitgliedern fand er einen Flügel, den seine Familie sich leisten konnte, einen in China hergestellten Nordiska. Er blieb und taucht jetzt täglich in der Gemeinschaft auf, sogar rund um die Uhr. Jolly hat zehntausend Postings in Piano World untergebracht, lange bevor die meisten von uns auch nur tausend geschafft haben. Seine Familie verkauft Gebrauchtwagen, in finanziellen Dingen ist er also wie Larry beschlagen. Er hat aber auch ein Faible für hemdsärmelige Formulierungen: *Benehmt euch gefälligst nicht wie ein Haufen quengelnder alter Weiber im Jammertal der Wechseljahre. Das knistert, meine Dame. Knistert wie 'ne Frittentüte. Reiß sie auf, du alte Schnitte!* Solcherart ist als »Jollyismus« bekannt.

Wie die meisten Forumsmitglieder halte ich meine Identität und meine Mailadresse geheim. Ich melde mich nur, um Informationen zu erhalten, und poste unregelmäßig, immer zum Thema und unpersönlich. Doch allmählich erkenne ich, dass sich Piano World zu etwas entwickelt, das viel mehr ist als eine bloße Informationsquelle: Es wird eine Gemeinschaft wie im richtigen Leben. Die Pseudonyme werden für mich bald zu vollwertigen Personen, so lebendig, dass ich sogar von ihnen träume.

Norbert Marten, ein deutscher Einwanderer mit einem Klaviergeschäft in Vancouver, wird bald zu einem meiner liebsten Händler unter den Mitgliedern. Er ist wie Papageno, voll Verschmitztheit und Humor. Norbert liefert oft die seltsamsten und undurchschaubarsten Postings.

Ein Neuling fragt:

Mal angenommen, ein Kunde findet, dass das Klavier »wunderbar klingt«. Dann könnte ja theoretisch trotzdem etwas nicht damit stimmen. Aber das müsste dann doch nichts allzu Schlimmes sein, oder?

Norbert antwortet:

Das ist eine äußerst intelligente, aber wirklich knifflige Frage. Sehen wir den Dingen ins Gesicht: Es gibt massenhaft ältere Klaviere, die *wunderbar* klingen (natürlich muss man sich immer fragen: im Vergleich womit), aber wenn der Techniker kommt, heißt es: Ach du lieber ...

Und dann gibt es technisch *perfekte* Klaviere (Frauen und Männer ebenfalls ☺) die ... hmm ... niemandem rasend viel bedeuten, aber ... ☺

Seele-vor-Verstand-vor-Herz-vor-Brieftasche-artiges Szenario

Ach, ich habe vor *Techniker* vergessen ☺

Vergiss den Mann nicht.

Pass bloß auf, dass er *weiß*, was er mit deinem gefühlvollen Herzchen macht, das so sehr nach dem besonderen Klavier schmachtet, das du gerade aufgetrieben hast ...

Aber hab Mitleid mit dem Kerl: Vielleicht spielt er gar nicht auf dem verdammten Ding. ☹

Und *versteht* es gar nicht richtig. ☺

Und du weißt nie, ob er selbst überhaupt ein Herz hat ... ☺

Also – wer ist der gerechte *Richter* in diesem netten kleinen Kuddelmuddel?

Ich hab genau so wenig Ahnung wie du. (Ich hoffe, es gefällt dir, wenn ich mich gelegentlich im Stil des alteuropäischen Mystizismus ausdrücke ... ☺ *)*

In der Pianistenecke sind die Stammgäste um einiges jünger, viele von ihnen besuchen die Highschool oder ein College oder studieren am Konservatorium. Auch ein paar Komponisten und Berufspianisten treiben sich hier herum. Sie posten über ihre Konzerte, ihr Vorspielen, die Proben mit ihren Lehrern, und ihre Beiträge sind oft durchdrungen von hormonbefeuerten Ängsten. Hier bekommen junge Leute, die an berühmte Konservatorien wollen, Ratschläge zu den Stücken, die sie vorspielen werden. Erwachsene Anfänger erhalten Hinweise auf den Fingersatz bei schwierigen Passagen und Eltern Ratschläge, wo sie einen guten Lehrer für ihr Kind finden. Fortgeschrittene Schüler, die eine Karriere als Berufspianist anstreben, bekommen kritisches Feedback zu ihren Tonaufnahmen. Erfahrene Konzertmusiker geben Tipps, wie man Lampenfieber überwindet.

In der Pianistenecke ist es für mich, als würde ich meinen ersten Sommer im Musikcamp in Red Fox in den Berkshires, Ende der Sechzigerjahre, noch einmal erleben. Sie führt mich zurück in die Nächte voller Sternenglitzern, als wir im Heidelbeergebüsch lagen und debattierten, ob es einen Gott gebe und was Wirklichkeit sei. Sie erinnert mich daran, wie wir in friedlicher Kameradschaft jeden Abend auf dem Dach der Mädchenbaracke hockten und den Sonnenuntergang betrachteten. In meiner Phantasie gehören Übungshütten draußen zwischen den Bäumen zur Pianistenecke, und während man darüber diskutiert, wer besser ist, Horowitz oder Rubinstein, ob Mozart überirdisch oder seicht klingt, kann man aus dem Wald die Schüler üben hören, jemand schluchzt wegen einer verpatzten Aufführung, ein anderer triumphiert, dass er am Konservatorium aufgenommen wurde. Das Orchester, das in der Scheune probt, spielt martialische Akkorde voller Melodrama, und die Streicher seufzen mit den Forums-Stammgästen, während die über ihre Lieblingsplatten debattieren.

Es ist beglückend, wieder unter Musikern zu sein, unter Leuten, die weit mehr über Musik und das Klavier wissen als ich. Auch wenn ich nie ihre Gesichter sehen oder ihre wirklichen Namen erfahren werde, lerne ich unendlich viel. Ich kaufe die Bücher, Noten, Videos und Aufnahmen, die sie empfehlen; ich drucke mir ihre Vorschläge aus, wie man einen 2-zu-3-Polyrhythmus hinkriegt und wie man besser vom Blatt spielt. Ich poste nicht sehr oft, ich habe ja so wenig beizutragen, genieße aber ihre Gesellschaft.

Im Forum der Klavierstimmer und -techniker befragen Pianisten Techniker über Klavierkunde und -technologie, Techniker wiederum tauschen sich darüber aus, wie man mit lästigen Kunden umgeht oder ungewöhnliche Probleme löst. Obwohl ich noch kein eigenes Klavier besitze, bin ich äußerst interessiert am Bau und der Wartung von Klavieren. Die meisten Diskussionen sind sehr fachspezifisch, doch hin und wieder gibt es auch lebhafte Debatten, etwa darüber, ob man ein System zur Feuchtigkeitsregulierung in das Klavier einbauen solle – Techniker aus feuchten Klimazonen neigen dazu, es zu befürworten, Techniker aus trockeneren lehnen es als potenziell riskant eher ab.

Wenn die Techniker der Community arglosen neuen Klavierbesitzern beistehen, die von ihrem Traumklavier enttäuscht sind, kann die Diskussion schon mal hitzig werden. Sie sezieren die Arbeit der jeweiligen Kollegen oder Händler und was sie getan oder nicht getan haben mögen, um das Problem zu verursachen oder aber nicht zu lösen. Sie wetteifern miteinander um die richtige Lösung. Techniker scheinen die Rolle des Helden zu lieben, und das Techniker-Forum gibt ihnen die Möglichkeit, ihre professionellen Muskeln spielen zu lassen: Die meisten User, die sich in ihren Bereich begeben, haben tatsächlich Ärger und brauchen Hilfe.

Tatsächlich ist es der Hilfeschrei einer solchen Userin, der mich zu meinem ersten Posting veranlasst. Eine Frau in New York fragt, ob man ihr einen guten Techniker empfehlen könne. Die Mechanik ihres neuen Petrof-Klaviers sei so schwergängig, dass ihr Hände und Arme schmerzen. Ich habe im vergangenen Dezember in Manhattan auf einem Petrof-Klavier gespielt, das mir gefiel, und möchte mir die Marke bald noch einmal ansehen, wenn Oliver und ich zu einem Familientreffen an die Ostküste fahren.

Mein erstes Posting:

Von den Pianinos, die ich bisher ausprobiert habe, ist das Petrof 131 das einzige, das mir wirklich gefallen hat. Dasjenige, auf dem ich in New York gespielt habe, war schon verkauft, ich überlege, den Händler zu bitten, mir eines zu bestellen und vorzubereiten. Bitte sagen Sie mir alles, was Sie über diesen New Yorker Händler und über Petrof wissen.

Niemand antwortet auf meine Anfrage. Stattdessen erhalte ich eine private Zuschrift von »Meg B.«, der das Petrof gehört. Sie berichtet, ihr Händler sei derselbe, den ich aufgesucht habe, und er habe nicht zurückgerufen. Ist Megs Erfahrung mit diesem Händler typisch? Ich beginne meinen ersten Diskussions-Thread, um es herauszufinden. Ein Forumsmitglied, David Burton, wütet über die Petrofs und diesen Händler. Als ich ihn aber frage, ob er selbst ein Klavier dort gekauft habe, verneint er.

David Burton ist einer der leidenschaftlichsten und versiertesten unter den Klavierfanatikern auf Piano World. Wenn irgendjemand nach irgendeiner obskuren Klaviermarke und ihrer Geschichte fragt, weiß David, in welchem Jahr das Klavier gebaut wurde, wo das Werk stand, wem es gehörte und welche Eigenschaften die Marke besitzt. Er ist das Forumslexikon. Politisch sind er und ich nicht auf einer Wellenlänge, aber in unserer Ehrfurcht vor dem Klavier sind wir seelenverwandt. Seine Religion sei der *Pianismus*, verkündet er.

David schreibt oft von seinem Traum, Amerika wieder zu jenen Tagen zurückzuführen, als sich die Familien zur Unterhaltung um das Klavier versammelten, von der Transformation unserer Kultur und Gesellschaft durch das gemeinsame Hören klassischer Musik. Eines Tages necke ich ihn mit seiner ausgesprochenen Verachtung für politische Idealisten und frage ihn, wie er das mit seinem musikalischen Idealismus vereinbare. Seine Antwort lautet:

Wenn jemand sich ans Klavier setzt und zu spielen beginnt, wie nur Sie oder ich es können, braucht es keinen Idealismus, den man aufbringen müsste, das Erlebnis ist sofort DA, im gegenwärtigen Augenblick, und es ist absolut REAL. Wenn man klar und deutlich die atemberaubenden Leistungen eines großen Meisters erkennt, bis zu dem Punkt, an dem man sich beinahe nicht mehr bewusst ist zu spielen, eher von transzendenten Kräften – oder sogar transzendenten Wesen – gespielt wird, dann strebt man nicht nach irgendeinem Ideal; man hat einen Zustand erreicht, den man in nur wenigen anderen menschlichen Erfahrungsbereichen findet.

… Das scheint mir hinter dem ganzen Getue um Klaviere zu stehen: die MUSIK, die darauf ertönt, und dass wir mithilfe unserer Hände zumindest für einige Augenblicke unsterblich werden. Denn sehen Sie, das ganze Geschrei über politische und religiöse Themen kann nie vollbringen, was ein einziges, einfaches Stück erlesener Klaviermusik vermag. Musik kann das kälteste Herz zum Schmelzen bringen, kann erwachsene Männer in aller Öffentlichkeit weinen, kann Frauen in Ohnmacht fallen lassen, kann Kriege beenden! Das kann sie, sie kann es immer noch.

David hat seine eigene Website, auf der alles besungen wird, was mit Klavier zu tun hat, wo er seine Klaviersuche beschreibt, sich aber auch der Welt als potenzieller Partner für irgendeine Glückliche vorstellt. Auf der Website nennt er sich selbst »Der Eisbär«, ein passender Spitzname, denn er ist Albino. Wie viele Albinos ist er stark sehbehindert. Wie er mit diesem Handicap Klavier spielen gelernt hat, ist eine Geschichte für sich.

David erzählt, dass er Klavier zu spielen begann, sobald er fähig war, auf die Sitzbank zu klettern. Seine Familie besaß einen Kranich & Bach-Stutzflügel von 1923, den seine Großeltern neu gekauft hatten, und seine Mutter, eine Amateurgeigerin und Musikkundelehrerin, unterrichtete ihn als Erste. Ein paar Jahre später kam er zu einer richtigen Klavierlehrerin, konnte aber Stücke nur lernen, wenn er sich die Noten dicht vor die Nase hielt, wo er sie mithilfe einer sehr starken Brille entzifferte. So hielt er mit einer Hand die Noten und spielte mit der anderen, bis er den betreffenden Part auswendig konnte, dann wechselte er die Hand. Wenn jede Hand ihren Part beherrschte, spielte er mit beiden. Inzwischen in seinen Fünfzigern, verfügt er über ein enormes Repertoire, das er zuhause auf seinem in Weißrussland gebauten Schubert-Pianino spielt.

Davids Mutter lebt im Staat Washington; wenn er sie von seinem Heim in Coxsackie in New York aus besucht, schaut er gern auch bei Darrell und Heather Fandrich in Stanwood vorbei. Im Forum schwärmt er von ihren Instrumenten; es sind seine liebsten. Wenn er auf einem Fandrich-Flügel spiele, schreibt er, spüre er das, was er »das Weh« nennt, so sehr, *dass ich mir den Arm abbeißen möchte.*

David interessiert sich brennend für meine Klaviersuche. Ich habe im Piano-Forum von meinen Erlebnissen berichtet, habe beschrieben, was mir gefiel (das Petrof 131 in New York, der Charles-Walter-Flügel in Federal Way) und was nicht. David schlägt vor, da ich in Montana wohne, doch Richtung Westen zu fahren und Fandrich & Sons aufzusuchen, wo er auf einem Zwei-Meter-Flügel gespielt hat, den Darrell Fandrich wiederaufbereitet hat; David findet, er klinge besser als ein Steinway O aus Hamburg, der im selben Raum steht.

Seit ich vor mehr als einem Jahr Nachricht von Heather Fandrich bekam, hat es mir an einem guten Grund gefehlt, nach Seattle zu fahren, aber Davids Vorschlag reizt mich, einen zu erfinden.

»Oliver, was hältst du davon, wenn wir bald einmal ein romantisches Wochenende in Seattle verbringen?«, schlage ich meinem Mann am Abend vor. »Wir könnten auch Mikey und seine Familie besuchen.« Mikey wohnt nördlich von Seattle, nicht weit von den Fandrichs. Oliver hat seinen alten Kletterkumpel seit Jahren nicht gesehen. Er stimmt bereitwillig zu und macht auch dann keinen Rückzieher, als ich vorschlage, ich könne ja ein bisschen Klavierpirsch einschieben, während er und Mike in Erinnerungen an alte Zeiten schwelgen.

*

In Seattle verprassen wir viel Geld für zwei Nächte in einem Innenstadthotel, wo die Zimmer in Weinfarben gehalten sind und unsere Dogge Tucker ihre eigenen Kissen und Snacks bekommt. Oliver liest ein Buch, während ich Klaviere ausprobiere, dann spazieren wir am Kai entlang und nehmen die Fähre hinaus nach Bainbridge Island. Wir besuchen den Markt am Pike Place und kaufen Venusmuscheln und einen ganzen Lachs – die werden wir mit Mikey und seiner Familie verspeisen. Am Abend verschlingen Mikeys zwei kleine Jungen die Muscheln mit der routinierten Gier der an der Meeresküste Aufgewachsenen. Am nächsten Morgen freuen sich mein Mann und sein alter Klettergefährte über die Gelegenheit, ihre Freundschaft ungestört auffrischen zu können.

*

Die Straße nach Stanwood ist von dichtbelaubten Bäumen gesäumt und führt durch Wiesen, auf denen Pferde grasen. Wildes Brombeergestrüpp wuchert über brachliegende Felder. Ich habe Heathers auf die Rückseite eines Briefumschlags gekritzelte Wegbeschreibung hinter das Lenkrad von Olivers Jeep Cherokee geklemmt. Durch das offene Wagenfenster weht der strenge Geruch der Milchfarmen.

Das rustikale zweistöckige Haus der Fandrichs steht auf einer Waldlichtung, von den Nachbarn durch hoch aufragende Douglasfichten abgeschirmt. Als ich in die Einfahrt biege, stürmt eine Horde Hunde herbei, um mich zu begrüßen – ein schwarzer Labrador, ein gelber Labrador, ein schokoladenbrauner Labrador und ein Boxerwelpe, der eine Leine hinter sich herzieht. Eine Frau mit einem grauen Pagenkopf und einer Brille mit Drahtgestell, in Jeans und Sweatshirt gekleidet, erscheint auf der vorderen Veranda.

»Keine Angst, die tun nichts!« Sie ruft die Hunde, die schwärmen die Treppenstufen hinauf und umwuseln sie auf der Veranda. »Der Ausstellungsraum ist hier.« Heather zeigt auf einen Blockbau zu meiner Linken und geht darauf zu. »Haben Sie gut hergefunden?«

Der Ausstellungsraum, früher eine Garage für drei Autos, beherbergt drei Flügel: zwei von Fandrich & Sons (einer zwei Meter lang, der andere noch länger) sowie einen alten von August Förster, der zum Versand bereitsteht. An den Wänden aus entrindeten Baumstämmen stehen drei Pianinos. Es sind in Tschechien gebaute der Marke Klima; die Fandrich-Pianino-Mechanik wurde im Werk eingebaut, erklärt Heather. Die Mechanik wird von der Firma Renner in Deutschland hergestellt. Nachdem die Klaviere in Stanwood eingetroffen sind, führen die Fandrichs die feineren Regulierungsarbeiten durch. Heather zeigt mir ein Tischmodell von Darrells patentierter Pianinomechanik und erklärt, wie sie funktioniert.

In einem Flügel liegen die Hämmer waagerecht unter den Saiten. Wenn man eine Taste anschlägt, funktioniert sie wie eine Wippe: Das filzüberzogene Hämmerchen am anderen Ende schnellt hoch und trifft die darübergespannten Saiten, wobei ein Ton erzeugt wird. Da die Hämmer sich aufwärts bewegen, zieht die Schwerkraft sie wieder an ihren Ausgangspunkt zurück. Das bedeutet, dass sie sofort wieder für den nächsten Anschlag des Klavierspielers bereit sind. Taste und Hammer sind ständig miteinander verbundene Gegenkräfte.

In einem anderen Pianino hingegen stehen die Hämmer aufrecht, die Bewegung zum Saitenanschlag und wieder zurück geschieht vor- und rückwärts. Die Schwerkraft trägt also nicht dazu bei, die senkrecht stehenden Hämmer rasch wieder in ihre Ruheposition zu befördern. Stattdessen sind ihnen

Federn und Bänder mit einer Lederspitze, so genannte Litzenbändchen, dabei behilflich. Ohne die Hilfe der Schwerkraft entsteht also eine kleine Pause, bis der Hammer zurückfährt, und der Pianinospieler muss etwas länger als der Spieler eines Flügels warten, bevor er eine Note wiederholen kann. Durch diese Pause fühlt sich der Anschlag nachlässiger, weniger kontrolliert an.

Anfang der 1980er Jahre entschloss sich Darrell Fandrich, ein Konzerttechniker, Ingenieur und Geiger, der seit seiner Jugend in North Dakota Klaviere gestimmt hatte, seine freie Zeit und Energie sämtlich auf die Erfindung einer Pianinomechanik aufzuwenden, die sich wie die eines Flügels bedienen lassen sollte. In den 150 Jahren zuvor war manch ein Klavierbauer an diesem Versuch gescheitert.

Fandrich, von Natur aus eine Nachteule, arbeitete in seinem Loft in der Pioneer Street in Seattle sieben Jahre lang bis in die frühen Morgenstunden, um eine Lösung auszutüfteln. Sein Sohn Brent war damals ein Teenager und erinnert sich, wie er mitten in der Nacht wach wurde und das »plink, plink« des Mechanikmodells im Zimmer nebenan hörte. Für ihn war das der Klang seines Vaters, und es gab ihm das sichere Gefühl, dass alles in Ordnung sei. Wenn er nicht gerade unterwegs war, um Klaviere zu stimmen, arbeitete sein Vater unentwegt an dem Modell. »Er war wie besessen«, sollte mir Brent später erzählen.

Die Lösung, die Fandrich schließlich 1990 patentieren ließ, ahmt die Mechanik eines Flügels mit seinen ständig aufeinander einwirkenden gegenläufigen Kräften nach. Mit anderen Worten: Wie in einem Flügel sind der Hammer innen und die Taste außen in einer ständigen gegenläufigen Bewegung. Das erreichte Fandrich, indem er die Tasten am vorderen Ende mit Gewichten beschwerte, wie bei einem Flügel, und Federn einbaute, welche die Hämmer beinahe so rasch zurückschnellen lassen, als würde die Schwerkraft wirken; zudem baute er Repetierfedern ein, welche die Fänger sofort wieder unter die Hammerröllchen der Hammerstiele bringen. Bei diesem System liegen die Hämmer auf einem Fänger statt auf einer Leiste, man braucht keine Litzenbändchen mehr, und die Mechanik ist weich und effizient.

Der durchschnittliche Klavierspieler mag nichts von der Bauweise verstehen. Was er aber spürt, ist die Möglichkeit, Noten rasch zu wiederholen sowie Umfang und Beschaffenheit der Töne zu kontrollieren. Ich spiele auf einem Pianino nach dem anderen, und sie reagieren einfach leichter als üblich. Vielleicht nicht ganz wie ein Flügel, aber ich kann ein abgestuftes Pianissimo zustande bringen und den Ton so zart gestalten, wie ich möchte.

»Machen Sie nur, spielen Sie, was Sie wollen«, ermuntert mich Heather, als ich meine Noten heraushole. Dann geht sie.

Bei meiner Suche habe ich bemerkt, dass ich mit einem Instrument allein sein muss, um zu entscheiden, was ich höre und fühle. Wenn man etwa zu einem ersten Rendezvous geht, das jemand vermittelt hat, möchte man ja auch nicht, dass derjenige einem nicht mehr von der Seite weicht und plaudert, während man herauszufinden versucht, wer das Gegenüber eigentlich ist. Klavierverkäufer hingegen weichen einem ungern von der Seite; sie erzählen einem alles über den Klavierbauer, wo die Teile herkommen, warum die Konkurrenzmodelle nichts taugen. Sie scheinen zu glauben, wenn sie einen mit Fakten und Zahlen bombardieren, könnten sie davon ablenken, wie schlecht sich das Klavier spielt. Manchmal war ich gezwungen, übereifrigen Verkäufern zu sagen: »Wissen Sie, wenn ich das Klavier nicht mag, spielt das alles keine Rolle. Macht es Ihnen etwas aus, wenn ich einfach darauf spiele?« Welche Erleichterung, dass ich bei Heather nicht fragen muss.

Jetzt, wo ich den Ausstellungsraum für mich habe, fällt mir sofort auf, dass diese Klaviere einen sehr hellen Klang haben. Schwer zu sagen, ob es an ihnen liegt oder ob es der Raum ist. Obwohl ein Teppichboden in der alten Garage verlegt ist, bietet sie doch nach wie vor eine sehr lebhafte akustische Umgebung. Die Mechanik allerdings ist die beste auf einem Pianino, die ich jemals bespielt habe, sehr ansprechbar, mit guter Repetition, leicht zu kontrollieren. Sie gibt einem dieses Gefühl von »Aftertouch«, das alle Flügel haben.

Ich spiele methodisch alle Pianinos durch, von links nach rechts, gebe jedem eine Chance. Ich möchte mich wirklich gerne in sie verlieben, aber der Klang gefällt mir einfach nicht. Ich spiele mehrfach auf den Instrumenten, nur um sicherzugehen, um herauszufinden, worin das Problem liegt. Sie klingen einfach zu hell, entscheide ich. Sie haben einen blechernen, hallenden Ton. Und das Pianissimo lässt sich zwar leichter erreichen als auf durchschnittlichen Pianinos, aber immer noch nicht so, wie ich es mir wünsche. Ich weiß, eine solche Qualität werde ich nur bekommen, wenn ich einen Flügel kaufe. Ich hoffe immer noch, im Rahmen meines neuen Budgets – 10 000 Dollar – bleiben zu können, aber zu einem so niedrigen Preis bekomme ich keinen Flügel, der mir zusagt. Ich höre auf zu spielen, enttäuscht und überzeugt, dass die Instrumente hier nichts für mich sind. Heather muss durch das verspiegelte Fenster des Ausstellungsraums gesehen haben, dass ich meine Noten zusammenraffe, denn sie kommt wieder herein.

»Was meinen Sie?«

»Oh, die Mechanik ist wunderbar, definitiv die beste, die ich je bei einem Pianino erlebt habe, aber ehrlich gesagt«, ich winde mich ein wenig, »der Klang sagt mir nicht zu.«

In diesem Moment kommt Darrell Fandrich selbst in den Ausstellungsraum. Ein leicht gebückter, grauhaariger Mann von sechzig Jahren in einer Strickjacke; in seinen dunklen, ausdrucksvollen Augen liegt Sanftmut, sein Blick zeugt von einem vielschichtigen Charakter. Er tritt auf mit der abgeklärten Aura eines Auslandskorrespondenten, der schon zu viele Kriege mitgemacht hat. »Der Klang gefällt ihr nicht«, wiederholt Heather ohne jede Einleitung. »Er ist zu grell.«

»Oh, na ja«, sagt Darrell mit einer Stimme, die kratzig ist von zu vielen Zigaretten. »Wir müssen sie hell klingen lassen, weil die meisten Leute das wollen. Sie sind diesen Klang gewohnt. Heller und lauter. Mir selbst ist ein weicherer Ton lieber. Lassen Sie es mich intonieren, und wir werden sehen, wie es Ihnen morgen gefällt. Können Sie dann noch einmal kommen?«

Am nächsten Tag kommen Oliver und der Hund mit; es ist unsere letzte Station vor der Heimreise. Heather erzählt mir, Darrell sei die ganze Nacht auf gewesen und habe eines der Pianinos intoniert; heute werde es mir besser gefallen, glaubt sie. Ich setze mich ans Pianino, während Darrell und Heather erwartungsvoll danebenstehen. Der Klang des Klaviers ist viel weicher, aber ich kann immer noch das grundlegende Wesen des Tons vernehmen, und das lässt mich ungerührt. Ich weiß nicht, wie ich es beschreiben soll, aber es scheint ihm an Dimension zu mangeln. Und trotzdem bin ich nicht einmal sicher, was das bedeuten soll.

Ich finde diese beiden Menschen so sympathisch, mag ihre Eigenwilligkeit, die Leidenschaft für das, was sie tun, ihren Ausstellungsraum mitten im Wald. Will man das richtige Klavier finden, dann ist der richtige Händler die halbe Miete. Ich möchte, dass Darrell und Heather meine Händler sind. Aber ich schüttle den Kopf. Nein.

»Es tut mir wirklich leid«, sage ich. »Das ist einfach nicht die Art Klang, die ich suche.« Darrell und Heather sehen einander an. Als wir uns einige Jahre später wiedersehen, erläutert mir Darrell seine »Ein-Prozent«-Theorie: dass nämlich bloß ein Prozent der Menschen, die ein Klavier kaufen, so *gestimmt* sind, dass sie den Klang wirklich zu schätzen und zu würdigen wissen. »Hätte ich gewusst, dass Sie einer davon sind, hätte ich das Klavier anders intoniert«, sollte er später jammern. Aber bei meinem Besuch wissen weder Darrell noch ich über mich Bescheid. Und ich bleibe wieder einmal ratlos zurück: Warum gefallen mir so wenige Klaviere?

Also probiere ich die Flügel aus. Es sind chinesische Instrumente der Firma Dongbei, Darrell hat sie nach seinen eigenen Vorstellungen umgebaut. Er habe sie ausgesucht, erklärt er mir, weil sie auf seiner bevorzugten Mensur beruhen, derjenigen von Ibach, einem deutschen Fabrikat, und weil es Dongbei egal sei, was er mit ihnen anstellt oder welchen Namen er ihnen gibt, sie wollten bloß Klaviere verkaufen.

Darrell ersetzt die Basssaiten, gestaltet den Resonanzboden neu, macht ihn dünner und biegsamer, tauscht die chinesische Mechanik und die Hämmer gegen deutsche Ersatzteile aus und verwendet etliche seiner eigenen Erfindungen, um die Reaktion des Instruments feinabzustimmen, zum Beispiel »Rippchen«, kleinere Rippen, die er zwischen die vorhandenen Rippen am Resonanzboden leimt, um den Klang einheitlicher zu gestalten. Während der Entwicklungsphase hat Darrell auf vierzig Flügeln experimentiert, bevor er ein stimmiges Ergebnis erhielt. In jeden Flügel steckt er hundert Arbeitsstunden.

Der 2,10-Meter-Fandrich-Flügel gefällt mir am besten. Das ist das Klavier, in das sich David Burton verliebt hat, und ich verstehe warum. Es ist klangvoll, ausdrucksstark und reagiert gut. Es kostet etwa ein Drittel dessen, was man für einen vergleichbaren europäischen oder amerikanischen Flügel bezahlt. Aber für einen 2,10-Meter-Flügel habe ich keinen Platz.

Darrell fragt mich, ob ich die Werkstatt sehen möchte, wo die chinesischen Klaviere zerlegt und neu zusammengesetzt werden. Als wir nach draußen gehen, sehe ich, dass Oliver im Fahrersitz des Jeep schläft, und so stibitze ich mir noch ein paar Momente und folge Darrell in die umgebaute alte Scheune.

»Diese Werkstatt um Mitternacht ist ein Paradies für Introvertierte«, meint Darrell mit einer Geste, die seinen Besitzerstolz ausdrückt. Ein Flügel, ein alter Steinway, der für einen Kunden umgebaut werden soll, steht auf verschnörkelten Beinen mitten im Raum, ohne Deckel, die uralte Mechanik von einer dicken Staubschicht bedeckt. An der Seite stehen eben erst eingetroffene Klima-Pianinos, einige mit hell schimmernden spezialangefertigten Lackierungen. Auf einer langen Werkbank liegt eine Klaviermechanik, Heather bohrt Löcher in die Tasten, um die Bleigewichte einzusetzen. Stolz zeigt sie mir ihren neuen Präzisionsschlagbohrer, ein Geburtstagsgeschenk von Darrell. Er hat 38 Kupplungseinstellungen.

Überall liegt Werkzeug und Material, aufs Sorgfältigste geordnet: Leder und Filz in Plastikeimern, Reibahlen, Grammgewichte, Aufsätze für Heißluftpistolen, Hammerstiele und andere kleine Klavierteile und -zubehör in sorgfältig beschrifteten durchsichtigen Schubladen. Es gibt Regale, auf denen nur exotische Klebstoffe stehen, ein ganzes Bord mit diversen Zangen und einen transparenten Eimer mit übriggebliebenen Klavierhämmern, die Darrell für diverse Experimente bereithält – er bearbeitet den Filz und sticht ihn, um den Klang eines Klaviers zu ändern.

An jedem Arbeitsplatz ist ein Projekt in Arbeit: Auf einem Tisch liegt die zerlegte Pedalanlage eines Flügels, auf einem anderen eine Reihe Hämmer in einem langen hölzernen Schraubstock und auf dem dritten ein nackter Klaviaturrahmen, bei dem nur die Hälfte der roten Filzgarnierungen an Ort und Stelle ist.

Darrells Großvater war Tischler, und er selbst ist davon überzeugt, dessen Liebe zu Werkzeugen geerbt zu haben. Begeistert zeigt er mir Werkzeuge, die er selbst erfunden und hergestellt hat: Miniatur-Nagelbetten, mit denen er den Hammerfilz aufraut, Drahthäkchen auf Dübeln, um die Saiten anzuziehen und auszurichten, eine lange Messingrute, an einem Ende winzige Nadeln wie die Zähne eines Piranhababys, ebenfalls zum Intonieren. Mir schwirrt der Kopf, wenn ich mir diese sonderbaren Objekte nur ansehe, als hätte ich mir den Virus ihres Schöpfers eingefangen. Vorsichtig berühre ich das Gerät zum Nivellieren der Saitenebene.

»Das Intonieren mache ich am liebsten«, sagt Darrell. »Die Schönheit des Klangs, das liegt mir am Herzen, nicht die Schönheit von Logik und Design.« Er sieht mich bedeutungsvoll an, als sei er überzeugt, ich könne eine solche Suche verstehen. Und unter seinem leuchtenden, intensiven Blick glaube ich auch, dies zu tun. Er ist auf der Suche nach der Seele eines Instruments vermittels seines Mechanismus, seiner Machart. Die Werkstatt ist sein Laboratorium, in dem die Seelen der Instrumente zum Leben erweckt werden, und er impft ihnen all seine Leidenschaft, seine Besessenheit von ihrer trügerischen Vollkommenheit ein.

*

Als ich aus Seattle heimkomme, erwartet mich eine Nachricht meiner Freundin. Sie möchte ihr Steinway-Pianino diese

Woche zurückhaben. Das trifft sich ja gut, denke ich. Nachdem ich auf so vielen neuen Klavieren gespielt habe, hat das Steinway ein wenig von seiner Anziehungskraft verloren. Und Molly hat sich beschwert, dass die ausgeleierte Mechanik nicht gut für meine Hände sei. Es wird Zeit, sich ernsthaft um ein eigenes Klavier zu bemühen.

Ich berichte auf Piano World:

Ich habe mein Klavier nicht gefunden. Als Nächstes fahre ich nach New York. Man hat mir zugesichert, dass ich dort auf einigen Petrofs 131 spielen kann. Dieses Instrument hat mir sehr gefallen, hoffentlich klappt es.

Sofort postet Norbert sein Bedauern, dass ich es nicht in seinen Laden in Vancouver geschafft habe: *Sie hätten die wunderbaren und akustisch unglaublichen 130-cm-Sauter-Pianinos ausprobieren können, die wir aus Deutschland beziehen!*, jammert er.

Rich D., der im Einwanderungsamt in Washington D.C. als Verwaltungsbeamter arbeitet, war gerade in New York und rät mir, Beethoven Pianos aufzusuchen, wo er erst drei Wochen zuvor auf einem Sauter-Pianino gespielt hat. *Sie hatten ein altes August-Förster-Pianino, das meiner Ansicht nach am besten geklungen hat.*

Natürlich möchte David Burton wissen, wie mir die Fandrich-Pianinos zugesagt haben. Ich berichte ihm:

Der 2,10-m-Fandrich-Flügel hat mir gefallen, aber er ist zu groß für unser Wohnzimmer. Ich habe auf dem kleineren Fandrich-Flügel gespielt und hatte das Gefühl, er klinge zu grell. Der Ton der Klaviere ist nicht so, wie ich ihn mir vorstelle.

David ist sehr nachsichtig, verglichen damit, wie erbittert die Leute in den Foren üblicherweise ihre eigenen Vorlieben verteidigen:

Okay, also haben sie nicht so geklungen, wie Sie es sich vor-

gestellt haben. Sie scheinen einen dunkleren Klang zu suchen. Sie haben geschrieben, dass Ihnen der 2,10-m-Fandrich-Flügel sehr zugesagt hat, der klingt am dunkelsten von den Fandrich-Flügeln. Vielleicht liegt es an Darrells Ausstellungsraum. In seinem Geschäft haben sie weniger hell geklungen. Ich glaube, Sie wären überrascht, wie die in einer anderen Umgebung klingen.

Sie scheinen jedenfalls in eine andere Richtung zu tendieren; haben Sie vielleicht schon einmal auf einem August-Förster-Pianino gespielt? Das könnte etwas für Sie sein. Möglicherweise würde auch ein älteres Bechstein-Pianino mit neuen Hämmern den Ton hervorbringen, den Sie wollen. Fandrich ist wahrscheinlich nicht jedermanns Sache. Sie müssen Ihrem Instinkt folgen, um den richtigen Klang zu finden. Und das werden Sie auch.

Inzwischen bin ich, was diese Klaviersuche und besonders Davids Worte betrifft, nur noch ratlos. Warum sagt mir keine dieser so unterschiedlichen Klaviermarken zu? Was meint David mit »Instinkt für den richtigen Ton«? Warum ist Darrell Fandrichs Werkstatt so verführerisch? Worum geht es hier überhaupt? Geht es darum, Klavier spielen zu lernen? In dem Fall hätte ich mich inzwischen längst mit irgendeinem schlichten Instrument zufriedengeben können. Oder geht es um etwas anderes? Und wenn ja, um was? Was suche ich eigentlich?

Ich habe keine Ahnung. Ich weiß bloß, dass ich spielen muss, um es herauszufinden.

7

Piano Row – die Straße der Klaviere

An einem Samstagabend komme ich in New York an und nehme ein Taxi vom Flughafen in die Stadt. Vertraute Wahrzeichen und brodelnder Verkehr. Vor uns taucht die Skyline der Stadt auf, wird größer und größer, ihre Lichter funkeln wie Strass-Steinchen auf einem riesigen schwarzen Umhang, der mich bald einhüllen wird. In New York, wo meine Mutter und Großmutter geboren wurden und aufgewachsen sind, wo ich mehr als ein Jahrzehnt lang gelebt und gearbeitet habe, fühle ich mich inmitten von Beton, Sirenengeheul und Gehupe, von Abgasen, dem Rumpeln der U-Bahn und den Menschenmassen sofort intuitiv wieder dazugehörig, als wäre die Stadt ein Molekül auf der Spirale meiner DNS.

Das Taxi hält vor dem Haus, in dem meine beste Freundin wohnt. Kim ist den August über in Amagansett, und Primo, der Liftwart, gibt mir ihren Schlüssel. »Wie läuft's in Montana?«, fragt er jovial mit seinem italienischen Akzent; dann zieht er die eiserne Türe zu und setzt den Aufzug in Gang. Die polierte Vertäfelung glänzt im Schummerlicht. Ich schließe Kims Apartment auf und stoße die Doppelfenster im Wohnzimmer auf, eine Brise weht vom Gramercy Park herüber. Schön, wieder hier zu sein. Morgen Vormittag werde ich zu meinen Terminen in der Piano Row gehen.

In New York gibt es einen Stadtteil der Diamanten, einen

der Hutmacher, eine Straße für Fotozubehör, eine Straße voller indischer Restaurants, eine weitere für Saris, wieder eine andere für Werkzeug zum Dekorieren ukrainischer Ostereier. Es ist ein Ort der Spezialitäten, ein unendlich großes Wunderland mit zu vielen Auswahlmöglichkeiten, zu vielen Sinnesreizen. Die Piano Row ist eigentlich die West 58th Street zwischen Broadway und Seventh Avenue; dort befinden sich drei Kaufhäuser mit entsprechenden Abteilungen und zudem in der Umgebung noch etliche Klaviergeschäfte. In der 57th Street liegt Steinway Hall, dann gibt es Frank & Camille's in Macy's in der 34th Street, den Petrof-Händler in der 55th Street, etliche Läden, in denen Klaviere umgebaut und gebrauchte verkauft werden und überdies Händler ohne eigenen Ausstellungsraum, die man nur nach Vereinbarung trifft – und das alles in Midtown West.

Ich habe meine Reise geplant wie einen Feldzug. Nach über anderthalb Jahren der Klaviersuche – zuhause, in San Francisco, in Calgary, Seattle (zweimal), in Salt Lake City, in New York (unlängst) – möchte ich jetzt endlich zu einem Ergebnis kommen. Mir bleiben vierundzwanzig Stunden, bevor Kim mich am Strand erwartet, und dann treffe ich Oliver und seine Familie in Oyster Bay. Ich weiß, dass ich das Möglichste aus dieser Zeitspanne herausholen muss und habe deshalb im Vorfeld sämtliche Klavierhändler angerufen, gefragt, was sie derzeit auf Lager haben, und Termine mit denen vereinbart, die am Sonntag nicht regulär geöffnet haben.

Der Petrof-Händler hat mich seit meinem Besuch im letzten Dezember mit Grußkarten und Postkarten umworben, auf denen »Lagerverkauf – minus 78 Prozent!«, »Jahresschlussverkauf zu extrem niedrigen Preisen!« und jüngst »Gigantischer Juli-Abverkauf! Der größte Ausverkauf unserer Geschichte!« angekündigt werden. Der Chef hat versprochen, zwei Petrof 131 für mich vorzubereiten. Faust Harrison haben mir eine Liste mit ihrem kompletten Lagerbestand gefaxt, samt Preisen und Häkchen neben den Klavieren, die mein Budget nicht sprengen; die Verkäuferin, mit der ich telefoniert habe, hat versprochen, im Geschäft auf mich zu warten. Bei Beethoven Pianos hieß es, man habe am Sonntag immer geöffnet. Altenburg Piano House in Elizabeth, New Jersey, hat ebenfalls sonntags offen und mir wurde zugesagt, dass ich neue Pleyel- und Förster-Pianinos ausprobieren könne.

Außerdem habe ich die Online-Ausgabe der jährlich erscheinenden Preisliste zu Larry Fines *Piano Book* gekauft und die Seiten mit den Modellen und Typen ausgedruckt, die mich interessieren. Ich habe sogar aus meinem alten Branchentelefonbuch von Manhattan die Seiten mit den Klavierhändlern herausgerissen und zusammengeheftet. Diese Seiten und die Notizen zu den Telefongesprächen liegen in einer Mappe in meinem Koffer. Jetzt wird es ernst! *Ich werde ein Klavier kaufen.* Jeder Verkäufer, der mich kommen sieht, entschlossenen Blicks und entschiedener Haltung, sollte entzückt sein.

New York eignet sich bestens als Anlaufstelle bei meiner Klaviersuche. Ende des 19. Jahrhunderts war der Klavierbau einer der wichtigsten Industriezweige der Stadt, damals so sehr ein Synonym für New York, wie die Börse, die Verlage und die Broadway-Theater es heute sind. Tatsächlich war vor dem kommerziellen Rundfunk die Klavierherstellung die bedeutendste Unterhaltungsbranche in den Vereinigten Staaten und New York der Dreh- und Angelpunkt. Es gab hier 171 verschiedene Klavierbauer, viele in der Gegend von Mott Haven in der Bronx. Neben dem allgegenwärtigen Steinway, dem einzigen überlebenden Unternehmen aus jener

Zeit, heute im New Yorker Stadtteil Astoria, Queens, ansässig, gab es viele andere großartige alte amerikanische Hersteller: Aeolian, Sohmer, Weber, Steck, Decker & Son, Hardman Peck, Krakauer, Kroeger und so weiter und so fort. Zu Beginn des 20. Jahrhunderts war das Klavier eine so kraftvolle Wirtschaftslokomotive, dass die Nachfrage der Klavierhersteller den Markt für Wollfilz, gutes Qualitätsholz und Stahldraht beflügelte.

Heute ist New York das Zentrum des Klavier-*Nach*baus – alte Klaviere werden zerlegt und mit neuen Materialien wieder instand gesetzt; die Nachbauer haben es allerdings schwer, die benötigten Materialien in der entsprechenden Qualität zu finden. Heute beherrscht die Klavierindustrie den Markt für Rohmaterialien nicht mehr. Zwar erlebt der Umsatz von Flügeln landesweit eine Renaissance, aber die Verkaufszahlen erreichen nicht einmal annähernd die Spitzenwerte von 1923. Damals gab es Hunderte amerikanischer Klavierhersteller. Derzeit werden nur noch fünf Marken produziert: Astin-Weight, Baldwin, Charles Walter, Mason & Hamlin und Steinway. Und nur Steinway ist in New York beheimatet.

Der Sonntag dämmert heiß und schwül herauf, die Straßen dampfen vom Regen der vergangenen Nacht. Voll gespannter Ungeduld betrete ich den Ausstellungsraum des Petrof-Händlers, ein kühles Refugium. Um meine Vorfreude auszudehnen, beginne ich zunächst mit den Flügeln. Schließlich habe ich mich zu den Pianinos im hinteren Raum vorgearbeitet. Ich wandere die Gänge auf und ab, entdecke aber nur ein Petrof 131, polierte Walnuss, in der Ecke, wo im vergangenen Dezember eine Kirschholz-Version desselben Modells stand. Der Deckel ist zugeklappt, auf dem Notenpult steht ein großes Schild: VERKAUFT.

Wie ist das möglich? Ich drehe mich um und sehe mir noch

einmal alle Pianinos an. Sonst kein Petrof 131. Ich öffne den Deckel des Walnuss-Petrof und spiele die erste von Schumanns *Kinderszenen*. Das Klavier ist vorzüglich. Es gefällt mir noch besser als dasjenige, auf dem ich im letzten Winter gespielt habe, und das war ebenfalls bereits verkauft. Mir wird schwer ums Herz. Ich bin ja nur einen Tag hier.

»Wir können das Modell noch mal für Sie besorgen.«

Ich wirble herum. Es ist der Geschäftsführer. Ich stelle mich als die Kundin aus Montana vor, mit der er erst vergangene Woche gesprochen hat.

»Sie haben mir zugesagt, zwei Petrofs 131 hier für mich bereitzuhalten. Ich kann sie nicht finden. Stehen sie hier irgendwo?«

Der Chef wirkt ein wenig durcheinander. »Hmm, ja. Als ich diese Woche unterwegs war, hat ein anderer Verkäufer beide verkauft. Er ist neu und wusste nicht, dass sie vergeben waren. Es tut mir leid, aber sie sind weg. Natürlich werden wir Ihnen gerne eines wie dieses hier besorgen.«

»Wie schnell können Sie sie denn hier haben? Ich fahre heute Abend weg, könnte aber nötigenfalls in einer Woche wiederkommen.«

»Da muss ich nachsehen, aber ich bin nicht sicher, ob wir sie so schnell bekommen.« Er wippt ein wenig auf den Zehen und legt die Fingerspitzen vor der Brust steil aneinander. »Wenn Sie möchten, könnten wir Ihnen heute eines bestellen.«

Es scheint diesem Geschäftsführer, der wiederholt versprochen hat, die Klaviere würden heute hier sein, kein bisschen leidzutun. Das alles kommt mir eigenartig vor. Wieso sind ihre 131er schon verkauft? Ist das eine Masche, Klaviere an den Mann zu bringen, ohne sie ordentlich vorzubereiten? Ich erinnere mich an Meg B. aus Piano World und ihre Verzweiflung über ihr neues Petrof-Klavier, das sie in diesem Laden hier gekauft hat. Hat Meg wirklich das Klavier gekauft, auf dem sie im Ausstellungsraum spielte? Oder ist sie auf eine Lockvogeltaktik hereingefallen?

Die Petrof-Klaviere in Seattle und Calgary haben sich nicht so gespielt wie dieses hier. Sie hatten nicht die empfindsame Ansprache, den spinnwebfeinen Ton. Was kostet es das Geschäft, diese Pianinos auf einen solchen Grad an Vollkommenheit zu bringen? Wie viele Technikerstunden sind nötig? Und wie viel profitabler könnten diese Klaviere sein, wenn sie verkauft würden, ohne von einem Techniker vorbereitet worden zu sein?

»Kommen Sie doch rüber zu meinem Schreibtisch.« Der Geschäftsführer wendet sich zum vorderen Teil des Ausstellungsraums. »Wir erledigen den Papierkram und dann geben wir die Bestellung auf.«

»Sie möchten, dass ich das Klavier kaufe, bevor ich darauf gespielt habe?«

»Bloß eine Anzahlung. Wir bestellen es einfach mal.«

»Und was, wenn es mir nicht gefällt?«

Er deutet auf ein kleines Schild an der Wand. KEINE RÜCKERSTATTUNG.

Mein Bauchgefühl wächst sich zur Überzeugung aus. Ich kenne keinen einzigen Klavierhändler, der eine Anzahlung verlangt. Warum sollten sie unzufriedene Kunden wollen?

»Ich kaufe nicht unbesehen ein Klavier«, sage ich. »Und ich leiste keine nicht rückerstattbare Anzahlung auf ein Instrument, auf dem ich nie gespielt habe.«

»Rufen Sie morgen an. Wir werden sehen, wie schnell wir Ihnen ein anderes 131er besorgen können. Vielleicht hat unser Großhändler welche auf Lager.« Damit geht er wieder zu seinem Schreibtisch und vertieft sich in seine Papiere.

Ich bleibe, wo er mich stehen gelassen hat, und koche vor Enttäuschung und Frustration. Monatelang habe ich mich darauf gefreut, auf diesen Klavieren zu spielen! Aber hier wäre jedes weitere Wort überflüssig. Ich trete hinaus in die Hitze und mache mich auf zur Piano Row.

*

Bei Faust Harrison wartet zum vereinbarten Termin Tien-Ni Chen auf mich. Sie ist eine gertenschlanke Frau und scheint herbeizuschweben, als sie zur Tür kommt, um mir aufzumachen. Ihre glatten schwarzen Haare schwingen um ihr lebhaftes Gesicht. Sie hat kleine, zarte Gliedmaßen, und während sie spricht, gleiten ihre Hände sachte durch die Luft, unterstreichen ihre Worte mit fließenden, ausdrucksvollen Bewegungen. Ihr Lächeln ist strahlend, einladend, als ich in die Kühle des elegant ausgestatteten Ausstellungsraums trete.

Faust Harrison bedient einen bestimmten Kundentyp – gut bei Kasse, gebildet und sich seines verfeinerten Geschmacks gewiss. Die Besitzer sind Berufspianisten, ebenso die Angestellten. Jedes Klavier ist untadelig hergerichtet und wird in schöner, ruhiger Umgebung präsentiert, mit Perserteppichen und geschmackvoller Beleuchtung. Hier findet sich der gewisse Park-Avenue-Takt, ein krasser Kontrast zum Ausstellungsraum des Petrof-Händlers, der das turbulente Getriebe im Bekleidungsviertel spiegelt.

Tien-Ni und ich sind allein im Geschäft; sie hat eine Reihe von Pianinos vorbereitet, die Michael Harrison, einer der Besitzer, mir empfiehlt. Natürlich möchte ich auch die Flügel ausprobieren, und Tien-Ni ermutigt mich dazu. Zunächst spiele ich auf dreien der vielen hier versammelten Mason & Hamlins-Flügel Modell A. Sie haben einen ziemlich kühlen

Ton, aber Tien-Ni meint, in einem Lagerraum außerhalb der Stadt stünden noch einige wärmer klingende, falls ich interessiert sei. Es gibt auch restaurierte Steinway-Flügel, darunter einige Sonderanfertigungen mit geschnitztem Art-Case-Gehäuse. Besonders das wunderhübsche getigerte Mahagoni-Gehäuse eines Modell A im Fenster erweckt meine Bewunderung.

Zufällig gehören Pianinos nicht zum Warenbestand des Geschäfts. Es stehen nur drei Marken zur Verfügung: ein neues, in Massachusetts gebautes Mason, ein neues Schulze-Pollmann aus Italien und ein fünf Jahre altes Steinway Modell K in einem hübschen intarsierten Gehäuse. Das Mason interessiert mich am meisten, ich habe noch auf keinem neuen Mason-Pianino gespielt. Aber es klingt sehr laut. Tien-Ni versucht den Klang ein wenig zu dämpfen, indem sie eine schwere Decke an der Wand befestigt. Aber das Pianino dröhnt noch immer.

»Der Raum hallt«, erklärt sie. »In einer ruhigeren Umgebung würde es sicher nicht so laut klingen.«

Die Schulze-Pollmann-Pianinos zeigen genau wie die, auf denen ich in Salt Lake City gespielt habe, einen ziemlich harten Übergang zwischen der Tenor- und Basslage und einen schwachen Diskant, also gehe ich rasch weiter zum Steinway Modell K.

Dieses Pianino weist eine feine Einlegearbeit an seinem Mahagonigehäuse auf. Ein so schönes Möbelstück, hoffe ich, müsste doch auch ein Klavier sein, das ich lieben kann. Ich setze mich auf die Bank und beginne mein übliches Repertoire zu spielen. Schon bei den ersten Noten registriere ich, dass auch dieses Instrument einen auffälligen Bruch zwischen Bass- und Tenorlage zeigt: volle, warme, satte Töne auf der Bassseite der Klaviatur, ein dünner, schriller, brüchiger Diskant auf der anderen. Aber ich spiele tapfer weiter. Es ist das letzte Pianino im Geschäft und ich hoffe so sehr, es könnte »dasjenige welche« sein.

Ich spiele mich durch Mozarts G-Dur-Sonate. Dann Schumanns *Kinderszenen*. Das erste der *Lieder ohne Worte* von Mendelssohn. Ja, die Probleme lassen sich nicht leugnen. Ich stehe auf und schüttle enttäuscht den Kopf.

Tien-Ni fragt, ob sie mir auf dem Steinway vorspielen dürfe. Sie spielt brillant ein Impromptu von Schubert, aber der Bruch bleibt für mich deutlich hörbar, obwohl sie ihr Bestes gibt, ihn durch ihr Spiel zu kaschieren. Der Diskant klingt ebenfalls unerträglich. Zu grell.

»Wenn Sie es wirklich haben wollen, können wir es für Sie intonieren«, sagt sie und wendet sich mir zu. »Ich kann Michael Harrison fragen. Ich weiß allerdings nicht, wie schnell unser Techniker es erledigen kann. Können Sie noch einmal kommen?«

Schon der zweite Klavierhändler, der vielleicht hat, was ich möchte, wenn ich nur noch einmal komme. Ich gebe Tien-Ni Kims Telefonnummer in Amagansett und bitte sie, mich wissen zu lassen, ob eine Intonierung möglich sei. »Vielleicht könnte ich in einer Woche vorbeischauen, bevor ich heimfahre, wenn sich das mit dem Terminplan Ihres Technikers vereinbaren ließe«, sage ich. Ich habe keine große Hoffnung, dass dieses Klavier gut genug werden wird, aber es ist so hübsch. Warum also es nicht wenigstens versuchen?

Das Ende eines Geschäftsbesuchs, der so vielversprechend begann, ist rasch gekommen. Nachdem ich auf allen Pianinos gespielt habe, blicke ich sehnsüchtig zu den Flügeln hinüber. »Welcher ist Ihnen der liebste?«, frage ich Tien-Ni. Ich möchte wissen, welchen ein Berufspianist auswählen würde, möchte darauf spielen, spüren, wie es sich anfühlt, wie es klingt.

Tien-Nis Gesicht leuchtet vor Vergnügen. »Oh, der da«, antwortet sie ohne zu zögern und geht mit großen Schritten hinüber zum im Schaufenster stehenden Steinway A mit dem Gehäuse aus getigertem Mahagoni. Liebevoll streichelt sie seine Wangen, setzt sich dann hin und stürzt sich in das Schubert-Impromptu. Es klingt warm und wunderbar, mit einem Diskant wie zart läutende Glöckchen. Noch nie habe ich so unverwechselbare Töne auf einem Klavier gehört.

»Das ist wunderschön. Ich danke Ihnen sehr«, sage ich, nachdem sie geendet hat.

»Möchten Sie ihn ausprobieren?« Tien-Ni bietet mir die Bank an.

Ich setze mich vorsichtig an das Instrument, ein Modell, das nicht mehr hergestellt wird. Es wurde in den 1920ern gebaut und bekam in der Werkstatt dieses Geschäfts ein zweites Leben; nach der Restauration ist von dem alten Instrument nichts als das Gehäuse und der gusseiserne Rahmen geblieben.

Ich lege sachte die Hände auf die Elfenbeintasten und spiele ein paar Noten. Der Klang ist lieblich, melodisch, wunderbar. Ich versuche den Schumann, und das Klavier reagiert auf eine Weise, die ich nur als warmherzig, großzügig, nicht besonders kraftvoll, aber von einer Art tiefempfundener Freude und stiller Schönheit beschreiben kann. Nie zuvor habe ich ein Klavier von solcher Individualität gehört, solcher Klangfülle, Zartheit und Farbigkeit. Als ich den Mendelssohn spiele, fühle ich Zärtlichkeit. Das ist ein äußerst edles Instrument.

»Oh, was für ein entzückender Flügel«, seufze ich. »Ich verstehe, warum Sie ihn lieben.«

Tien-Ni blickt mich mit großen glänzenden Augen an. Denkt sie, ich könnte dieses Klavier kaufen? Ich bin sicher, dass es weit über meinen finanziellen Möglichkeiten liegt.

Aber höflichkeitshalber frage ich sie nach dem Preis. Als sie den Betrag, 45 000 Dollar, nennt, schließe ich den Deckel, lächle und schüttle den Kopf. »Halten Sie mich über das Pianino auf dem Laufenden«, sage ich im Hinausgehen.

*

Draußen auf dem glühend heißen Bürgersteig blicke ich die Piano Row hinauf und hinunter, um mich zu orientieren. Zu Beethoven Pianos muss ich die West 58th Street überqueren und ein Stück Richtung Westen gehen. Ungeduldig wechsle ich die Straßenseite, voller Vorfreude auf die vielen ungewöhnlichen Klaviere, die ich laut Rich D. und David Burton in diesem Geschäft erwarten darf. Aber als ich vor der hohen verglasten Fassade stehe, ist es drinnen dunkel, und die Tür ist verschlossen. Ich drücke mein Gesicht an das schwere Glas, spähe an einem mitgenommenen alten Bechstein-Flügel vorbei, der in der Auslage steht. Was ich sehe, ist vielversprechend. Im Dämmerlicht des Geschäfts steht ein Art-déco-Pianino aus hellem Holz mit zwei geschwungenen Kandelabern, die das Notenpult einrahmen. Ein Flügel aus geflammtem Mahagoni wartet gleich hinter dem Eingang. Ein schönes Pianino aus Walnusswurzelholz steht hinter dem Bechstein an die Wand gezwängt. Die Tiefen des Ladens locken, geheimnisvoll und rätselhaft, mit dicht beisammenstehenden Klavieren aller Jahrgänge, Größen und Farben.

Ich hämmere an die Tür, so laut ich nur kann. Es muss doch jemand da sein. An der Tür steht klar und deutlich geschrieben, dass das Geschäft sonntags von zwei bis sechs geöffnet hat. Ich sehe auf die Uhr. Es ist fast drei, ich muss noch zu Altenburg nach Elizabeth, New Jersey, und dann den Zug hinaus nach Long Island erreichen.

Ich spähe die Straße hinauf und hinunter, hoffe, jeden Moment werde jemand auf dem Bürgersteig auftauchen, vielleicht mit einem großen Schlüsselbund in der Hand, lächeln und seine Schritte beschleunigen, sobald er mich entdeckt. Aber ich kann niemanden herbeizaubern. Direkt gegenüber liegt ein kleines Hotel mit hellgrüner Markise. Vielleicht weiß man dort, wann Beethoven Pianos geöffnet hat oder ob bald jemand kommt. Ich steige die Stufen hinauf ins Foyer und wende mich an den Portier.

»Ich habe keine Ahnung, warum die zu haben«, meint der junge Mann hinter dem Tresen. Er zuckt die Achseln und lächelt freundlich. »Normalerweise brennt da drüben bis spät abends das Licht.«

Mir bleibt nichts anderes übrig, als mich zur Pennsylvania Station aufzumachen.

*

Vom Bahnhof aus rufe ich beim Altenburg Piano House an, um mir den Weg beschreiben zu lassen. Ein Mann mit schwerem Akzent, George Hovsepian, erklärt mir, welcher Zug mich in zwanzig Minuten nach Elizabeth bringt und wie ich zu seinem Ausstellungsraum gelange. Altenburg hat ganze Lagerhäuser voller Klaviere und präsentiert einen riesigen Bestand auf fünf Etagen; ich bin sicher, dass diese Fahrt den kleinen Umweg lohnt.

Das Geschäft ist leicht zu finden; bevor ich eintrete, bleibe ich aber noch ein wenig stehen und bewundere einen im Schaufenster stehenden riesigen Flügel aus Seidenmahagoni. Die akribische Liebe zum Detail in der Ausführung des Gehäuses ist auffällig und bestechend; das ist bester Möbelbau in perfektionistischer Vollendung. Dann reiße ich meinen Blick los – ein solches Klavier kann niemals mir gehören – und trete in den Ausstellungsraum.

Es sind keine anderen Kunden da, und George begrüßt mich überschwänglich. Er ist ein adretter Mann in den Sechzigern, klein, aber elegant, die Haare sorgfältig frisiert, die Kleidung makellos. Seinem Gezwinker nach zu schließen ist er einem harmlosen Flirt nicht abgeneigt. George nimmt meine Hand, als wäre ich eine europäische Gräfin, verbeugt sich tief und lächelt strahlend, als wären wir in einem alten Schwarz-Weiß-Hollywoodfilm. Sein so offen zur Schau gestellter Enthusiasmus saugt mich förmlich an.

Ich sage George, dass ich gerne auf den Klavieren spielen würde. Er eilt mit mir an etlichen Instrumenten im ersten Raum vorbei – meist Samicks –, meint, sie seien meiner Beachtung nicht wert, und geleitet mich eine steile Treppe hinauf in die zweite Etage, wo die europäischen Klaviere ausgestellt sind.

An der hinteren Wand steht ein glänzendes schwarzes Pianino, ein August Förster. »Hier bitte«, sagt George, wippt ein wenig auf den Zehen und deutet auf das Klavier. »Nun, *das* ist mal ein besonderes Klavier. Ich glaube, es wird Ihnen gefallen.«

Ich setze mich und beginne zu spielen, aber George steht immer noch rechts von mir, wippt vergnügt vor und zurück, die Hände im Rücken verschränkt, und grinst mich an. Wie soll ich ein Gefühl für das Pianino entwickeln, wenn er jede meiner Bewegungen verfolgt?

»Würde es Ihnen etwas ausmachen, wenn Sie mich mit dem Instrument allein ließen?«, frage ich so liebenswürdig ich kann. »Ich brauche die Möglichkeit, zu spielen und zuzuhören.«

»Aber natürlich! Ich zeige Ihnen bloß noch, wo die anderen Klaviere stehen. Das ist das Pleyel«, er tätschelt den Deckel eines weiteren großen, glänzenden schwarzen Pianinos. »Und diese anderen haben wir gerade erst aus den Kisten genommen. Es sind August-Förster-Flügel. Die sollten Sie wirklich auch ausprobieren. Ich bin unten, falls Sie mich brauchen.« Und weg ist er, munter summend.

Ich hole ein paar Noten aus meiner Tasche und beginne wieder auf dem Förster zu spielen. Sofort habe ich den Eindruck, der Ton sei zu brillant und kalt, nicht unähnlich dem Mason, auf dem ich heute schon gespielt habe. Also weiter zum Pleyel. Noch ein paar Takte und ich weiß, auch das ist nicht mein Klavier. Es ist ebenfalls ein wenig zu kühl und hell für meinen Geschmack, obwohl der Klang ganz rein und klar ist. Da ich den weiten Weg hierhergekommen bin, möchte ich mir auch die Flügel ansehen. Sie klingen viel lieblicher als die Pianinos und haben eine sehr leichtgängige Mechanik. Die Preisaufkleber erstaunen mich: 23 000 Dollar für einen europäischen Studioflügel. Wie schaffen sie das? Ich blicke hoch, George steht wieder neben mir.

»Nun? Wie gefallen Ihnen die Klaviere?«

»Oh, ich fürchte, sie sind nicht das, was ich gesucht habe. Aber ich danke Ihnen vielmals.« Ich sammle meine Noten zusammen und stecke sie in die Tasche.

»Das tut mir leid zu hören.« Er sieht wirklich enttäuscht aus.

George folgt mir die Treppe hinunter. Auf dem Weg durch die Eingangstür bleibe ich noch einmal vor dem prachtvollen Mahagoni-Flügel im Schaufenster stehen. George bemerkt meinen bewundernden Blick.

»Den haben wir erst diese Woche reinbekommen! Ein Sauter Omega 220 in Pyramiden-Mahagoni, ein edles Klavier. Sehen Sie, mit welcher Vollendung das Furnier auf die Maserung abgestimmt wurde?« Er fährt mit dem Finger über den beinahe unsichtbaren Furnierrand. »Niemand baut Möbel wie Sauter. Es ist perfekt! Perfekt! Sehen Sie sich die schöne dazu passende Bank mit integriertem Notenfach an. Hier, bitte.« Er zieht die Bank von der Klaviatur weg, als würde er das Bett in einem exklusiven Hotel aufschlagen. »Sie müssen ihn ausprobieren.«

»Ach nein.« Ich schüttle den Kopf. »Ich denke nicht. Was soll das bringen? Ich habe keinen Platz für ein solches Klavier, ich kann es mir nicht leisten.«

»Bitte«, wiederholt er und weist auf die Bank. »Sie müssen es probieren.«

Also setze ich mich an dieses umwerfende Instrument mit seiner wunderschönen Ausführung, der anmutigen Form, und öffne die Klappe. Die Tasten scheinen größer als die anderer Klaviere, ich berühre sie behutsam. George steht direkt neben dem Notenpult, die Arme verschränkt, grinst und zwinkert mir zu. Ich drücke einige der langen Tasten nieder, und das Klavier beginnt in sonoren, klaren Tönen zu singen. Ich spiele den Mendelssohn, die Bassnoten klingen dunkel, warm, wonnevoll, herzzerreißend. Das ist ganz offensichtlich ein großartiges Klavier, ein Klavier mit musikalischen Möglichkeiten, die man bei anderen Instrumenten so nicht findet.

»Wenn Sie doch ein Pianino hätten, das sich so spielt«, sage ich in einem Versuch, diese Verrücktheit mit Anstand zu beenden. Doch als ich aufstehen will, grinst George noch breiter und hält mir einen Zeigefinger vor die Nase, als wolle er mich aufhalten.

»Nur für Sie!«, ruft er und marschiert hinüber zu einem großen Schreibtisch im hinteren Teil des Ausstellungsraums. »Sagen Sie's niemandem.« Er schreibt etwas auf ein Stück Papier, kommt zurückmarschiert und hält mir das Papier vor die Nase. Darauf steht: »27 500 Dollar.«

Ich schnappe nach Luft. Wie kann ein so edles Instrument, ein solches Kunstwerk, ein Salonflügel so günstig sein? Das ist unmöglich. »Wie schaffen Sie das?«, frage ich.

»Nur für Sie. Sehen Sie, dafür haben wir einen Spezialpreis; es ist das erste Klavier dieser Firma in unserem Angebot. Das bleibt unter uns.« Dann geht er zurück zum Schreibtisch und beginnt Formulare auszufüllen.

»Ich gratuliere«, ruft er beim Schreiben. »Die Klavierbank ist inbegriffen, eine Decke, zweimal gratis Stimmen und Gratiszustellung.«

»Aber ich wohne in Montana.«

»Macht nichts, wir liefern in die ganze Welt. Jetzt brauche ich nur noch eine Anzahlung, bis wir die Lieferung organisieren können. Wären Ihnen tausend Dollar recht?«

Nach weiteren fünfzehn Minuten Diskussion darüber, dass unser Wohnzimmer zu klein ist, dass ich keine 27 500 Dollar habe, dass ich mir noch gar nicht sicher bin und die Anzahlung rückerstattbar sein muss, stelle ich schließlich den Scheck aus. George schreibt in dicken Blockbuchstaben oben auf den Kaufvertrag: ANZAHLUNG WIRD REFUNDIERT FALLS AUFTRAG STORNIERT. Ein Lächeln kräuselt seine Lippen. Ich bin benommen. Ich brauche Zeit zum Nachdenken. Das Klavier ist schön. Der Preis ist einfach unglaublich, aber dennoch …

Es ist Ladenschluss. George fährt mit mir im Zug in die Stadt zurück. Ich habe den Kaufvertrag und einen Finanzierungsantrag in einem Umschlag in meiner Tasche. Ich sage nichts, lasse die Stille zwischen uns sich ausbreiten und senke den Blick auf meine Hände. Mir fällt auf, dass Georges Finger voller Goldringe sind. Er fragt mich, warum ich nicht fröhlicher aussehe. Ich sage, ich sei mir nicht sicher, ob ich das Richtige getan hätte. »Sie denken zu viel«, meint er.

*

»Du spinnst«, sagt Kim und sieht mit ihren schrägen Augen, so exotisch und gebieterisch wie die Kleopatras, skeptisch zu mir hoch. Ihre tintenschwarzen Haare, tropfnass vom Schwimmen, fallen ihr in Kringellocken auf die Schultern. »Du hast den Verstand verloren, so viel Geld für ein Klavier auszugeben!« Wir sitzen in ihrer Küche, hacken Tomaten, Petersilie und Schalotten für das Abendessen.

»Ich weiß«, seufze ich. »Aber du solltest es sehen und hören. Es ist so schön. Und der Preis ist unglaublich.«

»Ist mir egal«, bescheidet mich Kim knapp, als wollte sie mir barsch die Beziehung zu einem verheirateten Mann ausreden. »Du willst mir doch nicht sagen, dass dir ein Klavier so viel Geld wert ist! Also hör mal!«

»Ja, wahrscheinlich bin ich wirklich durchgeknallt.« Ich lächle in mich hinein. Meine Klavier-Obsession hat mir nicht einmal die Zeit gelassen, die Gesellschaft meiner besten Freundin und den Strand zu genießen. Seit ich hier angekommen bin, habe ich am Telefon gehangen, habe mit Händlern gesprochen, mit Michael Harrison wegen der Intonierung des Steinway verhandelt, habe Beethoven Pianos angerufen, um einen verbindlichen Termin am kommenden Montag zu vereinbaren, bevor ich heimfliege, habe den Petrof-Händler gebeten, er möge ein anderes Modell 131 bereitstellen.

»Wir können frühestens in fünfundvierzig Tagen einen da haben«, behauptet der Geschäftsführer. »Sie sind im ganzen Land nicht lieferbar. Unser Lieferant sagt, keiner seiner Kunden habe einen im Angebot.«

Quatsch. Quatschkopf. Bei Macy's habe ich etliche Petrof 131 gesehen, kurz bevor ich den Zug nach Long Island genommen habe. Sie spielen sich nicht wie die beim Petrof-Händler, aber sie stehen dort. Ich rufe sogar Larry Fine an, den Autor des *Piano Book*, um mich mit ihm zu beraten. Er meint, ich solle das Petrof bei Macy's nehmen. Aber ich kann mir nicht vorstellen, ein Klavier zu kaufen, das mir so, wie es ist, nicht zusagt. Was ist, wenn ich keinen Techniker finde, der alles herausholen kann, was in dem Instrument steckt? Fine meint auch, der Preis für das Sauter Omega könne nicht stimmen: »Das liegt wahrscheinlich unter dem Einkaufspreis.« Ich rufe den Sauter-Lieferanten an, und er bestätigt, dass der Betrag tatsächlich unter dem Einkaufspreis liegt, erklärt mir aber, dass Altenburg direkt ab Werk in Deutschland bezieht.

Schließlich verliert Kim die Geduld mit mir, weil ich dauernd am Telefon hänge, und wir haben einen fürchterlichen Streit, jene Art ätzendes Gezänk, wie es Ehepaare kennen. Aber ich kann nicht aufhören. Nur noch einen Tag in der Stadt, ich muss mein Klavier finden. Jetzt.

8

Begegnung mit Marlene

Am Montagmorgen um acht Uhr treffen Tien-Ni und ich uns in der Piano Row und schließen gemeinsam das Geschäft von Faust Harrison auf. Sie hat Bagels und Kaffee mitgebracht, und wir sitzen einander am großen Verkaufstisch gegenüber, frühstücken und unterhalten uns. Übers Wochenende hat Michael Harrison seinen Techniker das Steinway-Klavier für mich intonieren lassen. Vor dem Rückflug nach Montana werde ich gerade genug Zeit haben, um noch einmal auf dem Sauter Omega bei Altenburg zu spielen, und außerdem habe ich einen Termin bei Beethoven Pianos, direkt gegenüber von Faust Harrison. Das sind die letzten Karten, die ich in Sachen Klavierkauf auszuspielen habe.

Tien-Ni erzählt mir, sie habe gerade an der Juilliard Academy promoviert und sei glücklich, Klaviere verkaufen zu dürfen, während sie an ihrer Solistenkarriere arbeite. Ich nippe an meinem Kaffee und sinniere, das hier sei wohl Klavierhandel in seiner feinsten Ausprägung – Kundin und Verkäuferin unterhalten sich wie alte Bekannte über Musik.

»Unser Techniker hat sich so lange es ihm möglich war mit dem Steinway K beschäftigt.« Tien-Ni lächelt nervös. »Aber er meint, die Zeit sei zu knapp gewesen, er müsse sich noch einmal daran machen, um das Mögliche herauszuholen. Ich bin gespannt auf Ihren Eindruck.«

Ich setze mich wieder an den Steinway. Tien-Ni wirkt ängstlich: Angespannt und mit leuchtenden Augen steht sie neben dem Instrument, die Arme vor dem grazilen Körper verschränkt.

Sobald ich zu spielen beginne, höre ich, dass der Bruch zwischen Bass- und Tenorlage nach wie vor da ist, der Diskant klingt immer noch harsch. Ich halte inne und seufze.

»Lassen Sie mich für Sie spielen.« Tien-Ni nimmt meinen Platz an der Klaviatur ein und stürzt sich ins Schubert-Impromptu, aber ihre Virtuosität unterstreicht die Mängel des Klaviers nur. Tatsächlich, man mag kaum zuhören.

»Stopp! Bitte hören Sie auf!« Ich strecke die Hand aus. »Das klingt ja noch schlimmer. Was hat der Techniker gesagt?«

Tien-Ni wendet sich zu mir um. »Er sagte, Sie hätten recht, es gebe einen auffälligen Bruch. Das Klavier sollte eigentlich hell klingen. Er meinte, wenn er mehr Zeit hätte, könne er den Klang verbessern, aber grundsätzlich sei er Ihrer Meinung.«

Ich bin verblüfft, dass sie mir das verrät. Die meisten Klavierverkäufer versuchen mich dazu zu bringen, meinen eigenen Wahrnehmungen zu misstrauen, versuchen mir einzureden, dass ich nicht höre, wovon ich doch weiß, dass ich es höre. Es tut mir sehr leid, Tien-Ni zu enttäuschen, und auch ich selbst tue mir leid. Es ist erst halb neun Uhr morgens, zu früh für meinen Termin um elf bei Beethoven Pianos, und ich möchte doch die verbleibenden Stunden in der Stadt noch so gut wie möglich nutzen. Tien-Ni und ich begutachten den Warenbestand im Geschäft, aber es ist nichts dabei, das meinen Wünschen und meinem Budget entspricht.

Ich gebe ihr meine Karte. »Bitte verständigen Sie mich, wenn etwas reinkommt, von dem Sie annehmen, dass es mir gefallen könnte. Ich komme etwa einmal im Jahr nach New York.« Wir verabschieden uns herzlich, und dann gehe ich zur Pennsylvania Station, um den Zug nach Elizabeth zu nehmen.

*

Um halb zehn bin ich bei Altenburg. George hat eben die Tür aufgeschlossen und sortiert Unterlagen auf seinem Schreibtisch. Als er mich sieht, nimmt er Haltung an.
»Da sind Sie ja wieder.«
»Ja, ich möchte noch einmal auf dem Sauter spielen.«
»Bitte.« Mit einer leichten Verbeugung weist er auf das Klavier, das nach wie vor im Schaufenster steht.

An der Klaviatur konzentriere ich mich ganz auf die bevorstehende Aufgabe. Larry Fine hat mir geraten: »Kaufen Sie das Klavier, in das Sie sich verlieben.« Bin ich in den Sauter »verliebt«? Ich weiß es nicht. Ich habe nicht lange genug darauf gespielt. Ich habe eine Anzahlung auf einen unglaublichen Deal geleistet. Überrumpelt, wie ich war, habe ich gar nicht in mich hineingehört. Egal, wie gut dieses Geschäft sein mag, wenn ich nicht verliebt bin, habe ich 27 500 Dollar rausgeschmissen. Ich ziehe die Noten aus der Tasche und mache mich an eine ernsthafte Bewertung, beginne mit Skalen und Arpeggios und spiele dann mein gesamtes winziges Repertoire. Eine Schar kleiner Jungen hat sich draußen vor dem Schaufenster zusammengefunden und hört zu.

Komisch, aber man braucht gar nicht lange zu spielen, um ein Klavier bewerten zu können. Ich kann seine Qualitäten auf der Stelle fühlen und hören. Der Klang ist warm, singend, komplex, mit einem kräftigen Bass, sehr schön und ungewöhnlich, und er gefällt mir sehr. Aber die Mechanik. Die

Mechanik ist hart und für mich schwer zu kontrollieren. Ich versuche verschiedenste Lautstärken und Klangfarben hervorzubringen, aber mir fehlen einfach die Fähigkeiten, um das aus dem Klavier herauszuholen, was ich möchte. Ich fühle mich wie eine Reitanfängerin auf einem Rennpferd, die ungeschickt an den Zügeln herumfummelt und schließlich abgeworfen wird. Das ist keine Liebe.

Ich halte vor der Klaviatur inne und überlege. Als Möbelstück ist das ein Klavier, für das man sterben könnte – außerordentlich in Design, Ausführung und Möbelbaukunst. Aber mit seinen über zwei Metern Länge ist es zu groß für unser Wohnzimmer. Ich könnte es trotzdem kaufen, es darauf ankommen lassen. Das Instrument im schlimmsten Fall weiterzuveräußern, dürfte allerdings schwierig sein, schließlich ist es ja eine unbekannte Marke. Außerdem sieht das Darlehen, das Altenburg anbietet, eine hochverzinsliche Rückzahlungsrate vor. Ich möchte mich nicht für ein Klavier in Schulden stürzen.

Ich gehe zu George hinüber, der sich immer noch an seinem Schreibtisch zu schaffen macht.

»George.«

Er blickt auf. An seinem Gesicht ist abzulesen, dass er weiß, was nun kommt; sein Ausdruck ist distanziert.

»George, das Sauter ist nicht mein Klavier. Es wäre ein außerordentliches Geschäft, sehr verführerisch, aber ich bin nicht verliebt. Kann ich meine Anzahlung zurückhaben?«

»Natürlich.« Er nimmt den Hefter mit meinen Unterlagen und zieht den Scheck heraus.

Beim Hinausgehen fühle ich mich erleichtert. Ich habe die richtige Entscheidung getroffen. Ich kehre zum Bahnhof zurück, um auf den nächsten Zug in die Stadt zu warten. Während der Rückfahrt sehe ich meine Unterlagen durch, meine

Listen, mein Entscheidungsdiagramm und die Notizen über alles, worauf ich bereits gespielt habe.

Beethoven Pianos ist meine Endstation.

*

Dieses Mal schwingt die Glastür bei Beethoven Pianos vor mir auf. Begierig überblicke ich den Reichtum an Instrumenten – Mahagoni-, Ebenholz-, Walnussflügel –, die auf dem gebohnerten Dielenboden Gehäuse an Gehäuse nebeneinanderstehen. Im 19. Jahrhundert war das Geschäft eine Wagenfabrik; nun schmücken Kunstposter die Ziegelsteinwände, von der hohen Decke hängen Kronleuchter. Der Raum strahlt eine etwas derangierte, behagliche Eleganz aus.

Es gibt Bechsteins, Feurichs, Masons, Sauters, Steinways und etliche Marken, die ich noch nie zu Gesicht bekommen oder gespielt habe, die meisten gebraucht oder restauriert. Auf dem engen Raum scheint kaum genug Platz für sie alle zu sein. Hier herrscht eine Atmosphäre der Abgeschiedenheit, ich atme tief ein – angesichts der Aussicht, eine so erlesene Kollektion ausprobieren zu dürfen, erfasst mich eine Welle der Begeisterung.

Schon im nächsten Moment werde ich von einem jungen Mann angesprochen. Er vibriert förmlich vor Energie, als er fragt, ob er mir helfen könne. Sein durchdringender Blick flackert rastlos in seinem blassen, vollen, von dichten ebenholzschwarzen Löckchen eingerahmten Gesicht. Er spricht mit starkem israelischen Akzent.

Ich sage ihm, dass ich ein Pianino suche. Er führt mich eine steile Treppe in den Keller hinunter, wo mindestens hundert Pianinos stehen, von einem Ende des Raumes zum anderen, so dicht gedrängt, dass man kaum durchkommt. In der Mitte stehen sie Rücken an Rücken, Klaviatur gegenüber Klaviatur, sodass man sich auf eine Bank setzen und auf dem einen spielen, sich dann umdrehen und auf dem anderen weiterspielen kann.

»Das da ist gut«, sagt der Verkäufer und klopft auf den Deckel eines ziemlich mitgenommenen Mason & Hamlin-Pianinos. Zu ihrer Blütezeit vor der Weltwirtschaftskrise in den Zwanzigerjahren galten Masons so viel wie Steinways; gut erhalten, sind sie immer noch ausgezeichnete Instrumente. Ich hebe den Deckel und spiele ein paar Noten. Es klingt lausig und ist verstimmt. Ich bitte den jungen Mann, mich auf eigene Faust umsehen zu dürfen, und er geht zurück nach oben.

Hier steht die größte Auswahl an Pianinos, die ich je an einem Ort gesehen habe; ich weiß zwar sehr wohl, dass ich ein Flugzeug erreichen muss, bin aber trotzdem entschlossen, sie alle auszuprobieren. In der nächsten Stunde mache ich kurzen Prozess mit ihnen – spiele bloß ein paar Takte, um Instrumente, die verstimmt sind, eine ausgeleierte Mechanik oder einen blechernen Klang haben, auszusondern. Auf den Klavieren, die den Anfangstest bestanden haben, spiele ich die Stücke, die ich mitgebracht habe.

Einige Klaviere passen mit ihrem warmen, gefühlvollen Klang gut zu Chopin und Mendelssohn, nicht aber zu Bach oder Mozart. Andere haben die funkelnde Klarheit, die Bach und Mozart erfordern, es fehlt ihnen aber an der Üppigkeit, derer romantische Werke bedürfen. Ein Klavier zu finden, das einen vielseitigen, flexiblen Klang hat und zudem gut reagiert, das ist die Kunst. Diese Ansprüche sind eigentlich zu hoch für ein Pianino, das kürzere Saiten und einen kleineren Resonanzboden hat als ein Flügel, dazu eine weit weniger effiziente Mechanik.

An der hinteren Wand fällt mir ein Pianino aus hellem Birnenholz auf, ein Sauter mit einem so makellosen Gehäuse wie das Omega bei Altenburg. Links und rechts vom Notenpult sind Leuchter montiert, die sich hin und her schwenken lassen. Das Gehäuse hat klare skandinavische Formen und würde unter modernen Möbeln gehobener Preisklasse gut aussehen. Den Klang allerdings finde ich enttäuschend: Er ist rein und singend, aber es fehlt ihm an Vielschichtigkeit.

In der Mitte des Raumes stehen etwa zwanzig neue Klaviere eines Herstellers aus Leipzig, von dem ich noch nie gehört habe. Die Einlegearbeiten in vielen unterschiedlichen Ausführungen sind exquisit, aber ich bin unschlüssig, ob die Klaviere auch als Musikinstrumente taugen. Ich spiele der Reihe nach auf ihnen, als der Verkäufer zurückkommt. Er erklärt mir, dass sie von der Firma Rönisch hergestellt werden. Mehr weiß er nicht über sie, fragt mich aber, wie sie mir gefallen.

»Nun, meinen derzeitigen Fähigkeiten würden sie genügen, aber was ist, wenn ich später Liszt oder Rachmaninow spielen will, wie würde das auf diesen Pianinos klingen?«

Wortlos setzt sich der Verkäufer an ein Rönisch-Klavier und entlädt seine ganze Energie auf den Tasten; er spielt ein spätromantisches Werk, das ich nicht erkenne. Es klingt wie Liszt. Sein dröhnendes Spiel ist in dem niedrigen Raum beinahe unerträglich; unwillkürlich lege ich mir die Hände über die Ohren. Der Ton ist verzerrt, der Klang zu wuchtig für das Klaviergehäuse; dieses Klavier wurde offenkundig nicht für einen Konzertpianisten gebaut.

Und der junge Mann ist ein Konzertpianist, daran besteht kein Zweifel. Das wird sogar auf dem kleinen Rönisch-Pianino deutlich.

»Wo haben Sie denn gelernt, so zu spielen?«, frage ich mit offener Bewunderung.

»Ich habe gerade an der Juilliard mein Diplom gemacht«,

sagt er. »Hier ist meine Karte.« Ich lese: ASAF BLASBERG, KONZERTPIANIST.

»Nun, Sie spielen auch wie einer. Wollen Sie in New York eine Konzertlaufbahn einschlagen?«

»Ja.«

»Was haben Sie für ein Klavier?«

»Einen Yamaha-Konzertflügel. Leider aber kann ich es mir nicht leisten, ihn von Kalifornien hierher transportieren zu lassen, er steht dort in einem Lagerraum. Was suchen Sie denn?«, fragt Asaf.

»Ich möchte ein neueres Klavier, aber ich habe Schwierigkeiten, ein Pianino zu finden, das mich zufriedenstellt«, antworte ich. »Welches von diesen gefällt Ihnen denn am besten?«

Asaf zuckt die Achseln, während er sich skeptisch im Keller umsieht. Offensichtlich hält er nicht allzu viel von dem, was da herumsteht. »Gehen wir hinauf«, schlägt er vor.

Der Haupt-Ausstellungsraum mit seinen Kronleuchtern und Orientteppichen ist eine willkommene Abwechslung zur klaustrophoben Atmosphäre im fensterlosen Keller. Ich schlendere zwischen den Flügeln umher, hebe Klappen hoch, notiere mir die Marken, schlage hier und da eine Taste an. Keines dieser Klaviere klingt blechern oder verstimmt. Ich fühle mich wie ein blinder Passagier auf einem Luxusdampfer – ich gehöre nicht dazu, weil ich die Überfahrt nicht bezahlen kann, aber bis man mich aufspürt, werde ich mir ein bisschen Zeit an diesen Instrumenten stehlen.

Zwischen den altehrwürdigen Mason & Hamlins, Bechsteins und Steinways stehen drei Klaviere mit dem Namen Grotrian-Steinweg: ein Stutzflügel, ein Cabinet- und ein Konzertflügel. Im Mai habe ich in einer Halle im kanadischen Banff Centre einen Grotrian-Konzertflügel gesehen, habe aber nie auf einem gespielt oder einen gehört. Voller Neugier setze ich mich an den Stutzflügel. Auf einer goldgerahmten Karte auf dem Notenpult steht, dass der Flügel einmal Imelda Marcos gehörte. Es ist eine Sonderausführung, mit eistütenförmigen konischen Beinen und einem Notenständer aus zierlicher, durchbrochener Holzschnitzerei. Die Mechanik ist angenehm und leichtgängig, der Diskant allerdings ein wenig harsch. Ich gehe rasch weiter zum Modell 220, dem Konzertflügel. Auf diesem Klavier ist der Bass mitreißend – warm, dunkel, farbig –, aber er ist so mächtig, dass er den schwächeren Diskant erdrückt. Wieder gehe ich rasch weiter, mir bleibt ja nur noch wenig Zeit bis zum Abflug.

Schließlich setze ich mich an das Modell 192, den Cabinet-Flügel. Er steht neben einem Bösendorfer-Flügel. Asaf klopft auf den Deckel des Bösendorfer. »Das ist mein Lieblingsklavier hier, das müssen Sie ausprobieren.«

Es ist natürlich eine Sache des persönlichen Geschmacks, aber ich möchte Asaf nicht sagen, dass mir noch nie ein Bösendorfer zugesagt hat. Um ihm einen Gefallen zu tun – ich beginne diesen ungestümen jungen Mann zu mögen –, rutsche ich auf die Bank vor dem Bösendorfer. Ich spiele mein Schumann-Stück, dann den Chopin, dann den Mendelssohn. Das Klavier hat nicht den üppigen Ton, den diese Stücke verlangen. Mozart und Bach hingegen klingen perfekt.

»Das kommt eher nicht in Frage«, sage ich und lächle Asaf zu.

»Wirklich? Gefällt er Ihnen tatsächlich nicht? Hören Sie mal!« Er setzt sich auf den Hocker und spielt dasselbe Liszt-Stück, das er unten gespielt hat, noch einmal, sehr gefühlvoll, offensichtlich überwältigt von Leidenschaft für das Klavier und die Musik. Als er aufhört, ist sein Gesicht vor Begeisterung gerötet. »Ach, ich liebe dieses Klavier!«

»Ich werde mal das da probieren«, sage ich und rutsche wieder zum Grotrian-Cabinet-Flügel hinüber. Ich beginne mit dem Mendelssohn. Das Stück setzt tief im Bass ein; beim Anschlagen der Tasten werde ich von kraftvollen Klangwogen mitgerissen – satt, dunkel, warm, mit singenden Obertönen. Die Mittellage ist rauchig und geheimnisvoll, als töne es aus dem Kehlkopf einer großen Altstimme. Der Diskant ist glockenhell und glitzernd; voller Farbigkeit und schwebend leicht, ein schimmerndes Nordlicht. Ich staune, welche Freude mir der Anschlag bereitet, die Empfänglichkeit der Tasten, es ist, als läge eine unsichtbare Hand darunter, die mich zur Musik geleitet. Im Leib dieses Klaviers scheint eine Seele zu wohnen, sie versucht die meine zu berühren, sie entzündet einen Funken des Begehrens in mir, der augenblicklich aufflammt. Dieses körperlose Wesen ist sinnlich und verführerisch, als wäre Marlene Dietrich als Seele dieses Klaviers wiedergeboren und als bediente es sich meiner Hände, um ein schmelzendes Liebeslied darzubieten. Könnte ich doch jeden Tag auf diesem Klavier spielen, denke ich, dann könnte ich die Pianistin werden, die zu sein ich mir immer erträumt habe.

»Wie gefällt es Ihnen?«, fragt Asaf.

»Es ist wunderbar!«, rufe ich aus. Ich drehe mich wieder zum Klavier um und spiele weiter. Und schaue auf den Preis: 32 000 Dollar. Zweifellos ist das ein sehr vernünftiger Betrag, obwohl ich keine Ahnung habe, was Grotrians normalerweise kosten, aber dieser liegt absolut außerhalb meiner Möglichkeiten.

Und dann sehe ich auf die Uhr. Es ist bereits ein Uhr mittags. Ich sage Asaf, dass mir nur noch eine halbe Stunde bleibt.

»Sie können ja morgen wiederkommen«, sagt er.

»Aber ich lebe in Montana«, wende ich ein. Er weiß nicht,

wo das ist. »Weit weg«, sage ich. »Was können Sie mir sonst noch zeigen?«

»Wie viel möchten Sie denn ausgeben?«

Asaf geht mit mir in den Ausstellungsraum im ersten Stock, wo sich die weniger teuren Flügel befinden. Da steht ein alter Knabe-Flügel, der restauriert werden müsste, ein Blüthner, wahrscheinlich der beste in diesem Saal. Ein alter Chickering. Keines dieser Klaviere ist restauriert worden, aber jedes von ihnen hätte es nötig. Dann gibt es noch ein paar neue Estonia-Stutzflügel mit exotischen Furnieren, etwa aus Bubinga, ein gestreiftes Holz, das ein wenig wie Walnuss-Wurzelholz aussieht, aber rötlich ist. Ich probiere jeden der drei Estonias, die meine Freunde bei Piano World gelobt haben. Aber nachdem ich auf dem Grotrian gespielt habe, scheinen sie alle schwächlich und substanzlos. Ihnen fehlt die Kraft und Fülle des Grotrian. Wir gehen wieder nach unten, und ich setze mich noch einmal an den Grotrian.

»Das wäre ein herrliches Klavier für Schubert-Stücke«, sage ich zu Asaf, der wieder neben mir steht.

»Sehen wir mal, ob Sie recht haben.« Er setzt sich an den Grotrian. Dann spielt er das dritte Impromptu des Opus 90, eines meiner liebsten Stücke, und ich höre sofort, dass meine Einschätzung stimmt: Die Melodie läutet in perlenden, fließenden Tönen – farbgesättigt tanzen sie durch die Luft, voller Tiefe und Weite. Der Klang ist herzzerreißend: Ich bin mit diesem Klavier vollkommen in Einklang. Eine Herzensbrecherin, diese Marlene.

Dann kommt ein Kunde ins Geschäft, und Asaf entschuldigt sich. Noch einmal setze ich mich an den Grotrian, spiele und spiele. Nach den letzten Takten Schumann habe ich das Gefühl, dieses Klavier sei einfach vollkommen. Der Diskant ist göttlich. Ich nehme mein kleines Notizbuch heraus und schreibe die Angaben vom Preisschild auf dem Notenständer ab: »Grotrian-Steinweg, neu, 192 cm, Cabinet, Modell 192, Seriennummer 154 393, zehn Jahre Garantie, $ 32 000.« Und füge hinzu: »Phantastischer Diskant.«

In den letzten fünf Minuten, bevor ich gehen muss, schlendere ich im Ausstellungsraum herum, spiele ein paar Noten auf dem Feurich und dem Bechstein, aber von allen Klavieren, auf denen ich an diesem Tag gespielt habe, kommt keines dem Grotrian nahe. Ich habe mich verliebt. Und es wird eine unerwiderte Liebe bleiben, denn meine Geldbörse ist zu klein.

Ich gehe auf die Tür zu, aber Asaf fängt mich ab, als ich sie gerade öffnen will.

»Warten Sie!«, ruft er. »Sie haben doch meine Karte?« »Ja.« »Rufen Sie mich an, ja?« »Nein.« »Warum nicht?«

»Nun, ich habe hier nichts gesehen, das ich mir leisten kann, und ich wohne viertausend Kilometer entfernt.«

»Darf ich Sie dann vielleicht anrufen?«

»Ja, natürlich.« Ich gebe Asaf meine Visitenkarte. Und dann eile ich hinaus in den strahlenden Sonnenschein, in die Schwüle eines New Yorker Tages Ende August, und winke ein Taxi herbei.

Ich weiß, der Grotrian wird niemals mir gehören, und ich nehme es hin, denn ich bin schließlich vernünftig. Aber als Beethoven Pianos, dann die Piano Row und schließlich Manhattan im Rückfenster des Taxis verschwinden, überrascht mich das Gefühl bitteren Verlusts, als würde jeder Kilometer, den ich zurücklege, den Abgrund zwischen meiner Seele und ihrer einzig wahren Sehnsucht vergrößern.

9

Der Kauf

Ich bin erst einen Tag wieder zurück, als das Telefon klingelt.
»Hallo, Ms Knize?«
»Ja? Wer spricht?«
»Ms Knize, hier ist Asaf, von Beethoven Pianos in New York. Sie waren gestern in unserem Geschäft?«
»Ja. Wie geht es Ihnen? Mir hat Ihr Spiel so gefallen.«
»Ms Knize, ich habe Ihren Gesichtsausdruck gesehen, als Sie auf diesem Klavier gespielt haben. Das ist Ihr Instrument!«
Ich lache. Was für eine Chuzpe. Das gefällt mir.
»Na ja, Asaf, Sie haben absolut recht. Es ist *mein* Klavier. Aber es macht keinen Unterschied, ich kann es mir ja nicht leisten.«
»Was könnten Sie denn allerhöchstens zahlen?«
Wieder muss ich lachen. Unglaublich. Diesen Menschenschlag kenne ich nur zu gut, aus meiner Zeit in New York. Sie leben nach dem Erfolgsrezept der Stadt – niemals aufgeben, sich niemals unterkriegen lassen, gegen jede Wahrscheinlichkeit seinem Traum nachjagen. Das Unmögliche durch schiere Hartnäckigkeit erreichen. Früher war ich auch nicht anders. Er ist jung, er glaubt voll und ganz an diese Methode, und seine offensichtliche Hingabe lässt mich ganz wehmütig werden.

Ich war auch einmal jung und lebenshungrig. Andere Menschen haben mir weitergeholfen. Aber ich muss Asaf unbedingt bremsen, alles andere wäre nicht fair.

»Asaf, wir müssen gar nicht weiter diskutieren. Ich suche ein Pianino um die 10 000 Dollar.«

Ich kann beinahe hören, wie er ein langes Gesicht zieht. »Ach so, na ja. Für so wenig können wir es natürlich nicht hergeben.«

»Natürlich nicht. Sie sehen, Sie verschwenden nur Ihre Zeit.«

»Dann sollten Sie einen der Estonia-Flügel ins Auge fassen, auf denen Sie gespielt haben. Bei diesen Preisen sind wir viel flexibler.«

»Aber die Estonias haben mir nicht gefallen.«

»Aha. Okay. Nun gut.« Ich höre, wie er um seinen nächsten Zug kämpft. Im Geist winde ich mich für ihn, aber dann kommt er wieder auf die Beine: »Macht es Ihnen was aus, wenn ich Sie von Zeit zu Zeit anrufe und nachfrage, wie es mit Ihrer Klaviersuche vorangeht? Vielleicht kriegen wir ja etwas rein, das Sie interessieren könnte.«

Ich sage nichts. Normalerweise hasse ich es, wenn mich Verkäufer anrufen. Aber da ist etwas an Asaf, eine Lauterkeit der Absicht, wenn man so will, das mich rührt.

»Sicher«, sage ich. »Rufen Sie an, wenn Sie möchten.«

»Danke«, sagt er. Und ich meine in seiner Stimme einen Anflug von Triumph zu vernehmen.

*

Ich melde mich bei Piano World zurück, da verschiedene Forumsmitglieder Anteil an meiner Suche genommen haben. Ich zähle alle Klaviere auf, auf denen ich in New York gespielt habe, und beschreibe meine Eindrücke. Und natürlich berichte ich ihnen vom Grotrian.

Sie haben es gefunden!, schreibt Penny. *Das perfekte Klavier!!! Ist das nicht großartig?*

Das Grotrian-Steinweg war JAHRELANG mein Ideal eines Klaviers, schreibt David Burton. *Vergleichende Gegenüberstellungen von Grotrians mit anderen Klavieren haben MIR schlüssig bewiesen, dass sie am ehesten den Hamburger Steinways nahekommen; kein Wunder: Falls es jemand noch nicht weiß, Grotrian und Steinway waren früher Partner.*

Norbert allerdings nimmt Anstoß daran, dass ich den Preis des Sauter-Omega-Flügels gepostet habe, ein Klavier, das er selbst in Vancouver anbietet. *Unmöglich!*, schreibt er. Dann beschuldigt er mich, eine verkappte Konkurrentin zu sein und ihm geschäftlich schaden zu wollen, indem ich erfundene Preise poste. Ich habe den Preis genannt, damit andere davon profitieren können; wenn George es mir für diesen Preis verkaufen wollte, würde er es doch sicher auch jemand anderem geben. Norberts Kampfansage stachelt mich an, noch weiterzugehen: Ich biete an, den Kaufvertrag zu veröffentlichen. Das bringt ihn zum Schweigen.

Penny weist mich darauf hin, dass Beethoven Pianos kein autorisierter Grotrian-Händler ist; damit wäre die Werksgarantie hinfällig. Es folgt eine Diskussion über die ethische Vertretbarkeit und das Risiko, ein quasi »geschmuggeltes« Klavier zu kaufen. Larry warnt, einem solchen Verkäufer solle ich nicht trauen, andere sehen gar kein Problem in diesem Handel, sofern es das richtige Klavier ist und der Preis stimmt. Ich könne es ja von einem Techniker prüfen lassen, genau wie ich es bei einem gebrauchten Klavier von privat auch machen würde.

Im Grunde kann es mir aber egal sein, welchen Status als Händler Beethoven Pianos hat, da ich inzwischen darüber nachdenke, einen gebrauchten Flügel zu kaufen, den ich mir leisten kann. Auf dem Rückflug nach Hause habe ich eine Skizze unseres Wohnzimmers gezeichnet und die Möbel anders arrangiert, um für einen Studioflügel Platz zu schaffen. Wenn ich eine der Türen zu meinem Büro verstelle, könnte es klappen. In meiner nächsten Klavierstunde bitte ich Molly um ihre Meinung.

»Mir wäre es lieber, Sie würden einen billigen asiatischen Flügel kaufen als das beste europäische Pianino«, meint sie. »Deren Mechanik ist für Schüler einfach eher zu empfehlen. Ich habe selbst einige Erfahrung mit Flügeln in ziemlich beengten Räumen.« Sie scheint meine Gedanken über die Größe unseres Wohnzimmers zu lesen. Dann erzählt sie mir, dass Anne, eine ihrer Schülerinnen, ihren zehn Jahre alten Kawai-Salonflügel gegen einen Steinway B eintauschen will. Vielleicht käme der für mich in Frage? Aber als ich Anne erreiche, ist der Handel bereits abgeschlossen, und ihr Kawai steht bei Sherman Clay in Seattle.

*

In der nächsten Woche ruft Asaf wieder an. Dieses Mal erkenne ich seine Stimme auf Anhieb.

»Hallo, Asaf! Wie geht es Ihnen? Wie geht es mit Ihrer Konzertkarriere voran?«

»Oh, sehr gut«, antwortet er. »Danke der Nachfrage. Hören Sie, Ms Knize …«

»Nennen Sie mich doch Perri.«

»Okay, Perri. Ich weiß jetzt, wie Sie den Grotrian kaufen können.«

»Bitte, Asaf. Sie begreifen nicht. Ich habe einfach nicht so viel Geld.«

»Aber, sehen Sie, wir haben da so ein Programm, es heißt Keynotes. Sie zahlen nichts bis zum Ende des ersten Jahres.«
»Und womit soll ich zahlen, wenn das Jahr vorbei ist?«
»Ich schicke Ihnen den Vertrag, wenn ich darf.«
Ich seufze.
»Darf ich?«, wiederholt er.
»Okay, schicken Sie ihn. Aber Sie verschwenden Ihre Zeit.«
»Ich danke Ihnen. Sie werden sehen, das Programm ist für Sie geeignet.«

*

Auf Piano World kommt eine private Nachricht für mich von Rich D. Er hat von zwei gebrauchten Grotrian-192-Cabinet-Flügeln gehört, die in Seattle zu verkaufen seien. Rich arbeitet ehrenamtlich für eine Non-Profit-Organisation, die für ein Kindermusikprogramm in Washington D.C. Klaviere auftreibt, deshalb behält er den Markt für gebrauchte Klaviere ganz genau im Blick. Er beschreibt sich selbst als erklärten Grotrian-Fanatiker – er hatte einmal einen 2,10-Meter-Grotrian-Flügel, und er sagt, er habe immer bereut, ihn verkauft zu haben. Bald unterhalten wir einen regen Mailwechsel. Rich hat nur zwei Monate vor mir auf Marlene gespielt; er teilt zwar meine Meinung, dass es ein phantastisches Klavier sei, hält es aber für einen typischen Grotrian. Das bringt mich auf eine Idee: Vielleicht könnte ich einen anderen Grotrian – einen gebrauchten – ebenso sehr ins Herz schließen wie Marlene? Nächsten Monat fahre ich zu einer Konferenz in Portland; vielleicht gelingt es mir, in Seattle vorbeizuschauen?

*

Das Telefon klingelt.

»Hallo, Perri! Haben Sie die Unterlagen bekommen, die ich Ihnen geschickt habe?« Es ist wieder Asaf. »Was halten Sie vom Keynotes-Plan?«

»Nun, ich habe Ihnen ja schon gesagt, dass ich mir den Flügel nicht leisten kann.«

»Es ist ein schöner Flügel.«

»Ja, das stimmt.«

»Er ist perfekt für Sie. Ich habe schon das Verkauft-Schild mit Ihrem Namen daraufgestellt.«

Ich verdrehe die Augen. Unglaublich. Wie weit wird er noch gehen?

»Hören Sie mal, Asaf, auch mit einem Darlehen muss ich die Zahlungen leisten können. Wie soll das denn gehen?«

»Was könnten Sie also allerhöchstens für das Klavier ausgeben?«

»Das habe ich Ihnen schon gesagt: 10 000 Dollar.«

»Ich habe mit dem Inhaber gesprochen, er meint, er könne es Ihnen für 28 000 Dollar anbieten, inklusive Zustellung.«

»Asaf, das ist ein unglaubliches Angebot. Ich würde es wirklich gerne annehmen, aber ich kann nicht.«

»Carl ist gerade da, der Inhaber. Ich gebe ihm den Hörer. Sie können es ihm erklären.«

Das ist lächerlich. Dann wird mir klar: Asaf glaubt, ich möchte ihn noch weiter runterhandeln. Ich werde die Sache bei seinem Chef richtigstellen und diesen Anrufen ein Ende bereiten.

»Hallo?«, meldet sich eine ruhige, sanfte, etwas gedankenverloren klingende Stimme am anderen Ende der Leitung. Der Kontrast zu Asafs temperamentvoller Art ist auffällig. Carl Demler klingt beinahe gleichgültig. Er spricht mit einem aristokratischen deutschen Akzent.

»Hallo, Carl. Ich weiß diesen sehr guten Preis, den Sie mir anbieten, wirklich zu schätzen. Mir ist klar, dass das ein großartiges Angebot ist. Bitte verstehen Sie, ich will Sie nicht noch weiter runterhandeln. Ich lehne das Angebot ab, weil ich nicht so viel Geld habe.«

»Ich verstehe«, sagt Carl. Nichts in seiner Stimme deutet darauf hin, dass er mich umstimmen will. Wir verabschieden uns.

Das war's also, denke ich, als ich den Hörer auflege. Asaf hinterlässt weiterhin Botschaften auf meinem Anrufbeantworter. »Ich habe einen Preis für Sie, rufen Sie mich auf dem Handy an.« Und: »Das Klavier ist nach wie vor für Sie reserviert. Ich wollte nur wissen, ob Sie sich entschieden haben.« Aber ich gehe weder ans Telefon noch rufe ich zurück.

*

Zwar bin ich den Grotrian-Verkäufer los, aber Marlenes Klang geht mir nicht aus dem Sinn, verfolgt mich. Nun, da der Steinway meiner Freundin aus dem Haus ist, übe ich wieder im Keller der Musikschule. Der Klang der alten, ramponierten Flügel und Klaviere steht in einem krassen Gegensatz zur sonoren, warmen, dunklen Stimme des Grotrian. Ich sehne mich nach diesem Instrument: wie ein junger Mann, der auf der anderen Seite des Saals eine umwerfende, unerreichbare Frau erspäht hat. Ich kann sie nicht vergessen.

Ich beschließe, mir die gebrauchten Grotrians in Seattle anzusehen, von denen Rich D. mir berichtet hat. Ich vereinbare dort ein paar Interviewtermine, zudem schmiede ich Pläne für die Konferenz in Portland. Die letzte Reise im Rahmen meines Projekts soll auch meine Klaviersuche beenden. Ich werde auf den gebrauchten Grotrians spielen, auf Annes Kawai bei

Sherman Clay, auf allen Petrofs, Baldwins, Steinways, Kawais, Yamahas, Charles Walters, Mason & Hamlins – auf jedem gebrauchten und restaurierten Instrument, das ich in Portland und in und um Seattle finden kann. Wenn ich nicht gerade bei einer Veranstaltung bin oder jemanden interviewe, werde ich in einem Klaviergeschäft sein oder in irgendeiner Wohnung bei jemandem, der ein Klavier verkaufen will. Strategisch wie nie zuvor mache ich mich an die Planung, drucke die entsprechenden Seiten aus dem Branchenbuch für Seattle und Portland aus, tätige Anrufe, suche online nach Privatverkäufen, verabrede mich mit einem Techniker, der die gebrauchten Instrumente überprüfen soll, und plane mit Unterstützung der Piano-World-Mitglieder aus der Gegend meine Route.

Und dann bricht die Welt zusammen.

*

Am Morgen eines strahlenden Septembertages – ich schlürfe gerade heißen Tee und rufe meine E-Mails und den Wetterbericht ab – finde ich eine Nachricht von Oliver vor:

Charles ist in Sicherheit. Er hat es ins Innenstadtbüro geschafft.

Worum geht es? Um seinen Bruder Charles in New York?

Ich gehe auf die Online-Seite der *New York Times* und den Nachrichtenkanal von AP. Das World Trade Center wurde angegriffen. Charles arbeitet im World Financial Center gegenüber. Um diese Zeit ist Kim meist im benachbarten Fitnesscenter. Ich springe auf und schalte den Fernseher im Schlafzimmer an. Das Geräusch der Nachrichten so früh am Morgen klingt seltsam und misstönend.

Peter Jennings erscheint auf dem Schirm, hinter ihm die Live-Einspielung vom brennenden World Trade Center. Aufnahmen, die aus verschiedenen Blickwinkeln zeigen, wie der zweite Linienjet in den zweiten Turm rast, werden wieder und wieder gebracht. Jennings erläutert, als das erste Flugzeug einschlug, sei man fälschlicherweise zunächst von einem Unfall ausgegangen. Und dann bricht vor den Augen der Welt einer der brennenden Türme einfach zusammen, als würde ihn ein unsichtbarer Gummi aus dem Himmel radieren, als wäre der Rauch bloß Dampf und das Gebäude verdunstet. Weg.

Ich breche in Tränen aus und höre mich schreien: »Die Menschen! Da sind Menschen drinnen!« Und dann verschwindet auch der zweite Turm.

Sehr lange sitze ich geschockt vor dem Fernseher, Tränen strömen mir über die Wangen. Ich fühle mich tödlich verwundet in jenem Teil von mir, der zu New York gehört. Warum bin ich nicht dort? Ob ich dem entkommen wäre? Was ist mit meinen Freunden? Ich versuche Kim anzurufen, aber es kommt nur das Besetztzeichen. Die Leitungen müssen überlastet sein. Dann rufe ich Oliver auf der Arbeit an, schluchzend. »Schalt aus, Perri«, sagt er. »Du machst dich krank. Schalt den Fernseher aus.«

Tagelang bin ich wie erstarrt. Nachrichten von Verwandten und Freunden trudeln ein. Olivers Mutter auf Long Island geht es gut. Ein Kollege meines Bruders war Copilot der Maschine, die ins Pentagon gekracht ist. Olivers Bruder wurde aus dem World Financial Center evakuiert, nachdem das erste Flugzeug eingeschlagen war, er konnte gerade noch um sein Leben rennen, weg von den brennenden Türmen. Er hatte Dutzende Menschen in den Tod springen sehen.

Schließlich erreiche ich Kim per E-Mail. An jenem Morgen war sie nicht in ihrem Fitnesscenter. Sie ist bei einer Freundin im Norden der Stadt untergekommen und will für eine Weile aufs Land fahren, raus aus New York. Olivers beschwörenden

Worten zum Trotz kann ich mich nicht vom Fernseher losreißen. Die Bilder aus dem südlichen Manhattan sind verheerend – eine Vision vom nuklearen Winter.

Meinem Forschungsteam teile ich mit, dass der erste Abgabetermin für unser Projekt um einen Monat verschoben wird. Es ist jetzt nicht der richtige Zeitpunkt, um mit Herausgebern über Umweltthemen in ihren Zeitungen zu sprechen. Und wir alle scheinen Zeit zu brauchen, uns zu sammeln, uns in einer veränderten Medienlandschaft zurechtzufinden. Dann schaue ich auch wieder bei Piano World vorbei, um zu sehen, worüber meine Online-Freunde sich unterhalten.

Klaviere sind allerdings gerade nicht ihr Thema. Stattdessen sind die Foren zu einer Art emotionalem und politischem Flüchtlingslager geworden, ein Ort, wo man sich inmitten der Trümmer des amerikanischen Alltags zusammenfindet und zu verstehen versucht, was geschehen ist. Es schockiert mich, dass so viele Forumsmitglieder Krieg und Vergeltung verlangen. Sie scheinen in der Mehrheit zu sein. Früher wurde hier so gut wie nie über Politik diskutiert, aber jetzt stellt sich heraus, dass viele Mitglieder von Piano World für George Bush gestimmt haben und sehr konservativ sind. Schließlich sind viele von ihnen Geschäftsleute, und sie sind leidenschaftliche Gegner jeder Reglementierung von Seiten des Staates. Mir kommt in den Sinn, dass nur wenige Forumsmitglieder Berufsmusiker sind, die meisten aber Menschen, die es sich leisten können, einen schönen Flügel zu besitzen. Oder zu verkaufen.

Jäh öffnen sich eine kulturelle Kluft und ein politischer Graben in unserer kleinen Gemeinschaft. Die Feindseligkeiten nehmen zu. Frank, der Betreiber der Website, eröffnet ein eigenes Forum, in dem nur über die Ereignisse des 11. September diskutiert werden soll, um die Streitigkeiten aus den anderen Bereichen herauszuhalten, die für Klavierthemen vorgesehen sind. Aber der Graben wird immer tiefer, bis er Piano World zu verschlingen droht. Frank eröffnet ein weiteres Forum namens »Das Kaffeezimmer«, wo über alles diskutiert werden soll, das nichts mit Klavierspielen zu tun hat. Das Kaffeezimmer wird schon bald zu einem Mikrokosmos der Nation, rote und blaue Staaten liegen miteinander im Krieg. Die freundlichen, friedlichen Tage von Piano World sind vorüber.

Ich übe täglich in der Musikschule, aber alles, was ich spiele, klingt wie ein Klagelied. Obwohl ich keine persönliche Verbindung zu den Toten des 11. September habe, wird mir klar, dass ich trauere. Ganz bewusst lege ich das Chopin-Prélude in h-Moll auf den Notenständer und spiele es voller Sehnsucht und Schmerz, so langsam, wie die Musik es zulässt, bezeuge den Opfern meine Achtung, indem ich meinen Kummer durch die Finger fließen lasse. In diesen einsamen Stunden ist das Klavier mein Trost.

Ende September rückt näher, ich vereinbare Interviews in Portland und Seattle, als das Telefon klingelt.

»Ms Knize?«

»Asaf! Geht es Ihnen gut? Und Ihrer Familie?« Ich fühle ein plötzliches Schuldbewusstsein. Wie konnte ich Asaf und seinen großangelegten Versuch vergessen, mich so lange zu überreden, bis ich in die Schuldenfalle tappe?

»Ja, uns geht es gut. Das Geschäft ist weit genug weg, dass uns der Schutt nicht zu sehr zugesetzt hat.«

»Das ist schön zu hören.«

»Aber hier in der Gegend ist alles absolut tot.«

Ich weiß nicht, ob ich ihn richtig verstehe. Tot?

»*Niemand* kauft ein Klavier.« Seine Stimme klingt leicht verzweifelt, er fleht mich geradezu an. Und betont grimmig jedes der Worte, die nun folgen: »*Wie viel könnten Sie allerhöchstens für dieses Klavier ausgeben?*«

10

Die Lieferung

»Ich habe mein Klavier gefunden.«

Oliver ist eben von einem Vorstellungsgespräch nach Hause gekommen. Er trägt ein dunkelblaues Sakko, eine schräg gestreifte rote Krawatte hängt lose unter dem offenen Hemdkragen. Auf diese Worte hin lässt er seine Aktentasche fallen, stützt sich an den Türrahmen des Wohnzimmers und neigt den Kopf, um zuzuhören.

Ich mustere die markanten Züge meines Ehemannes, während ich den Grotrian-Flügel beschreibe, wie ich mich in ihn verliebte, was für ein tolles Angebot man mir gemacht hat. Ich bewundere, wie Olivers formelle Kleidung, die er selten trägt, seinen mit 53 Jahren immer noch athletischen Skibergsteigerkörper betont. Nicht lange, nachdem wir uns kennengelernt hatten, gab er seine Arbeit als Skiführer auf, aber anstatt wieder in seinen ehemaligen Beruf als Finanzdienstleister zurückzukehren, erfand er sich als Spezialist für Computernetzwerke neu. Obwohl er einen guten Job hat, zahlt er, was wir hier die »Landschaftssteuer« nennen – den Preis, in einer schönen Gegend ohne anspruchsvolle berufliche Möglichkeiten zu leben. Das heutige Gespräch könnte ihm einen Job verschaffen, von dem man leben kann. Aber derzeit sorge vor allem ich mit den Fördergeldern für meine journalistische Arbeit für unseren Lebensunterhalt.

Ich beobachte seine Mimik genau, denn Oliver hört schlecht. Wir hatten beide nicht bemerkt, wie schwerhörig er bereits war, bis er eines Tages beinahe für einen Frontalzusammenstoß mit einem herbeirasenden Polizeiwagen gesorgt hatte. Wir näherten uns einer vertrauten Kreuzung in unserer Nachbarschaft; während gellend eine Polizeisirene ertönte, fuhr er einfach weiter. Ich schrie, er solle anhalten, aber er reagierte nicht. Als wir in die Kreuzung einbogen, griff ich ins Lenkrad; eine Ewigkeit schien zu verstreichen, bis er endlich auf die Bremse trat und mich ärgerlich anblaffte: »Was? Was ist denn?« In diesem Moment schoss das Polizeiauto mit Blaulicht und Sirenengeheul vorbei. Olivers schockierter Gesichtsausdruck sagte alles – er hatte die Sirene nicht gehört.

Die Testergebnisse beim Ohrenarzt waren noch schockierender – Oliver hat einen Großteil seines Hörvermögens verloren. Frequenzen über 750 Hertz, auf dem Klavier in der fünften Oktave oder im mittleren Diskant, kann er inzwischen gar nicht mehr wahrnehmen. Wir besorgten ihm die besten verfügbaren Hörgeräte, aber seine Behinderung kann nicht behoben, nur abgemildert werden.

Trotzdem liebt Oliver Musik sehr; sein Lieblingsinstrument ist das Cello, vermutlich, weil die meisten der Töne innerhalb seines Hörspektrums liegen. An dem Tag, als wir uns kennenlernten, fühlte ich mich vor allem deshalb zu ihm hingezogen, weil er Opernarien pfiff. Wir waren mit einer Gruppe auf einer Skitour in den Eagle Cap Mountains unterwegs, er als Führer, ich als Reporterin, und ich dachte mir, *endlich ein Naturbursche, der gute Musik kennt*. Oliver sagte mir, dass er Schwierigkeiten beim Hören habe, aber weil er gut von den Lippen ablesen und die Bedeutung aus dem Kontext erschließen konnte, schien seine Behinderung nicht weiter ins Gewicht zu fallen.

Während ich ihm nun erkläre, wie ich Marlene verfiel, ist meine Begeisterung gedämpft: Sich in den Zauber eines Klaviers zu verlieben ist eine Erfahrung, die mein Mann höchstwahrscheinlich nie machen oder verstehen wird.

Als ich fertig bin, sieht mich Oliver geduldig an, als würde er mit einem launenhaften Kind und dessen Narreteien Nachsicht üben.

»Möchtest du den Grotrian-Flügel?«, fragt er, eine Braue hochgezogen. »Oder möchtest du ein größeres Haus?« Wir hatten uns bereits nach einem Haus umgesehen, das ein wenig großzügiger wäre als unser im Arbeiterviertel jenseits der Eisenbahn gelegener 88-Quadratmeter-Bungalow mit drei Zimmern und einem Bad. Im Sommer, wenn Olivers Sohn Charles bei uns ist, wird es immer recht eng. Oliver lächelt mich an, als würde er die Antwort schon kennen.

»Das ist leicht!«, rufe ich aus.

Oliver wird blass. »Du machst mir Angst.«

Ich erkläre ihm, wie es gelingen kann. Wenn ich unser Haus beleihe – ich habe es vor dem Immobilienboom gekauft –, kann ich genügend Bargeld aufbringen, um das Klavier zu kaufen und das Wohnzimmer umzugestalten; weil die Darlehenszinsen inzwischen viel niedriger sind als zur Zeit des Hauskaufs, werden die monatlichen Raten dadurch um nur fünfzig Dollar steigen. Der Kreditberater bei unserer Genossenschaftsbank hat mir das alles genau erklärt, nachdem er mir vom Keynotes-Programm abgeraten hatte. Auch ein Gespräch mit unserem Steuerberater förderte keinen Nachteil zutage. Außerdem können wir das Haus selbst renovieren oder aber ein anderes suchen, wenn Oliver bessere Berufsaussichten oder ein längerfristiges Arbeitsverhältnis hat. Wenn mein zwanzig Jahre alter Toyota-Kombi den Geist aufgibt, kann ich mit dem Fahrrad fahren. Aber wir können kein Grotrian-Klavier bauen. Es gibt nur einen Weg, eines zu bekommen, nämlich es zu kaufen. Und der Preis, den Carl mir genannt hat, ist so günstig, dass ich das Instrument – sollte ich das Geld wirklich zurückhaben wollen – für denselben Betrag verkaufen könnte. Was sollte da schiefgehen?

Oliver bemüht sich gar nicht erst, diese Argumente zu widerlegen. Er weiß, dass ich ein hoffnungsloser Fall bin, es hätte keinen Zweck zu protestieren. Und das Refinanzierungsdarlehen zu erhalten ist leicht, wie sich herausstellt – ich besitze ein wenig Eigenkapital. Als Oliver sich die Zahlen ansieht, meint er: »Die würden dir sogar einen Kredit geben, wenn du tot wärst.«

Tagelang schwebe ich wie auf Wolken. Etwas mir völlig Fremdes, das keine Grenzen kennt, hat das Steuer übernommen und den Autopiloten eingeschaltet. Der Grad meiner Zuversicht ist geradezu erschreckend. Was ist bloß in mich gefahren? Ich bin keine Pianistin und werde nie eine werden. Dieser Flügel ist ein sehr edles, schrecklich anspruchsvolles Instrument, das ich nicht brauche. Zum Lernen würde ein gewöhnliches Klavier völlig reichen. Was also treibt mich um?

Bevor ich mich bei Asaf zurückmelde, berate ich mich mit meinem neuen Freund in Sachen Klavier, Rich D. Er versteht genau, was ich mit Marlene erlebt habe, und drängt mich, es zu riskieren. »Jedes Mal, wenn ich ein Klavier gekauft habe, das ich für angenehm gehalten habe, das aber eigentlich nicht das war, was ich wollte, habe ich es bereut«, sagt Rich. »Ich muss dasjenige haben, das ich wirklich will, oder ich denke dauernd daran, dass ich jenes Klavier hätte besitzen können.«

Dieses Klavier, speziell *dieses* Klavier, mit seiner goldenen Stimme, »wie Diamanten auf Samt«, so hat es David Burton beschrieben, hat etwas Rätselhaftes in mir ausgelöst. Es ist wie ein Zwang. *Worum geht es eigentlich, wenn ich dieses Klavier kaufe?*, schreibe ich mir selbst eines Morgens. *Ich weiß es nicht, doch meine Seele verlangt danach.*

Ich habe den Verdacht, dass ich in gewisser Weise annehme, eine große Pianistin zu werden, wenn ich dieses Klavier mein Eigen nenne. Ich weiß, das ist irrational, aber aus irgendeinem Grund kann ich einfach nicht von diesem Traum ablassen. Obwohl zwei Monate vergangen sind, erinnere ich mich so deutlich an Marlenes Glockenstimme, an das Gefühl der Sicherheit auf den Tasten. Etwas hält mich in seinem Bann. Aber was ist es?

Dass Carl kein autorisierter Grotrian-Händler ist, beunruhigt mich. Ich rufe Norbert Marten an, den Klavierhändler aus Vancouver, den ich von Piano World her kenne; da er ebenfalls aus Deutschland stammt und in diesem Geschäftsfeld tätig ist, kennt er Carl vielleicht, denke ich.

»Für dieses Klavier brauchen Sie keine Garantie«, rügt mich Norbert. »Wenn es ein neues Grotrian ist, kann nichts passieren. Aus Deutschland kommt kein Schrott.«

Aber *falls* es ein Problem geben sollte, bohre ich vorsichtig nach, *falls* es eines gäbe, dann hätte ich nur Carls Garantie. Kann ich mich auf ihn verlassen?

»Carl ist in Ordnung«, versichert mir Norbert. »Er wird Sie nicht reinlegen. Sie können ihm vertrauen.«

Der Verkauf hängt ab von einer vorherigen Begutachtung durch einen Techniker. Richs eigener Techniker hat früher Grotrians verkauft; er verweist mich an Evan Giller in New York, der in den 1970er Jahren für einen Grotrian-Händler gearbeitet hat.

»Ich *liebe* Grotrians!«, ruft Evan aus, als wir uns am Telefon unterhalten. Er nimmt sich eine Stunde Zeit, geht zu Beethoven Pianos und meldet sich mit einem positiven Gesundheitszeugnis für Marlene zurück. »Das Klavier ist herrlich. Es hat eine wunderbare Ausklingzeit. Aber«, jetzt wirkt er ein wenig vorsichtig, als sei er nicht sicher, ob ich das hören will, »verglichen mit anderen Grotrians ist es ein bisschen lieblich. Ich habe Carl darauf angesprochen, und er meinte, sie wollten sie so weich wie möglich intoniert haben.«

»Ja, für mich klang es auch sehr schön«, entgegne ich. Ich bin nicht sicher, was Evan mit »lieblich« meint, aber es hört sich jedenfalls positiv an. Woher kommt der Anflug von Irritation in seiner Stimme? »Also hat das Klavier den Test bestanden?«

»Ja, es ist perfekt. Ich möchte Sie nur warnen, falls Sie es je verkaufen wollen sollten: Grotrians sind schwer an den Mann zu bringen, weil keiner sie kennt.«

Dass ich dieses Zauberwerk von Klavier jemals würde verkaufen wollen, ist im Augenblick völlig unvorstellbar. Aber Evans Stimme klingt so nett und warm, dass ich den Mut finde, ihm die Frage zu stellen, die mich von dem Augenblick an gequält hat, als ich Marlenes Tasten anschlug: Ich habe mir noch nie etwas so Schönes und Ungewöhnliches zugestanden. Bin ich dieses Instruments würdig?

»Evan, ist es für mich als mittelmäßige erwachsene Klavierspielerin sinnvoll, ein so gutes Klavier zu kaufen? Da ich wahrscheinlich nie so richtig gut spielen werde? Sollte ich nicht stattdessen ein Pianino kaufen, das einfach passabel ist?«

»Sagen Sie das nicht! *Niemals!*« Evan klingt beinahe zornig. »Kaufen Sie das beste Klavier, das Sie hören können. Ihre Technik wird nachziehen, und Ihr Gehör wird sich noch weiter verbessern.«

Dwight, der Tischler, den ich damit beauftragt habe, das Wohnzimmer umzubauen, scheint es gar nicht eigenartig zu finden, dass ich ein schönes deutsches Klavier in einen bescheidenen Bungalow im Arbeiterviertel stellen möchte.

Meiner Ansicht nach ist das ungefähr so, als würde man einen Rolls-Royce in einem Schuppen unterbringen, aber für Dwight ist das eher ein Grund zum Feiern. Er liebt selbst Musik, hört klassische Musik, wo immer er gerade arbeitet, und ist ganz begeistert davon, das Umfeld für einen neuen Flügel zu schaffen. Sogar das Design meiner neuen Borde für meine Stereo-Lautsprecher ist einem Flügel nachempfunden.

In den zwei Wochen, während ich in Portland und Seattle bin, reißen Dwight und seine Leute die Wandverkleidung aus Holzimitat heraus, die niedrige Akustikplatten-Decke, die eingelassenen Neonröhren. Die Hartfaserplatten an den Wänden werden mit einer Art Schaum bedeckt, der in Form gebracht wie Verputz aussieht. Dwight fräst Kranzprofile, Türschwellen und Sockelleisten, damit alles wieder so aussieht wie früher. Über das hässliche alte braune Linoleum wird ein neuer Eichenlaminatboden gelegt. Die massive Eingangstür wird durch eine wärmedämmende Glastür ersetzt, die genügend Südlicht hereinlässt. Für den letzten Schliff sorgen Deckenspots, einer ist auf die Stelle gerichtet, wo bald das Notenpult des Klaviers sein wird. Der Raum wirkt mit den weizenfarbenen Wänden und den glänzenden weißen Zierleisten wie verwandelt. Eine Ecke ist leer. Auf dem Boden dort liegt ein Stück weißes Metzgerpapier, zugeschnitten auf Größe und Form des Grotrian 192.

Nachts träume ich von meinem Klavier, und jeden Abend frustriert es mich mehr, in der Musikschule üben zu müssen. Während es immer früher dunkel wird und die Nächte kälter werden, harre ich mit wachsender Ungeduld darauf, endlich mein eigenes Klavier zu haben, ein wunderbares Klavier, hier bei mir zuhause.

Carl akzeptiert eine Anzahlung von zehn Prozent und ist

damit einverstanden, auf den Rest zu warten, bis die Sache mit der Hausrefinanzierung abgeschlossen ist. In der Zwischenzeit möchte er das Klavier so bald wie möglich spedieren. Es ist bereits Anfang November, in Montana wird das Wetter bald umschlagen. Carl warnt, Kälte sei gefährlich für Klaviere. Ein Klavier, das er im Winter nach Massachusetts lieferte, kam wegen der Kälte mit einem Sprung im Furnier an. Als ich ihn darauf hinweise, dass es in Montana viel kälter ist als in New York, meint er, er werde das Klavier sofort losschicken.

Zwei Wochen später rufe ich ihn an, um in Erfahrung zu bringen, wann das Klavier eintreffen wird. Zu meiner Bestürzung sagt er, er habe eben neues Holz bestellt, um die Kiste zu bauen, das werde in ein paar Tagen kommen, dann dauere es eine Woche, bis die Kiste fertig sei, und noch eine Woche, bis das Klavier in Montana sei. Er möchte neues Holz, damit die Kiste stabil ist, denn das Klavier wird als Frachtgut versandt. Der Spediteur werde das Klavier abholen, sobald er ihn anrufe. Ich frage nach dem Namen des Spediteurs; widerstrebend rückt Carl damit heraus.

Sofort rufe ich das Transportunternehmen an. Sind die Lastwagen beheizt? Nein. Wie oft wird das Klavier in der Kiste von einem auf ein anderes Lastauto umgeladen? Vier Mal, das bedeutet, dass es zwischendurch eine Zeitlang auf Laderampen herumsteht. Es wird etwa eine Woche dauern, bis es in Missoula ankommt, dann muss es ein hiesiges Möbelpackerunternehmen zu meinem Haus bringen und aufstellen. Sechs Lastautos insgesamt. Thanksgiving rückt näher. Was ist, wenn das Klavier kurz davor auf die Reise geschickt wird? Während der Feiertage wird sich schließlich nichts weiter tun.

Warum Carl wohl den Versand zwei Wochen lang hinausgezögert hat, frage ich mich. Er hat meinen Scheck eingelöst. Ist das üblich? Wie läuft so etwas normalerweise ab? Ich möchte keinen Wirbel veranstalten und mich als lästige Kundin aufführen. Zuerst möchte ich mir selbst ein Bild machen.

Also rufe ich Norbert noch einmal an und bitte um seinen Rat. Schließlich hat er Carl empfohlen, und damit meinen Entschluss besiegelt, den Grotrian-Flügel zu kaufen. Wie sich herausstellt, hat Norbert von einem Angestellten, der früher dort gearbeitet hat, viel über Beethoven Pianos erfahren.

»Carl ist ein merkwürdiger Typ. Keiner wird so recht schlau aus ihm«, sagt Norbert. »Er ist kein typischer Deutscher. Dort gilt er als schlampig, als einer, der nicht recht organisiert ist. Vielleicht hat er seinen Krempel nicht ganz im Griff, aber er ist kein Gauner. Er wird Sie nicht reinlegen. Ich habe ein paar unglaubliche Geschichten gehört: Zum Beispiel hat er an einem Tag ein Klavier verkauft und wusste am nächsten nicht mehr, wie der Kunde hieß. Anscheinend weiß er nie so ganz genau, wer gerade auf seiner Gehaltsliste steht. Er ist aber trotzdem ein guter Geschäftsmann. Er ist voller Widersprüche. Letzten Endes aber können Sie sich auf ihn verlassen«, beschwichtigt mich Norbert. »Fragen Sie ihn, wann das Instrument losgeschickt wird. An welchem Tag es bei Ihnen sein wird. Sagen Sie ihm, dass Sie voller Vorfreude auf das Klavier und deswegen so ungeduldig sind.«

Das alles gefällt mir gar nicht, aber ich möchte nicht von diesem Handel zurücktreten. Die Erinnerung daran, wie es war, auf diesem Klavier zu spielen, ist einfach zu schön. Jeden Abend, wenn ich in der Musikschule übe, muss ich daran denken, wie viel besser der Mendelssohn auf dem Grotrian klingen wird. Dieser Klang geht mir nicht mehr aus dem Kopf. Und Oliver vermisst meine Übungsstunden zuhause.

Mehrere Male versuche ich Carl zu erreichen, aber immer wenn ich anrufe, ist er nicht da. Schließlich sage ich dem Verkäufer, der abhebt, warum ich anrufe. »Möglicherweise hat er vergessen, es loszuschicken.« Der Mann klingt nonchalant, als wäre das etwas ganz Normales. Was für ein eigenartiger Laden.

Ich schicke Asaf eine Mail. Hier wird bald Winter sein. Ob er bitte mit Carl sprechen würde? Aber Asaf antwortet, er könne Carl ebenfalls nicht erreichen. Asaf arbeitet jetzt nur noch sonntags, und dann ist Carl nicht da. *Auch ich bin enttäuscht und besorgt*, schreibt er.

Das beunruhigt mich noch mehr. Ich rufe Asaf an und bitte ihn, den Überblick zu behalten. Mehr kann ich nicht tun.

Thanksgiving kommt und geht vorüber. Am Sonntag darauf ruft Asaf an und sagt, er habe mit seinem »anderen Boss« gesprochen, einer Frau. Sie habe die Sache in die Hand genommen und werde dafür sorgen, dass es nun endlich weitergehe. Er reicht mich an sie weiter. Sie heißt Kaoru und ist Carls Frau. Anscheinend wusste sie nichts von dem Verkauf. Sofort sieht die Lage anders aus.

»Das Klavier wurde heute verpackt; laut Plan soll die Transportfirma es morgen abholen. Sie haben es garantiert eine Woche später«, sagt Kaoru. »Wann wird die Zahlung eingehen?«

Ich erkläre, dass ich mit Bargeld aus einer Haus-Refinanzierung bezahle und die Transaktion erst Ende des Jahres abgeschlossen sein wird. »Normalerweise liefern wir nicht ohne vollständige Zahlung, aber wenn Sie das mit Carl so ausgemacht haben, kein Problem«, sagt Kaoru.

Am nächsten Tag werde ich informiert, dass die Spedition das Klavier am Nachmittag abholen wird. »Wir garantieren, dass es in perfektem Zustand ankommt«, sagt Linda, die für die Zustellungen verantwortlich ist. Abends faxt sie mir die Auftragsnummer. Dann meldet sich Carl, um mich zu fragen, ob er mir eine neue Steinway-Konzertbank aus getuftetem

Leder schicken dürfe; die Beine passten zwar nicht zu denen des Klaviers, seien aber glänzend schwarz, und es sei die beste Bank, die er habe. Wäre mir das genehm? Wenn ich eine Grotrian-Bank möchte, müsste er die in Europa bestellen. Ich bin überglücklich, die Konzertbank zu bekommen. Carl wird sie mit UPS schicken. In den folgenden Tagen meldet sich laufend jemand, um mir zu versichern, alles sei in Ordnung.

Meine Angst wandelt sich schnell in freudige Erregung und dann abrupt in Sorge, als ich den Wetterbericht verfolge. Am Tag, nachdem das Klavier abgeschickt wurde, nähert sich eine Sturmfront vom Pazifik, Schneestürme toben über den Rocky Mountains, dringen nach North und South Dakota vor und bringen Rekordschneemengen mit sich. Die Interstate 80 ist auf 225 Kilometern gesperrt. In Utah fallen die Temperaturen auf minus 27 Grad, die Windstärke beträgt 65 Stundenkilometer. Auch in Missoula gibt es heftigen Schneefall. Im Wetterbericht heißt es, der Sturm sei »aus dem Nichts« gekommen. Das Klavier hat New York bereits verlassen; laut dem Online-Tracker der Spedition ist es irgendwo in Pennsylvania, unterwegs nach Salt Lake City, dem Sturm genau entgegen.

In Missoula wird es bitterkalt. Eines Abends finde ich keinen Parkplatz in der Nähe der Musikschule, der eisige Wind peitscht mir ins Gesicht, und meine Finger werden auf dem langen Weg in der Dunkelheit zu den Übungsräumen starr vor Kälte. Als ich ankomme, sehe ich, dass mein Lieblingsklavier besetzt ist; das Einzige, das noch frei ist, steht in einem Raum, in dem von einer Seite ein Saxophon durch die Wand quäkt, von der anderen in voller Lautstärke ein elektrischer Bass wummert. Ich kann mich kaum spielen hören. Was für mich bisher immer eine freudige Hörkameradschaft von übenden Musikern war, ist unerträglich geworden.

Zuhause gebe ich meine Auftragsnummer auf der Website der Spedition ein. Das Klavier hat sich nicht von der Stelle gerührt! Es ist immer noch in Lancaster in Pennsylvania. Am nächsten Morgen kommt eine Mail von Rich D.: *He, ich sehe, dein Klavier ist jetzt in Chicago.* Er war so neugierig, wie es mit dem Klavier weitergehen würde, dass ich ihm die Auftragsnummer gab, damit er selbst nachsehen konnte. Ich rufe bei der Transportfirma an. »Die Fernstraßen sind gesperrt«, erklärt mir eine Frau namens Shelly. »Wir haben Ihre Fracht nach Chicago schicken müssen. Dort verladen wir Ihr Klavier auf einen Güterwagen. Die Straßen sind für unsere Fahrer zu gefährlich.«

Obwohl ich täglich Dutzende Telefoninterviews führe und von einem Treffen mit anderen an dem Projekt beteiligten Reportern zum nächsten eile, bin ich inzwischen wegen des Klaviers ganz außer mir. Mehrmals am Tag prüfe ich den Wetterbericht und die Website der Transportfirma. Der Abgabetermin für die Reportagen rückt näher, und auch die Refinanzierung soll bis dahin abgeschlossen sein. Der andauernde Erwartungsdruck und die Unsicherheit machen sich bemerkbar, mein Rücken ist völlig verspannt, was die Arbeit nur noch schwerer macht.

Trotzdem gehe ich jeden Abend in der bitteren Kälte durch Schneegestöber zur Musikschule, sitze am ramponierten Flügel in meinem Übungsraum und stelle mir vor, ich würde auf dem Grotrian Bach spielen. Wenn es mit dem Üben nicht gut vorangeht, fühle ich mich beschämt, denke, ich würde nicht gut genug spielen, um ein neues Klavier mein Eigen nennen zu dürfen. Während dieser langen Woche des Wartens träume ich jede Nacht davon, wie das Klavier eintrifft.

Die Flügel-Schablone, die ich aus weißem Metzgerpapier ausgeschnitten habe, liegt immer noch auf dem Wohnzimmerboden. Als ich die richtige Stelle gefunden hatte, ließ ich sie liegen, damit Oliver und ich uns daran gewöhnen konnten, ihr auszuweichen. Die Schablone wirkt wie ein Geist ihres zukünftigen Selbst. Ich betrachte sie, versuche mir den dreidimensionalen schwarzen Koloss vorzustellen, der sie bald ablösen wird. Das Papier wird dort liegen bleiben, bis die Möbelpacker kommen, damit sie sehen können, wo genau ich das Klavier haben will. Bei unserem beschränkten Raum muss die Positionierung exakt sein.

Am Wochenende bevor das Klavier kommen soll, schlägt das Wetter ganz plötzlich wieder um. Der Schnee schmilzt. Wenn ich abends rausgehe, trage ich nur eine leichte Jacke.

Am verheißenen Tag, dem 3. Dezember, zur verheißenen Zeit, fünf Uhr nachmittags, ruft mich das Möbelpackerunternehmen in Missoula an. »Ihr Klavier ist da!«, sagt der Lagerverwalter. Er klingt freundlich und begeistert. Inzwischen haben wir etliche Male telefoniert, ihm scheint meine kindliche Vorfreude zu gefallen. Leider hat er, so sagt er mir, als er die Kiste auf Beschädigungen untersuchte, gesehen, dass eine Ecke eingedrückt ist; aber darunter sei nur Luft. Er hält es für unwahrscheinlich, dass das Klavier beschädigt worden sei. Allerdings wurde die Kiste offensichtlich einmal fallen gelassen. Davon will ich nichts hören und beschließe, das sei keine große Sache.

»Es ist zu spät, um es heute noch zu liefern«, sagt der Verwalter. »Wir werden es morgen früh mit der ersten Fuhre bringen.«

In dieser Nacht träume ich, dass Vladimir Horowitz höchstpersönlich das Klavier anliefert.

*

Am nächsten Tag ist es bedeckt und mild, es scheint, als habe es den schrecklichen Sturm, der die ganze vergangene Woche getobt hat, nie gegeben. Um neun Uhr höre ich den Möbelwagen in die Straße einbiegen und laufe hinaus, um die Spediteure zu begrüßen. Sie fahren rückwärts an unsere Garage heran, öffnen die schwere Tür des Laderaums: Da steht es.

Natürlich sehe ich nicht das Klavier, sondern eine hohe, schmale Holzkiste aus dickem frischem Sperrholz. Überall stehen genaue Anweisungen: VORDERSEITE – SCHWERE SEITE – VORSICHTIG BEHANDELN – LEICHTE SEITE – VON DER ANDEREN SEITE ÖFFNEN – DIESE SEITE ÖFFNEN (ZUERST OBEN). Alles in großen Blockbuchstaben. Jemand hat aus einer Laune heraus sogar den schwarzen Umriss eines Flügels auf die Kiste gezeichnet.

Ich bin ganz ungestüme Erwartung, wie ein Kind, das sein erstes wirklich wichtiges Geschenk aufmachen soll. Für ein Vorschulkind wäre ein solches Geschenk vielleicht ein glänzendes neues rotes Fahrrad. Ich hingegen bin begierig auf den Traum, der mir im Vorführraum begegnete. Diesen zauberhaften Klang werde ich für den Rest meines Lebens mein Eigen nennen.

Die Möbelpacker sind vier große, stämmige Männer – Dublin, Charlie, Doug und Joe. Dublin und Charlie sehen in ihren karierten Wolljacken wie Holzfäller aus, Doug und Joe in ihren Carhartt-Jacken und Jeans wie Ranch-Arbeiter. Sie haben üppige Schnauzbärte, wie Cowboys und Förster sie tragen, und bewegen sich mit schwerfälliger, ungelenker Grazie.

Sie setzen die Kiste auf ein Rollbrett; während drei sie halten, wird sie über eine Rampe auf mehrere Bretter befördert, die sie auf das Gras gelegt haben; wie beim Bockspringen werfen sie vor ihrer kippelnden Ladung Sperrholzplatten über den Rasen, während ich neben ihnen her hüpfe und fotografiere. Sie betrachten mich mit nachsichtigem Lächeln. Ich bin zu aufgeregt, um mich zu genieren. Außerdem, sage ich mir, sind das Klaviertransporteure – denen sind bestimmt schon solche Frauen wie ich begegnet.

Doug misst die Höhe der Eingangstür und verkündet, sie sei etwas zu niedrig für die Kiste. Flügel werden hochkant gelagert und verschickt, die Beine werden abmontiert und in einer separaten Kiste verstaut; deshalb sind sie auf dem Transportweg ebenso hoch, wie sie in spielbereitem Zustand breit sind. Also schrauben die Möbelpacker den oberen Deckel ab, was ihnen gerade genug Platz verschafft, um ins Haus zu kommen; so kann ich einen ersten Blick auf mein Klavier werfen. Ich stehe auf der obersten Stufe und spähe in die Kiste hinein. Marlene ist in schwarzen Filz gehüllt, der weich wie Samt wirkt, und in durchsichtiges Plastik verpackt. Unberührt, denke ich. Ein jungfräuliches Instrument.

Die Männer rollen die Kiste über eine Rampe die Stufen hoch, durch die Eingangstür und über die Schutzmatte auf dem frisch shampoonierten Teppich in die Klavierecke im hinteren Bereich des Wohnzimmers. Die Kiste kommt an einem Rand der Papierschablone zu stehen.

»Hier wollen Sie es haben?«, fragt Doug und weist mit dem Kopf zur Schablone. Ich nicke, bringe vor Aufregung beinahe kein Wort heraus, und ziehe das Papier zur Seite.

Das Auspacken ist ein Wachtraum. Die Umrisse der Wirklichkeit werden unscharf, die Zeit vergeht langsamer, Bewegungen verschwimmen. Doug öffnet mit einem elektrischen Schraubenzieher eine Seite der Kiste. Als sie offen ist, sehen wir die helle Unterseite des Klaviers, die Rasten uns zugewandt. Die Männer zerlegen die Kiste und entfernen die Plastikfolie, die das Instrument umhüllt.

Sie wickeln die in schwarzen Filz eingeschlagenen drei Klavierfüße aus. Die Männer sind neugierig. Während das Klavier noch auf der Seite liegt, untersuchen sie die Füße genau, als hätten sie solche noch nie gesehen. »Was ist denn das für ein Klavier?«, fragt Charlie. Als ich es ihm sage, meint er: »Nie gehört.«

»Es kommt aus Deutschland«, erkläre ich.

»Wäre schön, wenn alle so gebaut wären. Schaut mal, wie die Füße montiert sind«, sagt er zu den anderen Möbelpackern, die sich um uns drängen, um besser sehen zu können. »Man steckt sie hinein, arretiert den Bolzen und fertig. Diese Deutschen!«

Das Klavier liegt immer noch auf der Seite, zwei seiner drei Füße ragen ins Zimmer. Die Möbelpacker wuchten es gemeinsam hoch; dann legt sich einer der Männer auf den Boden, um den dritten Fuß zu befestigen, während ein anderer über seinem gebeugten Rücken den Rastenrahmen, den so genannten Rim, in die Höhe stemmt. Sie ziehen die Klebestreifen ab, die den schwarzen Filz an Ort und Stelle halten, der Stoff fällt zu Boden und enthüllt Marlenes wohlgeformte, glänzend schwarze Silhouette. Sie ist atemberaubend schön.

Alle vier Männer heben sie sorgsam am Rahmen hoch und stellen sie in ihre Ecke. Das Gespenst aus Metzgerpapier, das Phantom, das einen Monat lang in dieser Ecke gespukt hat, wird plötzlich real. Mein Traum ist zum Greifen nah.

Dublin hebt den Deckel des Grotrian-Flügels und setzt ihn auf die lange Deckelstütze. Charlie wickelt das Notenpult aus und steckt es an seinen Platz oberhalb der Klaviatur. Dann öffnet er die Klappe, um nach dem Namen des Klaviers zu sehen. Die anderen Männer stehen grinsend daneben. Joe weist mit einem Arm auf die Tasten, als wäre er der Oberkellner in einem Nobelrestaurant, der mich herein bittet, und lädt mich ein zu spielen. Es scheint ihnen zu gefallen, dass sie an meinem glücklichen Wahn teilhaben dürfen. Vor diesen Männern spielen? Sicher, warum nicht.

Ich trete vor, um eine Taste anzuschlagen, aber nichts geschieht. Die Klaviatur ist für den Transport gesperrt worden. Keiner der Möbelpacker weiß, wie man sie lösen kann. Ich werde einen Techniker holen müssen.

Ich danke den Männern, drücke jedem von ihnen beim Abschied eine große Banknote in die Hand, was ihr freudiges Grinsen noch breiter macht. Und dann lassen sie mich allein mit ihr.

Sofort rufe ich den Techniker vor Ort an, den ich mit der Wartung beauftragen möchte, und er erklärt sich freundlicherweise bereit, mich am Nachmittag zwischen zwei Kunden einzuschieben. Seine Arbeitstage sind prall gefüllt: Er wartet die Klaviere der Universität, aller öffentlichen Schulen und darüber hinaus die der meisten Klavierlehrer in Missoula. Unterdessen fährt der UPS-Lieferwagen mit meiner schönen neuen Klavierbank vor, und ich setze sie zusammen. Dann ruft Carl an.

»Ist es da?« Seine Flüsterstimme mit dem deutschen Akzent klingt freudig. »Sind Sie glücklich?«, fragt er liebenswürdig.

Glücklich? Ich bin außer mir vor Seligkeit. Ich erwähne die Tastensperre. Carl klingt enttäuscht, dass die Möbelpacker nicht wussten, was hier zu tun sei. Er hatte gehofft, dass ich ihm begeistert davon berichten würde, wie das Klavier in meinem Zuhause klingt. Er wird warten müssen.

Die Tastensperre zu lösen ist, wie sich herausstellt, ganz einfach. Der Klavierstimmer zieht die Mechanik heraus und entfernt eine Niederhaltestange, die mit dem Mechanikbalken verbunden ist; nun kann es losgehen.

Ich setze mich an mein neues Klavier, mein neuer Klavierstimmer steht erwartungsvoll neben mir. Die Erinnerung ist überdeutlich. Begierig lege ich meine Hände auf die Tasten. Doch kaum habe ich die ersten Takte des Mendelssohn gespielt, erstarre ich. Etwas ist nicht in Ordnung. Zuerst kann ich es nicht glauben. Ich gehe zum Schumann über, um diese phantastische Diskantstimme zu hören, aber sie ist nicht da. Die Stimme, der ich im Ausstellungsraum verfiel, ist nicht da. Die Bass- und Tenorstimme klingen eindeutig wie in meiner Erinnerung – süß, dunkel, singend. Aber der Diskant ist tot. Ich kann ihn absolut nicht erkennen. Und das Klavier klingt, als sei es minimal aus dem Gleichgewicht geraten, es tönt eigenartig, hallend. Es ist ungleichmäßig. Die Mechanik ist zu geräuschvoll.

»Da stimmt etwas nicht«, sage ich zum Klavierstimmer.

Er ist Organist und setzt sich nun hin, um ein wenig Bach zu spielen, aber da er nicht auf diesem Klavier gespielt hat, als es noch im Ausstellungsraum stand, meint er, wisse er nicht, was anders sein könnte. »Ich fürchte, da bin ich keine große Hilfe.«

Das ist eine bittere Enttäuschung. Ich hatte mir vorgestellt, wie beeindruckt er von meinem Klavier sein würde, und jetzt ist in seiner Reaktion von Bewunderung nichts zu spüren. Ich möchte protestieren: »Aber es war wunderbar! *Wirklich!* Ich schwöre, es war das magischste, speziellste Klavier, das man nur hören konnte!« Natürlich sage ich nichts dergleichen.

»Tut mir leid, ich muss jetzt zum nächsten Termin«, sagt der Klavierstimmer. Natürlich, ich verstehe. Es war nett von ihm, so kurzfristig zu kommen. Ich begleite ihn hinaus.

Wieder, diesmal voller Beklommenheit, setze ich mich an das hinreißende schwarze Wesen in unserem Wohnzimmer, der Deckel ragt zur Zimmerdecke empor. Ich spiele ein wenig Mozart. Der Diskant ist tatsächlich tot. Die »Melodiesektion«, die fünfte und sechste Oktave, klingt, als würden die Hämmer auf Holz treffen, ein klapperndes Geräusch. Der Klang ist zu schlapp. Es fehlt ihm an Resonanz. Auch wenn ich die Tasten stärker anschlage, macht es kaum einen Unterschied. Der phantastische Nachklang, den ich in Erinnerung habe, das Fließen von Ton zu Ton, das zarte Schimmern – es ist fort.

Ich vergleiche die Seriennummer mit jener auf dem Kaufvertrag, die ich wiederum bereits mit der in meinen Notizen verglichen habe. Aber dieses Klavier ist mein Klavier, meine Marlene; und wenn sie es *ist*, dann ist irgendetwas ganz schrecklich schiefgegangen. Statt der herrlichen, reinen, perlenden Klarheit und Klangfülle, die meine Erinnerung in den vergangenen drei Monaten ausfüllte, ertönt nun eine raue, gebrochene Stimme. Marlene ist verschwunden.

11

Ursachenforschung

»So komische Hämmer sind mir noch nie untergekommen«, sagt Jeff Stickney. »Sehen Sie mal, diese Beulen da oben.« Jeff, der Klaviertechniker, ist am nächsten Tag noch einmal gekommen, um das Klavier zu stimmen. Vielleicht kann er doch herausfinden, was damit nicht in Ordnung ist. Die Mechanik ist jetzt ausgebaut und liegt auf seinem Schoß.

Ich sehe mir die Scheitel der filzüberzogenen Hämmer an. Sie scheinen Auswüchse zu haben, kleine Beulen wie von Bienenstichen.

»Sind Sie sicher, dass das Renner-Hämmer sind?«, fragt Jeff. »So etwas habe ich noch nie gesehen.« Evan Giller, der New Yorker Techniker, hat mir gesagt, dass Renner die Grotrian-Hämmer herstellt.

»Vielleicht ist es diese Form, die den Klang so besonders macht?«, äußere ich vorsichtig. Ich bin ratlos.

»Tut mir leid. Mit solchen Hämmern habe ich keine Erfahrung. Ich glaube nicht, dass ich Ihnen helfen kann.«

Ich fühle mich niedergeschmettert durch diese Worte. Jeff sollte doch mein Techniker sein. Was soll ich jetzt machen? Er baut die Mechanik wieder ein, packt sein Werkzeug zusammen und sagt mir, es wäre ein Schuss ins Blaue, würde er das Problem zu beheben versuchen, ohne zu wissen, wie das Klavier im Ausstellungsraum geklungen hat. Dann geht er.

Wie es im Ausstellungsraum geklungen hat. Wer weiß, wie es vorher geklungen hat? Ich rufe Evan Giller an.

»Mir kam es ein bisschen weicher vor, als für ein Grotrian typisch ist.« Evans Stimme hat einen warnenden Unterton. »Aber das Klavier war in perfektem Zustand. Ich habe es sehr gründlich untersucht. Es hatte genügend Wölbung im Resonanzboden, ich habe es gemessen. Viel Ausklingzeit. Alles hervorragend. Sie sollten jemanden holen, der sich das ansieht. Rufen Sie Rick Baldassin in Salt Lake City an. Er ist der einzige Techniker in Ihrer Nähe, der sich gut genug auskennt, um an Ihrem Klavier zu arbeiten.«

Sofort wähle ich die Nummer, die Evan mir gegeben hat. Rick hört sich meine Beschreibung an, wie das Klavier klingt, aber noch während ich spreche, habe ich das sichere Gefühl, er werde das, was ich sage, abtun und meinen, es liege an der Raumakustik oder ich bildete mir etwas ein. Als ich geendet habe, spricht er, ohne zu zögern.

»Mit dem Klavier ist etwas passiert«, bemerkt er zu meiner Überraschung. »Das sagt mir mein Bauchgefühl. Warum klingen einige Teile gut und andere nicht? Die Platte könnte sich verschoben haben. Der Anschlagpunkt könnte nicht mehr korrekt sein. Hat die Platte etwas abbekommen, als es fallen gelassen wurde? Vielleicht ist der Resonanzboden beschädigt – das kann bei extremen Temperaturunterschieden vorkommen. Das war ja eine sehr strenge Frostperiode. Wie lange hat das Klavier in der Kälte auf einer Laderampe gestanden? Es könnte von einem Gabelstapler umgerissen worden sein, niemand würde je davon erfahren. Rufen Sie den Händler an, sagen Sie ihm, dass etwas nicht in Ordnung ist, und fragen Sie ihn, was er vorschlägt. Verfallen Sie nicht in Panik. Machen Sie deutlich, wie besorgt Sie sind.«

Mir wird übel. Warum hat Carl das Klavier nicht in einem

geheizten Lastwagen transportieren lassen? Warum wurde es mit der Spedition versandt? Und was ist eigentlich passiert? Wie soll man das wieder instand setzen? Plötzlich scheint Missoula am Ende der Welt zu liegen.

»Würden Sie kommen und es sich ansehen?«, frage ich Rick. Er lacht kurz auf.

»Im Moment schaffe ich es kaum, Kunden in der Nähe aufzusuchen. Ich habe hier einen Laden, ich kann nicht weg. Aber ich kann Ihnen einen guten Techniker empfehlen. Sollte sich herausstellen, dass mehr daran zu tun ist, können Sie es ja nach Salt Lake City bringen. Halten Sie mich auf dem Laufenden.«

*

»Ja! Hallo!« Carls muntere Stimme, sanft, warm und freundlich, begrüßt mich am Telefon. »Wie gefällt Ihnen Ihr neues Klavier?«

Alles, was ich bis jetzt von Carl kenne, ist seine Telefonstimme, sein sprödes, kratziges Flüstern, beinahe ein Phantom von einer Stimme. Wenn ich am Telefon mit ihm spreche, scheint es, als müsste ich brüllen, als müsste ich einen Bewusstseinsschleier durchdringen.

Wir stehen nun vor der ersten Belastungsprobe unserer Händler-Kunden-Beziehung, sind einander aber noch nie begegnet: Wird er mir glauben? Oder wird er darauf beharren, dass ich mir die Probleme nur einbilde? Und überhaupt: Wie soll das über eine so weite Entfernung funktionieren?

»Carl, mit dem Klavier ist etwas passiert.«

»Nein. Das kann nicht sein. Wir arbeiten ständig mit dieser Transportfirma zusammen. Das klappt immer wunderbar. Das müssen Ihre Möbelpacker vor Ort gewesen sein.«

»Carl, ich habe jede von deren Bewegungen beobachtet. Sie haben das alles ganz toll gemacht. Ich weiß nur, dass irgendwas nicht stimmt.« Ich beschreibe ihm den schwachen Diskant, die geräuschvolle Mechanik, den unausgeglichenen Ton, den Nachhall. »Das ist nicht das Klavier, auf dem ich im Geschäft gespielt habe.«

»Aber was kann passiert sein? Das Klavier war in perfektem Zustand, als wir es losgeschickt haben. Ihr Techniker hat es inspiziert und das bestätigt.«

»Vielleicht hat das Wetter damit zu tun?«

»Aber als der Transporter in New York losfuhr, war es über 20 Grad warm.«

»Und in den Great Plains war es minus 25 Grad kalt. Die Schnellstraßen waren gesperrt. Die Spedition musste einen Umweg über Chicago machen und das Klavier auf einen Güterzug umladen.«

»Oh-h-h! Nein!«

»Ja. Der Sturm kam wie aus dem Nichts. Es gab keine Vorhersage.«

»Vielleicht ist es nur die Kälte. Haben Sie Daunendecken?«

»Ich habe Schlafsäcke.«

»Perfekt. Decken Sie es mit Schlafsäcken zu und lassen Sie es langsam warm werden. So macht man es in Deutschland. Lassen Sie die ein paar Tage drauf, dann versuchen Sie noch einmal zu spielen.«

Also decke ich das Klavier mit allen Schlafsäcken zu, die wir besitzen. Bei zwei Menschen, die gern mit dem Rucksack verreisen und auf Skitouren gehen, kommt im Laufe der Jahre so einiges zusammen. Gerippte, blaue, grüne und schwarze Nylonkokons bedecken das glänzende schwarze Gehäuse. Ich lasse sie drei Tage liegen.

Unterdessen befrage ich meine Freunde bei Piano World

dazu, was geschehen sein könnte. Vielleicht liegt es an der Raumakustik? Aber nein, die Tenorlage des Klaviers klingt genau so wunderbar wie in meiner Erinnerung. Die Techniker meinen, das Holz habe sich wegen der Kälte zusammengezogen, und wenn das Klavier sich aufwärme, werde es wieder so sein wie im Ausstellungsraum. Ich würde schon noch meine Freude daran haben.

Besonders Rich ist sehr bemüht, mich zu beruhigen. Wir telefonieren jetzt oft, denn er ist neben Evan der Einzige, der im Ausstellungsraum auf meinem Klavier gespielt hat. Er erzählt, er habe zur gleichen Zeit in Boston auf einem weiteren Grotrian 192 gespielt, und beide seien gleich gut gewesen. Er findet, meines habe wie ein typisches Grotrian geklungen.

Wir wissen, dass dieses Klavier in New York für unsere Ohren perfekt geklungen hat und von dem Grotrian-Techniker, den Sie beauftragt hatten, untersucht und gelobt wurde, mailt mir Rich. *Es sollte nichts damit geschehen sein, das ein guter Techniker nicht hinkriegen könnte. Lassen Sie sich von diesem Klavierkram nicht unterkriegen. Es wird schon alles gut werden. Kopf hoch!*

Doch als ich schließlich einige Tage später die Schlafsäcke wegnehme und wieder spiele, hat sich nichts gebessert. Ich krieche unter das Klavier, lege einen Draht an den Faserverlauf des Resonanzbodens und sehe, dass er genügend »Krone« hat, die Wölbung, die ihn unter Spannung setzt. Der Resonanzboden ist nicht eingebrochen, wie Rick Baldassin angenommen hat. Zwischen dem mittleren Teil des Drahts und dem Resonanzboden ist ein ordentlicher, solider Abstand.

Ich recherchiere »toter Diskant« im Onlinearchiv der Vereinigung der Klaviertechniker und stoße auf so genannte »Killer-Oktaven«, ein Problem im Diskant, das durch eine ungenaue Mensur und schlechte Impedanz des Resonanzbodens verursacht wird.

Ich maile Larry Fine und berichte ihm, was passiert ist. Könnte ich ein »Killer-Oktaven«-Problem haben? Er schlägt vor, den »Zupftest« zu machen. Man tritt auf das Sostenuto-Pedal, um die Dämpfer von den Saiten abzuheben, und zupft dann mit dem Fingernagel an einer Saite, statt sie mit dem Hammer anzuschlagen. Dann zählt man, um zu sehen, wie lange der Ton anhält. Im Diskant sollte das über zehn Sekunden dauern.

Beim Zupfen klingt der Ton sehr gut – schön, mit langer Ausklingzeit, über zwölf Sekunden. Aber mit dem Hammer angeschlagen klingen manche Noten tot. Ich beginne eine Mail an Larry Fine, der längst schon wieder geschrieben hat; er meint, wenn das Klavier jemals gut geklungen habe, dann habe es kein »Killer-Oktaven«-Problem. Dann liege das Problem bei den Hämmern. Sie müssten intoniert werden.

*

»Wie gefällt Ihnen Ihr Klavier jetzt?« Carl klingt hoffnungsvoll, als er meine Stimme hört.

»Irgendwas stimmt immer noch nicht.«

»Okay, das müssen wir uns genauer ansehen. Gibt es einen Techniker in Ihrer Nähe, dem Sie vertrauen?«

Ich bitte Rick Baldassin um eine Empfehlung, aber er hat selbst noch mit keinem aus der Gegend von Missoula gearbeitet, außer mit Jeff, und der hat bereits das Handtuch geworfen. Ich beginne in der Stadt herumzutelefonieren. Es gibt dort einen Laden, wo Gitarren und Geigen repariert werden. Vielleicht kennen die jemanden.

Nur der herablassende holländische Inhaber des Klaviergeschäfts, der Samicks verkauft, heißt es, sei erfahren genug für diese Aufgabe.»Sonst gibt es niemanden.«

*

Wie sich herausstellt, betreibt Lucien Hut nicht nur sein Klaviergeschäft. Er hat viele Jahre an der Musikschule Klavier unterrichtet, spielt die Harfe in einem Ensemble für Alte Musik, wirkt bei Aufnahmen mit, ist Restaurateur, Techniker und Berater für Klavierbau von internationalem Ruf. Trotz seiner hervorragenden Referenzen fühle ich mich etwas beklommen, schließlich bin ich eine Kundin, die ihm durch die Lappen gegangen ist. Zwei Jahre lang hat mich Katherine, seine Geschäftsführerin, regelmäßig angerufen, um mir von neu eingetroffenen Klavieren zu berichten, und ich war etliche Male im Geschäft. Nun bleibt mir nichts übrig, als ihn zu bitten, ein Instrument zu inspizieren, das er mir nicht verkauft hat. Wird er großzügig darüber hinwegsehen? Wird er mir die Wahrheit sagen?

Seit der Grotrian-Flügel eingetroffen ist, hat es jeden Tag geschneit, ringsum ist alles weiß. Lucien und Katherine klopfen in meinem Windfang ihre Mäntel ab und stampfen den Schnee von den Stiefeln, als ich die Tür öffne. Katherine streckt mir die Hand hin.»Gratuliere zu Ihrem neuen Klavier!«, ruft sie, und in ihren Augen lese ich, dass sie es ehrlich meint.

Lucien allerdings schießt grußlos ins Zimmer.

»Dieses Zimmer ist zu klein! Sie brauchen ein größeres Haus! Kein Wunder, wenn das Klavier nicht gut klingt!«

»Lucien!«, sagt Katherine tadelnd und sieht mich entschuldigend an.

»Eigentlich«, sage ich ruhig, »besteht das Problem darin,

dass das Klavier zu leise klingt, am zu kleinen Raum kann es also nicht liegen.«

Lucien hebt den Deckel hoch, und ich ziehe die Deckelstütze ganz aus. Er klopft den Rand der Platte entlang auf verschiedene Teile des Resonanzbodens. »Tot!«, ruft er. »Hören Sie das?« Er klopft wieder. »Der Resonanzboden dröhnt. Es sollte wie eine Trommel klingen. Und sehen Sie sich das an!« Diesmal klopft er mit dem Fingerknöchel auf die bronzefarbene Eisenplatte. »Das ist eine vakuumgegossene Platte.« Er schnalzt missbilligend mit der Zunge. Das überhöre ich einfach. Ich weiß, dass Grotrian-Platten in Sandformen gegossen werden, und dass dies die angesehenste Methode ist.

Dann lässt er die Klaviaturklappe langsam über die Tasten fallen. »Das ist ein Schimmel-Design«, verkündet er. »Dieses Klavier wurde von Schimmel gebaut!«

Mit seinen langen Fingernägeln zupft er in der Diskantlage vor den Agraffen die Saiten, lässt sie vor und zurück schnalzen. »Unerträglich, wie disharmonisch!«, poltert er. »Das kann man ja nicht stimmen. Steinway bekommt das viel besser hin!«

»Dieses Klavier hat mir erheblich besser gefallen als alle Steinways, auf denen ich gespielt habe.«

Lucien ignoriert mich und holt einen Schraubenzieher aus seinem schwarzen Werkzeugkasten. Er zieht die Mechanik heraus und beginnt Schrauben anzuziehen. »Jede einzelne Schraube, jeder Bolzen ist lose«, ruft er. »Das Klavier ist vom Transport ausgetrocknet. Es ist ein deutsches Klavier, man muss die Feuchtigkeit zwischen 45 und 55 Prozent halten. Es ist vollkommen ausgetrocknet.«

Katherine und ich blicken auf das digitale Hygrometer, das seit dem Tag, als das Klavier eintraf, über die relative Luftfeuchtigkeit wacht: 45 Prozent. Ich erkläre, dass ich den Raum auf diesem Level gehalten habe, aber er ignoriert mich.

»Lucien«, wirft Katherine ein. »Sollte man dem Klavier nicht die Zeit geben, sich an dieses Klima anzupassen, statt zu versuchen, hier im Zimmer ein deutsches Klima zu schaffen?« Lucien ignoriert auch sie. Dann kriecht er mit einem Aufsteckschraubenschlüssel unter das Klavier.

»Alle Bolzen sind locker!«, ruft er unter dem Klavier hervor. »Die Platte ist locker!« Der Schraubenzieher klackert und knirscht unter seinen raschen Handgriffen. Ich schaudere.

»Bitte! Sehen Sie sich das Klavier nur mal an«, versuche ich ihn zurückzuhalten. Ich bin in Panik – er könnte meine Garantie aufs Spiel setzen. Ich bemühe mich, entschieden zu klingen. »Bitte schreiben Sie nur einen Bericht. Ich brauche sonst nichts. Der Händler kümmert sich um alles, was getan werden muss.« Aber Lucien zieht unerschütterlich weiter Bolzen an, während er auf dem Rücken unter dem Bauch des Klaviers liegt.

Das Telefon klingelt. Es ist Carl.

»Ist er da?«, fragt er ohne Umschweife. Ich gebe den Hörer an Lucien weiter; Katherine reicht ihm die Hand, um ihm unter dem Klavier hervorzuhelfen.

»Mit dem Klavier ist alles in Ordnung«, posaunt Lucien ins Telefon. Seine langen weißen Haare sind zerzaust, seine Brillengläser angelaufen, sein Gesicht beinahe purpurrot von der Anstrengung, wieder auf die Füße zu kommen.

»Er ist herzkrank«, flüstert Katherine mir zu. »Mit über siebzig sollte er wirklich nicht mehr unter Klavieren herumkrabbeln.«

»Jede Schraube und jeder Bolzen ist lose«, fährt Lucien am Telefon fort. »Das Klavier ist vollkommen ausgetrocknet. Hier ist es zu trocken dafür.«

Ich öffne den Mund, schließe ihn wieder. Lucien reicht mir den Hörer. »Ich rufe Sie später zurück«, sage ich zu Carl.

Als ich den Hörer hinlege, ziehen Katherine und Lucien bereits ihre Mäntel an. Genau genommen hilft Katherine, eine winzige Person, die mich an ein Vögelchen erinnert, Lucien, der beinahe bis an die Decke ragt, in den Mantel.

»Sie brauchen acht bis zwölf Arbeitsstunden für die Vorbereitung«, sagt Lucien. »Sie müssen die Saiten über den Steg ausrichten, einen Dampp-Chaser einbauen, einen Teppich darunter legen, die Hämmer intonieren, die gesamte Mechanik und die Dämpfer neu regulieren, die Wölbung am Resonanzboden messen.« Im Maschinengewehrtempo rattert er seine To-do-Liste herunter, stotternd vor lauter Nachdruck, und zählt jeden Punkt an den Fingern ab. Ich verstehe nur die Hälfte von dem, was er sagt, und mache keine Notizen mehr, sehe ihn nur fassungslos an.

»Wir schreiben einen Bericht und mailen ihn«, sagt Katherine, während Lucien seine Werkzeuge einsammelt und zur Tür strebt. Vom Windfang aus – Lucien ist schon beinahe auf der Straße – schaut sie über die Schwelle zu mir zurück und sagt freundlich: »Sie haben da ein sehr gutes Klavier gekauft. Eines der besten.«

Dann sind sie weg.

*

»Carl, mit der Feuchtigkeit hier ist alles in Ordnung. In unserem Wohnzimmer beträgt sie ständig 45 Prozent.« Ich habe ihn sofort zurückgerufen, ziemlich besorgt über den Eindruck, den Lucien hinterlassen haben mochte.

»Ja, das ist gut, sicher ist das gut.« Carl wirkt unaufmerksam, als würde er nachdenken.

»Lucien hat alle Schrauben an der Platte angezogen, das scheint geholfen zu haben.« Unmittelbar nach der Überprüfung habe ich mich ans Klavier gesetzt und sofort bemerkt, dass der eigenartige Nachhall verschwunden war. Als wäre ein flimmerndes Doppelbild plötzlich wieder zu einem geworden. »Zumindest erkenne ich jetzt den Klang des Klaviers wieder. Aber der Diskant ist immer noch tot. Nach wie vor ist es keineswegs das Klavier, auf dem ich im Ausstellungsraum gespielt habe. In meinen Notizen steht ›prachtvoller Diskant‹.«

Ich beginne zu argumentieren, in der Annahme, Carl werde Einwände erheben. Ich erwarte, dass er sagen wird, es sei die Schuld der Möbelpacker, und ich solle mich an die Versicherung wenden. Ich erwarte, dass er wiederholen wird, erst habe Evan bestätigt, dass alles in Ordnung sei, und nun auch Lucien.

Aber *ich* weiß, dass etwas nicht stimmt. Und ich bin machtlos. Ich bin 4000 Kilometer von meinem Händler entfernt. Ich habe keinen Weltklasse-Klaviertechniker in der Nähe – hatte nicht der Sauter-Händler gesagt, darüber sollte ich mir als Allererstes Gedanken machen? –, und ich habe mein Haus für einen Traum verpfändet, der vor meinen Ohren zerplatzt, vor meinen Augen zerbricht.

Doch es geschieht ein Wunder, Carl glaubt mir aufs Wort.

»Machen Sie sich keine Sorgen«, sagt er. Seine Stimme klingt mild und besänftigend. »Keine Sorge. Ich kenne einen *wunderbaren* Intoneur. Er hat eine Wohnung in Montana.«

»Eine Wohnung in Montana?«

»Ja, ja«, sagt er ein wenig ungeduldig. »Er fährt zweimal im Jahr nach Montana. Er ist der versierteste Intoneur, den ich kenne. Er ist ein Zauberer. Ich werde ihm sagen, er soll sich bei Ihnen melden, und dann sehen wir weiter.«

12

Der Intoneur

> »*Die erfahrensten und schnellsten Klavierstimmer
> besitzen ein äußerst erregbares, nervöses und gefühlsbetontes
> Temperament, das gelegentlich an Wahnsinn grenzen kann.*«
>
> Daniel Spillane, ›The Piano‹

»Es wundert mich gar nicht, dass die Intonation aus dem Gleichgewicht geraten ist«, sagt Carls Intoneur am Telefon, nachdem ich ihm meine Geschichte erzählt habe. »Das kommt oft vor, dass sie stumpf wird. Beim Intonieren Ihres Klaviers habe ich Naturlack verwendet, um den Ton zu unterstreichen, aber Lack wird brüchig und verliert seine Wirkung. Wenn das geschieht, bevor der Hammer ausgehärtet ist, wird der Ton schwächer.«

Mir ist schleierhaft, wovon er redet, aber dann stellt er die einzige Frage, die mir derzeit wichtig ist.

»Ich habe die Klavierpersönlichkeit geschaffen, in die Sie sich verliebt haben. Was, wenn ich wieder Ihr Traumklavier daraus mache?«, fragt er. »Ich möchte nicht so weit fahren, ohne sicher sein zu können, dass ich Sie wieder glücklich machen kann. Wenn ich komme und das neu erschaffe, was Sie im Ausstellungsraum gehört haben, werden Sie dann zufrieden sein?«

»Natürlich«, sage ich. Was für eine Frage. Wenn ihm das in unserem Wohnzimmer gelingt, werde ich sicher wissen, was mein Klavier wert ist. Dann muss ich es nicht zurückschicken.

Aber was meint er damit, er habe die Persönlichkeit des Klaviers geschaffen? Ist so etwas denn möglich? Ist denn nicht der Klang meines Klaviers ein Grotrian-Klang? Schließlich hat Rich mir ja gesagt, für ihn klinge es wie ein typisches Grotrian.

»Sie brauchen den Richtigen, der daraus wieder macht, was es war«, fährt der Intoneur fort. »Sie können Schrauben anziehen, so viel Sie wollen, das beseitigt Ihr Intonationsproblem nicht. Ich weiß, was ich gemacht habe, und weiß auch genau, was zu tun ist. Alles andere wäre Stochern im Nebel.«

Was seine Wohnung in Montana betrifft, so liegt diese in Bozeman. Er will sie allerdings nun verkaufen. Erst kürzlich ist er nach New York zurückgekehrt, nachdem er vier Jahre in Montana gelebt hat. Was ist denn das für ein komischer Zufall? Bis letztes Jahr war er vier Mal im Jahr in Montana. Den Ausflug zu mir wird er damit verbinden, seine restlichen Angelegenheiten zu erledigen und einige alte Kunden zu besuchen. Das dürfte seine Spesen decken. Carl oder mir wird er nichts in Rechnung stellen. Er wolle uns beide bloß zufrieden sehen, meint er.

Allerdings wird es vor März nichts mit einem Besuch. »Mein Leben spielt total verrückt, so war das noch nie«, sagt er, seine Stimme quietscht beinahe. Es klingt, als wäre er gerade irgendwo mit dem Auto unterwegs. »Ich habe einen Vollzeitjob als Chefklaviertechniker an der Manhattan School of Music, dazu noch eine ganze Reihe anderer Kunden. Sie werde ich da irgendwie einschieben.«

Immerhin vereinbaren wir einen Termin, und ich spüre eine Welle der Erleichterung und Hoffnung. Ich gebe ihm den Code für meine Vielfliegerkarte, damit es für ihn nicht allzu teuer wird.

»Ich weiß, was Sie durchmachen«, beruhigt er mich. »Wir werden zusammenarbeiten, bis wir alles ausgeschöpft haben.«

Die Monate vergehen, der Winter begräbt uns tief unter Kälte und Schnee. Ich übe täglich auf dem Grotrian, aber sein Klang verbessert sich nicht. Ich versuche mich in Geduld zu üben, während mir lebhaft in Erinnerung ist, wie sich das Klavier im Ausstellungsraum spielte. Was ich damals dort gespürt habe, hat einen so tiefen Nachhall in mir hinterlassen, dass ich sicher bin, diese Stimme, sollte ich sie jemals hören, so deutlich wiederzuerkennen wie die meiner Mutter.

Während der Monate des Wartens geht mir das Gespräch mit dem Intoneur nicht aus dem Sinn. Das einzige Klavier in ganz Nordamerika, in das ich mich nach einer zweijährigen Suche verliebt habe, wurde von jemandem intoniert, der praktisch vor meiner Haustür gewohnt hat. Hat das etwas zu bedeuten? Vielleicht hat Carls Intoneur ähnliche Vorlieben wie ich: Einerseits schätze ich die Nähe einer ursprünglichen Berglandschaft, besitze aber andererseits ein seltenes, handgefertigtes Klavier, dessen Wartung technisches Fachwissen erfordert, wie man es nur in Städten findet. Ich möchte es unbedingt herausfinden, denn bis jetzt bin ich die Einzige meiner Art.

*

Marc Wienert steht an einem winterlichen Märzmorgen um acht Uhr vor meiner Haustür. Er ist ein feingliedriger Mann, knapp 1,70 Meter groß, seine rötliche Lockenfülle ist in einem Pferdeschwanz gebändigt. Seine kleinen blauen Augen blitzen hinter dicken Brillengläsern mit Halbrahmen. Obwohl draußen ein Schneesturm tobt, trägt er nur ein schwarzes T-Shirt, schwarze Jeans und schwarze Lederturnschuhe. Die Kleidung unterstreicht die Blässe seines feinen, ausdrucksvollen Gesichts. Seine langen weißen Arme hängen herunter; eine Hand umklammert einen schwarzen Tornister aus Krokolederimitat, der an eine Arzttasche erinnert.

»Sie sind ja früh dran! Wann sind Sie denn in Bozeman aufgebrochen?«, frage ich, während er den Schnee von seinen Sneakers stampft und ins Haus tritt. Er scheint überhaupt nicht zu frieren. »Möchten Sie einen Kaffee?«

»Ich habe auf der Fahrt das da getrunken«, sagt er. Er hält eine durchsichtige Outdoor-Trinkflasche hoch, sie ist halb voll mit einer dunklen Flüssigkeit. Obwohl wir erst ein einziges Mal am Telefon miteinander gesprochen haben, erkenne ich sofort seinen nervösen Tenor. Marc lässt die Flasche an seinen blaugeäderten Fingern baumeln und schüttelt sie, bis die Flüssigkeit schäumt. »Espresso. Das schlürfe ich dauernd, den ganzen Tag. Es ist mein Treibstoff. Ich habe immer wieder ein Schlückchen genommen, seit ich um vier von Bozeman weggefahren bin.«

Da ich seinen Flug nachverfolgt habe, weiß ich, dass er um ein Uhr früh gelandet ist.

»Das ist in Ordnung«, sagt er. »Ein ganz normaler Arbeitstag für mich. Ich hätte schon früher da sein können, aber ich musste erst ein Auto mieten. Meines ist diesem Wetter nicht gewachsen.« Er deutet auf das Fenster, dicke Schneeflocken wirbeln vom Himmel.

Dieser Besuch eines Klaviertechnikers hat beinah romanhafte Züge. Ein nerdiger Superheld der Bantam-Gewichtsklasse – ich würde ihn Technik-Man nennen – hat soeben meine Schwelle überschritten, ist gekommen, um mein Klavier zu retten. Ich blicke ihn staunend an. Warum hat er diese

Reise unternommen? Warum hat er nicht gesagt, er habe zu viel zu tun oder die Fahrt sei zu riskant?

Marc sagt, er schulde Carl einen Gefallen. Carl hat Marcs Frau Connie letztes Jahr zu einem Homöopathen geschickt, und ihr Krebs kam zum Stillstand. »Für jemand anderen hätte ich diesen Abstecher nicht gemacht.«

Ich biete ihm Frühstück an, aber auch das lehnt er ab.

»Fangen wir an«, sagt er. Er klingt forsch, als stünde er unter hoher Spannung. »Ich muss heute Abend wieder in Bozeman sein.«

Marlene trägt einen granatfarbenen Paisley-Schal, das Begrüßungsgeschenk von Olivers Mutter. Ich nehme ihn ab und enthülle ihre makellose schwarze Politur. Als ich die Klaviaturklappe hochhebe, blickt Marc scharf auf das Messingscharnier und deutet dann auf die winzigen Schräubchen: »Sehen Sie das?«

Ich schaue hin und bemerke, dass die Einkerbungen in den Schraubenköpfen ganz leicht beschädigt sind. Der Schaden ist beinahe nicht auszumachen. Von selbst hätte ich ihn nie bemerkt.

»Wer hat bloß diese Schrauben angezogen? Lassen Sie ihn nie wieder Ihr Klavier anfassen.« Er klingt zornig.

Marc entfernt den Notenständer und legt ihn über die Lehnen eines Polstersessels. Ich öffne den Klavierdeckel und ziehe die Deckelstütze auf ihre volle Länge aus. Marc hebt die Klappe und spielt Oktaven, Quinten, Quarten, einen Lauf über die gesamte Klaviatur und ein Stück, das ich nicht kenne. Dann schlägt er einige seltsame Akkorde an – »Dezimen und Septemdezimen«, sagt er. »Scheint, als wäre es ziemlich gut gestimmt, für eine Stimmung mit Gerät.«

Woher weiß er, dass der letzte Stimmer ein Gerät verwendet hat?

»Klavierstimmen besteht aus einer Unzahl winzig kleiner Lügen, zusammengefasst in die eine große Lüge, die da heißt, etwas sei gestimmt«, sagt Marc. »Ich möchte Gerätestimmer nicht runtermachen, aber ein Stimmer, der mit der aktuellen Schwingungsrealität des Klaviers im Einklang steht und gewillt ist, eine künstlerische Lüge zu erzählen, wird letztlich ein besseres Ergebnis erzielen als jemand, der ein Gerät benutzt.«

Als er meine ratlose Miene bemerkt, fährt er fort: »Nun erzählen Sie mir mal, welche Probleme Sie mit Ihrem Klavier haben.«

»Es klingt nicht wie das Klavier, auf dem ich im Ausstellungsraum gespielt habe«, beginne ich. Als ich es ihm erkläre, beschleicht mich eine leise Verzweiflung, ich fühle mich wie ein Patient, der zu lange an mysteriösen Symptomen gelitten hat, die ein Dutzend Experten nicht diagnostizieren konnten. »Die Mechanik ist geräuschvoll, der Diskant ist schwach und klingt hölzern. Im Tenor und im Bass gibt es ein Brummgeräusch. Dem Bass fehlt die volle, nachklingende Kraft, die er gehabt hat. Im Diskant gibt es zu wenig Ausklingzeit. Die Repetition ist schlecht.«

Ich zeige Marc anhand meiner Notizen, welche Noten genau Probleme machen. A bis fis[1] weisen ein metallisches Brummen und einen nasalen Ton auf. Es[2] hat seltsame Obertöne. F[2] bis b[3] sind dünn und schwach. Wenn ich diese Noten spiele, gibt es in der Mechanik ein klapperndes Geräusch. In der fünften Oktave vermisse ich das glockengleiche Nachklingen. Die sechste Oktave ist rau und brüchig. Nur die Noten von h[2] bis d[2] klingen gut, haben einen klaren Ton und eine gute Ausklingphase.

Ich gebe Marc auch eine Liste, die ich nach den Gesprächen mit Rick Baldassin und Evan Giller zusammengestellt habe – eine Inventur aller möglichen Probleme und jener

Schritte, die nötig wären, um sie zu beheben. Ich weiß nicht, was die einzelnen Schritte beinhalten, hoffe aber, dass Marc es wissen wird:

1. Das Klavier auf Schäden untersuchen.
2. Resonanzbodenwölbung und Saitenspannung checken.
3. Resonanzboden und Platte untersuchen.
4. Alle Bolzen und Schrauben an der Platte, am Gehäuse und in der Mechanik auf das richtige Maß anziehen.
5. Saiten am Steg ausrichten.
6. Saiten ausrichten.
7. Hämmer leicht abziehen.
8. Klaviaturrahmen richtig in den Stuhlrahmen einsetzen.
9. Hammerbewegung überprüfen und korrigieren.
10. Konzertstimmung.
11. An den Raum angepasste Intonierung.

»Aha«, sagt Marc; er sitzt auf der Klavierbank, halb mir zugewandt, und ist in meine Notizen und die Liste vertieft. Dann reicht er mir die Papiere zurück. »Wie würden Sie also beschreiben, was Sie im Ausstellungsraum gehört haben? Wo liegt der Unterschied?«

»Oh!«, rufe ich, angeregt von der Erinnerung, »es war ein warmer, singender, dunkler, üppiger, nachklingender, komplexer Ton. Die Mechanik fühlte sich an, als würde sie von selbst spielen. Der Diskant war unglaublich voll, tiefgründig und singend. Ja, ein singender Ton. Da war Reinheit, Rundung, Klangprojektion. Es klang satt und klar.«

»Sie beschreiben, was Carl und ich einen ›gerundeten‹, ›sämigen‹ Ton nennen«, sagt Marc mit offenkundiger Befriedigung. »Carl ist nicht wie die meisten anderen Händler. Die meisten wollen, dass man ihre Klaviere möglichst hell und forsch macht, denn das erregt die Aufmerksamkeit der Kunden. Carl und ich mögen einen sämigen Ton, er sagt mir aber nicht, was ich tun soll, er meint bloß: ›Machen Sie es so schön, wie es nur geht.‹ Einer der Gründe, warum ich gerne für Carl arbeite. Also stimmen wir erst mal und sehen dann weiter.« Er öffnet seine Arzttasche und entrollt einen braunen Leinenstreifen voller Werkzeuge: sein Stimmhammer, ein gebogener Metallhebel mit einer Buchse an einem Ende und einem Griff aus poliertem Kirschholz am anderen. Ich biete Marc an, ihn in Ruhe arbeiten zu lassen, aber er fordert mich zum Bleiben auf. »Ich kann beim Klavierstimmen fernsehen, es beeinträchtigt meine Fähigkeit zum Stimmen überhaupt nicht, wenn ich mich dabei unterhalte.«

Das stellt er in den nächsten vierzig Minuten unter Beweis; er quasselt ununterbrochen, während seine Hände und Arme rasch und automatisch arbeiten, als führte sein Mund ein Eigenleben.

Zuerst entrollt er einen Streifen hellroten Filz, den so genannten Temperatur-Stimmfilz, und stopft ihn mithilfe eines dünnen Metalllineals zwischen die Saiten. Dadurch trennt er eine Saite von der anderen, sodass er jeweils die mittlere eines so genannten Chors von drei Saiten stimmen kann.

»Ich werde das Klavier höher stimmen, auf den Kammerton = 443 Hertz pro Sekunde. So werden Klaviere in Europa gestimmt. Einem neuen Resonanzboden tut es gut, durch die etwas stärker angezogenen Saiten unter etwas mehr Spannung zu stehen. Ihr Klavierstimmer hier würde das möglicherweise nicht machen wollen, aber sagen Sie ihm einfach, die Plattenaufnahmen, an denen Sie mitwirken, wären auf diese Frequenz gestimmt.«

In Amerika beträgt die Standardstimmung im Kammerton 440 Hertz pro Sekunde, die man sich als variable Geschwindigkeit vorstellen kann, wie die Umdrehungszahlen auf einem Plattenspieler. $A^1 = 440$ ist eine etwas langsamere Geschwindigkeit, als Marc sie gestimmt hat, also eine etwas tiefere Tonlage. Eine tiefere Tonlage bedeutet weniger Spannung in den Saiten und im Resonanzboden.

Marc stützt seinen rechten Arm auf die Vorderkante des Klaviergehäuses, legt seinen Stimmhammer rittlings über die Stimmwirbel, welche die Saiten halten, und vollführt mit dem Griff rasche kleine Zieh- und Stoßbewegungen, um die Saiten zu stimmen. Die ganze Zeit hämmert sein linker Zeigefinger auf die Tasten, erst fest, dann leicht, dann wieder fest. »Möchten Sie wissen, was geschieht, wenn ich ganz fest anschlage, so wie jetzt? Dann hüpft die Saite ein wenig und die Spannung in der gesamten Länge verteilt sich gleichmäßiger, sodass sie länger in Stimmung bleibt. Macht Ihr Klavierstimmer es so?«

Ich habe keine Ahnung. Im Moment habe ich gar keinen Stimmer. Jeff, der erste Techniker, der hier war, kam zu dem Schluss, er sei nicht der Richtige, die Probleme des Klaviers zu lösen. Ein weiterer Klavierstimmer hat es einmal gestimmt, sich dann aber geweigert, wieder zu kommen, da er nicht in eine eventuelle Auseinandersetzung um eine Garantieleistung verwickelt werden wollte. Sonst kenne ich niemanden, außer einem alten Mann, der einmal das Steinway-Klavier meiner Freundin gestimmt hat. Er war beinahe taub und bat mich, ihm zu sagen, wann der Diskant gestimmt sei. Schwerhörigkeit ist ein Berufsrisiko bei Stimmern.

Marcs Stimmhammer bewegt sich blitzschnell, hüpft auf die Stimmwirbel und wieder zurück, gibt metallische Fauchgeräusche von sich. Sein Zeigefinger hämmert die Klaviatur hinauf; der Geräuschpegel ist strapaziös.

Was an meinem Klavier ist nicht in Ordnung? Es sei in erster Linie verstimmt, behauptet Marc. Aber es sei doch gestimmt worden, wende ich ein. »Es kommt immer wieder vor, dass die Leute denken, es ginge ums Intonieren, wo es doch eigentlich eine Sache des Stimmens ist«, meint Marc. Beim Intonieren wird der Hammerfilz bearbeitet, beim Stimmen die Saitenspannung adjustiert. Das eine beeinflusst das andere.

Er beendet das Stimmen, und ich setze mich hin, um zu spielen. Es ist gut gestimmt, aber im Diskant höre ich noch die gleiche Stumpfheit. Marc beschließt, die Hämmer mit Chemikalien zu behandeln, um sie zu härten. »Eigentlich würde ich das gerne für zwei Tage einwirken lassen und dann mit den Nadeln drübergehen, aber wenn ich für ein paar Stunden zum Mittagessen verschwinde, sollte es reichen.«

Aus seiner Arzttasche holt er ein durchsichtiges Plastikfläschchen mit spitzer Tülle. Er schüttelt es heftig. »Meine Chemikalien«, sagt er. »Sie wollen wahrscheinlich nicht dabei sein und das riechen. Das ist der Grund, warum Klavierstimmer so durchgeknallt sind.« Er bricht in schrilles Gelächter aus. Ein bisschen erinnert er wirklich an einen verrückten Wissenschaftler, wie er so die Flasche hochhält und den Inhalt begutachtet.

Nun entfernt er die Klaviaturklappe, den Deckel über den Tasten, die Wangen links und rechts der Klaviatur und die Rahmenleiste, die Abdeckung vor den Tasten. Mit beiden Händen greift er in den Bauch des Klaviers, hakt seine Finger in den metallenen Mechanikbalken und lässt die Mechanik auf seinen Schoß gleiten. Ich bin fasziniert von der komplizierten Vorrichtung, die da zum Vorschein kommt: Tausende winziger Holzteile, alle präzise ausgerichtet, um miteinander zu interagieren und auf die zartesten wie auf die forderndsten Berührungen zu reagieren.

Die Hämmer sind dicke, um einen Kern aus Hartholz gepresste Wollfilzbäusche. Marc setzt sorgfältig die Spitze der

Flaschentülle auf den obersten Teil jedes Diskanthammers und drückt etwas klare Flüssigkeit darauf. Der chemische Geruch trifft mich wie ein Schlag. Ich trete zurück.

Nachdem er alle Hämmer im Bereich der Melodieführung so behandelt hat, schiebt er die Mechanik wieder in das Klavier zurück und sagt mir, ich dürfe jetzt nicht darauf spielen. Die Lösung brauche Zeit, um auszuhärten. Ich versuche Marc zu überreden, zum Mittagessen zu bleiben, aber er lehnt ab. Er möchte ein wenig in Missoula herumstreifen und sich in der Stadt etwas zu essen besorgen. Außerdem, erklärt er, während er die Kopfhörer aufsetzt und das Kabel in sein Handy steckt, müsse er während der New Yorker Geschäftszeiten etwas arbeiten.

Um drei ist er zurück. Er zieht wieder die Klaviermechanik auf seinen Schoß und sticht die gehärteten Hämmer mit einem Intonierwerkzeug, vier an einem Griff befestigte feine Nadeln. Als er fertig ist, bittet er mich, noch einmal zu spielen.

Es ist besser, so viel kann ich sagen, aber immer noch höre ich nicht das Klavier, in das ich mich verliebt habe. Inzwischen kann ich mich nicht mehr konzentrieren. Ohr und Aufmerksamkeit sind erschöpft. Da es um so viel ging, war ich äußerst angespannt, und nun fühle ich mich völlig ausgelaugt.

Marc benetzt die ledernen Hammerröllchen an den Hammerschäften mit Gleitmittel, um das Geräusch der Mechanik zu dämpfen. Er richtet die Saiten aus und überprüft die Hammerbewegung.

»Spielen Sie noch einmal«, sagt er.

Ich entschuldige mich. Ich muss mich hinlegen.

Marc gerät in Aufregung. »Hören Sie, wenn es sein muss, bleibe ich die ganze Nacht, aber ich habe noch Termine in Bozeman gleich morgen früh.«

Doch ich kann meinem Gehör nicht mehr trauen. Ich werde ein Nickerchen halten, während Marc den letzten Feinschliff an der Stimmung, der Regulierung und Intonierung vornimmt, und dann werde ich hoffentlich ausgeruht genug sein, um den Klang beurteilen zu können.

»Ich verstehe«, gibt Marc schließlich nach. »Genau zuzuhören ist sehr ermüdend. Als ich mit dieser Arbeit anfing, konnte ich am Tag nur ein paar Klaviere stimmen, und danach war ich fix und fertig. Jetzt halte ich viel länger durch.«

Nach einer Stunde Halbschlaf fühle ich mich wieder zum Hören bereit. Als ich ins Wohnzimmer zurückkehre, ist Marc immer noch am Stimmen und Intonieren, Stimmen und Intonieren. Draußen ist es dunkel geworden. Der Schneefall hat endlich aufgehört. Ich schlüpfe in die Küche und beginne das Antilopensteak vorzubereiten, das Marc sich zum Abendessen gewünscht hat.

Oliver kommt nach Hause, ich stelle ihn Marc vor. Marc scheint zerstreut, als er Oliver die Hand schüttelt. Er ist ganz in seine Arbeit am Klavier versunken.

»Welche Art Musik wollen Sie denn auf dem Klavier spielen?«, will er wissen.

Ich muss eine Minute lang nachdenken. Soll ich etwa auf einem bestimmten Klavier nur eine Art Musik spielen? »Ich glaube, für Schubert wäre es perfekt«, sage ich und denke daran, wie Asaf im Ausstellungsraum das Impromptu Nr. 3 gespielt hat.

»Schubert?«, fragt Marc, anscheinend entzückt über einen glücklichen Zufall. »Prima! Ich werde Ihnen meine beste ›Schubert-Konzertstimmung‹ verpassen.«

Oliver und ich decken den Tisch in der Küche. Wir halten die Tür zum Wohnzimmer geschlossen, damit der Dampf vom Kochen dem Klavier nicht zusetzt. Das Abendessen ist eben fertig, da öffnet Marc die Tür und meint, auch das Klavier sei nun so weit. Er und Oliver setzen sich zum Essen, während ich in das Wohnzimmer gehe, die Tür fest zumache, um nicht von ihrer Unterhaltung abgelenkt zu werden, und zu spielen beginne.

Sobald ich die Tasten berühre, werde ich fortgetragen von dem Klang, an den ich mich so gut erinnere. Vielleicht ist er sogar besser als in meiner Erinnerung. Ein hauchzartes Nordlicht aus schimmernden Tönen, eine makellose, mühelose Ansprache, die Musik aus mir holt, als wäre ich bloß ein Medium für den Komponisten. Ich halte inne, atemlos. Dann beginne ich von Neuem. Ich spiele den Schumann, den Mendelssohn. Das Chopin-Prélude. Ein wenig Mozart, den anspruchsvollsten aller tonalen Zuchtmeister.

Sie ist wieder da! Marlene ist wieder da! Schöner als je zuvor. Sie ist in ein Gewand aus goldfarbenem Gespinst gekleidet, das die Spitzen ihrer goldfarbenen Seidenschühchen streift, steht auf einer dunklen Bühne im Scheinwerferlicht und singt mit ihrer rauchigen Altstimme »Falling in Love Again«. Mein Herz schlägt Purzelbäume. Das ist das hinreißendste Klavier auf der ganzen Welt. Ich bin voller Demut, ein solches Instrument in unserem Wohnzimmer stehen zu haben. Ich bin nicht seine Besitzerin, es ist bloß in meiner Obhut. Ein Instrument wie dieses kann niemals in irgendjemandes Besitz sein.

Mein Repertoire habe ich bald durch, also spiele ich ein paar Arpeggios. Tief tauche ich ein in die herrlichen, glockengleichen Töne, den läutenden Diskant, den klangvollen, warmen Bass, das reiche, komplexe Gewirk des Tenors – alles unendlich befriedigend. Die Musik schimmert, leuchtet und schwingt nach. Der ganze Raum erstrahlt in ihrem Glanz.

Ich stehe auf, öffne die Küchentür und bleibe auf der

Schwelle stehen. Marc und Oliver blicken von ihrem Gespräch auf, erwartungsvoll, ohne ein Wort zu sagen.

»Danke!«, flüstere ich, Tränen in den Augen. »Danke, dass Sie mir mein Klavier zurückgegeben haben!«

Bevor Marc geht, empfiehlt er mir, die »Schwarze-Tasten-Etüde« von Chopin zu lernen, um die Intonierung ausgeglichen zu halten, Gleitmittel und einen Intoniernadelhalter zu kaufen. Er zeichnet Skizzen, wo genau ich die Nadeln in die Hämmer setzen muss, um bestimmte Effekte zu erzielen, weist aber darauf hin, dass Erfahrung und Übung das A und O seien und sich die Vorgehensweise von Hammerkopfsatz zu Hammerkopfsatz unterscheide. Er zeigt mir, wie ich die Mechanik aus dem Flügel und auf meinen Schoß ziehen kann, wie ich den Anschlagpunkt der Hämmer »überzuckern« kann, indem ich sie mit einem Intoniergerät anstiche, wie ich die so genannten Tastenführungsstifte mit Gleitmittel benetze, damit die Mechanik flüssig funktioniert.

»Bringen Sie den Technikern hier nichts bei. Die werden das nicht zu schätzen wissen.«

»Sie meinen, andere Techniker kennen das nicht, was Sie mir gezeigt haben?«

»Nein, sie machen es alle so, wie es ihnen die Hersteller der Hämmer gezeigt haben, ohne Chemikalien und mit viel zu viel Stechen, das ruiniert bloß die Hämmer. Die Hersteller machen ihr eigenes Produkt kaputt, weil nun jeder bereits vorintonierte Hämmer haben will. Deswegen sind sie so hart.« Er prustet jetzt beinahe, so leidenschaftlich ist er bei der Sache. Wir betreten offensichtlich vermintes Gelände. Seine Stimme wird schrill. »Ich muss praktisch alles wieder rückgängig machen, was die Hersteller gemacht haben, um den Klang zu erzielen, den ich möchte.« Sein Gesicht verfinstert sich, er sieht grimmig drein. Dann hellt sich seine Laune wieder auf.

»Ich kann Ihnen übers Telefon Anweisungen geben, das mache ich nicht zum ersten Mal.« Er gibt mir seine Handynummer. »Das sollte genügen, bis ich wieder hier rauskomme.«

Und wann würde das sein?

»Wahrscheinlich in ein paar Jahren.«

Inzwischen ist es acht Uhr und draußen sehr dunkel. Marc sagt, er müsse los. Oliver und ich widersprechen, wir hätten ihm ein Zimmer im bequemsten Hotel der Stadt reserviert, doch Marc lehnt ab. Er meint, er müsse fort, hinaus in die Nacht, über die eisigen Pässe, zurück nach Bozeman.

Nachdem er gegangen ist, spiele ich auf meinem Klavier und schwelge in seinem Klang, der noch schöner ist als in meiner Erinnerung. Ich rufe Carl in New York an und sage ihm, dass Marc mir meinen Flügel wiedergeschenkt hat. Nachdem ich mich endlich losgerissen habe, um ins Bett zu gehen, schlafe ich voller Zufriedenheit ein.

Am nächsten Morgen gehe ich sofort zum Klavier, begierig, mich wieder Marlenes Zauber zu ergeben. Ich setze mich, hebe die Klappe und beginne zu spielen.

Dann halte ich wie betäubt inne. Ich kann kaum glauben, was ich höre.

Der Diskant klingt stumpf und hölzern. Er hebt sich nicht über die Bass- und Tenorskala empor. Jeder Makel, den Marc behoben hatte, ist wieder da! Ich versuche noch einmal zu spielen, schrecke erneut zurück. Es scheint, als wären die Schönheit und Leuchtkraft des Klaviers für einen kurzen, magischen Moment wiederhergestellt worden, nur um mit dem Morgengrauen verloren zu gehen. Eine glitzernde Kutsche, die in einen Kürbis zurückverwandelt wurde, während ich schlief. Sofort rufe ich Marc auf dem Handy an.

Er zeigt sich unbeeindruckt. »Ich habe Ihnen gesagt, dass

das, was wir tun, nicht von Dauer sein wird. Das gilt auch für das Stimmen«, sagt er. »Es ist ein Kleinkind-Klavier. Es ist total sprunghaft, es wird mir mit seinen Wandlungen immer voraus sein. Bei dem, was ich machen kann, haben wir es mit einem abnehmenden Ertrag zu tun. Ich habe kein Ass mehr im Ärmel. Ich könnte bloß noch die Hämmer austauschen.«

»Braucht es denn neue Hämmer?«

»Nein. Es ist noch in der Entwicklungsphase. 99 Prozent dessen, was ich gemacht habe, war Stimmen.«

Das kann doch nicht wahr sein. Das Klavier ist drei Mal gestimmt worden, seit es ankam, und das hat das Problem nicht gelöst.

»Spielen Sie fünfhundert Stunden darauf, und dann intonieren Sie es wieder«, fährt Marc fort. »Wenn der Klang Ihnen nicht gefällt, konzentrieren Sie sich auf die Musik.«

Wie kann das sein – andere Menschen kaufen doch auch neue Klaviere, und sind die nicht von Anfang an zufrieden und glücklich und bleiben es auch?

»Die einzigen Leute, die vom ersten Tag an zufrieden sind und es auch bleiben, sind die, die eigentlich keine Beziehung zu ihrem Klavier haben«, sagt Marc. »Entweder spielen sie nicht, oder sie können nicht hören. Das Klavier ist für sie so etwas wie eine Aufblaspuppe. Jeder, der ein gutes Gehör hat, wird mit einem neuen Klavier solche Probleme haben wie Sie.«

Laut Marc ist also meine Hörfähigkeit, von meinem Vater so sorgsam genährt, jetzt ein Gebrechen? Die Skeptikerin in mir ist in höchster Alarmbereitschaft.

»Hören Sie«, sagt er. »Ich bin ein Make-up-Künstler für Klaviere. Ich simuliere ein erfahrenes Konzertinstrument. Alles bloß Spiegelfechterei.« Er lacht.

Mich erfasst jähes Entsetzen. Das kann nicht sein Ernst sein.

»Sie stehen am Anfang einer Reise«, erklärt er. »Es ist sprunghaft. Es ist unberechenbar. Das Klavier wird auf Sie reagieren, und Ihr Ohr wird sich anpassen. Gewöhnen Sie sich an das Klavier. Treten Sie in eine dynamische Kommunikation. Lösen Sie sich von Erwartungen, was es in diesem und jenem Augenblick leisten soll. Es wächst, es entwickelt sich. Es ist lebendig, es lebt, und Sie beide haben eine Beziehung. Sie können es verletzen, es kann Sie verletzen. Sie haben eine Fahrkarte gekauft. Jetzt können Sie entweder die Fahrt antreten oder das Ticket zurückgeben. Sie werden die Fahrt kriegen, die Sie eben kriegen werden.«

Ich bin zutiefst skeptisch. Wie soll ich das glauben, was Marc mir sagt? Will er nicht bloß Carl in Schutz nehmen? Ich spreche mit Rich darüber, und er stimmt mit Marc überein, dass neue Klaviere unbeständig seien. Die anderen Erläuterungen des Intoneurs klingen für ihn völlig abstrus.

»Ich weiß nicht, was er getan haben kann, um eine zeitweise Verbesserung zu erzielen«, sagt Rich. »Das geht über meine bescheidenen Geisteskräfte. So etwas habe ich noch von keinem Techniker gehört, und ich habe mit guten geredet. Sie könnten diese Frage mal im Forum stellen.«

Die Techniker bei Piano World meinen, sie verstünden nicht, warum eine Intonierung mittels Lack sich so schnell verändern sollte. Ich fühle mich vollkommen allein mit meinem Problem.

Marc versichert mir, Carl würde das Klavier zurücknehmen und den gesamten Betrag vergüten, falls ich das möchte. Aber was ich möchte, ist der Klang, den Marc schuf. Ich möchte ihn so sehr, weil ich weiß, dass mein Klavier ihn hervorbringen kann, wenn auch nur für wenige Stunden; weil ich das weiß, will ich nicht aufgeben. Was hat Marc getan, um Marlene zu schaffen? Ich muss es wissen. Ich muss das verstehen.

Monate vergehen, und der Klang wird nicht besser, trotz allen »Einspielens«, das so viel bewirken soll, wie jeder mir sagt. Was ist mit meinem Klavier geschehen? Und, abgesehen davon: Was ist mit mir geschehen? Warum bin ich im Bann eines Klaviers? Was ist – praktisch und technisch betrachtet – der Unterschied zwischen der Marlene, die mich verführt hat, und dem Klavier, das mich kaltlässt?

Im Herbst endet mein Projekt. Eines Septembertages rufe ich Marc an. Ob ich wohl mit ihm einige Zeit in New York verbringen dürfe, um ihm bei der Arbeit zuzusehen? Zu meiner Überraschung ist er einverstanden.

So, wie ein innerer Zwang mich in fortgeschrittenem Alter ans Klavier trieb, wie die Vision eines Klangs mich zu Marlene führte, so zieht es mich jetzt nach New York. Ich muss in Marcs Welt eintauchen, sein Geheimnis lüften und die Lösung mit nach Hause nehmen.

II

13

Eine Klavierlektion

Die Grand Central Station ist beinahe ausgestorben, als ich nach dem morgendlichen Berufsverkehr zum Fahrkartenschalter komme. Schritte und Stimmen hallen von der riesigen Gewölbedecke wider. Ich suche mir einen Platz im leeren Zug und erfreue mich an den rhythmischen Geräuschen des fahrenden Zuges, an den im Fenster vorüberhuschenden lodernden Herbstbäumen, an dem vertrauten Anblick der Dörfer im Nordosten mit ihrer charakteristischen Architektur, ihrer Geschichte, ihrer Übersichtlichkeit. In ihre stillen Straßen zu spähen, während wir an jeder Station auf der Strecke Halt machen, ist, als würde man einen sehr alten Schuh anziehen. Aus dieser Gegend komme ich, hier liegt meine Ostküsten-Heimatstadt.

Als ich in Pelham auf den Bahnsteig trete, entdecke ich sofort Marc auf dem Parkplatz; er winkt heftig, ein breites Begrüßungsgrinsen im Gesicht. Er stößt die Beifahrertür von innen auf. »Tut mir leid, dass es hier drinnen so aussieht.«

Im Laderaum seines Subaru-Kombis macht sich eine Klaviermechanik breit. Flaschen, Einwickelpapier und diverse Klavierbestandteile liegen in wildem Durcheinander auf dem Rücksitz und auf dem Boden verstreut. »Diese Mechanik kutschiere ich seit Wochen durch die Gegend, bis ich einmal Zeit finden werde, neue Hämmer einzusetzen.« Er prustet bei der

Vorstellung, er könne je freie Zeit finden. »Ich bin der Junge, der das Fahrrad schiebt, weil er keine Zeit zum Aufsitzen hat.«

Unser erstes Ziel liegt nur wenige Straßen vom Bahnhof entfernt. Wir halten vor einem stattlichen, von riesigen Eichen umstandenen Haus aus dem frühen 20. Jahrhundert. Marc erklärt, die Besitzerin habe vor Kurzem einen Steinway A-II von 1909 gekauft, ein Klavier, das Marc vor dem Verkauf vorbereitet hat, und nun soll er es stimmen.

Eine zierliche Frau in den Vierzigern öffnet die Haustür. Ungebändigtes hellbraunes Haar streift hohe Wangenknochen, umrahmt leuchtende blaue Augen. Sie und Marc umarmen einander und begrüßen sich auf Französisch. Dann stellt mich Marc Dominique Browning vor, Herausgeberin der Zeitschrift *House and Garden*. Dominique führt mich gleich in ihre Bibliothek, die mit roter Lackwandfarbe gestrichen ist. Wir sitzen auf Samtkissen und unterhalten uns, während Marc im Wohnzimmer nebenan am Steinway zu arbeiten beginnt.

Marc hat mir erzählt, Dominique sei ebenfalls vom Klavier besessen, und offenkundig hat er das Gleiche von mir gesagt. Bald tauschen wir Erfahrungen aus.

»Meine Mutter war eine klassische Pianistin«, sagt Dominique. »Mir gegenüber sehr fordernd, was die Musik betrifft. Ich habe mit vier Jahren angefangen zu spielen und sechs Stunden am Tag geübt. Zum Collegeabschluss bekam ich von meinen Eltern ein Steinway-Pianino geschenkt. Aber bald darauf habe ich es aufgegeben. Ich hatte das Gefühl, nicht gut genug spielen zu können. Doch dann habe ich mir gesagt: Was soll's?« Sie zuckt die Achseln und fährt sich mit ihren langen Fingern durchs Haar. »Ich spiele ja für niemanden sonst. Es interessiert mich nicht, wie gut ich sein kann. Ich suche jetzt nach etwas anderem. Ich weiß nicht, was es ist. In dieser Phase meines Lebens, mit siebenundvierzig, bin ich ganz besessen von den *Goldberg-Variationen*. Wohin wird mich Bach führen? Ich weiß es nicht.«

Das kommt mir so bekannt vor, dass mich ein Schauder des Wiedererkennens überläuft. Noch jemand, dem dieses Mysterium widerfahren ist: In der Mitte unseres Lebens ruft uns das Unerklärliche. Was ist es, das uns ruft? Ich erzähle Dominique, wie ich Marlene gefunden habe, wie ich einem inneren Zwang folgte, den ich nicht begreifen konnte. Sie nickt. Ja. Ja.

Mit Anfang zwanzig hat Dominique einen Essay für eine Sammlung mit dem Titel *Die Leben des Klaviers* geschrieben. Ihr Beitrag bestand in einem Porträt des berühmten Steinway-Konzertstimmers Franz Mohr, Vladimir Horowitz' Techniker. Sie drückt mir ihr einziges Exemplar in die Hand. »Bitte nehmen Sie es mit. Es ist vergriffen. Sie können es mir irgendwann zurückgeben.«

Dann entschuldigt sich Dominique, sie muss nach Umbauarbeiten sehen, die in einem anderen Teil des Hauses unter einigem Krach vor sich gehen. Ich schlendere ins Wohnzimmer, wo Marc sich ihrem Flügel aus getigertem Mahagoni widmet. Das Klavier ist ein Schattenriss vor riesigen Fenstern, die auf einen grünen Hinterhof führen.

Marc hebt die Klaviaturklappe und entfernt behutsam die gestickte Tastenabdeckung, die Dominiques Mutter gehörte. Er schlägt einige Akkorde an.

»Total hinüber«, erklärt er sofort. »Es hat im Sommer ziemlich viel geregnet. Es war sehr feucht.«

Die leiseste Schwankung von Temperatur oder Feuchtigkeit wirke sich auf den Klang eines Klaviers aus, erklärt Marc, während er seinen roten Temperatur-Stimmfilz zwischen die Saiten stopft. Die ideale Raumtemperatur beträgt 20 Grad, die ideale Luftfeuchtigkeit 42 Prozent. Wenn es wärmer wird, sinkt die Spannung der Stahlsaiten und damit die Tonlage.

Nimmt die Luftfeuchtigkeit zu, dehnt sich der hölzerne Resonanzboden aus, und die Saitenspannung verstärkt sich, wodurch sich die Tonlage erhöht. Auch der Hammerfilz nimmt Feuchtigkeit auf oder trocknet aus, was ebenfalls den Klang beeinflusst. In Dominiques Wohnzimmer stehen die Fenster offen, das Raumklima wird nicht kontrolliert.

»Ein Klavier zu stimmen ist wie ein sehr komplexes Puzzlespiel«, sagt Marc. Er beginnt Intervalle anzuschlagen, während er dem Stimmhammer leichte Stupser versetzt. »Man muss herausfinden, was in welcher Reihenfolge und bis zu welchem Grad zu tun ist. Ich habe das Puzzle recht spät in meinem Leben gelöst, mit vierzig. Und dann habe ich noch beinahe zehn Jahre gebraucht, um wirklich zu verstehen, wie man die jedem Klavier eigene Schönheit zum Vorschein bringt.«

Es gebe das Handwerk des Intonierens, erklärt Marc, dabei gleiche man die Töne von Note zu Note, von Register zu Register aus. Und dann gebe es die Kunst des Intonierens, die Entdeckung oder Enthüllung der idealen Stimme eines Klaviers.

»Ich war auf der Suche nach einem archetypischen Klang. Zunächst musste ich lernen, Klaviere hässlich zu machen. Und als ich wusste, wie das geht, war es nur noch ein kleiner Schritt, um sie schön zu machen. Ich habe Millionen Fehler gemacht, habe an meinem Geburtstag Tränen über Klaviere vergossen. Es ist, als würde man eine Skulptur gestalten, man meißelt das überflüssige Material weg, um die wahre Gestalt herauszuarbeiten.«

»Wie kommen Sie zu einem Verständnis dessen, was die dem Klavier eigene ideale Persönlichkeit ausmacht?«, frage ich. »Geht das rein intuitiv vor sich?«

»Ich bin kein Zauberer, der etwas intuitiv erahnt«, sagt Marc. »Ich lasse mich vom Prozess des Intonierens leiten. Ich versuche, einen so reichhaltigen und vollen Klang zu erzielen, wie ich nur kann, bis mir das Klavier zu verstehen gibt, dass mehr nicht geht.«

Er zieht den Stimmfilzstreifen aus dem Klavier, legt die Temperierung fest und beginnt, Primen zu stimmen, je zwei Saiten für jede Tenor- und je drei für jede Diskantnote.

»Dieses Klavier hat ein gutes Gehäuse. In ihm stecken viele verschiedene Persönlichkeiten, Charaktere, Stimmen. Die Ausklingphase ist lang, es hat sehr viel Kraft, das Fortissimo ist wirklich wunderbar.«

Er schlägt die Tasten mit dem Zeigefinger an, die Klaviatur hinauf und hinunter: laut, leise, laut. Sein Stimmhammer klettert die Skalen hinauf, hüpft von Stimmwirbel zu Stimmwirbel. »Die wenigsten Instrumente, egal wer sie intoniert, klingen im Fortissimo schön. Der Korpus wendet sich letztlich gegen sich selbst. Er kann nicht so viel Energie in Klang umwandeln, wenn Sie verstehen, was ich meine.«

Dominique erscheint wieder, als Marc gerade seinen Stimmhammer in das Leinen einrollt.

»Ich habe es jetzt auf a = 442 bis 443 Hertz gestimmt; es wird wieder etwas abrutschen«, teilt er ihr mit. »In einem Monat oder zweien sollten Sie es wieder stimmen lassen. Der Regen in diesem Sommer hat ihm nicht gerade gutgetan.«

»Das macht mir nicht allzu viele Sorgen«, sagt Dominique. »Das Klavier ist schon alt und hat wahrscheinlich schon ganz anderes mitgemacht.«

»Ja«, sagt Marc. »Aber denken Sie daran, es hat einen Baby-Resonanzboden.«

Dominique legt erschrocken die Hand vor den Mund, als er sie daran erinnert.

*

»Dominique scheint Sie sehr zu schätzen.«

Wir sitzen wieder im Auto. Marc seufzt befriedigt über meine Beobachtung. »Meinen Sie?« Er wendet sich zu mir und strahlt. »Sie hat ein herrliches Klavier, und ich habe das Gefühl, ein wichtiger Teil ihres Lebens mit dem Klavier zu sein. Und wir haben beide französische Mütter, das verbindet.«

Wir machen uns auf den Weg zu seinem nächsten Termin in einem Geschäft in Dobbs Ferry. Dort werden Klaviere umgebaut. Marc trägt dieselbe Kluft, an die ich mich von seinem Besuch in Montana her erinnere: schwarzes T-Shirt, schwarze Jeans, schwarze Sneakers. An einem Schlüsselband hängt ein Fotoausweis der Manhattan School of Music um seinen Hals, dazu die unvermeidlichen Telefonkopfhörer, die er nie abzunehmen scheint.

Das Handy klingelt pausenlos, und wenn Marc nicht gerade telefoniert – er beschwert sich bei Joanne, die seinen Terminplan verwaltet, vereinbart einen Termin mit einem Kunden, gibt seinen Mitarbeitern in der Schule Anweisungen –, schießt er einen erregten Schnellfeuermonolog ab, dem ich kaum folgen kann, sind mir doch seine Ideen so neu und werden in so einzigartiger Weise in Worte gefasst.

»Es besteht eine Beziehung zwischen dem Klavier, dem Techniker und dem Pianisten«, erklärt Marc. »Es ist ein Dreieck, eine Ménage-à-trois. Das Wesen dieser Beziehung – falls man einen Eheberater konsultieren wollte – sähe aus wie jede andere eheliche Beziehung. Es ist intim. Manchmal ist es schwieriger, sich mit der psychischen Verfassung des Pianisten auseinanderzusetzen als mit dem Klavier. Der Pianist versucht mit aller Macht, eine Bindung zum Klavier aufzubauen. Es muss ein Teil seiner musikalischen Seele werden. Der Techniker ist dazu da, daraus eine gesunde, funktionierende Beziehung zu machen. Der Techniker spürt auf, was genau der Pianist von seinem Klavier braucht, sodass der Pianist auf dem Weg zu seiner Seele auf keine Hindernisse stößt.«

Wieder klingelt das Telefon. Aus Marcs Anteil an der Unterhaltung kann man schließen, dass ein Pianist ihn beschwört, alles stehen und liegen zu lassen und heute noch ins Aufnahmestudio zu kommen.

»Bei Ihnen klingelt ja ständig das Telefon«, sage ich, als er auflegt. »Sind denn Klaviertechniker wirklich so gefragt?«

»Klaviere sind derzeit so was von in«, ruft Marc und wiegt wie bewundernd den Kopf. »Sie stehen ganz oben im kollektiven Unbewussten! Aber hallo! Überall sickern Klaviere ein! Im Viktorianischen Zeitalter gehörte es in einem bürgerlichen Haushalt zum guten Ton, ein Klavier zu besitzen. Aber das ging vorbei. Nun kommen sie zurück! Die Leute wollen die Schwingungsenergie des Klaviers erleben, wollen spüren, was sie mit ihrer Seele anstellt. Ich habe viel zu tun, weil ich ganz und gar mit dieser Schwingungsenergie verbunden bin und weil ich Leuten, die nach dem hungern, was ein Klavier zu bieten hat, helfen kann.«

Verwundert sehe ich ihn an. Wieder beschreibt ein anderer genau das, was ich erlebt habe. »Sie und Dominique sprechen in recht esoterischen Ausdrücken über das Klavier«, beginne ich vorsichtig. »Es gibt da dieses mystische, spirituelle, körperlose Seelen-Element.«

»Ooooh! Es rieselt mir kalt den Rücken hinunter, wenn Sie das sagen!« Er sieht mich von der Seite an, die hellblauen Augen zwinkern hinter den Brillengläsern. »Schwingung ist der Kern der universellen Erfahrung! Und das Klavier bietet eine wunderbare Möglichkeit, Schwingungsenergie ins Universum hinauszusenden.« Seine Finger flattern vom Lenkrad hoch, klettern in die Luft. »Für mich ist das total esoterisch – es ist eine Verbindung zum Jenseits hinter dem Jenseits.«

Wieder klingelt das Telefon. »Entschuldigen Sie, ich muss drangehen. Ça va?« Er plaudert einige Minuten auf Französisch.

»Ihre Mutter?«, frage ich, als er auflegt.

»Ja, meine Mutter. Wir sprechen nur Französisch miteinander.«

»War sie eine Kriegsbraut?«

»Ja. Primaballerina beim Ballet Russe de Monte Carlo in den Vierzigern. Sie ist jetzt zweiundachtzig.«

Ich erwähne, dass mein Vater ebenfalls zweiundachtzig ist und dass er im Übrigen im Orchester des Ballet Russe de Monte Carlo Klarinette gespielt hat. Ob sie womöglich zur selben Zeit dort waren? Wir sind uns nicht sicher. »Cool!«, meint Marc. »Vielleicht war sie auf der Bühne, während Ihr Vater im Orchester gespielt hat.«

*

Wir fahren die steile, kurvige Zufahrt zu einem ehemaligen Marinedepot hinunter. Drinnen warten unter Leintüchern und Decken Flügel auf den Umzug in den Ausstellungsraum. Marc schlängelt sich zwischen ihnen hindurch bis in eine sonnige Ecke, wo ein restaurierter Steinway Modell M aus den 1930er Jahren steht.

Marc ist hier, um dem Klavier den letzten Schliff zu verleihen. Er hebt die Klappe hoch, schlägt ein paar Akkorde an, was er hört, gefällt ihm nicht. »Das erste Mal, als ich es hörte, fand ich es schon grässlich, dann dachte ich, vielleicht würde ich es doch noch mögen. Ich lag ganz richtig beim ersten Mal.«

»Was stimmt denn nicht damit?«

»Ich kann kein breites Farbspektrum rausholen. Achtzig Prozent der Pianisten würden dieses Klavier mögen, so wie es ist. Nur etwa zwanzig Prozent wollen mehr als variable Dynamik. Das ist natürlich nur meine persönliche Meinung, basierend auf meinen Erfahrungen.«

Variable Dynamik, erklärt er, sei einfach der Spielraum zwischen sehr leise und sehr laut. Dezibel. Farbe ist etwas weit Subtileres. Es sind die Quantität und das Volumen der freigesetzten Partialtöne. Jede Note ist eigentlich eine Mischung vieler Töne, der so genannten Obertöne. Bei manchen Klavieren treten diese Obertöne oder Partialtöne stärker hervor. Partialtöne bestimmen die Eigenschaft eines Tons, sein Timbre.

Marc spielt eine flotte Tonleiter, dann einige Akkorde. »Wie lautet Ihre Meinung?« Dann bremst er mich, bevor ich etwas sagen kann. »Lassen Sie mich noch ein wenig daran arbeiten.«

Er lässt ein Vinylkästchen mit vier Glasflaschen aufschnappen und gießt eine durchsichtige Flüssigkeit aus einer Flasche in einen Plastik-Applikator mit einer Spritze in der Kappe.

»Entschuldigen Sie mich einen Moment«, sagt er und hält den teilweise gefüllten Applikator hoch. »Ich muss noch ein wenig Wasser dazugeben.«

»Darf ich das für Sie machen?«

»Lieber nicht. Es gibt da eine exothermische Reaktion, das wird ziemlich heiß, und es ist wahrscheinlich besser, wenn ...« Er hält inne, als müsse er überlegen, wie viel er mir verraten darf. »Das da ist eine tödliche Chemikalie.«

Er macht sich auf zum Waschraum; während er weg ist, sehe ich mir die Werkzeuge an, die er zurechtgelegt hat. Da liegen Zangen, Gripzangen, Seife, ein Messer, diverse Kleber, Stücke von Holzfurnier, Stücke von Filz, Sandpapier in verschiedenen Körnungen, eine Taschenlampe, ein Schleifwerkzeug von Dremel, ein Zughaken aus Metalldraht, ein Intonierwerkzeug mit einem dicken Messinggriff und sechs Nadeln. Ich nehme es in die Hand, es ist schwer. Außerdem liegen da noch ein elektrischer Bohrer, ein Werkzeug, das wie ein Locher aussieht, eine Kupferdrahtbürste und anderes.

Marc kommt zurück und geht mit mir den Inhalt seiner Tasche durch. Er zeigt seine Werkzeuge vor, als wären es exotische Schmetterlinge, die er eingefangen, oder seltene Gesteinsstücke, die er an fernen Küsten gesammelt hat.

»Davon gibt es auf der ganzen Welt nur vier Stück.« Stolz hält er das Intoniergerät aus Messing in die Höhe. »Ein anderer Techniker und ich haben das in einer Maschinenwerkstatt anfertigen lassen.«

Ich deute auf den Behälter mit den Glasflaschen.

»Das sind meine Chemikalien.« Die Snapple-Flaschen sind mit reinem Lack, reinem Verdünner und einer Mischung aus beidem gefüllt. »Und hier habe ich meine Enthärter.« Er hebt die Flasche ohne Etikett hoch. »In diesen Applikatoren mische ich sie jedes Mal neu. Sehen Sie.«

Er reicht mir den Plastikapplikator, den er in den Waschraum mitgenommen hat. Er ist sehr heiß. So heiß, dass ich mich wundere, warum das Plastik nicht schmilzt.

»Was ist das?«, frage ich und gebe ihm den Applikator zurück.

»Es ist eine Art Mischung aus Alkohol und Wasser, aber eine der Ingredienzien kann man nicht einfach in der Drogerie kaufen. Man muss sich an einen Händler für Chemiebedarf wenden und eine Erklärung aufsetzen, wofür man es verwenden wird, sonst kriegt man es nicht. Ein Computerfreak würde mit dem Giftzeugs da drinnen das Innere seines Computers reinigen.«

Jetzt wendet er sich dem Klavier zu und entfernt die Mechanik, zieht sie halb auf seinen Schoß. Die Wollfilzhämmer liegen leicht schräg hintereinander, wie Dominosteine, die ins Kippen geraten sind. Marc hält den Plastikapplikator mit der Spitze nach unten; während die Spitze der Spritze kaum den Filz berührt, appliziert er auf die Scheitel der Hämmer, vom tiefsten Bass bis zum höchsten Diskant, rasch die klare Flüssigkeit. Die Chemikalie durchtränkt den Filz. Der Geruch ist durchdringend. Er erinnert mich an Benzol.

»Sie tränken diese Hämmer ja förmlich.«

»Ich mache sie nass, aber nur oben, der untere Teil bleibt hart.« Er hält inne. »Mir wäre es lieb, wenn Sie nicht mit anderen Technikern darüber sprechen würde. Ich bin jung genug, um nicht alle Geheimnisse preiszugeben, die ich mir hart erarbeitet habe, wenn Sie verstehen, was ich meine.«

»Wie sind Sie darauf gekommen? Haben Sie Chemie studiert?«

»Wäre schön, wenn ich Chemiker wäre, aber da ich keiner bin, basiert alles, was ich mache, auf Versuch und Irrtum.«

»Sie meinen, Sie probieren einfach etwas aus und warten ab, ob es funktioniert?«

»Genau.« Er schiebt die Mechanik wieder ins Gehäuse zurück. »Manche verwenden Weichspüler, einige Superkleber, manche Dampf, andere bügeln. Ich versuche diese Hämmer neu aufzubauen. Ich verputze sie sozusagen, schaffe einen neuen Untergrund. Das sind brandneue Steinway-Hämmer. Wenn man sie weicher macht, entfernt man den Lack, mit dem im Werk der Filz getränkt wurde, wodurch Luft zwischen die Wollfasern kommt. Verwendet man Chemikalien, dringt noch mehr Luft zwischen die Fasern.«

»Ist es üblich, dass Intoneure die Hämmer mit Chemikalien weicher machen?«

»Nein.« Er packt die Flaschen ein und geht zu seinem nächsten Patienten, einem Steinway D in der Mitte des Raumes. »Schon, indem ich Ihnen verrate, dass ich die Hämmer weich mache, bevor ich sie härte, gebe ich etwas preis. Es gehört zu dem Geheimnis, das nur ich kenne. Die meisten verwenden Weichmacher nur bei alten, ausgetrockneten, überbeanspruchten Hämmern, um sie zu verjüngen. Meiner Meinung nach ist auch so mancher neue Hammer schon tot: Er ist statisch und entwickelt sich nicht so, wie er sollte. Stellen Sie sich einen Stein vor, der in die Luft geworfen wurde. Er fällt auf den Boden und bleibt dort liegen, mit einem sehr harten Laut. Er hüpft fast gar nicht. Ein sehr harter Hammer bleibt zu lange mit der Saite in Kontakt und erzeugt einen hässlichen ersten Anschlag. Mit meinen Chemikalien bringe ich den Hämmern bei, wie sie hüpfen können, um Klang freizusetzen, statt ihn dem Klavier auszutreiben. Sie verhalten sich dann mehr wie Tennisbälle und weniger wie Steine. Zudem kann ich sie an bestimmten Stellen härten, um die Farbe, den Charakter oder die Obertöne herauszuholen, die ich möchte.«

Er zieht die Mechanik aus dem D, die Klaviatur liegt auf seinen Knien. »Im ersten Stadium tränke ich sie durch und durch. Das schadet den Hämmern nicht. Dann wachsen sie, quellen auf. Luft kommt zwischen die Fasern, und sie dehnen sich aus. Es ist, als würde man einen Ballon aufblasen.«

Plötzlich fallen mir die Hämmer in meinem eigenen Klavier ein. Die seltsamen, geschwollenen Deformationen, die Jeff, den örtlichen Techniker, sagen ließen: »Solche Hämmer habe ich noch nie gesehen.«

Als könnte er meine Gedanken lesen, sagt Marc, den Blick immer noch konzentriert auf seine Arbeit gerichtet: »Ich glaube, ich bin genauso bei Ihren Hämmern vorgegangen, damals, im Ausstellungsraum.« Dann blickt er zu mir hoch und lächelt.

Das also steckt dahinter? Aber warum hat man Marc überhaupt geholt, um ein brandneues Klavier zu intonieren? Kam es womöglich mit einem Defekt in den Ausstellungsraum und hat man ihn damit beauftragt, den Fehler zu verdecken, und er konnte das bloß vorübergehend lösen? Falls ja, wann hat das stattgefunden? Bevor oder nachdem ich mich in Marlene verliebte? Was für ein Klavier ist sie – Marcs Geschöpf? Oder Grotrians?

»Wann, glauben Sie, haben Sie mein Klavier intoniert?«

»Unmittelbar nachdem es in den Ausstellungsraum kam, muss das gewesen sein«, sagt Marc. Er schiebt die Mechanik wieder in den D und wendet sich mir mit einem Grinsen zu. Offenkundig gefällt ihm der Gedanke, ich hätte mich seinetwegen in mein Klavier verliebt. »Ich glaube, Carl hat mich gleich angerufen.«

Ich sage ihm, dass ich im August auf dem Klavier gespielt habe, aber er kann sich nicht erinnern, wann genau er dort war. Das liegt über ein Jahr zurück.

Marc hämmert ein paar Akkorde auf dem D. Ich hatte keine Gelegenheit, auf diesem Klavier zu spielen, bevor er seine Chemikalien auftrug, aber ich kann hören, dass der Klang aufblüht, dass er lange Zeit anhält, Dimension und Form verändert, sogar noch im Ausklingen.

»Vor dem Auftragen der Chemikalien war der Klang tot, weil die Hämmer nicht richtig von den Saiten zurückgeschnellt sind«, erklärt er. »In ein paar Tagen, wenn sie getrocknet sind, komme ich wieder und höre es mir noch einmal an, und dann verwende ich an ausgewählten Stellen ein Härtungsmittel. Dadurch erreiche ich ein Gleichgewicht von Härte und Weichheit im Hammer. Ich möchte die Elastizität eines Tennisballs mit der Griffigkeit eines Golfballs, wenn Sie verstehen, was ich meine.«

Marc packt seine Tasche, und wir sind wieder startklar. Ich greife nach seiner Tasche, aber er hält mich zurück. »Eine Pianistin sollte das nicht heben. Das ist schlecht für Ihre Hände.«

Ich sehe ihn fragend an. Wie schwer kann die denn schon sein? Erst dann begreife ich den Sinn seiner Worte – *ich bin eine Pianistin, die auf ihre Hände achtgeben muss!* Seine Sorge ist unangebracht, aber allein die Vorstellung, dass mich irgendjemand so sehen könnte, ist toll.

*

In einer halben Stunde müssen wir in einem Aufnahmestudio in Suffern sein, etwa 32 Kilometer entfernt, also kaufe ich in einem Deli in Dobbs Ferry etwas zu essen – deftige Sandwiches aus gutem Roggenbrot. Marc genießt das Essen.

»Vielen, vielen Dank.« In seiner Stimme schwingt Begeisterung. »Normalerweise esse ich, was ich eben im Auto finde.« Demonstrativ zieht er eine halb volle Tüte mit weich gewordenen Kartoffelchips hinter dem Vordersitz hervor.

Unterwegs zum Studio erzählt mir Marc von seinen musikalischen Wurzeln. Er ist 1954 in Baltimore geboren worden, wo sein Vater und Großvater den Großteil ihres Lebens verbrachten. Der Vater seines Vaters war Pianist, der Vater seiner Mutter Architekt, er spielte Klavier und Geige. Die Sommer seiner Kindheit verbrachte Marc bei seiner Großmutter mütterlicherseits in Frankreich, die Wochenenden während der Schulzeit bei den Großeltern väterlicherseits in der Nähe von Annapolis am Severn River – in der Gegend, wo auch ich aufgewachsen bin.

Mit sechs begann Marc Klavier zu lernen, »bei der blauhaarigen Dame in unserer Straße. Ganz versessen war sie aufs *portamento*«, erzählt er und wedelt mit einer extravaganten Geste übers Armaturenbrett. Er wirft den Kopf zu mir herum, die Augen bei der Erinnerung geschlossen. »Man muss den ganzen Körper einsetzen. Ich habe nie Noten lesen gelernt, weil ich als Heranwachsender Leseschwierigkeiten hatte, aber ich hatte ein unglaubliches Gedächtnis«, sagt er. »Ich habe mir jedes Musikstück sofort gemerkt und dann nach dem Gehör gespielt.«

Marc studierte an der Berklee School of Music Filmmusik, ging aber, als er erkannte, wie groß die Konkurrenz auf diesem Gebiet war, dazu über, an der North Bennet Street School in Boston, einer der besten Ausbildungsstätten in Nordamerika für dieses Fach, Klaviertechnik zu lernen. Nachdem er einige Jahre als Klavierstimmer in Boston gearbeitet hatte, ging er nach Paris. Dort restaurierte er die Mechanik historischer Klaviere – Pleyels, Erards und andere Marken, die man außerhalb Europas kaum zu sehen bekommt.

In Paris lernte Marc eine junge amerikanische Tänzerin kennen und arbeitete als Komponist mit ihr zusammen. Er folgte ihr nach New York und fand eine Anstellung als Klavierstimmer in der Steinway Hall. Zwei Jahre später nahm ihn die Tänzerin nach Bozeman mit, damit er ihre Familie kennenlernte.

»Kaum hatte ich die Luft von Montana eingeatmet, war ich hin und weg«, sagt er. »Die nächsten anderthalb Jahre fuhr ich immer wieder dorthin und arbeitete an den Klavieren verschiedener Leute. Ich war der Steinway-Techniker aus New York, und ich war *Gott*.«

Dann siedelte er ganz über.

Er glaubte sich an der Musikschule der Montana State

University eine Klientel geschaffen zu haben, doch sobald er vor Ort lebte, änderte sich sein Ansehen rasch.

»Leute, die nur zu gern die Gelegenheit ergriffen hatten, ihre Klaviere stimmen zu lassen, wenn ich zehn Tage in der Gegend war, hatten plötzlich nicht mehr das nötige Geld. Sobald ich nach Montana gezogen war, war ich der letzte Dreck. Früher hatten sich alle um mich gerissen, nun konnte ich von Glück sagen, wenn ich ein Wurlitzer stimmen durfte.« Er spuckt das Wort förmlich aus.

Seltsam. Marc ist ungefähr zur gleichen Zeit nach Montana gezogen wie ich. Als Kinder haben wir in denselben Jahren am Severn River gespielt. Seine Mutter und mein Vater, gleichaltrig, arbeiteten in den 1940ern am Ballet Russe. Marc erzählt mir, wie sehr ihn, als er nach Montana zog, die Bergsteiger beeindruckten. Ich habe einen geheiratet.

Haben solche Gemeinsamkeiten etwas zu bedeuten? Tragen wir beide etwas vom Severn in uns, etwas von den Rocky Mountains, von Eltern beim Ballet Russe? Schaffen parallel gemachte Erfahrungen eine gemeinsame Empfindsamkeit? Prägen sie unseren Charakter, erzeugen sie eine Resonanz, wie die Frequenz einer Radioskala, auf die wir beide eingestellt sind? Und dann: Hat Marc Marlene auf diese Wellenlänge gestimmt? Und in mir etwas zum Schwingen gebracht? War es das, was ich empfunden habe, als ich erstmals auf Marlene spielte? Nein, denke ich. Das wäre ja einfach verrückt.

*

Das Aufnahmestudio in Suffern ist in einer alten, aus Holz und Stein erbauten Scheune auf einer Lichtung am Ende eines düsteren Waldweges untergebracht. Das Studio ist ziemlich berühmt, sagt Marc; es heißt BearTracks.

Wir steigen eine finstere, enge Stiege in einen umgebauten Dachboden hinauf. Dort steht ein seidenschwarzer Steinway Modell L, umgeben von hängenden Schallwänden voller Mikrofone. Steve, der Toningenieur, bringt ein Mikro unter dem geöffneten Klavierdeckel an. Ohne Umschweife kommen Marc und er gleich zur Sache.

»Der Tenor ist diffus, egal wie wir die Mikros ausrichten«, beklagt sich Steve. Marc spielt ein Riff auf den Tenortasten und schlägt dann rasch jede einzelne Note an.

»Die Intonierung ist anders als heute Morgen«, sagt er, das Ohr der Klaviatur zugewandt. Marc stimmt und intoniert dieses Klavier einmal frühmorgens und ein zweites Mal am Nachmittag. Der Kunde ist John Stetch, ein kanadischer Jazzpianist.

Marc spielt noch einige Riffs die Klaviatur hinauf und hinunter. »Heute Morgen war sie gleichmäßig und genau so, wie sie sein sollte.« Er klingt verärgert. Er öffnet seine Tasche, nimmt das Intoniergerät mit den vier Nadeln heraus und zieht die Mechanik aus dem Klaviergehäuse. Kraftvoll stößt er das Gerät in einen Hammer, dessen hölzerner Stiel beim Aufprall ein dumpfes Geräusch von sich gibt.

Steve erklärt, dass es einen Stromausfall gab und die Klimaanlage nicht funktioniert. Die Luft ist heiß und trocken.

»Wie halten Sie das hier drinnen aus?« Marcs Stimme ist schrill. »Sie müssen rausgehen und Ihre Lebensgeister wecken. Es ist wunderbares Wetter.«

Marc bittet mich, auf dem Klavier zu spielen. Ich? Vor dem Toningenieur? Im Stillen sende ich Molly ein Dankeschön, weil sie so hart mit mir daran gearbeitet hat, den Chopin-Walzer in h-Moll aufführungsreif zu machen. Es ist das einzige Stück, das ich auswendig gelernt und perfektioniert habe.

Der Diskant ist wundervoll. Würde doch der Diskant meines Klaviers auch so klingen – klar und kraftvoll, doch dabei lieblich. Marc hat dieses Klavier für Stetch umgerüstet, er setzte eine Hamburger Steinway-Mechanik und Hamburger Hämmer in ein New Yorker Steinway-Gehäuse ein. Es gefällt mir außerordentlich gut.

»Also, John«, sagt Marc ruhig zu einem mageren jungen Mann mit langen Gliedmaßen, der eben das Studio betreten hat. An den Händen trägt er riesige, bauschige Skihandschuhe. Ich höre zu spielen auf. »Das ist eine absolute Katastrophe. Am Freitag habe ich keine Zeit.«

»Könnten Sie am Freitag nicht wenigstens kurz vorbeischauen?«, fragt John Stetch hoffnungsvoll. Er hat tiefliegende Augen, eingefallene Wangen und trägt sein Haar raspelkurz geschnitten.

»Eigentlich nicht«, sagt Marc. »Ich arbeite schon am frühen Morgen in der Schule, dann fahre ich nach Philadelphia.«

Ich sage Stetch, dass ich sein Klavier herrlich finde.

»Mit den Hämmern, die Marc eingebaut hat, ist es nicht wiederzuerkennen«, sagt er. »Jetzt bin ich endgültig davon überzeugt, dass das, was ich an den Hamburger Steinways mag, die Hämmer sind.«

»Ja, genau«, wirft Marc ein. »Sie eignen sich für den Klang, den Sie suchen – einen üppigeren, reichhaltigeren Klang.«

»Ja, mehr Punch«, sagt Stetch. »Man kriegt mehr Power aus Phrasen.«

Marc befragt Steve zu der Positionierung der Mikros. Sie überlegen, wie man den Einfluss der Steinmauern ausgleichen könnte und wo sich das Klavier noch hinstellen ließe. Stetch möchte, dass der Klang »dicklicher« wird, wie er sagt.

Plötzlich geht das Licht wieder an, mit einem Rauschen fahren die Geräte hoch. Stetch fordert uns auf, mit ihm in den verglasten Kontrollraum zu kommen, damit wir uns seine Arbeit vom Vormittag anhören können, Riffs zu Thelonious Monk. Auf der Aufnahme klingt das Klavier anders. Stetch hat Radiergummis unter die Basssaiten geklemmt, damit sie wie Steel Drums klingen, erklärt er. Sie halten die Ausklingphase auf. Er hat auch einen Trommelstock ins Klavier gesteckt. Marc nickt im Takt mit dem Kopf, ein seliges Lächeln auf dem Gesicht. Ihm gefällt es. Mir auch.

*

Wir treten aus dem Studio in einen makellosen Herbsttag. Marc sieht sich um, bewundert die stattlichen Bäume in ihrem flammenden Orange, Feuerrot, Gelb.

»Hier ist es wie verwandelt«, sagt er.

»Unglaublich, dass die Intonierung sich mit der Temperatur verändert«, sage ich; mir geht immer noch unsere Unterhaltung von vorhin im Kopf herum.

»Nein. Es ist die Stimmung«, korrigiert mich Marc. In jeder Saite herrscht eine durchschnittliche Spannung von 80 Kilogramm, insgesamt in allen Saiten also etwa 20 Tonnen. Die Temperatur wirkt sich auf diese Spannung aus. Wärme abstrahlende Beleuchtung führt dazu, dass das Instrument sofort verstimmt. In einem voll besetzten Konzertsaal, wo viele Körper Wärme abgeben, geschieht dasselbe.

»Die Intonierung kann sich verändern, wenn die Luftfeuchtigkeit sich ändert. Wenn die Hämmer austrocknen.«

Wieder im Wagen, schlängeln wir uns durch zur Hauptverkehrsader der Stadt, auf eine Schnellstraße mit Blick auf noch mehr Schnellstraßen, Stoßverkehr, dann Stau, rasend ungeduldige Fahrer, wildes Gehupe. Ich hätte ganz vergessen, sage ich, dass die Menschen hier ein Leben voll lärmender Verzweiflung führten. Marc lacht. Aber dann wird er wieder ernst, er denkt an seine eigenen Verpflichtungen.

»Äußerste Nachlässigkeit von mir, mitten am Tag einfach so davonzurennen«, sagt er und wirft hin und wieder einen Blick auf das Display seines Handys, um zu sehen, wer angerufen hat.

Rascher als erwartet halten wir vor dem Treppenaufgang zur Hochbahn. Das ist die Station Riverdale, die nördlichste Haltestelle der U-Bahn-Linie 1. Ich werde bis zum Times Square fahren und dann die Linie R zum Gramercy Park nehmen.

»Mein Tag ist jetzt zu Ende«, sagt Marc. »Ich hole Sie morgen um fünf Uhr früh vor Ihrem Haus ab. Zuerst werden wir zu einem Aufnahmestudio in Ihrer Nähe fahren.«

Auf dem Heimweg erinnere ich mich daran, wie Marc mich nicht seine Tasche tragen ließ, um meine Pianistinnenhände zu schützen, und lächle – auf der Reise von Montana hierher habe ich weit schwerere Taschen geschleppt als seine. Aber werde ich nach meiner Rückkehr meine Gewohnheiten ändern? Werde ich nicht mehr jäten, Reparaturen ausführen, Rucksacktouren unternehmen, meinen Neunzig-Kilo-Hund an der Leine zurückhalten? Würde es etwas ändern, wenn ich alle Tätigkeiten vermeide, die meinen Händen schaden könnten? Ich beschließe, einen Rollkoffer zu besorgen, als Zugeständnis an die zunehmende Macht des Klaviers über mich.

*

Als ich um fünf vor fünf am nächsten Morgen aus Kims Haus trete, hat Marc bereits seinen Wagen geparkt und wartet auf mich. Wir fahren durch die stillen, verlassenen Straßen, wechseln nur wenige Worte. Marc trägt wieder seine Kluft:

die schwarze Kleidung samt Kopfhörer und Ausweis um den Hals. Ich nippe an meinem Darjeeling. In Montana ist es jetzt erst drei Uhr, und ich muss wach sein, darf keine wichtigen Hinweise verpassen, wie ich das Problem meines Klaviers lösen könnte.

Das Aufnahmestudio liegt an der Ecke Fifth Avenue – 31st Street. Drinnen ist es äußerst still, vollkommen schallgedämpft. In jedem der zwei Räume steht ein Steinway: im hinteren ein Modell B, im vorderen ein Modell D, beide seidenschwarz, beide restaurierte klassische Flügel.

Während Marc auf dem B die Primen stimmt, bittet er mich, auf dem D zu spielen; ein sehr seltenes Klavier, wie er sagt. Es ist einer der Jubiläumsflügel D aus dem Jahr 1881. Sie wurden zum hundertjährigen Gründungsjubiläum der Vereinigten Staaten gebaut. Dieser hier hat einen aus einem Stück gebauten Rim – die Beschichtung ist fugenlos. Von diesem Klavier wurden nur hundert Stück hergestellt. Marc besitzt zwei davon.

»Sie dürfen niemandem verraten, dass ich zwei habe«, sagt er. »Der eine ist ein geheimer Steinway. Ich habe ihn online gefunden, es gab einen Bieterkampf, und ich möchte nicht, dass derjenige, der gegen mich geboten hat, weiß, wo er steht.«

Der vordere Raum ist gerade groß genug für den Jubiläumsflügel und drei Personen, vorausgesetzt sie stehen. Ich schlage eine Taste im mittleren Diskant an, der Klang scheint sich bis in die Unendlichkeit auszudehnen. Ist es das Klavier? Liegt es an der kostbaren, vollkommenen Stille? Ich liebe die Stille. Ich liebe die höhlengleiche Abgeschiedenheit des Studios. Und ich staune über die Ausklingphase dieses Klaviers.

Ich spiele eine andere Note, höher im Diskant, wo der Ton üblicherweise nicht lange anhält. Der Klang zieht sich weiter und weiter, schwillt an, erblüht, nimmt im Zeitverlauf nur leicht ab. Dieser Ton ist außerordentlich prachtvoll.

Ich spiele den Chopin-Walzer. Das Klavier ist erstaunlich samtig; es erdrückt den Raum nicht. Tatsächlich erinnert es mich ein wenig an meinen Grotrian, allerdings ist der Diskant zarter, als es mir lieb ist.

»Was meinen Sie?« Marc ist mit dem B bereits fertig und steht in der Tür. Er ist ganz Erwartung, sein Gesicht strahlt.

»Unglaubliche Ausklingzeit.«

»Nicht wahr? Ich habe anderthalb Minuten gestoppt.«

Das ist wirklich außerordentlich. Normalerweise beträgt die Ausklingphase im Diskant etwa zwölf Sekunden.

»Phantastisch«, sage ich. Es ist Marcs unverkennbarer Klang, warm, gerundet, »sämig«. Wieder schlage ich eine Diskanttaste an. Sinnlichkeit steckt in dem Ton, der lange, lange in der Luft schwebt.

»Die meisten Menschen können mit einem sanften Konzertflügel nichts anfangen«, sagt er, offenkundig begeistert, dass dieser mir gefällt. »Sie erwarten den mächtigsten Klang auf Erden, aber dafür bezahlen sie mit einer kürzeren Ausklingzeit. Je heller und härter das Klavier, desto kürzer die Ausklingphase. Je weicher der Ton, desto länger die Ausklingphase – bis zu einem gewissen Punkt. Das hat mit Physik zu tun: weiche, federnde Hämmer treffen auf harte Hämmer mit einer spröden Ansprache.«

Nun beginnt Marc den D zu stimmen, während ich auf dem B spiele. Da diese Räume so sorgfältig klimatisch kontrolliert sind und Marc die Instrumente täglich stimmt, braucht er weniger als fünf Minuten dazu.

Ich habe also kaum ein wenig auf dem B gespielt, als Marc mich zu sich ruft, um mir mehr über den geheimen Jubiläumsflügel zu erzählen. »Er stand in Afrika. Achtzig Jahre lang war er ein Orchesterklavier. Jeder große Komponist des zwanzigsten Jahrhunderts hat darauf gespielt.«

Der Wettbewerb um solche Klaviere, sagt Marc, sei immer erbittert. »Die meisten werden von irgendwelchen Idioten ohne jedes künstlerische Verständnis umgebaut. Das große Los zu ziehen bedeutet, eines im Originalzustand mit dem originalen Resonanzboden zu finden, eines, das immer noch eine Stimme hat. Wenn ich das Geld hätte, würde ich mir jeden Jubiläumsflügel D mit einem fugenlosen Rahmen unter den Nagel reißen, den ich kriegen könnte. Ich hätte dann eine ganze Flotte davon.«

Der Jubiläumsflügel D unterscheidet sich von einem modernen D; Marc öffnet den Deckel, um mir die Anordnung der Saiten zu zeigen. Auf dem Tenorsteg – das ist jener Teil des Klaviers, wo die Saiten von mit Kupferdraht umsponnenen zu einfachen Stahlsaiten übergehen – befinden sich sechs Saiten mehr als auf dem eines gewöhnlichen Flügels. Diese sechs Saiten liegen auf einem gebogenen Steg, der auf dem Resonanzboden wie eine Serpentine ausgelegt ist (die so genannte Bassüberkreuzung); wenn man sie im Fortissimo spiele, sagt Marc, klingen sie »schnarfelli«. Dieses Wort muss er erfunden haben. »Wenn man sie aber weniger laut spielt, klingen sie wie ein Cello. Im Gegensatz zu einem modernen D bildet ein Jubiläumsflügel D ein ganzes Orchester nach.«

Wir klappen die Klaviaturdeckel zu, drehen das Licht aus und schließen das Studio ab.

*

»Wie viele Klaviere haben Sie eigentlich?« Im Morgengrauen rasen wir auf dem West Side Highway zu Marcs Tagesjob als Chef der Abteilung für Klaviertechnik an der Manhattan School of Music.

Marc zählt wortlos an seinen Fingern ab.

»Sie müssen zählen?«

»Ich habe fünf Konzertflügel. Einen Broadwood von 1875, einen Baldwin und drei Steinways, oder sagen wir zwei. Einer ist der geheime Steinway.«

Hinzu kommen ein Steinway M in seiner Wohnung und ein Modell A in seinem Landhaus in den Adirondacks. Aber das sind sozusagen seine Privatklaviere. Die Konzertflügel sind entweder bereits an Aufnahmestudios vermietet oder werden umgebaut, um vermietet zu werden. Klaviere wie John Stetchs maßgefertigter Steinway sind bei einer bestimmten Klientel höchst begehrt. Und Intoneure wie Marc, das sagt er selbst, sind rar gesät. Stetch, so erzählt mir Marc, sei so abhängig von seiner Kunstfertigkeit, dass er ihn in den letzten acht Jahren beinahe jeden Morgen angerufen hat.

»Diejenigen, die mich am dringendsten brauchen, sind die, die nicht bezahlen können. Aber wie könnte ich sie abweisen?« Seine Stimme klettert eine Oktave höher. »Ich kann mich ja nicht vervielfachen, mich selbst unter Druck setzen, um mein Geschäft lukrativer zu machen. Und pro Tag gibt es nur eine begrenzte Anzahl an Stunden.«

»Ihr Gehör muss doch ermüden.«

»Inzwischen halte ich länger durch, es ist wie bei einem Athleten. Vor fünf Jahren hätte ein Intonierjob meinen Energievorrat für einen ganzen Tag aufgebraucht. Jetzt kann ich pro Tag vier oder fünf Jobs dieser Art durchziehen und erziele noch dazu bessere Ergebnisse. Aber ich bin in einer einzigartigen Lage. Ich mache im Jahr Hunderte Intonierjobs auf brandneuen Steinway-Hämmern. Es gibt kaum einen Klavierstimmer, der sich so viele Fehler erlauben kann.«

Fehler?

»Sie müssen sich das so vorstellen«, fährt Marc fort, »das hier ist mein Labor. Ich würde es nicht wagen, auf Ihrem Klavier so herumzuexperimentieren wie auf diesen Klavieren. Das Worst-Case-Szenario ist, dass ich eine neue Garnitur Hämmer anbringen muss. Wenn ich die Hämmer in Ihrem Klavier ruiniere, könnte das für Sie ein großes Problem sein. Denn selbst wenn ich Ihnen eine brandneue Garnitur anbiete, werden diese eben nie so wie die alten sein. Wissen Sie, obwohl ich die Möglichkeit hatte, so viele Klaviere zu intonieren, war es alles andere als leicht. Niemand bringt einem etwas bei. Null Unterweisung. Nullkommanull. Der einzige Rat, den ich bekam, lautete, mir meinen eigenen Konzertflügel zu bauen und ihn als mein Labor zu verwenden.«

Marcs Experimente mit dem Intonieren und das Wissen, das er sich selbst erarbeitete, waren seine Rettung, als er verschuldet nach Baltimore heimkehrte. Nach vier Jahren in Bozeman hatte er sich geschlagen gegeben, in Montana konnte er als Klaviertechniker nicht überleben. Doch ein ehemaliger Kunde in New York freute sich über seine Rückkehr und organisierte ihm Aufträge.

»Ich war bereit, für sehr wenig Geld sehr hart zu arbeiten. Immer zehn Tage am Stück habe ich mich abgerackert, dann bin ich nach Baltimore gefahren und habe nichts getan außer zu sein.« In einem plötzlichen Gefühlsausbruch ruft er: »Zu sein ist das Wichtigste im Leben! Wir sind doch Menschen und keine Maschinen!« Er lacht, aber es klingt düster und traurig.

Derzeit arbeitet Marc zwölf Tage durch und nimmt sich dann zwei Tage frei. »Wahrscheinlich muss ich noch drei bis fünf Jahre so weitermachen, bis ich es etwas ruhiger angehen kann. Drei Jahre geht das jetzt schon so. Ich bin ein Spätzünder, ein Spätberufener in allem.«

Das betrifft auch sein Privatleben, das sich deutlich verbessert hat. 1995, als er sich wieder in New York etablierte, bereitete er ein Klavier für ein Musikfestival vor und verliebte sich in die Festivalleiterin. Connie ist Cellistin, und Marc wurde ihr Schüler. »Ich sage gern, sie hat das Lehrer-Schüler-Verhältnis missbraucht«, grinst er.

Wir fahren in die Tiefgarage der Schule und nehmen den Aufzug zur Werkstatt der Techniker, wo Marcs drei Assistenten auf ihn warten. Ich suche mir eine Klavierbank, um bei ihrem täglichen Ritual dabei zu sein – dem gemeinsamen Frühstück in ihrer winzigen Küche, bei dem sie die am jeweiligen Tag anstehenden Aufgaben besprechen.

Wir halten uns nicht lange auf. Marc besteht darauf, dass in der Manhattan School of Music alle Klaviere, auf denen gespielt wird, täglich gestimmt werden.

Wir poltern die Gänge entlang, und Marc zieht seinen riesigen Schlüsselbund heraus und schließt die diversen Übungszimmer auf. Er besitzt einen Schlüssel zu jedem Raum, in dem ein Klavier steht. »Diese Studenten zahlen 25 000 Dollar, um die besten Musiker der Welt zu werden, und dafür brauchen sie das beste Werkzeug. Die Klaviere müssen einfach jederzeit gestimmt sein.«

Nachdem das erledigt ist, legen wir in der Cafeteria eine Pause ein, und ich frage Marc nach seinen privaten Kunden.

»Ich biete ihnen etwas, von dem sie gar nicht wissen, wie sie danach fragen sollten«, sagt er und sieht mich gequält an. »Was meinen Job so schwierig macht, ist, dass ich mit den Obsessionen der Leute spiele. Sie müssen mir so weit vertrauen, dass ich auch einmal zugeben kann, mich geirrt zu haben.«

Ein guter Intoneur müsse Mitgefühl mit Pianisten haben, erklärt Marc. Ein Musiker mit einem Saiteninstrument stimmt sein Instrument selbst. Ein Pianist ist, was den Klang angeht, genauso von seinem Techniker abhängig wie von dem Klavier, das im Konzertsaal steht.

Es ist eine konfliktträchtige Beziehung. Pianisten und Techniker sind bisweilen sehr empfindlich. Der Techniker steht im Dienst der Musik, der Schönheit, genau wie der Pianist, aber die Kommunikation kann sich schwierig gestalten.

»Je länger ich mit ihnen arbeite, desto größer wird meine Geringschätzung gegenüber Pianisten«, sagt Marc. »Sie erledigen ihre Hausaufgaben nicht. Sie haben kein Verständnis für das Instrument. Sie lernen das Vokabular nicht, das sie brauchen würden, um mit mir zu kommunizieren. Natürlich gibt es Ausnahmen. Aber die meisten Pianisten sind vollkommen hinüber, verwirrt, entfremdet. Sie haben keine innere Vision von dem, was sie suchen. Sie wissen bloß, dass sie ein mythisches Klavier mögen, auf dem sie einmal gespielt haben. Was haben sie denn an diesem mythischen Klavier geliebt? Das wissen sie nicht.« Er sagt das mit vor Verachtung triefender Stimme. »Und dann suchen sie jemanden, der es für sie richtet. Sie sitzen in der Patsche, und der nächste Techniker kriegt den Krempel aufgehalst und soll alles besser machen. Woher soll ich die Kraft nehmen, um in einem solchen Umfeld weiterzumachen? Es laugt unbeschreiblich aus. Und anscheinend werden meine Kunden nur umso verschrobener, je besser ich meine Arbeit erledige. Das ist kein angenehmer Austausch. Wenn ich zu ihnen komme, sind sie bereits am Verzweifeln.«

Ich fühle mich irgendwie zurechtgewiesen, als wäre ich selbst eine solche Kundin. Eine meiner größten Ängste ist, jemand, der Marlene helfen könnte, würde mich für zu überspannt oder durcheinander halten, um sich mit mir abzugeben. Das soll nicht passieren.

»Wie also sollte Ihr idealer Kunde sein?«

»Jemand, der weiß, was seine musikalischen Ziele sind. Der darauf vertraut, dass ich seine Beschreibungen in die technische Information übertrage, die ihm freien Zugang zu seiner Vision ermöglicht, zu dem Klang, den er sucht.«

Marc muss die Bestürzung in meinem Gesicht sehen. Ich weiß ja kaum, was es bedeuten würde, ein solcher Kunde zu sein. Er lenkt ein.

»Dann gibt es die idealen Kunden zweiten Grades«, sagt er. »Sie wissen genug über die technischen Aspekte eines Klaviers, um die entsprechende Terminologie zu verwenden, um mir mitzuteilen, was sie möchten. Sie haben nachgedacht und Erfahrungen gesammelt und können ihre eigenen Vorlieben nun benennen.«

»Kriegen Sie etwas zu essen, bietet man Ihnen Kaffee an?«, frage ich hoffnungsvoll.

»Brownies, Kaffee«, sagt er spöttisch. »Freundschaft entsteht nur mit Leuten, für die das Klavier im Leben nicht die wichtigste Rolle spielt. Diejenigen, bei denen es an erster Stelle steht, sind völlig durch den Wind. Manchmal jahrelang. Gute Umgangsformen sind das Letzte, was ihnen in den Sinn kommt.«

»Wählen Sie Ihre Kunden nach bestimmten Kriterien aus?«

»Im Prinzip ist jeder willkommen. Aber ich würde solchen Kunden aus dem Weg gehen, die emotionalen Ballast von früheren Begegnungen mit Technikern mit sich herumtragen. Erst vor Kurzem habe ich für jemanden gearbeitet, an dessen Klavier vierzig Jahre lang nichts gemacht wurde, weil er niemandem traute. Und plötzlich bin ich der Erste, dem er traut. Können Sie sich vorstellen, was für ein psychischer Druck das ist?«

»Nein.«

»Na ja, es ist, als wäre man jemandes erster Liebhaber. Und

für diejenige oder denjenigen definiert man dann für den Rest des Lebens, was Liebe ist. Sie wissen schon, *unberührt, bis ich kam.* Buchstäblich. Eine riesige Verantwortung.«

*

»Also, sagen Sie mir noch einmal, was genau Sie an Ihrem Klavier stört.« Wir sitzen wieder im Subaru und fahren Richtung Norden nach Yonkers, wo Marc mit einem Team namens Cantabile zusammenarbeitet, das Klaviere umbaut.

Wieder erläutere ich ihm, wo das Problem liegt. Die Diskantlage ist zu schwach, obwohl manche Noten zu scharf und zu hell sind.

»Das ist der Bereich in einem Klavier, der besonders unbeständig ist und noch einmal angegangen werden muss.«

Ich spüre, wie meine Enttäuschung wächst. Wie ist es möglich, dass dieses Klavier so viel Wartung braucht? Warum bleibt der Klang nicht einfach so, wie er ist? Ich habe Angst, dass Marc das Problem nicht wirklich versteht. Und immer noch finde ich nicht die richtigen Worte, um beschreiben zu können, was ich höre. Ich mühe mich ab, mich präziser auszudrücken.

»Die tieferen Partialtöne kommen nicht richtig heraus, ich glaube, das ist es, was mich stört.« Ich weiß noch nicht, dass es nur höhere, niemals tiefere Partialtöne gibt.

Marc korrigiert mich nicht. »Aha, es hat also nicht genug Körper.«

»Genau. Was ist also die Lösung für das Diskantproblem, das ich beschrieben habe?«

»Ich würde Lack und Lackverdünner nehmen und, nachdem ich mir Ihr Klavier angehört habe, eine bestimmte Mischung anfertigen. Aber ein wirklich gutes Stimmen sollte achtzig Prozent dieses Problems beheben. Möchten Sie wissen, warum Ihres einzigartig klingt, verglichen mit allen anderen?« Marc blickt mich von der Seite an, während er das Auto lenkt. »Es ist der chemische Prozess, bei dem Sie mir zugesehen haben. Ich habe ihn bei Ihrem Klavier angewandt. Ich bin mir todsicher. Es fällt mir jetzt wieder ein. Ganz bestimmt, ganz sicher, absolut. Carl hat mir gesagt, Sie hätten eines der Klaviere gekauft, die ich intoniert habe. Sie müssen dieses Klavier kennengelernt haben, nicht lange nachdem ich es intoniert hatte.«

War es so? Ich weiß es immer noch nicht genau, aber anstatt Marc darauf anzusprechen, sage ich: »Ich muss Ihnen direkt auf den Fersen gewesen sein, denn es hatte diese hauchfeine Klangqualität, die Sie in unserem Wohnzimmer neu erschaffen haben. Jetzt weiß ich, dass der Klang nicht anhält. Also wurde ich reingelegt.«

Marc kichert. »Dafür zahlt man mir ja auch einen Haufen Geld. Ich bin der Typ, der das Model schminkt, nicht wahr?« Er klingt vergnügt. »Schon vor zehn Jahren hat man geglaubt, ich könne Wunder wirken, aber verglichen mit dem, was ich jetzt mache?« Er schnalzt verächtlich. »Das war gar nichts.«

Ich sage nichts dazu. Wie soll ich mir auf all das einen Reim machen? Marc schafft einen Eindruck, der flüchtig ist, damit die Händler ihre Klaviere verkaufen können. Ist das nicht unethisch? Wie kann er mir das mit so unverblümter Heiterkeit sagen? Gibt es da etwas, das Marcs Tun rechtfertigt? Etwas, von dem ich nichts ahne?

»Machen Sie nicht den Fehler zu denken, Sie würden in Sachen Klang etwas Absolutes kriegen, wenn Sie ein Klavier kaufen«, fährt Marc fort, als könnte er meine Gedanken lesen. »Der Klang jedes Klaviers verändert sich durch die Art, wie es vorbereitet wurde, durch den, der darauf spielt, durch das, was er spielt, durch das Wann und Wie, den Tag und die Tonart. Diese Variablen sind zu veränderlich, um erwarten zu können, der Klang bliebe konsistent. Das gilt für jedes Klavier.«

Das will mir nicht in den Kopf. Es steht dem, was ich angenommen habe, diametral entgegen. Niemand hat mich je auf so etwas hingewiesen. Warum also sollte ich Marc glauben?

Eines allerdings ist klar: Marlene hat keine Grotrian-Hämmer mehr – zumindest sind sie nicht mehr so, wie sie ab Werk geliefert wurden.

»Sollten meine Klavierhämmer also künftig anders behandelt werden als gemeinhin üblich?«

»Bei jedem Intonieren ist derjenige, der nach einem Vorgänger intoniert, im Nachteil. Er kennt die Vorgeschichte nicht.«

»Wann kommen Sie denn wieder nach Montana?«

»Ich habe mehr Terminprobleme als je zuvor, würde Ihnen aber sehr gerne helfen.« Er lächelt mich gewinnend an. »Nur, woher soll ich die Zeit dazu nehmen? Das letzte Mal war furchtbar anstrengend und kompliziert. Ich wollte nicht ablehnen. Carl fürchtete, der Deal könnte sonst platzen. Er war in Sorge, der Techniker vor Ort hätte das Klavier beschädigt.«

»Und, hat es jemand beschädigt?«

»Niemand hat es beschädigt. Es brauchte einfach eine grundlegende, ehrliche Wartung. Ich habe Carl gesagt, an Ihnen müsse man mehr arbeiten als am Klavier. Wenn wir uns währenddessen nicht unterhalten hätten, wäre ich nur fünf Stunden geblieben.«

Ich erröte, getroffen. »Wir hätten nicht reden müssen«, wende ich ein.

»Sie sollten meine Arbeit verstehen und sich darauf einlassen. Außerdem«, sagt er, milder gestimmt, »hat es bei manchen Kunden ein Jahr gedauert, bis ich herausgefunden hatte, was sie wollten, und bei Ihnen nur ein paar Stunden. Wir haben den gleichen Geschmack. Das Problem besteht darin, dass Sie etwas wollen, das seiner Natur nach noch flüchtiger ist.«

»Was soll ich also jemandem sagen, der an meinem Klavier arbeitet?«

»Verlangen Sie einen satteren, volleren Ton. Ich habe versucht, auf jeder Note zehn dynamische Level zu intonieren. Bei den langen Saiten ist das einfach hinzukriegen, aber unglaublich schwierig bei den kürzeren Diskantsaiten. Ich muss eventuell die Diskantlage drei-, viermal härten, um den Ton zu erzielen, den ich haben möchte.«

»Soll ich denen sagen, was Sie gemacht haben?«

»Sagen Sie ihnen, dass ich mit Chemikalien Ihre Hämmer zuerst weicher gemacht und dann gehärtet habe. Suchen Sie nach einer Einspielung, die Ihnen gefällt, spielen Sie sie Ihrem Techniker vor und bitten Sie ihn, Ihr Klavier so klingen zu lassen. Sagen Sie ihm, Sie wollen mehr im Diskant. Er wird dann wissen, was Sie möchten.«

Ich kann mir nicht vorstellen, dass es Aufnahmen gibt, die wie Marlene klingen, aber vielleicht finde ich etwas, das mir gut genug gefällt. Aber was das »Mehr« im Diskant betrifft: Wenn es so einfach ist, wieso habe ich dann noch nie ein Klavier gehört, das so klingt wie das meine?

*

Wir sind im Treppenhaus eines alten Fabrikgebäudes und nehmen zwei Stufen auf einmal. Marc hat es wie üblich eilig. Im obersten Stock drückt er eine schwere Metalltür auf, und wir betreten einen Raum, der durch Obergadenfenster lichtdurchflutet ist. Die Wände sind korallenrot gestrichen. Unter Oberlichten reihen sich Flügel aneinander, mit weißen Tüchern bedeckt, durch weiße Säulen getrennt. Ein eindrucksvoller Anblick, wie eine Szene aus einem Cocteau-Film.

Während Marc ein Modell A von Mason & Hamlin stimmt, schlendere ich durch das Loft, das in luftige Räume unterteilt ist. In einem davon passt ein weißhaariger Mann die Mechanik in einen alten Flügel ein. Ich wandere durch den riesigen Raum, bis mich ein beißender chemischer Geruch plötzlich zurückprallen lässt. Marc hat bemerkt, dass ich zusammengezuckt bin, und gesellt sich zu mir.

»Dieses Zeug schnüffeln wir jeden Tag unseres Lebens«, sagt er und stößt dann die Tür zu einer Spritzkabine auf, wo die Klaviere neu lackiert werden. Ich lege die Hand über Mund und Nase, da ich die Dämpfe nicht aushalte, und weiche zurück.

Während Marc noch ein Klavier intoniert, schlendere ich weiter und entdecke einen ballsaalgroßen Lagerbereich, randvoll mit auf der Seite liegenden uralten Pianinos und ehrwürdigen Flügeln. Sie sind nebeneinander aufgereiht wie Mauerblümchen, die auf eine Aufforderung zum Tanz warten.

Als ich zu Marc zurückkehre, arbeitet er wieder am Mason, spielt Akkorde und Arpeggios die Klaviatur rauf und runter. Er sagt, er habe die Hämmer mit Lack gehärtet. »Hören Sie, wie lang die Ausklingzeit jetzt ist?«, fragt er. »Es hat viel ›Drall‹, dadurch hält man es für das beste Klavier auf Erden.«

»Das höre ich nicht.«

Er fordert mich auf, selbst zu spielen.

»Meiner Meinung nach ist der Diskant fast nadelspitz, so hell ist er«, sage ich.

»Alle wollen sie einen lauteren, helleren Klang«, erklärt Marc. »Sie wollen immer mehr.«

Ich zucke die Achseln. Dieser Klang ist nichts für mich.

»Bei meiner Arbeit geht es um Kommerz«, beharrt Marc. »Meine Klaviere müssen sich verkaufen. Also muss ich einen flotten, hellen Klang schaffen. Ich kann keinen satten, üppigen Ton wie aus flüssigem Samt gestalten, was ich weitaus lieber täte.«

»Aber auf meinem Klavier haben Sie das getan?«

»Ja. Weil Carl will, dass ich ein Klavier so schön mache, wie ich es zu können glaube. Ihm ist es egal, ob es sich verkauft oder nicht.« Marc bricht in ein wildes Gelächter aus.

»Carl ist ein Idealist?«

»Richtig.«

»Wenn Sie Hämmer mit Chemikalien statt mit Nadeln weich machen, hält es dann ebenso lange?«

»Nein, nein, das hält länger! Es wirkt tiefer und ist effektiver und kein so massiver Eingriff.« Er spielt wieder und wieder einen raschen Riff über die gesamte Klaviatur.

»Bedeutet das also, dass meine Grotrian-Hämmer nie mit tiefen Stichen behandelt wurden?«

»Na ja, was im Werk gemacht wurde, weiß ich natürlich nicht.« Er spielt einige volle Akkorde.

»Können Sie das am Klang hören?«

»Nein, allerdings man könnte den Schaden sogar sehen.« Schaden. So also nennt er das.

»Wonach würden Sie suchen?«

»Schwellungen und Deformationen an den Hämmern.« Marc hämmert die chromatische Tonleiter im Diskant, lauscht und lauscht. Er zieht die Mechanik heraus und tupft sachte mit seinen Nadeln einige Diskanthämmer an.

»Sie meinen, diese ovalen Beulen? Wenn sie oben diese Art Büschel haben. Erinnern Sie sich daran?«

»Ja. Also sind Ihre Hämmer mit tiefen Stichen behandelt

worden. In diesem Bereich sind sie tief gestochen worden«, er deutet auf die Schultern des Hammers, den er zwischen den Fingern hält. »Deshalb ist der kleine Kopf, als ich meine Chemikalien auftrug, angeschwollen. Da ich jetzt weiß, dass das geschehen ist, habe ich einen Anhaltspunkt, was zu tun ist, wenn ich zu Ihnen komme. Ich müsste die Hämmer eventuell sorgfältig ein wenig abziehen.«

Mir wird schwer ums Herz. Meine Hämmer wurden beschädigt!

»Das heißt also« – ich versuche, das Zittern in meiner Stimme zu unterdrücken –, »bedeutet das, dass eine Prozedur, die nur einmal gemacht werden sollte, zweimal gemacht wurde? Oder so ähnlich?«

»Na ja, jedenfalls machen sie das mit den tiefen Einstichen in den Werken noch immer, und damit kommen sie nicht weit.« Dann sagt er halblaut: »Deshalb möchte ich mein Intonierprotokoll patentieren lassen; ich glaube nämlich, dass jeder Klavierhersteller auf der Welt so etwas braucht.«

Dann packt Marc sein Werkzeug zusammen, und bevor ich noch einen Augenblick habe, um seine Worte zu verdauen, sausen wir schon die Treppe hinunter und zur Tür hinaus.

*

»Warum machen Sie ein so großes Geheimnis um die Chemikalien?«, frage ich. Wir sind wieder im Auto, verlassen das Gewerbegebiet von Yonkers und fahren auf die Schnellstraße.

»Nun, Intonieren ist wirklich eines der ganz großen Geheimnisse. Wer sich damit auskennt, möchte keine Konkurrenz.«

Inzwischen ist mir klar geworden, dass nur sehr wenige Klaviertechniker auch gute Intoneure sind. Die meisten sind

Klavierstimmer, die auch eine Klaviermechanik regulieren können. Trotzdem wundert mich Marcs abwehrende Haltung. Er könnte so vielen Technikern helfen, weitaus mehr Pianisten und den Menschen, die ihnen zuhören, Schönheit zu bringen.

»Und was ist mit der Lehre? Würden Sie nicht gern unterrichten?«

»Ich hätte sehr gern einen Schüler! Aber wer würde schon mit dem, was ich tue, Geld verdienen wollen? Finanziell habe ich es nicht gerade leicht. Vielleicht gibt es ja noch andere Techniker, denen an demselben Ergebnis gelegen ist wie mir, nämlich Schönheit in die Welt zu bringen. Aber wenn einer wirklich daran interessiert ist, Geld zu verdienen, sollte er Klaviere meiden wie die Pest.«

Er unterstreicht das Ende dieses Vortrags mit einem ausgelassenen Kichern; dann klingelt sein Handy. Ich höre, wie er John Stetch verspricht, am Freitag doch noch einmal zum BearTracks-Studio zu kommen.

Marc beklagt sich häufig darüber, dass er kein Privatleben habe, dass er unterbezahlt sei, dass die Ansprüche seiner Kunden ihn sein letztes Hemd kosten würden. Doch er scheint diese Heimsuchung willig zu ertragen, ja sogar aufzublühen dabei. Wenn die Bedingungen in seinem Beruf so schwierig sind, wie er behauptet, warum verlangt er dann nicht mehr Geld? Warum sagt er nicht öfter Nein? Und warum lässt er zu, dass ich, eine ganz normale, ratlose Klavierkäuferin, ihm seine Zeit stehle?

»Danke für Ihre Geduld«, sagt er, als er nach dem Gespräch seine Aufmerksamkeit wieder ganz der Straße zuwendet. »Was kann ich Ihnen noch erzählen?«

»Ich frage mich, warum jemand, der glaubt, einfach zu ›sein‹ sei das Wichtigste im Leben, sich so abstrampelt wie

Sie«, setze ich an. Nachdem ich mir Marcs Klagen angehört habe, finde ich, er könne mir das einmal erklären. Ich lasse eine weitere Frechheit folgen. »Warum haben Sie Stetch zugesagt?«

»Wie könnte ich denn Nein sagen?«, will Marc wissen. »Er ist abhängig von mir, er braucht mich für seine Karriere.« Seine Stimme wird lauter, er spricht klagend und eindringlich. »Ich werde immer Leuten behilflich sein, vor denen eine Einspielung liegt, von der ihre Karriere abhängt. Ich glaube nicht, dass mich so etwas je gleichgültig lassen könnte. Es ist unsere höchste Berufung, das, was wir mitbekommen haben, an die Menschen in unserer Umgebung zurückzugeben. Also versuche ich meine Grenzen zu überschreiten, wenn meine Kunden mich brauchen, egal wie hoch der Preis sein mag. Also, ich halte es einfach nicht aus, wenn ich jemanden sehe, der unheimlich viel Talent hat und durch sein Klavierspiel Schönheit kreieren will, und es gelingt ihm nicht, weil ich für den Job fünfhundert Dollar mehr verlange. Was soll man da tun?«

»Und was ist mit Ihren eigenen Träumen und Sehnsüchten?«

»Auf dem Cello Bach spielen. Das wär's. So sieht der Traum für meine zweite Lebenshälfte aus.« Ein schüchternes Lächeln umspielt seine Mundwinkel. »Ich würde gerne wirklich gut Cello spielen können.«

Aha. Wir haben den gleichen Traum. Ob Klavier oder Cello, es ist der gleiche Traum.

»Was geschieht mit Ihnen, wenn Sie Cello spielen? Wohin werden Sie da versetzt?«

»Na ja, man verliert sich in seiner höheren Berufung, würde ich sagen«, erwidert Marc. »Das ist das Gegenteil von virtueller Realität. Es ist das Gegenteil des immer größeren Maßes an Stimulation, die unsere Gesellschaft anbietet. Es ist eine Möglichkeit, das kleinliche Selbst zu verlassen und in die Über-Seele einzutreten. Es ist tranzendierend. In östlichen Termini wäre es eine Art Meditation. Aber reine Meditation ist nicht der Weg. Der Zustand des Herzens ist der Weg. Es geht nicht ums Tun. Es geht ums Sein.«

Plötzlich wirkt es so, als würde das Gespräch sich verlagern, eine beinahe musikalische Schwungkraft, einen Rhythmus annehmen. Unser Gespräch gerät in einen Fluss; es ist, als gingen unsere Stimmen in einem Monolog auf – oder als sängen wir ein Opernduett. Ein sehr eigenartiges Gefühl.

»Genau. So ist es. Es geht darum, in einer bestimmten Schwingung zu existieren.«

»Na bitte! Jetzt sind wir wieder da, wo wir angefangen haben.«

»Und ich frage mich, ob das Klavier – mehr noch als das Cello, wenn ich darüber nachdenke – das war übrigens mein erstes Instrument …«

»Schon wieder!«, sagt Marc, mit einem breiten Grinsen angesichts eines weiteren Zufalls.

»Die unmittelbaren Erfahrungen, die ich mit dem Klavier gemacht habe, haben mich erschreckt. Es ist eine Methode, die Frequenz unseres Herzens in den Äther zu schicken, damit andere Herzen sie empfangen können. Elektrisierend. Als würde Chopin selbst durch die Lüfte reisen. Als würden wir mit der Seele des Komponisten in Kontakt treten, sie durch unsere eigene Ausdruckskraft verwandeln. Was stellt es mit den eigenen Molekülen an? Es muss sie verändern. Es ist fast, als könnte ich sie nicht festhalten. Als wäre es schwer, innerhalb der Grenzen des Körpers zu bleiben.«

Während ich das sage, fahren wir in die düstere Tiefgarage der Manhattan School of Music. Marc parkt den Subaru ein und stellt die Zündung ab, macht aber keine Anstalten auszusteigen. Unsere gemeinsame Zeit ist nun zu Ende.

»Ich hätte nie gedacht, dass unsere Gespräche uns so weit führen würden«, sagt Marc und wendet sich zu mir, um mich im schummrigen Licht der Garage anzusehen. »Ich habe nur selten die Gelegenheit, Derartiges auszudrücken. Ich befasse mich mit dem Teil des Lebens, den Menschen mit ihrem Klavier verbringen, und mit dem, was ich tun kann, um es besser zu machen. Solche Gespräche gehören nicht dazu. Also, warum Sie? Das finden wir nun allmählich heraus.«

»Was meinen Sie damit?«

»Nun, das war zunächst ein sehr großer Bogen. Erst Sie zu Carl und ich nach Montana. Aber jetzt, wo ich Sie kenne, ist es ein sehr kleiner Kreis. Wir haben vieles gemeinsam. Und ich glaube, so wie Carl Sie behandelt hat, ist das ein Beweis dafür, dass er so denkt, wie wir gerade gesprochen haben. Er wollte Sie nicht davon abhalten, Ihren Traum wahr werden zu lassen, nur um seinen Geldfluss in Gang zu halten.«

»Morgen werde ich Carl treffen.«

»Nun, was Jimmy Carter unter den Präsidenten war, das ist meiner Ansicht nach Carl Demler in der Welt der Klavierhändler. Ein wunderbarer Mensch, der irgendwie nicht wirklich dorthin gehört, aber trotzdem frischen Wind reinbringt. Er ist zu nett, zu großzügig, zu ehrlich, zu mitfühlend, um sich mit einem so schmutzigen Geschäft abzugeben, wie es das Kaufen und Verkaufen von Klavieren ist. Er möchte die Träume der Menschen wahr werden lassen. Und er scheint gewillt, alles zu tun, um dazu beizutragen, sogar wenn es zu seinem eigenen Nachteil ist.«

14

Beethovens Lagerhaus

Um acht Uhr früh stehe ich an der Ecke Park Avenue – 83rd Street und blicke die lange Reihe der roten Backsteinhäuser hinauf und hinunter, in der Hoffnung, die Hausnummer zu entdecken, die ich auf meinen Notizblock gekritzelt habe. Plötzlich öffnet sich die Tür auf der Fahrerseite eines Mercedes-Kombi, und ein Arm kommt zum Vorschein. Die Hand macht ein Zeichen, dann taucht der Mann auf, der zu ihr gehört, und winkt. Er hat feines graues Haar, das streng aus seinem schmalen Aristokratengesicht zurückgekämmt ist, und seine geschmeidigen Bewegungen lassen ihn alterslos erscheinen.

»Hallo!«, ruft er fröhlich, und ich erkenne die charakteristische Stimme von Carl Demler. »Wollen wir los?« Er nickt zur Beifahrerseite hin. Er räumt eine Aktentasche vom Sitz, sie ist so mit Heftmappen vollgestopft, dass der Deckel senkrecht nach oben steht. Sein deutscher Akzent ist nicht zu überhören. Ich steige ein.

»Das Auto gehört meiner Partnerin«, sagt Carl, während er sich in den Verkehr einfädelt. »Normalerweise fahre ich einen Lieferwagen, aber da gibt es nicht genügend Sitze.« Er deutet mit dem Kinn nach hinten, eine alte Frau liegt auf der Rückbank, friedlich schlummernd. Sie wirkt sehr gebrechlich, in ihrem feinknochigen Gesicht erkenne ich Carls Züge. »Meine

Mutter«, sagt er. »Im Lagerhaus ist jemand, der sich um sie kümmert.«

Wir brausen auf der Madison Avenue Richtung Norden und durch Spanish Harlem. Als ich Anfang der achtziger Jahre in der 88th Street wohnte, sah es hier ganz anders aus. Verblüfft starre ich aus dem Fenster. »Diese Gegend blüht auf«, sagt Carl, der mein Interesse an den hübsch renovierten Wohnhäusern bemerkt. »Wir haben ein Ladengeschäft in der Nähe und denken darüber nach, hier unsere billigeren Klaviere anzubieten. Die Familien aus der Gegend könnten Interesse daran haben.«

Ich frage Carl, wie er zum Klavierhandel gekommen ist.

»Ich war Turner«, beginnt er und geht damit ein bisschen weiter zurück in der Geschichte, als ich erwartet habe. »Ich habe in Köln mit zwei Olympiasiegern trainiert.« Carl wurde 1936 in München als Sohn eines angehenden Ingenieurs geboren, der im Zweiten Weltkrieg fiel. Als junger Mann wollte er reisen, deshalb wählte er das Hotelfach, studierte zuerst in der Schweiz, dann an der Cornell University in New York. Nachdem er auf den Philippinen, in Singapur, auf Hawaii und in Boston Hotels auf die Beine gestellt hatte, kam er 1970 nach New York, um die Einrichtung der Oyster Bar im Plaza Hotel zu planen. Er und ein Partner wollten dann selbst ein Nobelrestaurant eröffnen, aber die Bank, die das Projekt finanzieren sollte, ging bankrott. Carl hatte bereits den Mietvertrag unterzeichnet, also versuchte er es aus eigener Kraft, doch als er die Miete nicht mehr bezahlen konnte, geriet er in Bedrängnis. New York stand kurz vor der Pleite, Menschen und Unternehmen verließen die Stadt. Carl besaß zwei Klaviere, die ihm jemand geschenkt hatte. Er beschloss, sie zu verkaufen, um an Bargeld zu kommen.

Ein Mann, der sie sich ansah, sagte Carl, sie seien in einem erbärmlichen Zustand, würden aber einiges wert sein, wenn man sie instand setzte. Also ließ Carl die Klaviere restaurieren und verkaufte sie dann mit einem kleinen Profit. Bald kaufte er weitere Klaviere, um sie umzubauen, und lagerte sie in seiner Erdgeschosswohnung in Manhattan. Als er neun Klaviere in der Wohnung stehen hatte, darunter zwei Konzertflügel im Wohnzimmer, beschloss er, sich nach einem Geschäft umzusehen.

Das erste Beethoven Pianos befand sich in der First Avenue in der Upper East Side, ein kurioser kleiner Laden, in dem ich oft war, als ich in der Nähe wohnte. In jenem Geschäft verliebte ich mich in eine neue Chickering-Konsole, die 1200 Dollar dafür konnte ich allerdings nicht aufbringen. Arme Studenten konnten dort ein altes Klavier ergattern. Das gilt immer noch für Beethoven Pianos, auch wenn der Ausstellungsraum sich jetzt in der schicken Piano Row befindet.

In nur fünfzehn Minuten haben wir den Bezirk Mott Haven in der Bronx erreicht. Carl manövriert uns durch Baustellenabsperrungen auf ein Stück Brachland, umgeben von einem hohen Maschendrahtzaun. Am Tor hängt ein unauffälliges Schild: »Klavierverkauf« steht darauf. Wir befinden uns im Hof eines Ziegelbaus, der vier Stockwerke in die Höhe ragt und mit dekorativen Medaillons und Schnörkeln aus Terrakotta verziert ist.

Dies ist das Lagerhaus von Beethoven Pianos, ein Relikt des frühen New York. Es wurde 1860 von der Familie Mott erbaut, der die ehemals hier liegenden Apfelgärten gehörten. Damals wurden in dem Gebäude Gusseisen-Badewannen mit Löwenfüßen und bauchige Franklin-Öfen hergestellt. Betrachtet man das Gebäude heute von außen, eine schroffe Silhouette vor einer schuttübersäten Fläche, würde man nicht vermuten, dass es hinter der Fassade so emsig zugeht wie in einem Bienenkorb.

Vor zehn Jahren ist Carl auf Anraten einer Numerologin in das Lagerhaus gezogen. »Sie meinte, das sei ein gutes Gebäude für mich. Und das war es auch.« Wenn der Klavierhandel stagniert, vermietet er Werbeflächen an der Fassade.

Eine junge Frau übernimmt Carls Mutter; Carl greift nach seiner überquellenden Aktentasche und klemmt sie sich unter den Arm. Ich frage, ob ich meine Autotür verriegeln soll, aber er verneint, er schließe nie eine Tür ab. Direkt vor dem Tor zum Lagerhaus wird die Third-Avenue-Brücke erneuert. Kräne stehen vor Betonpfeilern und bringen Stahlträger über dem aufgewühlten Harlem River in Position. »Wenn es fertig ist, wird es großartig sein«, meint Carl und macht eine Kopfbewegung zur Brücke hin. Das Voranschreiten der Arbeiten scheint anregend auf ihn zu wirken. »Vielleicht machen wir unten am Fluss ein Restaurant auf.« Das Lagerhaus steht am Ufer, von dem kleinen Hof aus kann ich das dunkel-ölige, träge dahinfließende, stark verschmutzte Wasser sehen.

Carl eilt der Ruf eines gewitzten und risikofreudigen Unternehmers voraus, aber seine Vision eines Restaurants am Flussufer in der ausgeweideten Ödnis der südlichen Bronx überrascht mich dann doch. Seine Kollegen meinen, er sei selbst für diejenigen ein Rätsel, die ihn lange kennen. »Er ist anders als Sie und ich«, sagte mir Reinhard Landskron, seit Jahrzehnten Carls Mitarbeiter. »Niemand von uns wird schlau aus ihm.« Ein Angestellter beschreibt Beethoven Pianos als Piratenschiff und die Crew als von der Schrulligkeit des Besitzers angelocktes »interessantes Völkchen«.

Carls verrückte Ideen werden durch einen Alltag von prosaischer Regelmäßigkeit gebändigt: Jeden Morgen um acht fährt er zum Lagerhaus, ab dem Nachmittag ist er bis zum späten Abend in seinem Geschäft in der West 58th Street. Ich hatte mir vorgenommen, einfach einen typischen Tag in seinem Leben mitzuerleben; auf die seltsam verlockende Welt, die mich im Lagerhaus erwartet, bin ich allerdings nicht vorbereitet.

Wir treten durch eine Stahltür ein. Im Erdgeschoss ist es schummrig, vereinzelte Lichtstrahlen durchschneiden die Luft über einem Meer an Klavierkadavern, endlose Reihen von Pianinos. Teile und Materialien für Klaviere sind überall verstreut, ohne erkennbares System. Metallplatten liegen übereinander, alte, eben erst aus irgendeinem Wrack ausgebaute Hämmer sind auf Zeitungsbündeln aufgetürmt. So weit das Auge reicht, stehen Klaviere aufgereiht, Klaviatur an Resonanzboden, staubig, zerkratzt, die meisten ein Fall für die Mülldeponie. Die hohe Decke ist mit dekorativen, weiß gestrichenen Metallplatten verkleidet. Der Bretterboden ist verzogen und abgenutzt; er wogt, hebt sich wellengleich. »Irgendwann werden wir Beton reingießen«, sagt Carl.

Auf der Südseite steht eine riesige rostige, zu einem Holzofen umgerüstete Benzintonne. Ein Metallrohr führt vom Ofen in die Wand und über die Stockwerke hinauf zum Dach. Im Winter werden einige der Abfallklaviere im Ofen verheizt, erwärmen einen Bruchteil der 3250 Quadratmeter Gebäudefläche und geben damit anderen Klavieren eine Überlebenschance. Etwa achthundert Klaviere durchlaufen hier den Kreislauf von Tod und Wiedergeburt. Carl kauft sie per Containerladung, oft bei Versteigerungen. Vielleicht musste ein Geschäft schließen, oder eine Fabrik ging bankrott und die Gläubiger haben das gesamte Inventar abgestoßen. Oft verkauft sie Carl einfach so, manchmal findet er in dem Durcheinander aber auch ein Schmuckstück und restauriert es. Eigentlich muss man in solche Klaviere zu viel

Arbeit stecken, als dass es sich lohnen würde, aber in Carls Augen wäre es reine Verschwendung, es nicht einmal zu versuchen.

»Unser Buchhalter meint, was wir hier tun, habe kaum wirtschaftlichen Nutzen.« Carl zuckt mit den Achseln. »Wenn wir die Fassade und die Lagerhalle einfach vermieten und sonst nichts tun würden, könnten wir doppelt so viel verdienen.«

»Warum tun Sie es dann nicht?«

»Es wäre so frustrierend, wenn wir aufhören würden.«

Wir steigen eine abgetretene Treppe hinauf. Carl nimmt nur jede zweite Stufe. An seiner ranken, beweglichen Gestalt ist unschwer der ehemalige Turner zu erkennen. Trotz seiner schäbigen Jacke und den ausgetretenen Schuhen strahlt Eleganz aus jeder seiner Bewegungen. Seine Haltung ist geradezu königlich. Mit Anzug und Krawatte, das wette ich, ginge er glatt als Herzog durch, wenn auch als unrasierter.

Auf dem Treppenabsatz steht ein alter Franklin-Ofen, der angefertigt wurde, als sich hier noch eine Gießerei befand. »Die Züge fuhren direkt in das Gebäude und luden die Öfen und Badewannen auf«, erzählt Carl. »Man sieht noch die Gleise im Erdgeschoss. Ich zeig's Ihnen, bevor wir gehen.«

Der erste Stock ist hell und luftig, auf allen Seiten sind Sprossenfenster. Verstaubte vergoldete Kristallüster, die in dieser Umgebung unpassend und fehl am Platz wirken, hängen von der Decke aus geprägten Blechplatten, gleich neben den Neonröhren und den Rohren der Sprinkleranlage. Weiße Säulen flankieren die Flügelreihen, sie stützen die mittleren Deckenbalken. Die Deckel der Flügel sind geöffnet, dem Licht zugewandt.

An einem Fenster steht Carls grauer Metallschreibtisch, überhäuft mit Papieren, dahinter ein ramponierter Bürostuhl.

Auf einem alten Aktenschrank steht eine Beethoven-Büste, in einer Wandnische hinter dem Schreibtisch befinden sich deckenhohe Lagerregale voller Bücher. Ich quetsche mich in die Nische, neugierig darauf, was für eine Bibliothek ein Klavierlager wohl haben mag.

Da finden sich Opernlibretti, ein Handbuch des Klavierstimmens, John Thompsons moderne Klavierschule, japanische Kinderbücher, deutsche Bücher und etliches andere, darunter *301 gute Ideen zur Technik, Theorie und Praxis des Klavierbaus* und *Geheimnis und Romantik der Astrologie.*

Carl setzt die vollgestopfte Aktentasche auf dem Schreibtisch ab und begleitet mich dann auf einem Rundgang. »In diesem Stockwerk werden die Klaviere inspiziert und überholt. Einige werden hier auch verkauft.«

Er legt die Hand auf ein wunderschönes viktorianisches Pianino in hellem Walnuss-Astholz mit feinen Blattschnitzereien und Goldeinlegearbeit. »Das da habe ich auf eBay gekauft, wegen des Gehäuses. Wir werden ein neues Schimmel-Klavier einsetzen.«

Ich blicke über den weiten Ozean aus heruntergekommenen Klavieren – ein Lazarett für missratene und mies behandelte Instrumente. Tafelklavieren fehlt der Deckel, Mechanik und Saiten liegen bloß und stauben ein. Ausgeweidete Klaviergehäuse fungieren als Ablagen für ihre Mechanikbestandteile. Von den Backsteinwänden hängen Bündel kupferdrahtumsponnener Basssaiten wie Makramee aus Draht. Hügel von Hämmern bedecken alte Bänke. Zart durchbrochene, aus Ahornholz, Ebenholz, Mahagoni und Birkenholz geschnitzte Notenständer stehen an den weißen Ziegelwänden wie Objekte in einer Galerie. Einige Klaviere sind mit durchsichtiger Plastikfolie verhüllt, andere mit Möbelpackerdecken, wieder andere mit Luftpolsterfolien. Schäbige Harfen aus Eisen lehnen kreuz und quer neben Fragmenten von ausgemusterten Resonanzböden.

Carl macht mich auf einige Klaviere aufmerksam. Da steht ein Knabe-Konzertflügel aus Ebenholz; er gehörte einem verstorbenen Techniker. Ein Henry F. Miller aus Mahagoni mit einem eingebrochenen Resonanzboden ist auf Kommission hier. Ein weiteres Knabe-Klavier mit einem Jugendstilgehäuse muss restauriert werden. Ein grün angestrichenes Fischer-Pianino braucht eine neue Lackierung. Ein Aeolian Duo-Art-Pianola ist hier, weil keinem die Farbe gefällt: Es ist beerenrot angemalt.

»Das da ist ein Erard von 1840. Es ist eben reingekommen, es ist einiges daran zu tun.« Das Klavier ist 2,70 Meter lang. Carl erzählt mir, dass es im Salon einer prominenten Familie aus London stand. Viele berühmte Pianisten spielten darauf. Der Besitzer möchte 75 000 Pfund dafür. »Ein Erard ist kein so gutes Klavier wie ein Pleyel. Nach dem Tod des Firmengründers stritten sich die Erben um den Nachlass. Der Gewinner erhielt die Klavierfirma. Die Verlierer kriegten Michelin.« Carl grinst mich an und hebt eine Braue, prüft, ob ich die Pointe auch verstanden habe.

Auf einem Königsberg von 1848 sind die Initialen des Klavierbauers in verschnörkelter Schrift in den Resonanzboden graviert, wie bei einem Geigengehäuse. Das Notenpult schmückt ein aus Ebenholz geschnitztes Motiv aus Leier und Blattwerk vor rosenfarbenem Samt. Die Unterseite der Klaviaturklappe ist mit einer kunstvollen bunten Messing-Email-Einlegearbeit geschmückt, die den Namen des Klavierbauers umrahmt. »Das steht ebenfalls auf Kommission hier«, sagt Carl. »Es ist beinahe unverkäuflich. Es hat eine sehr primitive Mechanik.« Die Saiten und die Mechanik sind weiß eingestaubt.

»Einmal kam hier ein Rolls-Royce vorgefahren, und der Typ fragte mich: ›Welches ist das beste Klavier hier?‹ Ich sagte: ›Das da, aber wir arbeiten noch daran.‹ Er gab mir tausend Dollar bar auf die Hand und meinte: ›Rufen Sie mich an, wenn es fertig ist.‹ Ein paar Jahre vergingen. Ich verlor seine Telefonnummer. Dann bekam ich einen Anruf und jemand sagte: ›Mir geht's dreckig. Ich habe Ihnen einmal tausend Dollar für ein Klavier gegeben, kann ich sie zurückhaben? Wenn es mir wieder besser geht, kaufe ich ein Klavier bei Ihnen.‹ Natürlich gab ich ihm das Geld zurück.«

»So, welches ist denn das beste Klavier hier?«, frage ich und werfe einen Blick auf die zweifelhaften Kandidaten. Es stehen gut und gern hundert Flügel und noch viel mehr Pianinos hier. Ich folge Carl durch die schmalen Gänge zwischen den Instrumenten. Er stützt die Hand auf den Rand eines 2,50-Meter-Flügels aus Rosenholz. Die Mechanik fehlt, eine neue Garnitur Basssaiten hängt von den Anhangstiften der Platte, umeinander gewunden wie ein kupferner Zopf.

»Ich hoffe, dies hier wird das beste sein. Ein Steinway C. Er hatte einen neuen Resonanzboden, aber dann ist ein Wasserrohr eingefroren und zur falschen Zeit wieder aufgetaut, es gab eine Überschwemmung, und jetzt muss er wegen der Wasserschäden restauriert werden. Er gehört mir.«

»Wann wird das gemacht?«

»Eine vollständige Restaurierung dauert sechs Monate bis ein Jahr. Normalerweise hat das keinen Vorrang. Man macht das eben, wenn man Lust hat, außer es gibt einen Käufer. Für diesen Flügel gibt es einen.«

»Was war das schönste Klavier, das Sie je hier hatten?«

»Am besten geklungen hat meiner Erinnerung nach ein Steinway A mit 85 Tasten.« Moderne Klaviere haben 88 Tasten. »Ich habe ihn ungern verkauft. Der Klang war wirklich wunderbar geworden, anschwellend und süß. Ich mag den vollen Klang der amerikanischen Klaviere, mit einem gewaltigen Bass. Das ist etwas ganz Besonderes, wenn der mittlere bis obere Diskant zum Rest passt. Es ist nicht leicht zu erreichen, weil die Saiten im Diskantbereich so kurz sind. Einen wirklich perfekten Klang verdankt man oft dem Zufall. Aber alles an einem Klavier ist flüchtig.« Carl führt mich weiter durch das Klavierlabyrinth. »Ein Klavier ist nur für den Bruchteil einer Sekunde perfekt.«

»Wie kommt es, dass Sie den Klang eines Klaviers so gut einschätzen können? Sind Sie auch Pianist? Techniker?«

Carl hält inne und lehnt sich an das Gehäuse eines weißen Yamaha-Stutzflügels. »Ich bin kein Experte. Ich bin nicht einmal Musiker. Aber ich höre viele Klaviere. Als Kind habe ich selbst gespielt. Jetzt kann ich es nicht mehr. Ich habe etwas, das nennt sich Dupuytren-Kontraktur, dadurch ziehen sich meine Finger zusammen.« Er hält eine Hand hoch und zeigt mir einen verkrümmten Finger. »Früher war das Turnen mein Leben, und in den 1950ern hatte man noch keinen Handschutz wie heute. Vielleicht habe ich mir die Hände an den Barren verletzt. Aber der Sport hat mich gelehrt, wettbewerbsorientiert zu denken.«

Jemand, der alte Klaviere umbaut und dabei Geld verliert, kommt mir allerdings nicht besonders wettbewerbsorientiert vor. Wo genau, frage ich Carl, komme bei seinem Geschäftsmodell Konkurrenz ins Spiel?

»Wir bieten besseren Service zu einem besseren Preis.« Er lächelt und zwinkert. »Wir sagen: *Wenn es sonst keiner machen kann, kommt zu Beethoven Pianos.* Wir haben hier zwei Keller voller Teile, die wir von nicht mehr existierenden Firmen gekauft haben. Wenn jemand Klavierfüße braucht, die zu den alten passen, und wir finden nichts Geeignetes im Keller, dann bauen wir sie nach. Ich habe eine Firma ausfindig gemacht, die uns Klavierbänke für 28 Dollar das Stück verkauft. Wir beziehen Klaviere zu neunhundert Dollar. Man trifft solche Lieferanten auf Fachmessen. Draußen steht ein siebzehn Meter langer Trailer, den ich für 350 Dollar bei einer Versteigerung gekauft habe; er hat zwei Ebenen, auf denen wir Klaviere transportieren können. In unserer Firma arbeiten übrigens Menschen unterschiedlichster Nationalitäten. Eine Frau in unserem Büro kommt aus Shanghai. Wenn wir etwas aus China brauchen, ruft sie dort an. Wir haben auch jemanden aus Thailand. In dieser Branche sind die Mietkosten für die meisten das größte Problem. Unsere Geschäftsräume gehören uns. Und weil wir so vielseitig sind – wir liefern, schätzen, verkaufen, bauen um, vermieten –, sind wir nahezu immun gegen eine Rezession. Wir können vieles tun, das andere nicht können. Zum Beispiel haben wir gestern binnen zwei Stunden einen Konzertflügel geliefert. Ein Klavierlehrer rief an, er suchte einen Steinway für 20 000 Dollar – einen guten. Das kriege ich hin. Ich kann ein Klavier für 7000 Dollar kaufen, es neu lackieren, den Resonanzboden reparieren, ein paar neue Stiele und Kapseln und Hämmer einbauen und immer noch einen erheblichen Gewinn erzielen. Wir haben einen Konzertflügel zwölf Stockwerke hinaufgeschafft. Der Besitzer erlaubte nicht, dass er durchs Fenster hochgezogen wurde, und in den Lift passte er nicht. Manchmal stellen wir Klaviere oben auf den Lift, um sie zu transportieren. Wir bauen ein Gerüst, das sie hält.«

Carl nimmt einen mit Wollfilz überzogenen Hammer von einem Haufen mit Altteilen, und wendet ihn in seinen gekrümmten Fingern. »Der Trend geht heute dahin, härtere Hämmer zu fertigen, da es so wenige gute Intoneure gibt. Die Schafwolle ist nicht mehr so gut wie früher. Man bleicht sie, damit sie schön weiß aussieht. Sie wissen, was mit Haar geschieht, wenn man es bleicht. Die meisten Hämmer werden in einer Heißpresse geformt. Andere geben Lack dazu, um sie zu härten. Wenn einmal eine gewisse Härte da ist, ist es schwer, sie wieder weicher zu machen. Auch das Holz war früher besser. Die neuen Klaviere sind nicht so gut wie die alten. Aber Klaviere zeigen im Laufe der Jahre Verschleißerscheinungen, genau wie Menschen.«

Dann dreht er sich um und schlängelt sich wieder zwischen den Instrumenten hindurch. Wir nicken einem stummen Riesen von Mann zu, der mit dem größten Schraubenzieher hantiert, den ich je gesehen habe. Der Mann passt eine Klaviermechanik ein und scheint uns nicht zu bemerken, die riesige Kuppel seines kahl rasierten Kopfes ist über die Arbeit gebeugt, seine gigantischen schwarzen Augenbrauen wölben sich wie ausgebreitete Fledermausflügel. Aus einem Radio dringen leise die Nachrichten auf Russisch.

»Das ist Juri«, sagt Carl. Wir gehen weiter, dringen immer tiefer in das Loft vor.

In einem sonnenhellen Winkel hinter Reihen uralter Klaviere steht ein weiterer Mann, er hört sich eine Radiosendung auf Ukrainisch an. Umgeben von extravaganten Ziermöbeln – massiven Tischen mit Einlegearbeit und goldgerahmten Spiegeln – schleift er den Firnis von einer Klavierbank. »Nebenbei lackieren wir auch Möbel neu«, erklärt Carl. »Ich mache ungern die ganze Zeit dasselbe.«

Sein Handy klingelt. Eine Frau will wissen, ob er ihr Klavier kaufen möchte. »Wir würden Ihnen das Abholen in Rechnung stellen«, sagt er ihr. »Wenn Sie es selbst verkaufen, können Sie noch ein bisschen Geld rausschlagen.«

»Wir müssten es wegwerfen«, erklärt er mir, nachdem er aufgelegt hat. »Ich habe Leute gefragt, ob sie das Holz wol-

len, um Spielzeug daraus anzufertigen. Sie wollen es nicht.«
Er zuckt die Achseln.

Wir steuern wieder seinen Schreibtisch an, weichen Klavierteilen und Gehäusen aus, die im Weg liegen. »Es gibt endlos viel zu bedenken«, fährt Carl fort. »Ein Gebäude wie das hier erfordert viel Arbeit, damit es wieder so wird, wie es sein sollte. Im Dezember ist es abbezahlt, und dann können wir refinanzieren.«

»Was werden Sie mit dem Geld machen?«

»Ich möchte Art-Case-Klaviere in Shanghai verkaufen. In China wird im Moment der Reichtum der Welt geschaffen. Wenn wir Steinways und Bösendorfer ins Schaufenster stellen, sind sie sofort weg. Hier in New York heißt es immer nur Steinway, Steinway, Steinway. Jeder will einen Steinway. Außer denen, die ein Yamaha wollen.« Wieder fällt mir der gedankenversunkene Blick auf.

»Ich sehe mein Geschäft als Beitrag. Wir sollten alle etwas tun, das zum Leben beiträgt. Ich mache vieles, von dem andere meinen, es hätte ökonomisch keinen Sinn. Zum Beispiel, wenn jemand ein Klavier braucht, aber kein Geld hat. Einem Studenten habe ich ein Klavier für fünfhundert Dollar verkauft. Vor einigen Jahren habe ich dem Knabenchor von Harlem einen Konzertflügel gestiftet. Gestern habe ich einem Kunden mitgeteilt, dass ich mit ihm keine Geschäfte machen will. Das hat ihm gar nicht gefallen. Irgendwann einmal wollte ich mit dem Klavierhandel aufhören«, sagt er. Wir sind wieder bei seinem Schreibtisch angekommen. Er sitzt darauf, hält sich am Rand fest, schlenkert mit den Beinen wie ein Schuljunge. Ich nehme auf dem ramponierten Stuhl Platz. »Mark, mein Vertriebsleiter, hat eine Yacht, ein Rennsegelboot. Wir wollten um die Welt segeln, aber dann habe ich geheiratet.«

Carls Frau Kaoru ist eine japanische Lithographin; sie kam

nach New York, um Kunst zu studieren, und lernte Carl kennen, als sie in seiner großen Wohnung ein Zimmer mietete. Heute kümmert sie sich um die Finanzen der Firma und den Vertrieb. Als Carl mir das erzählt, kommt mir ihre dunkle Stimme in den Sinn; sie hat sich damals um die Lieferung von Marlene gekümmert.

»Kaoru hat sehr ausgeprägte Ansichten. Sie ist in vielem das Gegenteil von mir. Bis jetzt haben wir es zwölf Jahre miteinander ausgehalten. Eine Astrologin meinte, es würde eine Herausforderung werden.« Er sagt das leichthin, als würde er das Beste daraus machen. »Meine Frau arbeitet oft intuitiv, und meistens liegt sie richtig. In vielem ist sie sehr gut – im Umgang mit Kunden, in allem Geschäftlichen. Ihrer Familie in Japan gehört ein Autohandel, von denen hat sie einen Sinn fürs Kaufmännische geerbt. Den hatte ich nie.« Das Paar hat drei kleine Kinder.

»In meiner Religion«, fährt er fort, »geht man davon aus, dass nichts ohne Grund geschieht. Was immer wir auch tun, früher oder später werden wir dafür bezahlen. Das bietet mir den Anreiz, stets darüber nachzudenken, wie sich eine Handlung langfristig gesehen auf mich auswirken könnte.«

Worauf mochte er sich da beziehen?, frage ich mich. Sein Blick schweift in die Ferne, in der Regel meidet er den direkten Blickkontakt. Seine Augen sind von einem durchdringenden Blau, ihr Ausdruck ist schwer zu deuten.

Dann sieht Carl mich mit einem unbeteiligt-zerstreuten Lächeln an. »Es interessiert mich, woher wir kommen, warum wir hier sind und wohin wir gehen«, sagt er. »Ich gehöre keiner Kirche oder Organisation an, aber ich habe mich mit westlichen esoterischen Lehren beschäftigt.«

Ja, das hat Marc mir gegenüber erwähnt. Als ich ihm sagte, ich fände Carl verwirrend, sagte er: »Sie haben wahrscheinlich noch nicht viele Anthroposophen kennengelernt.« Ich weiß nicht genau, was ein Anthroposoph ist, aber da Carl bereit scheint, über das, was ihn bewegt, zu sprechen, könnte ich ihn vielleicht auch zu dem befragen, was mich umtreibt?

»Also, Carl, können Sie mir sagen …« Ich halte inne. Einen Moment lang muss ich überlegen, wie ich meine Frage formulieren soll. »Wenn Sie einen Kunden haben, der sich in ein Klavier verliebt, der auf ein ganz bestimmtes Instrument reagiert: Warum geschieht das? Das haben Sie zweifellos schon oft beobachtet. Was ist mit mir geschehen, als ich mich in das Grotrian verguckte?«

Carl sieht mich prüfend an. »Ja, das habe ich natürlich schon oft beobachtet.« Er räuspert sich. »Jeder von uns hat einen Grundton, der von dem aller anderen verschieden ist«, beginnt er. »Man findet ihn hier.« Er berührt seine Schädelbasis. »Wenn dieser Ton erklingt, schwingen Sie mit. Wir alle reagieren unterschiedlich auf Schwingungen oder Töne. Wenn Ihnen ein Klang unterkommt, bei dem Sie sich wohl fühlen, dann sollten Sie sich dieses Klavier zulegen. Alles, was existiert, ist Schwingung. Das wissen wir seit Einstein: Klang, Energie und Masse sind austauschbar. Alles, was ist, ist Musik. Musik ist das stärkste Bindeglied zur Innenwelt, der höheren Welt. Musik zu spielen ist eine Erfahrung, die uns verwandelt. Wenn wir musizieren, schaffen wir eine Verbindung zur inneren Welt des Komponisten, und damit zum Göttlichen, das in uns allen existiert. Musik transformiert. Sie strahlt. Das ist der geheime Einfluss der Musik. Sie könnte eine heilsame Wirkung haben, uns von Krankheiten heilen, die durch falsche Schwingungen im Körper entstanden sind.«

Bei seinen Worten durchschauert es mich, als würde ich wie beim Grotrian mitschwingen. Es ist beinahe unheimlich, wie sehr mich seine Worte an jene erinnern, mit denen ich

Marc erst gestern meine eigenen Erfahrungen am Klavier beschrieben habe.

Carls Monolog endet, als ein drahtiger Mann auftaucht, der aussieht, als wäre er mit allen Wassern gewaschen, und verkündet, dass unten ein Klavier angeliefert werde.

Ich folge Carl und »Junior« – so wurde er mir vorgestellt; nach dem Grau in seinem krausen Haar zu schließen ist es allerdings Jahrzehnte her, seit er ein Junior war – die schwankende Lagerhaustreppe hinunter ins Erdgeschoss und nach hinten hinaus zu einer Betontreppe. Ein in Decken gehüllter Flügel ist im offen stehenden Laderaum eines Lastwagens ans Gestänge gebunden. An der Laderampe wartet ein Mann in Lederhandschuhen und schwarzem Wollmantel. Er stellt sich Carl als Besitzer des Klaviers vor. Er hat einen russischen Akzent. Während Carl und Junior in den hinteren Teil des Lkw klettern, begrüße ich ihn in seiner Muttersprache, die auch die meines Großvaters war. Er strahlt.

»Das Klavier hat meinem Lehrer in Moskau gehört«, sagt Sergei, ein Klavierprofessor, der vor zehn Jahren nach New York gekommen ist. »Er hat es mir vermacht, und ich bin hingefahren, um es abzuholen. Es ist ein Bechstein C von 1912, er ist 2,24 Meter lang. Die Möbelpacker in Russland haben den Deckel zerbrochen und das Gehäuse beschädigt. Juri sagte mir, damit könne ich nur zu Carl gehen.« Er muss den Techniker mit dem langen Schraubenzieher meinen, der oben das russische Radioprogramm gehört hat.

Sergei wendet sich an Carl. »Man hat mir gesagt, ich solle Ihnen vertrauen, nur Ihnen, und das werde ich«, sagt er jetzt auf Englisch. Aber Carl scheint ihn nicht zu hören. Er hilft Junior und den zwei Möbelpackern, den Koloss auf ein Rollbrett zu wuchten.

Junior legt eine Rampe von der Hintertür des Lastwagens

zum Rand der Ladebucht, und Carl und die Möbelpacker mühen sich damit ab. Bald kommen vier weitere Arbeiter aus dem Lagerhaus hinzu. Jeder kümmert sich um einen Teil des Klaviers und achtet sorgsam darauf, ihn auf der schmalen Rampe zu halten. Sobald das Klavier drinnen ist, hieven sie es in einen uralten Lastenaufzug. Dann zwängen Junior, Carl, Sergei und ich uns über, unter und um das Klavier und klammern uns als Ballast daran, Junior zieht die schwere Tür zu. Die Plattform knarzt, während sie die Stockwerke hochkriecht. Ein Dachfenster kommt näher und näher und ist schließlich direkt über unseren Köpfen. Mit Hilfe des mächtigen Hebelarms scheppert die Tür auf, und wir stehen in der obersten Etage des Lagerhauses.

Sergei und ich entknoten uns aus dem Aufzug hinaus in einen feuchtkalten Lagerraum voller Klaviere. Anders als der freundlich eingerichtete zweite Stock wird dieser Raum von nackten Glühbirnen erhellt; ihre Zugschnüre baumeln von fleckigen Dachsparren. Carl und Junior rollen den Flügel um eine Ecke, durch eine metallene Schiebetür und in die Werkstatt des Klavierrestaurators von Beethoven Pianos, Rudolf von Bartesch, allgemein Rudy genannt.

Rudy ist ein behäbiger Riese von Mann mit kräftigen Händen; seit ihm ein Konzertflügel auf den Fuß gefallen ist, hinkt er. Er schlurft mit gekrümmten Schultern auf den Bechstein zu und bedeutet den Männern, ihn hinter seine elektrische Hobelmaschine zu schieben, wo schon etliche andere Klaviere auf seine Handreichungen warten. Er trägt eine schwarze Lederjacke über einem verschossenen Karohemd, seine grauen Haare sind aus der zerfurchten Stirn gestrichen. Er hat sanfte schwarze Augen, einen intelligenten, etwas traurigen Blick. Als Carl mich vorstellt, huscht die Andeutung eines Lächelns über seine Lippen.

Carl und Junior wickeln das Klavier aus, während der Pianist nervös danebensteht und Carl und Rudy erklärt, was mit seinem kostbaren Erbstück geschehen ist. »Es war lose in der Kiste, es wurde beschädigt.«

Carl hebt den Klaviaturdeckel hoch, und wir sehen, dass die verzierten Leisten gesprungen sind und die Elfenbeinbeläge der Tasten fehlen.

»Wo sind die Tastenbeläge?«, frage ich.

»Es ist schwierig, Elfenbein ins Land zu bringen, wenn das Klavier einen Tag jünger ist als hundert Jahre«, sagt Carl mit einigem Nachdruck. »Wegen irgendeines Blödmanns in der Behörde für Tabak und Schusswaffen. Wenn man alte Klaviertasten aus Elfenbein einführen will, muss man in Washington eine Petition einreichen.«

Sergei hat die Elfenbeinbeläge in Moskau entfernt und per Post nach New York geschickt. Er steht neben mir, sehr nervös, noch immer trägt er die Handschuhe. »Leute, die brauchen Klavier, haben kein Geld«, klagt er. »Leute, die nicht brauchen Klavier, haben Geld. Dieses Instrument gehört mir, ich übe darauf. Ich mag kein Glanzlack. Ich kenne nicht das englische Wort.«

»Ich würde so wenig wie möglich machen«, beruhigt ihn Carl. »Es ist ein sehr empfindliches Instrument. Keiner weiß, wie man die alten Resonanzböden für Bechsteins richtig nachbaut.« Er begegnet den Ängsten des Pianisten mit Ruhe und Freundlichkeit. »Juri sieht es sich heute Abend an und meldet sich dann bei Ihnen.«

Nachdem Junior den Pianisten hinausbegleitet hat, wage ich es, ein paar Noten auf dem kostbaren alten Bechstein anzuschlagen. Er ist in beklagenswerter Verfassung.

»Wir werden ihn reinigen, den Deckel und die Leisten reparieren«, sagt Carl. »Mehr kann er sich nicht leisten.«

»Man kann doch einem alten Bechstein keinen neuen Resonanzboden einbauen.« Rudys Stimme klingt unwirsch. »Die Platten springen immer.« Er schüttelt bedächtig den Kopf.

»Rudy kennt sich damit aus«, ergänzt Carl. »Es ist immer ein Risiko. Außerdem kann er« – er nickt in Richtung Tür, durch die der Pianist hinausgegangen ist – »sich einen Umbau nicht leisten. Wir richten das Instrument so weit her, wie er es bezahlen kann.«

Rudy hat sich die Lederjacke ausgezogen und legt seine Werkzeuge auf der Werkbank zurecht, als decke er den Tisch für den Tag.

»Sie sollten die Füße sehen, die Rudy anfertigt«, sagt Carl. Er hebt unter der Werkbank zwei wuchtige verzierte Klavierfüße aus frischem Rohholz hervor und schwenkt sie stolz. »Eine vollständige Garnitur kostet dreitausend Dollar.«

Die handwerkliche Ausführung ist atemberaubend. Die Beine sind mit reicher Schnitzerei im viktorianischen Stil verziert, mit einem umlaufenden Tulpen-Blatt-Motiv, das sich ganz präzise wiederholt. Carl hält mir einen Fuß hin, damit ich mit dem Finger über das unlackierte Holz fahren und die zarte, gleichmäßige Vollkommenheit der Schnitzerei bewundern kann.

»Wie bekommen Sie so etwas hin?«, frage ich Rudy, der zu uns getreten ist.

»Mein Großvater war Bildhauer, mein Vater Möbelbauer. Hier«, sagt er, wendet sich seiner Werkbank zu und bedeutet mir, ihm zu folgen. Er zeigt mir eine Ansammlung von Schnitzwerkzeugen in vielen verschiedenen Größen; ihre stark abgenutzten hölzernen Griffe sehen sehr alt aus. »Die haben meinem Urgroßvater gehört, in Deutschland.«

»Und was ist mit den Teilen, die Sie nicht geschnitzt haben?«

»Da mache ich das.« Er hebt einen ramponierten Ebenholzfuß, das Original, das er kopiert hat, zur Drechselbank hoch und zeigt mir die Einspannvorrichtung, die er passend zurechtgeschnitten hat.

»Die Drechselbank folgt Ihrer Ausschneideschablone?«

Er nickt kurz. »Hier«, sagt er noch einmal und hält zwei Schnitzwerkzeuge hoch, große spachtelähnliche Klingen in schweren Handgriffen. »Schauen Sie mal.« Er schwenkt eines der Werkzeuge. »Es ist fünfzig Jahre alt. In perfektem Zustand. Und sehen Sie sich das da an.« Er schwenkt das andere. »Das ist erst acht Jahre alt.« Das jüngere Werkzeug ist kaputt, die Kanten sind abgenutzt und verbogen, im Vergleich fast nutzlos. »Sehen Sie, wie die Qualität sich geändert hat?«

Gleich hinter Rudys linker Schulter erregt etwas Ungewöhnliches meine Aufmerksamkeit: Dem Arbeitstisch in Form eines Flügeldeckels ist ein kleiner Wald entsprossen – mehr als ein Dutzend Bretter sind zwischen Tisch und Decke geklemmt. Sie sind etwa zweieinhalb Meter lang und biegen sich leicht unter dem Druck. Die helle Holzplatte, auf der sie stehen, ist mit riesigen Zwingen am Tischrand befestigt. Hier werde ein Klavier-Resonanzboden hergestellt, erklärt Rudy. Der Tisch, eine Art Hackblock, ist nach innen leicht ausgehöhlt; der Resonanzboden, der als flache Platte aus Deutschland eintrifft, wird durch die Kraft der Bretter in die Höhlung gepresst. So entsteht die Wölbung, die eine ganz bestimmte Form haben muss, um den Klavierklang angemessen wiederzugeben.

Carl wird sehr lebhaft, als er mein Interesse am Resonanzboden bemerkt. Er zeigt mir einen kleinen Verschlag am Ende der Werkstatt, den er »Dampfkammer« nennt. Darin sind flache Resonanzböden und andere kostbare Hölzer sorgsam gestapelt. In der Dampfkammer herrschen stets gleich bleibende

Temperatur- und Feuchtigkeitsbedingungen, 31 Grad Celsius und 28 Prozent Luftfeuchtigkeit. Nachdem das Holz aus Deutschland oder Kanada angeliefert wurde, akklimatisiert es sich hier etwa ein Jahr lang.

»Für die kleineren Klaviere ist bayerische Fichte besser geeignet«, sagt Carl. »Das Fichtenholz kommt aus den Alpen. Hören Sie sich das an.«

Er marschiert hinüber zu einem alten Flügelgehäuse mit einem brandneuen Resonanzboden. Carl hämmert mit der Faust auf den Resonanzboden, er dröhnt wie eine Trommel, ein fortlaufendes Echo über den ganzen grottenartigen vierten Stock, ein tief nachhallender Herzschlag.

»Diese Resonanzböden werden von der Firma Strunz hergestellt; die sind seit 1820 im Geschäft. Ich nehme an, ihnen gehören bestimmte Wälder. Da drüben sind sie sehr genau, was die Forstwirtschaft angeht. Es ist sehr schwer, zu dem Studium zugelassen zu werden. Wie in Harvard.«

Carl sagt, in diesem Stockwerk werde einmal eine Schule für Klaviertechniker entstehen. »Der einzige Ort für eine gründliche technische Ausbildung ist Deutschland. Die Einwanderungsbestimmungen machen es allerdings sehr schwierig, Leute von dort hierher zu bekommen. Mir schwebt vor, deutsche Techniker für ein halbes Jahr rüberzuholen, damit sie unterrichten.«

Sein Handy klingelt. »Entschuldigen Sie.« Das Gespräch ist kurz. »Ich muss nach unten, zu ein paar Arbeitern. Bin bald wieder da.« Eilig verschwindet er und lässt mich mit dem wortkargen Rumänen in dessen Werkstatt zurück.

Ein Radio auf einem Wandregal ist auf einen Opernsender eingestellt. In einem kleinen Holzofen mit Glastürchen prasselt ein Feuer, genährt von alten Resonanzböden und Holzabfällen. Über Rudys Werkbank sind riesige Sprossenfenster, durch die man auf die Stadt und den Fluss hinabblickt. Der Raum ist durchflutet von warmem spätherbstlichem Licht, das indigoblaue Schatten auf die abgenutzten Bodendielen wirft. Die Szenerie könnte einem Renaissancebild entstammen, das einen Meisterhandwerker bei der Arbeit zeigt. Rudy wendet sich mir zu, eine Vierteldrehung, und deutet hinaus.

»Hier standen wir am elften September, sahen das World Trade Center brennen und dann verschwinden«, sagt er langsam, seine tieftraurigen Augen blicken in meine, seine Stimme ist ruhig, sein Akzent ausgeprägt. Und tatsächlich, man sieht aus diesem Adlerhorst im vierten Stock bis zur Südspitze von Manhattan.

Rudy schlurft hinüber zum Klavier mit dem neuen Resonanzboden. Direkt über dem Gehäuse hängt die gusseiserne Platte, frisch mit bronzefarbenem Lack angestrichen. Sie wird von Ketten gehalten und hängt von einer Krananlage. Rudy zeigt auf die Unterseite der Platte, wo der Gießer sie ein Jahrhundert zuvor mit weißer Kreide signiert hat: *Petterson* steht da in einer eleganten Kursivhandschrift. Klavierbauer hätten jedes Teil signiert, das sie anfertigten, erklärt Rudy.

Langsam senkt er die Platte an ihre Position im Gehäuse, seine klobigen Hände fest um die Kette gelegt, die Krananlage scheppert. Behutsam wickelt er eine Rolle feinen gewachsten Baumwollfaden ab, der an ein kleines, thermisch vorgeformtes Stück Messing gebunden ist, eine so genannte Agraffe. Rudy zieht den Faden über die gesamte Platte und den Steg, genau in der Richtung, die der Klavierdraht nehmen wird, per Augenmaß und mithilfe von hölzernen Spänen bestimmt er den Winkel der Saiten.

Dieses Ausmessen der Saitenwinkel wird Ausrichten genannt. Ohne sorgfältiges Ausrichten wird das Klavier nicht sprechen, der Ton nicht erblühen. Rudy sagt, er brauche einen Winkel von fünf Millimetern über dem Steg im Diskant und vier im Tenor.

Nachdem er seine Messungen beendet hat, zieht er an der Kette, um die Platte wieder zu heben. Er beugt seinen Oberkörper beinahe waagrecht über den Klavierrahmen und steckt eine kleine metallene Schablone auf einen der gerillten Dübel, die den Rand des Resonanzbodens wie Stifte umrahmen. Mithilfe einer Flachsäge mit sehr feinen Zähnen schneidet er die Dübel entsprechend zurecht. Als alle Dübel bearbeitet sind, halten sie die Platte in genau der richtigen Höhe für die Ausrichtung über dem Resonanzboden.

Ich sehe Rudy konzentriert beim Arbeiten zu, versuche alles mitzubekommen und ihm trotzdem nicht im Weg zu sein. Hin und wieder schaut Rudy zu mir herüber.

»Meine Kinder interessieren sich nicht dafür«, sagt Rudy, als würde er meine gespannte Aufmerksamkeit kommentieren. »Ich hab's meinen Söhnen beigebracht, aber sie haben keine Lust dazu. Sie möchten mit Computern arbeiten, im Marketing.«

»Haben Sie Schüler?« Wie schrecklich wäre es, wenn diese Fertigkeiten nicht weitergegeben würden.

»Noch nicht. Jetzt mache ich neue Stegdoppel.«

Der Steg ist ein langer, flacher Bogen aus Holz, der an den Resonanzboden geleimt wird, er ist der einzige Berührungspunkt zwischen dem Resonanzboden und den Saiten. Wenn die Saiten vibrieren, überträgt der Steg ihre Schwingungen auf den Resonanzboden, der als Umwandler fungiert und die Schwingungen verstärkt, bis sie hörbar werden. Rudy hat den Originalsteg des Klaviers beibehalten, fertigt aber aus radial geschnittenem Holz des Kahlen Ahorn ein Stegdoppel an.

Das alte Stegdoppel hat er bereits entfernt, jetzt legt er das dunkelbraune, gealterte Holz des alten Stegs auf seinen Arbeitstisch. Mit den Löcherreihen sieht er aus wie ein in die Länge gezogenes Cribbage-Spielbrett. Die Löcher sind durch Metallstifte entstanden, die ehemals die Saiten über den Steg geleitet haben. Rudy klopft mit einem Kugelhammer hölzerne Zapfen in die Löcher und schleift dann die Oberfläche mit einer Bandschleifmaschine glatt.

In weniger erfahrenen Händen würde ein schwerer Bandschleifer den Steg durch die Gegend schleudern oder vielleicht zertrümmern. Aber Rudy handhabt die schwere Maschine so leicht und gewandt, als wäre sie ein Handhobel.

Rudy muss einmal über 1,90 Meter groß gewesen sein. Doch trotz des Rundrückens, den Jahrzehnte des Arbeitens in gebückter Haltung verursacht haben, hat er immer noch die Silhouette eines Linebacker. Wenn er mit Holz arbeitet, sind seine Bewegungen effizient, sogar schön in ihrer trügerischen Schlichtheit.

In der Dampfkammer untersucht Rudy einige Stücke Ahorn, die in den kanadischen Rocky Mountains gefällt wurden, und sucht nach der feinsten Faser. Die Dichte der Holzfaser im Steg, so erklärt er, muss derjenigen des Resonanzbodens, auf dem er aufliegt, entsprechen. Er sucht ein 2,5 Zentimeter dickes Brett aus und trägt es zurück zu seinem Arbeitstisch, wo er den Umriss des alten Stegs auf das neue Holz überträgt.

Er schaltet eine Bandsäge an, hält das Ahornbrett an die rotierende Klinge und schneidet entlang den geschwungenen Bleistiftlinien. Mühelos führen seine zuverlässigen Hände das schwere Holz. In Bezug auf Holzarbeiten mag eine solche Bezeichnung seltsam anmuten, aber Rudys Kunstfertigkeit im Umgang mit Werkzeugen ist geradezu poetisch. Ich bin fasziniert.

Unversehens pflügt ein schnurrbärtiger Mann direkt an

uns vorbei, wie aus dem Nichts aufgetaucht. »Ich sehe, du hast einen neuen Lehrling! Nächste Woche kannst du in Rente gehen!«, ruft er und verschwindet durch eine Tür am anderen Ende des Raumes.

»Das ist Mark«, sagt Rudy und neigt den Kopf in Richtung von Carls Verkaufsleiter. »Mark hat es immer eilig.«

Ein Lehrling! Einen angenehmen Moment lang stelle ich mir vor, ich schlüge einen Weg ein, der mir nicht mehr offen steht. Mit Rudy als meinem Lehrherrn könnte auch ich eines Tages mit Holz tanzen, könnte Klaviere entstehen lassen, hinter ihren Zauber kommen. Ich denke an Rudys Bemerkung über seine Kinder.

»Wie viele Kinder haben Sie?«

»Zwei«, sagt Rudy, zieht die Brauen hoch und schürzt die Lippen, während er den alten Steg und das neue Stegdoppel mit einem Schaber aufraut, um sie für das Leimen vorzubereiten. »Einer ist im Marketing. Der andere hat einen Baumaschinenverleih.«

»Wie lange sind Sie verheiratet?«

»Hab 1965 geheiratet. Erst 1969 hat mich die Regierung ihr nachreisen lassen. Sie konnte raus, weil sie Armenierin ist. Juden und Armenier durften ausreisen. Aber es wollten alle raus aus Rumänien.«

Während Rudy arbeitet, entrollt sich unter meinem Drängen nach und nach seine Geschichte. Bisweilen muss ich nachfragen, um sein Englisch zu enträtseln.

Rudolf von Bartesch entstammt einer Leipziger Familie, aus der seit Generationen Holzschnitzer und Klavierbauer hervorgingen. Nach dem Ersten Weltkrieg war Rudys Großvater gezwungen, das Land zu verlassen. Er ließ sich in Rumänien nieder. Als Rudy, der dort geboren wurde, vierzehn war, begann er in der Klavierfabrik Doina zu arbeiten. Fünfzig Jahre später übt er immer noch das Familienhandwerk aus. »Daheim in Rumänien haben mein Großvater, mein Vater, einfach jedes Familienmitglied nach der Arbeit ein Instrument gespielt. Es gab Kammermusik, kein Radio; ich habe es mit Geige und Klavier versucht.«

Unter Ceauşescu war Rudy Klavierstimmer an einem Bukarester Konservatorium, wo er seine zukünftige Frau Seta Karakashian kennenlernte, eine Pianistin armenischer Abstammung. Nach nur einem Jahr am Konservatorium ergriff Seta die sich überraschend ergebende Gelegenheit, Rumänien zu verlassen. Das Paar heiratete überstürzt, der Konsul an der amerikanischen Botschaft war Trauzeuge. Zwei Stunden nach der Zeremonie war Rudys junge Ehefrau außer Landes. Ohne ihn.

Seta schrieb Rudy jeden Tag, 365 Briefe im Jahr, fünf Jahre lang. Sie schrieb auch an Präsident Nixon, der 1969 Rumänien besuchte und die Ausreise bestimmter rumänischer Bürger in die Vereinigten Staaten zu erreichen versuchte. Dank Seta stand Rudy auf Nixons Liste. »Eine sehr starke Frau. Sie kämpfte unaufhörlich«, sagt Rudy über seine Frau, die damals tagsüber an der Juilliard School studierte und abends in einem Kaufhaus arbeitete.

Rudy kam in New York an mit nichts als den Kleidern, die er am Leib trug. Schon am nächsten Morgen begann er an der Juilliard School als Techniker zu arbeiten. Er konnte kein Englisch. Nach Feierabend arbeitete er noch bei A. C. Pianocraft, der angesehenen Firma für Klavierrestauration, und wurde dort schließlich Partner. Sein Arbeitstag begann um sieben Uhr früh und endete um zehn Uhr abends. Fünf Jahre später machte er sich selbständig. Rudy hat einige berühmte Klaviere restauriert, darunter den reich verzierten Steinway Modell B der Familie Woolworth und ein Pianino, das einmal König Georg V. gehört hatte.

1973 erhielt Rudy seine Green Card und konnte nach Rumänien zurückkehren, um seine Eltern zu besuchen. Er hatte die Briefe seiner Frau aus der Zeit ihrer fünfjährigen Trennung aufgehoben; zusammen bestiegen die beiden jetzt einen Berggipfel in den Karpaten und verbrannten sie alle. Sobald er 1978 US-Staatsbürger geworden war, ließ er seine Eltern und seine Schwester nach Amerika nachkommen.

Rudy schlurft hinüber zu einem anderen alten Flügel, ein verschrammter Steinway Modell A von 1905, den er für einen Privatkunden restauriert. Mechanik und Klaviatur sind bereits ausgebaut, auch die Saiten sind entfernt. Er schaltet eine elektrische Säge mit einem langen, halbmondförmigen, sichelartigen Sägeblatt ein und schneidet den alten Resonanzboden heraus, bricht ihn in Stücke und legt diese neben den Holzofen. »Ich habe die Innenwände meiner Berghütte mit diesen Resonanzböden verkleidet«, sagt er und hält ein goldfarben lackiertes Bruchstück hoch. »Ich habe meine Hütte selbst gebaut. Ich sehe dem Elektriker zu, dann mache ich nach. Sehe dem Installateur zu, dann mache ich nach. Man schaut zu, man lernt. Genau wie mit dem Resonanzboden. Sie bringen dir nichts bei, aber ich schaue zu.« Er deutet mit einem fleischigen Finger auf ein Auge und zieht eine bedeutungsvolle Miene.

»Also könnte ich lernen, das zu tun, was Sie machen, indem ich zuschaue?«

»Sicher!«

Rudys Hütte ist in den Catskills. »Ich liebe die Berge. In den Catskills ich kann sein allein – keine Nachbarn.« Er lächelt.

Plötzlich gleitet das riesige Scheunentor auf seinen Laufrollen zur Seite, und Carl taucht auf mit Junior und Joel, einem jungen Mann, der nicht älter als neunzehn aussieht. Zielstrebig bewegen sie sich durch die Werkstatt. Carl winkt mir zu: »Wir steigen aufs Dach.« Widerstrebend verlasse ich Rudys Gesellschaft, sein dumpfes Brüten, seine schwerfällige Holzschnitzeranmut. Zu schade, dass ich nicht zusehen kann, wie er händisch mit einem Meißel den Steg einkerbt oder wie er den neuen Resonanzboden in das Modell A einbaut.

Aufs Dach geht es über ein schmales, fragiles Leiterchen aus Stahlbändern, gewandt steigt Carl gleich nach Junior und Joel hinauf, und ich folge vorsichtig. Der strahlende Sonnenschein und der blaue Himmel verblüffen mich. Es weht eine frische Brise. Vom flachen Dach aus habe ich einen wunderbaren Blick über Manhattan im Süden bis zur Bronx im Norden und Westen. Carl und seine Assistenten stehen bereits am anderen Ende des enormen Daches und blicken in ein großes Loch direkt über einem der Lagerbereiche; ich gehe zu ihnen hinüber. Carl fährt gedankenverloren mit der Spitze eines staubigen Straßenschuhs über den Rand des Loches. Die Dachdecker müssten eigentlich jeden Moment da sein, sagt er. Er gibt Junior und Joel einige Anweisungen, dann verschwinden die beiden über die wackelige Leiter. Carl macht eine weit ausholende Handbewegung.

»Von den Lagerhäusern, die Sie da am Bruckner Boulevard sehen«, sagt er und weist nach Norden, »waren viele einmal Klavierfabriken. An der Ecke, gleich da drüben, war Estey Pianos. Zwei Blocks weiter Krakauer. Die Winter-Fabrik stand nur ein Stückchen weiter oben. Wir hatten Glück, diese Halle zu kriegen. Das Grundstück gehört uns, und das Gebäude ist stabil. Ich möchte noch zwei Stockwerke aufsetzen und einen Kräutergarten auf der Dachterrasse anlegen.« Er weist mit einem Stemmeisen gen Himmel, wie um dort seine Pläne zu skizzieren. »Ich bin seit mehr als vierzig Jahren Vegetarier und glaube an die Heilkraft von Kräutern. Kräuter bergen das Geheimnis des Lebens.«

Er geht auf und ab, als wollte er einen Vortrag vor einer Klasse halten. »Alternativmedizin ist eine Wachstumsbranche. Wir werden frische Küchenkräuter in einem großen Gewächshaus anbauen.«

Er bleibt stehen, wendet sich zu mir und legt nachdenklich den Finger an die Lippen. »Ich hätte Heilpraktiker werden sollen. Ich hatte eine Begabung dafür, aber jetzt ist es zu spät.« Er zuckt mit den Achseln. »So heile ich eben statt der Menschen ein paar Klaviere.«

*

»Juri war hier«, sagt Rudy, als wir wieder in die Werkstatt treten. »Er hat sich den Bechstein angesehen. Er meint, braucht neue Hämmer.« Rudy möchte den Bechstein aus seiner Werkstatt kriegen. »Kein Platz mehr«, sagt er und schüttelt bedächtig den Kopf.

»Morgen wissen wir mehr«, sagt Carl.

Er geht wieder nach unten, aber anstatt ihm zu folgen, ergreife ich die Gelegenheit und sehe zu, wie Rudy die Saiten in einem Klavier aufzieht. Bevor das Klavier besaitet ist, weiß er nicht, ob seine Restaurierung erfolgreich war. Manchmal müsse er es wieder auseinandernehmen und von vorn anfangen, erklärt er mir.

Jetzt lässt er die Schlösser an einem schwarzen Samsonite-Aktenkoffer aufschnappen; darin sind große rote und grüne Filzflicken, ein Stimmhammer und Fassungen in verschiedenen Größen, eine Schere, Stimmwirbel aus Stahl, eine Rolle weißes Klebeband, ein Holzhammer, eine Drahtzange und ein eigenartiger kleiner Winkelschraubenschlüssel. Das ist seine Besaitungsausrüstung.

Er beginnt damit, seinen linken Daumen und Zeigefinger

zu umwickeln, bis sie aussehen, als hätten sie einen Gipsverband. Dann klebt er einen langen grünen Filzstreifen über den vorderen Rand des Klaviers, um es zu schützen. Mit der Schere schneidet er roten Filz in lange Streifen, trägt Gummiklebstoff auf die Klavierplatte auf und befestigt die Filzstreifen mit leichten Klopfbewegungen an Ort und Stelle. Ein grobes hölzernes Gerät – ein horizontales Rad – steht auf dem Klaviergehäuse. Es dient dazu, große Spulen Klavierdraht abzuwickeln. Rudy sagt, dass er es selbst gebaut habe.

»Du baust eigenes Werkzeug, alles andere du kaufst«, meint er, während er die erste Länge Draht von der Spule abwickelt. »Es braucht Jahre.«

Wieder fährt das Scheunentor zur Seite, und zwei Männer betreten die Werkstatt. Einer trägt eine Propangasflasche, der andere schiebt eine Rolle Teerpappe auf einer Sackkarre vor sich her. Rudy weist ihnen den Weg aufs Dach.

Er fädelt den Draht durch einen Stimmwirbel und zurrt ihn mit dem Winkelschraubenschlüssel fest. Mit dem Schlägel klopft er den Wirbel in den Stimmblock, bis die Bläuung auf dem Stahl unter der Platte verschwindet. Dann zwickt er das überstehende Stück Draht mit einer mächtigen Kneifzange ab, die zuschnappt wie ein Gebiss.

Oben wird gehämmert.

Rudy schlingt das andere Ende des Drahts um einen Anhangstift auf der Platte, zieht den Draht zurück zum Stimmblock, windet ihn dann wieder um einen Stimmwirbel und klopft ihn in den Stimmstock. Noch mehr Draht zieht er heraus, fädelt ein und windet, hämmert und zwickt ab, alles mit routinierter Gleichmäßigkeit. Durch seine Halbbrille begutachtet er aufmerksam seiner Hände Arbeit. Nachdem er den ersten Abschnitt Saiten mit dem Stimmhammer festgezogen hat, fordert er mich auf, an einer zu zupfen.

Das ist die erste Klangprobe des Klaviers, der Augenblick seiner Wiedergeburt. Ich zupfe eine Diskantsaite mit dem Fingernagel an, und sie ertönt sauber, mit einer guten Ausklingphase, der Ton klingt lange durch die Luft, hörbar sogar über die Radiogeräusche und das Hämmern auf dem Dach hinweg.

Als Rudy nun die neuen Anhangstifte einschlägt, klingen die gespannten Seiten mit.

Das Hämmern über unseren Köpfen wird heftiger, und plötzlich prasseln Staub und Schutt auf das Klavier herab. Direkt über uns hat sich ein Loch aufgetan, durch das Tageslicht hereinströmt. Juniors Kopf taucht auf, er grinst uns an wie ein Springteufel. Rudy brummelt etwas, das ich nicht verstehen kann. »Der Lack ist noch nicht getrocknet«, beschwert er sich. Er holt eine durchsichtige Plastikplane und breitet sie hastig über das Klavier. »Das war's für heute«, sagt er und greift nach seiner Jacke.

Ich bin von Herzen enttäuscht. Ewig könnte ich Rudy beim Arbeiten zusehen.

*

Ich entdecke Carl im dritten Stock, wo die Klaviere neu lackiert werden. Arbeiter mit Kopftüchern schmirgeln mit Schleifklötzen leere Gehäuse ab. Auch vor die Nase haben sie Tücher gebunden, wie Straßenräuber, nur die dunklen Augen sind zu sehen. Die Luft ist chemikaliengeschwängert. Es läuft eine spanische Radiosendung. In einer Farbspritzkabine erhalten die Klaviere zuerst eine Polyesterversiegelung, dann eine Nitrolackierung. Eine Frau reibt ein Gehäuse aus Walnussholz mit einem Bausch feiner Stahlwolle ab und satiniert den Lack.

»In der Lackierabteilung sind alle aus Ecuador«, sagt Carl.

Die Arbeiter lächeln freundlich mit den Augen. »Einmal habe ich dreizehn verschiedene Nationalitäten im Lagerhaus gezählt. Derzeit haben wir Leute aus Russland, Ecuador und Deutschland.«

Im Moment arbeiten zehn Frauen und Männer dort, Rudy nicht mitgezählt, der nicht fest angestellt ist, aber als Gegenleistung dafür, dass er die Werkstatt nutzt, Restaurierungsarbeiten für Carl durchführt.

»Wir haben Juri, der kam von Steinway. Er hat eben ein Angebot vom Peabody Conservatory bekommen, als Assistent des Chefs ihrer Abteilung für Klaviertechnik zu arbeiten.« Carl zählt an den Fingern ab und memoriert seine Belegschaft. »Wir haben Simeon, einen Russen aus Kiew. Er war dort in einer Klavierfabrik beschäftigt. Er macht die Besaitung und Bestiftung. Sein Bruder hat auch für uns gearbeitet, aber er hatte einen Schlaganfall. Miron Bilyeski ist unser Holzarbeiter. Aus Holz kann er alles machen. Er ist polnisch-russisch – oder zumindest spricht er Russisch. Miron ist ein Künstler, ein Bildhauer. Dann haben wir die Managerin im Lagerhaus, Judy Macancela. Sie kümmert sich um vieles – sie lackiert, sie fertigt alle Tastenbeläge und setzt die Metallstifte, die die Tasten in Position halten, neu ein, und sie weiß, wo was ist. Ihre Schwester Rosa ist ebenfalls beim Lackieren beschäftigt. Gerade bessert sie eine französische Politur aus.« Er zeigt zu der Frau, die das lackierte Walnussholzgehäuse abschmirgelt, und sie nickt uns zu.

»Alois Kronschläger, ein gebürtiger Österreicher, hat die School of Visual Arts absolviert, er ist ein Avantgarde-Bildhauer. Er ist unser Experte für Farbabstimmung und kennt sich von allen am besten damit aus, beschädigten Polyesterlack zu reparieren. Er verlangt inzwischen hundert Dollar die Stunde, so gut ist er. Dann haben wir unsere drei Vollzeit-

Lackierer, alle aus Ecuador, so wie Rosa und Judy, die schon viele Jahre bei uns sind. Carlos Perez aus der Dominikanischen Republik ist seit zehn Jahren bei uns, er kümmert sich um die Dämpfer.«

»Und Junior und Joel?«, frage ich nach.

»Natürlich. Junior ist seit neunzehn Jahren bei mir. Wir haben allerhand miteinander erlebt. Joel hat gerade erst bei uns angefangen. Er hat vorher auf einem Biohof gearbeitet. Er wird sich um den Kräutergarten auf dem Dach kümmern.«

Wir poltern durch das trüb beleuchtete Treppenhaus die Stufen hinunter. Im dichten Dämmerlicht bleibt Carl auf dem Treppenabsatz stehen und dreht sich zu mir um, will etwas sagen, aber dann klingelt sein Handy. Jemand teilt ihm mit, dass der Heizer auf dem Weg zum Ladengeschäft in Spanish Harlem ist; Carl soll ihm den Keller aufschließen. Wir müssen sofort aufbrechen.

Wieder umfängt uns die Dunkelheit im Erdgeschoss. Das ist tatsächlich das chaotischste Stockwerk im Lagerhaus, ein Paradies für einen Messie. Aber das Chaos ist organisiert. Carl weiß, wo sich was befindet. Er legt seine Hand auf einen Stapel dicker, laminierter Bretter und sagt mir, aus jedem davon könne man drei Stimmstöcke machen.

»Wir haben vor, ein wirklich tolles Klavier zu bauen. Eine großartige Technikerin arbeitet mit mir zusammen, sie hat von den legendären New Yorker Klavierbauern gelernt – und sie hat sich in die alten Kranich & Bach-Klaviere verliebt, die großen. Wenn wir ein bisschen Geld zusammenhaben, lassen wir in China fünfzig Platten gießen, den Rahmen nach unseren Vorgaben anfertigen und bringen dann ein Klavier heraus, das seinesgleichen sucht. Aber«, sagt er mit einem Achselzucken und lächelt mich schelmisch an, »das könnten Hirngespinste sein.«

Carl, denke ich, du verfolgst sicher mindestens ein Dutzend Hirngespinste zugleich.

*

Carl parkt den Kombi in zweiter Spur direkt vor einem roten Ziegelbau, dem Ausstellungsraum von Beethoven Pianos in der West 58th Street. Als Carl den Laden 1991 während der Immobilienkrise entdeckte, befand sich darin ein Geschäft für medizinischen Bedarf. Wir gehen durch die Glastür und direkt in den hinteren Bereich des Ausstellungsraums, wo auf einer Art Galerie Bildschirme stehen, darunter Reihen von Flügeln in den unterschiedlichsten Ausführungen, die Deckel in einem stets wiederholten Salut gehoben.

Auf der Galerie tätigen für Verkauf, Transport, Lagerung und Vermietung zuständige Angestellte Anrufe. Ihr Stimmengeschnatter übertönt das Klappern der Computertastaturen und die jämmerlichen Töne eines Klaviers, das gerade gestimmt wird. Über eine Sprechanlage wird Carl ausgerufen; er entschuldigt sich und lässt mich allein im Ausstellungsraum herumwandern. Ich schlage ein paar Noten auf einem Feurich an, spiele eine Passage auf einem Hamburger Steinway, einige Akkorde auf einem Mason.

»Kann ich Ihnen behilflich sein?«, fragt eine Frauenstimme. Der Akzent ist unverkennbar japanisch. Ich blicke hoch und sehe eine schlanke, selbstbewusste Frau im schwarzen Hosenanzug direkt neben mir stehen. Ihr rundes Gesicht wird von schwarzem, zu einem Knoten zusammengefasstem Haar eingerahmt. Ich blicke in ihre freundlichen, wachen Augen und bin fast sicher: Das muss Kaoru sein, Carls Frau. Das Timbre ihrer Stimme ist unverwechselbar.

Ich stelle mich als die lästige Grotrian-Käuferin vor, und sie lächelt strahlend. »Ja! Ich habe gehört, dass Sie kommen!« Sie fordert mich auf, neben ihr auf einem Diwan unterhalb der Galerie Platz zu nehmen.

Kaoru arbeitet seit etwa sieben Jahren im Geschäft. Zunächst sei es nur darum gegangen, dass die Kinder mehr Zeit mit ihrem Vater verbringen konnten, sagt sie. Sie half bei der Buchhaltung, mied aber wegen ihres damals noch schlechten Englisch die Kunden. Doch eines Tages verkaufte sie zwei sehr teure Steinway-Flügel an japanische Kunden. »Carl war so glücklich. Ich sagte: ›Siehst du? Ich kann es!‹« Ihr Gesicht strahlt, sie reckt im Triumph die Faust, als habe sie diesen Sieg erst gestern errungen.

Heute behält Kaoru die Finanzen im Blick. Carl, erzählt sie, müsse sie um Erlaubnis fragen, wenn er etwas Größeres anschaffen wolle. »Manchmal fragt er nicht und versucht seine Pläne vor mir zu verbergen.« Sie lacht.

»Es ist sehr schwierig, verheiratet und im selben Geschäft zu sein. Es hilft, dass er ein Optimist ist. Außerdem ist er ein Glückspilz. Immer wenn wir in der Klemme sind, geschieht ein Wunder. Als wir zum Beispiel Geld brauchten, um das Lagerhaus zu kaufen – sonst hätten wir es verloren –, kam ein Jazzpianist, um sich eine Klavierbank zu besorgen, und kaufte schließlich einen Steinway-Flügel im Louis-XIV-Stil. Carl glaubt an solche Zufälle. Aber er ist nicht einfach. Ich muss dauernd achtgeben, und er mag es nicht, kontrolliert zu werden. Zum Beispiel würde ich gerne neue Klaviere verkaufen. Sie bringen mehr Gewinn, machen weniger Probleme. Man kommt auch schneller an Bargeld. Ein Klavier zu restaurieren dauert ewig, und die Leute sind besonders wählerisch, wenn ein Klavier nicht neu ist. Das Restaurieren nenne ich Carls Hobby. Unser Finanzberater meint, damit sei kein Geld zu verdienen. Aber Carl interessiert das Geld nicht. Er möchte, dass Pianisten bessere Klaviere bekommen. Er will nicht, dass alte Klaviere vernichtet werden. Es gefällt ihm, wenn jemand eines kauft, der es zu schätzen weiß.«

Ich frage sie, welche Art von Kunden in ihr Geschäft kommen.

»Oh, es gibt da so komische Leute!« Sie lacht charmant. »Musiker sind sehr eigen. In meiner Heimat habe ich nie solche Typen gesehen. Da kommt zum Beispiel ein großer Pianist, der hat immer seine Klavierbank dabei, sogar wenn er Rad fährt. Einen anderen Kunden haben wir, der sucht seit zehn Jahren sein Traumklavier. Er bringt selbst das ›Verkauft‹-Schildchen an. Zwei Tage später kommt er wieder und sagt: Das ist es nicht. Manchmal leistet er per Kreditkarte eine Anzahlung, und am Ende zerreißen wir sie. Einmal fiel eines seiner Schildchen herunter, und ich verkaufte das Klavier. Er war außer sich. Danach bat ich Carl, ihn nicht mehr die Schildchen anbringen zu lassen. Aber mein Mann mag ihn – ›Ach, er sucht das Klavier seiner Träume, lass ihn doch‹.«

Kaoru entschuldigt sich, sie muss ein Telefongespräch annehmen; ich sehe, dass Carl vorne beim Eingang einen Kunden begrüßt. Er trägt jetzt einen dunkelblauen Blazer über seinem Rollkragenpullover, vom Lagerhausverwalter hat er sich in den Herzog des Ausstellungsraums verwandelt. Einzig die Bartstoppeln auf seinen Wangen und der Staub auf seinen Straßenschuhen deuten auf seine Lagerhausexistenz hin.

Als ich nähertrete, höre ich den Mann fragen: »Was kostet ein Pianino?«

»Ab 1500 Dollar aufwärts«, sagt Carl freundlich, die Hände auf dem Rücken. Er strahlt Würde und Ernsthaftigkeit aus.

»Und was kostet ein Flügel?«

»Dasselbe. Ab 1500 Dollar aufwärts.« Der Kunde sagt, er werde sich umsehen, und Carl wendet sich mir zu.

»Ich muss Ihnen etwas zeigen.« Er bedeutet mir, ihm die Treppe hinauf in den ersten Stock zu folgen.

»Das haben wir eben hereinbekommen. Frisch aus der Kiste. Daran ist noch überhaupt nichts gemacht worden.« Er zieht schwungvoll die Klavierbank weg und bedeutet mir, auf einem glänzenden schwarzen Flügel zu spielen. Auf dem Klaviaturdeckel steht »Ritmüller«. Ich setze mich und spiele die Anfangstakte des h-Moll-Walzers von Chopin. Der Diskant klingt zart, klar, lieblich und komplex. Ich blicke auf das goldgerahmte Preisschild auf dem Notenständer. Es ist ein neues Klavier, *made in China*, nur 8000 Dollar. Dieser niedrige Preis ist einfach unglaublich.

»Ich bin beeindruckt!«, rufe ich überrascht aus.

»Es wird von Pearl River in Guangzhou hergestellt. Die bauen jetzt 475 Klaviere *am Tag*. Sie sind der Grund, warum Yamaha nun Klaviere billiger machen will.« Carl erklärt, dass chinesische Klaviere die Preise für neue Instrumente drücken – allein im vergangenen Jahr um achtzehn Prozent – und dass die Gewinnspannen für Händler schrumpfen. »Sie haben den Vorteil durch Massenproduktion, sie zahlen ihren Arbeitern, sehr disziplinierten Arbeitern, nur 1,50 Dollar pro Stunde, sie haben die modernste Ausrüstung, können die begabtesten Klavierdesigner aus der ganzen Welt engagieren. Sie bauen Hunderttausende Klaviere und verdienen ein Vermögen.«

Ich spiele noch ein wenig auf dem Ritmüller und bin verblüfft, wie schön er klingt. Er fühlt sich an und spielt sich wie ein deutsches Klavier. Die Deutschen haben seit dessen Erfindung vor mehr als dreihundert Jahren wohl die besten Klaviere gebaut; die Chinesen sind erst vor zehn Jahren in den Weltmarkt eingetreten. Die meisten chinesischen Klavierfabriken sind weniger als fünf Jahre alt. Sie haben schnell gelernt.

»Offenbar ein Klavier, das von dem Moment an, da Sie es

berühren, zu Ihnen singt«, meint Carl. Er sagt es ganz sachlich, wie eine nicht zu leugnende Tatsache. Er glaubt es, so viel ist klar. Nachdem ich auf dem Klavier gespielt habe, glaube ich es auch. Hätte ich mich in dieses Klavier verguckt, wenn ich nicht vorher Marlene kennengelernt hätte?

»Dieses Klavier hätte ich ernsthaft in Erwägung gezogen, Carl.«

»Es gibt viele Wege nach Rom. Sie können sie nicht alle einschlagen«, sagt Carl. »Es gibt immer einen Markt für handgefertigte Klaviere. Diejenigen, die ein Gehör entwickeln oder damit geboren wurden, werden den Unterschied immer bemerken und dafür zahlen.«

*

Draußen ist es dunkel geworden und kalt. Der Stoßverkehr ist vorüber, weniger Leute kommen am Schaufenster vorbei. Kaoru und die Angestellten sind nach Hause gegangen. Carl und ich sitzen auf Klavierbänken mitten zwischen den Flügeln, mit dem Rücken zu den Klaviaturen, und er verbreitet sich über den Klavierhandel.

»Man braucht eine Menge Optimismus. Die Branche ist im Abstieg begriffen. Finanziell gesehen balancieren wir am Rand des Abgrunds entlang. Das Klavier konkurriert mit Computern, Fernsehern, Stereoanlagen oder Fußballspielen um die freie Zeit. Aber um die Jahrhundertwende war das noch ganz anders. Als dann das Radio aufkam, bekam die holzverarbeitende Industrie einen Riesenschreck. Klavierfabrikanten waren ihre wichtigsten Abnehmer. Aber zu ihrer Überraschung verkauften sie von da ab noch mehr Holz, aus dem dann Radios gebaut wurden.« Er lacht in sich hinein. Carl gefallen solche ironischen Wendungen in der Geschäftswelt.

Die Ladentür geht auf, ein Mann in den Sechzigern, weißer Haarschopf, strahlende Augen, kommt herein. Er trägt einen Aktenkoffer und hat einen Schal um den Hals gelegt. Irgendwoher kenne ich ihn. Ja, ich habe ihn gestern im Lagerhaus in Yonkers gesehen – es ist der Mann, der an einer Mechanik arbeitete, während Marc ein Klavier stimmte. Jetzt sieht er mich neugierig an; auch er erkennt mich wieder.

»Das ist Reinhard Landskron«, sagt Carl. Der Mann schlägt die Hacken zusammen und verneigt sich tief mit einer weit ausholenden Armbewegung. »Der beste Mann für jede Mechanik in der Stadt. Hat bei Steinway gearbeitet.«

Reinhard zieht rasch eine Klavierbank heran, setzt sich zu uns, knöpft seinen Mantel auf und legt den Schal ab. »Ich erinnere mich an Sie!«, sagt er und streckt mir mit einem breiten Lächeln die Hand entgegen.

»Sie kennen Marc also auch?«

»Wenn man lange im Geschäft ist, kennt jeder jeden.« Er sieht mich freundlich an.

Reinhard ist dabei, seit er siebzehn war. Er begann seine Lehrzeit in der Klavierfabrik August Förster in Löbau in Ostdeutschland. Während des ungarischen Volksaufstands 1956 flüchtete Reinhard nach West-Berlin, wo er seine Ausbildung bei Bechstein abschloss. 1963 kam er nach New York und nahm sofort eine Stelle in dem Klavierbauunternehmen Aeolian an, gleich um die Ecke von Beethovens Lagerhaus. Danach war er siebzehn Jahre lang der wichtigste Fachmann für die Mechanik bei Steinway. Jetzt arbeitet er selbständig. Beeindruckt frage ich ihn, ob er einen Lehrling hat.

»Ich habe nie jemanden ausgebildet«, sagt Reinhard. »Wenn ich das täte, wäre ich meinen Job los. In Amerika setzt man seinen Job aufs Spiel, wenn man jemandem was beibringt. Ich habe hier dreißig Jahre für eine Firma gearbeitet, und eines Tages haben sie mich einfach nicht mehr geholt. Warum? Sie haben jemand anderen gefunden, der macht es für zehn Dollar die Stunde.«

»Aber was ist mit Ihrem Können, Ihrem ganzen Wissen? Das sollte doch weitergegeben werden.«

Er wischt meine Frage beiseite. »Ich bin kein Idealist. Ich habe gelernt, dass es in Amerika ums Überleben geht. In Deutschland würde ich sicherlich unterrichten. Wir Deutschen lernen nicht wegen des Geldes. Wir lernen, etwas gut zu machen, uns dabei hervorzutun. Als ich bei Steinway arbeitete, habe ich natürlich Leute angelernt, klar. Dort hätte ich ja meinen Job auch nicht verloren. Die Realität allerdings sieht anders aus. Früher ging man zu Steinway und hat dort gelernt. Aber in den letzten zehn Jahren hat sich auch bei Steinway die Lage geändert. Die alten Hasen sind weg. Heute ist Yonkers angesagt. Alle sind dort.«

Er legt seinen Mantel ab und zieht seinen Wollpullover mit hellblauem Schneeflockenmuster glatt. Es ist warm hier drinnen. Er stützt die Hände auf die gespreizten Knie. »Vierundfünfzig Jahre Arbeit, ich bin müde. Ich sage Carl, es muss ein Ende haben.«

»Warum nehmen Sie dann nicht jetzt einen Lehrling an?«, beharre ich auf meiner Frage.

»Es gibt niemanden, der die Geduld aufbringt, ein Jahr bei mir zu bleiben und zu lernen. Und in ein paar Wochen lernt man nichts. Außerdem sind nicht alle ganz ehrlich. Carl kann Ihnen da viele Geschichten erzählen.« Er weist mit dem Kopf in Carls Richtung.

»Da war mal ein Kunde«, beginnt Carl. »Er wollte einen Grotrian kaufen. Er hatte gehört, deutsche Klaviere seien gut gearbeitet. Wir machten ihm ein anständiges Angebot. Sein Techniker wollte eine Provision, und als wir ihm die nicht gaben, verbreitete er über Piano World, dass Grotrian pleite sei!«

»Ein schreckliches Geschäft«, sagt Reinhard kopfschüttelnd.

»Wir hatten einen phantastischen Louis-XV-Steinway B; ein Mann kam rein und fragte nach genau diesem Modell. Wir sagten, wir hätten einen wunderbaren hier. Seine Frau und seine Tochter waren auch ganz begeistert. Sie wollten ihn kaufen, aber erst sollte ihr Techniker ihn begutachten. Der sagte dann: ›Das ist nichts für Sie.‹ Er wollte ihn einem anderen seiner Kunden andrehen!«

»Ein schreckliches Geschäft!«, wiederholt Reinhard. »Man merkt, wer die Guten und wer die Bösen sind. Und dann gibt's noch die Möbelpacker, die Klaviere klauen, und Carl beschäftigt sie trotzdem wieder.«

»Aber warum sollten Sie Leute noch einmal beauftragen, die Sie bestohlen haben?«, frage ich Carl, der sich an eine Klaviatur lehnt, die Augen halb geschlossen, die Hände um ein Knie verschränkt.

»Sonst beschäftigt sie ja keiner«, antwortet er, als wäre das eine schlüssige Erklärung. Dann bemerkt er meine Überraschung und setzt sich auf. »Ich habe früher Leute genommen, die direkt aus dem Gefängnis kamen, und hatte kaum Probleme mit ihnen. Ich kam mit ein paar Hundert Dollar hier an. Als ich mit dem Studium begann, reichte das Geld bloß für mein erstes Jahr. Ich hatte einen Job, aber nie geerbt. Geld schafft Monster. Widrige Umstände schaffen Menschen. Der wirkliche Vorzug am Geldhaben ist, dass man es weggeben kann.«

Eine Glocke zeigt an, dass die Eingangstür neuerlich aufgegangen ist; ein Kunde. Carl erhebt sich, um zu sehen, ob man ihn braucht, und entschuldigt sich dann.

»Er geht mit Geld um, als wäre es ihm ganz egal«, sagt Reinhard halblaut. »Er vergisst, Leuten Rechnungen auszustellen. Er weiß nicht, ob er jemanden schon bezahlt hat. Im Lagerhaus gibt es keine Stechuhr. Woher soll er wissen, wie lange die arbeiten? Er weiß es nicht! Es gibt keine Lohnbuchhaltung. Jeden Freitag sagen sie: Carl, ich kriege Geld von dir. Ohne Judy und Rosa würde das Lagerhaus nicht funktionieren. So ist Carl.« Reinhard weist mit dem Kinn auf seinen alten Freund, der mit dem Besucher spricht. »Einen Fuß auf der Erde und den anderen im Weltraum!«

15

Die Pianotour

Im Eingangsbereich unterhält sich Carl mit einem Mann, der mir bekannt vorkommt. Mit seinem vollen weißen Haar, seiner frischen Gesichtsfarbe und den Brillengläsern, dick wie die Böden von Cola-Flaschen, würde ich ihn überall wiedererkennen. Es ist David Burton von Piano World. Ich habe sein Foto auf seiner Website gesehen, wo er sich »Der Eisbär« nennt und seine Besuche in Klavier-Ausstellungsräumen beschreibt. In der Hoffnung, mich ins Gespräch einschalten zu können, trete ich näher.

»Wir durchleben eine Phase materialistischer, intellektueller Abhängigkeiten«, sagt Carl. »Auf lange Sicht allerdings sehe ich nicht schwarz. Musik ist ein so wesentlicher Teil der menschlichen Entwicklung und Evolution.«

»Wir stehen an einem wichtigen Punkt der Menschheitsgeschichte«, erwidert David. »Wir müssen entscheiden, was es für uns heißt, ein Leben gut zu leben, und was es für die Gesellschaft bedeutet. Wir sollten Klavierklubs gründen, wo die Leute einmal im Monat füreinander spielen. Das Klavier als Herdfeuer.«

»Amateure könnten hier im Geschäft zusammenkommen«, sagt Carl.

»Hi, David«, werfe ich ein und winke ihm schüchtern zu. Ich habe eine Schwäche für David, der mir einmal erzählt hat, das Klavier sei sein Trost in seinem von Tragödien zerrütteten Leben. Er ergreift meine Hand.

»Sie erkennen mich?«, frage ich.

»Natürlich erkenne ich Sie.«

»Sind Sie auch wegen der Pianotour in die Stadt gekommen?«

»Ja, die möchte ich nicht versäumen. Aber bitte, nennen wir es nicht Pianotour. Es klingt wie Kneipentour. So abschätzig.«

Ich lache bloß. Typisch David. Tatsächlich war ich es ja, die der Zusammenkunft diesen Namen gab, weil ich fand, das klinge eingängig. Einige von uns haben das Ereignis seit Monaten online geplant.

Im August habe ich auf Piano World bekanntgegeben, dass ich im Oktober in New York sein werde, und gefragt, ob jemand Lust auf ein Treffen hätte. Bernard reagierte umgehend mit dem Angebot, in seiner Wohnung in Brooklyn eine Party zu schmeißen. Dann teilten Mitglieder aus Pennsylvania, Kansas, New Hampshire und sogar Bukarest mit, sie würden gerne kommen, und wir beschlossen, etwas Größeres auf die Beine zu stellen als nur eine Party: Wir würden eine Pianotour machen. Da wir auf Piano World unsere Eindrücke von diversen Klaviermarken austauschen, beschlossen wir, gemeinsam einen Ausflug zu den Ausstellungsräumen in der Piano Row zu unternehmen und einander zu zeigen, was wir meinen, wenn wir sagen, der Klang eines Klaviers sei »hell« oder »weich«, »dunkel« oder »süß«.

Fieberhaft wurde geplant, der Diskussions-Thread wurde länger und länger. Wir kontaktierten die in Frage kommenden Klaviergeschäfte und vereinbarten Termine für unsere Gruppe. Faust Harrison erklärte, sie würden am Vorabend unseres Treffens ein Konzert ausrichten, samt Vortrag des Inhabers von Estonia Pianos, des Klaviervirtuosen Indrek Laul, und wir alle seien eingeladen. Als die Zahl der Teilnehmer feststand, reservierte jemand bei Bangkok Cuisine in der Eighth Avenue Tische fürs Abendessen.

Inzwischen ist der Klick zu Piano World für die meisten von uns zur täglichen Gewohnheit geworden, und unsere Freundschaften haben sich vertieft. Das Anschlagbrett wurde seit den Anschlägen vom 11. September zu einer zunehmend komplizierten Angelegenheit, die Zahl der Mitglieder beläuft sich jetzt auf über 17 000 Leute mit sehr ausgeprägten Meinungen.

Es gibt einen harten Kern, dessen Mitglieder ebenso über politische Themen wie über Klaviere wüten, sich überwerfen, das Forum wutentbrannt verlassen und dann reumütig wieder zurückkehren und sich entschuldigen, im kleinen Kreis konspirieren und ihre Triumphe mit der Öffentlichkeit teilen. Und mit alledem, trotz alledem, sind wir mit der Zeit eine enge Gemeinschaft geworden, zusammengeschweißt durch unsere gemeinsame, unerklärliche Klavier-Besessenheit. Bei Piano World habe ich beim Klavierkauf, als Schülerin und während meiner Reise auf der Suche nach einer Lösung für Marlenes verlorene Stimme Unterstützung gefunden. Dort versteht man meine Leidenschaft. Ganz zu schweigen davon, dass es auch sehr unterhaltsam zugehen kann, eine veritable Seifenoper: *Wie das Klavierleben so spielt*, scherzte einmal ein Forumsmitglied. Etliche Gruppenprojekte wurden ins Leben gerufen, darunter eine Wohltätigkeitsveranstaltung, um einem bedürftigen Kind ein Klavier zu schenken, und eine CD mit Einspielungen von Mitgliedern auf ihren eigenen Klavieren, um Geld für die Website zu beschaffen.

Ein persönliches Zusammentreffen ist ein bedeutsames Ereignis für uns, und füreinander zu spielen ist ein wichtiger Teil davon. Dass ich mich so bemüht habe, den h-Moll-Walzer von Chopin auswendig zu lernen und zu verfeinern, ist kein Zufall. Er wird mein New Yorker Debüt sein, aufgeführt vor einer Gruppe alter Freunde, die ich zum ersten Mal sehe.

*

Am Freitagabend geht Kim mit mir zur Eröffnungsveranstaltung, dem Privatkonzert bei Faust Harrison. Wir lassen uns auf Klappstühlen in der Mitte des Ausstellungsraums nieder, und ich sehe mich nach bekannten Gesichtern um. David Burton ist hier, in Sakko und Krawatte. Auch Bernard und Topeka Bob, der eben mit dem Zug aus Kansas gekommen ist. Aber es gibt keine Gelegenheit für ein Gespräch. Wir können einander bloß zuwinken, bevor der offizielle Teil beginnt.

Wir sitzen einem Estonia-Flügel mit geöffnetem Deckel gegenüber. Ein langbeiniger junger Mann mit verstrubbelten Haaren hüpft wie auf Sprungfedern über die improvisierte Bühne, bleibt vor dem Klavier stehen und vollführt eine tiefe Verbeugung. Dr. Indrek Laul, ein Pianist aus Tallinn in Estland, beginnt damit, uns die Geschichte der Klavierfirma Estonia zu erzählen und die vielen Verbesserungen zu erläutern, die er an den Klavieren vorgenommen hat, nachdem er Mitte der Neunzigerjahre das Unternehmen gekauft hat.

Und dann stürzt er sich in eine raue, ungehemmte, vollkommen ungekünstelte Interpretation von George Gershwins »Rhapsody in Blue«. Er wiegt seinen langen Oberkörper hin und her, attackiert die Klaviatur locker und kraftvoll zugleich, schüttelt seinen Kopf mit dem wirren Haar, schließt verzückt die Augen und stampft mit dem Fuß auf. Ich wundere mich anfangs über sein kraftvolles Spiel, und möchte Laul als einen dieser Virtuosen-Angeber abtun, Anhänger einer Marketing-Tradition, die bis zu Liszt zurückreicht.

Bald aber ändere ich meine Meinung. In seiner Darbietung spüre ich etwas anderes, etwas ziemlich Seltenes. Die Theatralik dient keineswegs der Show, vielmehr entblößt sie das Innerste eines Menschen, mit einer Aufrichtigkeit, die mitreißend, wenn auch ein wenig verstörend ist.

Indrek Laul gibt seine Darbietung nackt. Damit meine ich nicht, dass er keine Kleider trägt, sondern dass er nichts zurückhält. Er gestattet uns, einen Indrek zu sehen, der schwer verliebt ist, ein großes, Kind, das einen Riesenspaß hat. Wenn ich mir vorstelle, wie es wäre, auf solche Art vor Publikum zu spielen, bin ich begeistert und entsetzt zugleich. Wie entblößend, wie peinlich. Laul gibt sich preis, als würde er auf der Bühne Liebe machen. Seine Energie elektrisiert den Raum, überwindet unseren Zynismus, macht aus uns Gläubige, trägt uns fort in seine Welt aus Klang.

Ich bin so berührt, fühle mich mit dem Pianisten durch sein Spiel so sehr verbunden, dass ich später auf ihn zugehe und frage: »Wie fühlt es sich an, so zu spielen?«

Laul steht umgeben von einem kleinen Kreis Anbeter da und nippt bedächtig an einem Glas Wein. Zuerst sieht er mich verständnislos an. Also beharre ich: »Ich hätte Angst, auf solche Art vor anderen Leuten zu spielen. Fühlen Sie sich nicht entblößt?«

»Doch«, sagt er und blickt mir direkt in die Augen. Falls er verblüfft ist, eine so impertinente Frage von einer Fremden gestellt zu bekommen, dann zeigt er es nicht. »Mein Lehrer hat immer gesagt: Besser zehn Konzerte im Jahr als zweihundert. Dann kannst du auf der Bühne brennen. Du verbrennst die Kerze.«

Er meint wahrscheinlich, seine Kerze brenne an beiden Enden.

»Wenn man sich so gehen lässt, wird man verwundbar«,

fährt er fort. »Man konzentriert sich auf den Klang. Man hört die Schwingungen und nimmt die Zuhörer mit in diese schwingende Klangwelt voller Anmut. Der Komponist spricht durch einen. Während man spielt, strengt einen das sehr an. Und dann, einen Tag oder zwei später, noch mehr. Die Wirkung ist schockierend. Es ist etwas Anhaltendes, Kraftvolles.«

Seine Worte erinnern mich an einen Abend, als ich für ein paar Freunde zuhause auf meinem Grotrian ein Chopin-Prélude spielte; es schien, als würden vom Klavier und mir elektrische Bögen durch die Luft zu ihnen führen, die uns vermittels der Seele des Komponisten verbanden. Es war mitreißend und nervenaufreibend. Ich konnte fühlen, wie meine Zuhörer dasselbe erlebten. Nachher kam mein Freund Dan zu mir, berührte ehrfürchtig eine Taste des Grotrian und fragte: »Ist das ein besonderes Klavier?«

»Was geschieht dabei mit einem?«, frage ich Indrek.

»Die alten Griechen wussten darüber Bescheid«, sagt er und neigt sich zu mir, um sich trotz der Lautstärke unterhalten zu können. »Wenn die Gehirnforschung einmal weiter sein wird, werden wir mehr darüber wissen. Dann werden wir verstehen, wie wichtig Musik ist, und damit meine ich natürliche Musik, bei der man den Schallwellen direkt ausgesetzt ist – ohne Beteiligung elektronischer Geräte.«

*

Der Tag der Pianotour ist klar und strahlend, ein perfekter Oktober-Samstag. Wir treffen uns in Carls Geschäft. Als ich durch die inzwischen vertraute Glastür gehe, sehe ich, dass die meisten bereits da sind, versunken in die Schätze des Ausstellungsraums. Ich winke Rich D. zu, der aus Virginia zu Besuch ist, und er kommt herüber und umarmt mich. Auch David

Burton winke ich zu, der aus dem Hudson River Valley gekommen ist; er winkt zurück und vertieft sich dann wieder in ein intensives Gespräch mit Carl. Carl sieht in dunkelblauem doppelreihigem Sakko und Krawatte ziemlich präsentabel aus, er hat sich sogar rasiert.

Im Ausstellungsraum herrscht lebhaftes Treiben, ein halbes Dutzend Klaviere werden auf einmal bespielt. Aus einer Ecke schwebt Schubert herüber, wird übertönt von Rachmaninow, der wiederum Liszt weicht. Liszt erstirbt, und ich höre trällernden Mozart, bald überlagert von Scarlatti. Die Kakophonie erinnert mich an den Flur einer Musikschule, wo in allen Übungsräumen Betrieb herrscht. Wie aufgeregte Kinder streifen die Forumsmitglieder von Klavier zu Klavier, lauschen und vergleichen.

»Ist das nicht herrlich? Einfach herrlich?«, ruft Calin, ein dunkler, gut aussehender junger Mann, der aus Bukarest gekommen ist. Calin ist Diplomat im rumänischen Außenministerium und derzeit mit einer Delegation bei den Vereinten Nationen. Er habe erst vor vier Jahren, auf der Hochschule, mit dem Klavierspielen begonnen, erzählt er. Eben hat er auf einem altehrwürdigen Bechstein Mozarts Fantasie in d-Moll gespielt, jetzt lehnt er sich von der Klaviatur zurück und seufzt. Dann stürzt er sich wieder auf die Tasten.

»Darf ich es versuchen?«, fragt Axtremus. Ax ist baumlang, nur Knochen und Kanten. Er ist neu bei Piano World, und wir anderen wissen wenig von ihm, außer dass er aus New Hampshire gekommen ist, um uns zu treffen. Die Musik, die er spielt, beginnt geheimnisvoll, und bald hören alle anderen zu spielen auf. An den hingerissenen und neugierigen Gesichtern im ganzen Raum kann ich ablesen, dass keiner von uns das seltsame Werk erkennt; alle versuchen herauszufinden, was es ist.

»Haben Sie das selbst geschrieben?«, fragt David, als Ax die Hände von den Tasten nimmt und sich zurücklehnt. Wir anderen sind still, lassen den Eindruck der Musik noch auf uns wirken.

»Ja«, sagt Ax. Die Gruppe murmelt ihre Anerkennung und ihr Lob. »Sehr eindrucksvoll.« »Das hat mir wirklich gefallen.« »Wunderbar!« Dann kehren alle an die Klaviere zurück, und die fröhliche Kakophonie beginnt von Neuem.

»Sehen Sie sich mal diese Schätzchen an«, sagt Rich und berührt mich am Arm. Er führt mich zu zwei Steinways im Schaufenster, ein B und ein D, beide altehrwürdig und restauriert. Der D ist aus dunklem Rosenholz, reich geschnitzt mit einem verzierten Notenpult. »Ich bin gespannt, welcher Ihnen besser gefällt.«

Wie seltsam. Obwohl wir uns zum ersten Mal sehen, habe ich das Gefühl, schon Jahre in Richs Gesellschaft verbracht zu haben, so vertraut sind wir einander durch E-Mails, lange Telefongespräche und durch die Fotos geworden, die wir einander von uns und unseren Hunden geschickt haben. Am Telefon habe ich ihn sogar schon mal Klavier spielen gehört.

Und jetzt sind wir hier und spielen Klavier füreinander. In Richs freundlichem, gutmütigem Gesicht prangt ein Flaschenbürstenschnurrbart, seine welligen grauen Haare geben ihm ein distinguiertes Aussehen. Er ist ungefähr so groß wie ich, hat die schlanke Figur eines Läufers, ist mit seiner schokoladenbraunen Lederjacke und den ausgebleichten Jeans leger gekleidet. Nach einer kürzlich überstandenen Knieoperation humpelt er ein wenig; ich biete ihm die Klavierbank vor dem D an.

»Sie zuerst«, sage ich grinsend. Wir haben uns bereits darüber unterhalten, wer das schlimmere Lampenfieber hat. Rich scheint sich ganz wohl zu fühlen, solange der Rest der Gruppe ihn nicht beachtet.

Obwohl ich bereits weiß, dass er ein sehr geübter Klavierspieler ist – sein Lehrer meint, er hätte Berufspianist werden können –, bin ich nicht auf das vorbereitet, was ein Forumsmitglied später als seine »seelenvolle und leidenschaftliche« Darbietung der Mittelpartie von Rachmaninows Präludium in g-Moll bezeichnen wird. Ich bin von den Socken. Dann wechselt er zum B.

Als ich an der Reihe bin, spiele ich auf beiden Flügeln ein bisschen von meinem Chopin-Walzer und entscheide, dass mir der B am besten gefällt. Rich bittet mich, das ganze Stück zu spielen, aber als ich mich hinsetze, um ihm eine Privatvorführung zu geben, hören plötzlich die Musik und die Gespräche auf. Ich hatte online vorgeschlagen, dass die Klavierschüler mit der geringsten Erfahrung zuerst spielen sollten, um nicht zu sehr eingeschüchtert zu werden, und vermutlich wollen mir meine Freunde entgegenkommen. Keine Frage, ich bin hier die am wenigsten weit Fortgeschrittene. Aber die Stille macht mich nervös. Immerhin hat mir Molly beigebracht, wie man sich während des Vortrags selbst gut zuredet. *Spiel dir das Stück im Geist vor. Atme tief durch. Noch einmal. Leg die Hände auf die Tasten. Denk daran, beim ersten Mal die Exposition in gleichmäßigem Tempo zu halten.*

Ich fange zu spielen an, aber schon nach zwei Takten unterbricht mich David Burton im Tonfall eines wohlwollenden Pädagogen: »Nicht so schnell! Wählen Sie ein langsameres Tempo! Da, hören Sie mal.«

Ich drehe mich um und blicke zu ihm hin. David singt die einleitenden Takte, eine Hand zeichnet die Melodielinie in die Luft, die andere klopft auf seiner Anzughose den Takt. Ich nicke und wende mich wieder dem Klavier zu. Er hat recht.

Es ist ein häufiger Fehler, zu schnell zu beginnen, besonders wenn man nervös ist.

Ich fange mich und folge diesmal Davids langsamerem Takt. Ich weiß, was er möchte: Die Melodie sollte lieblich und wehmütig klingen, wie Gesang. Chopin schrieb diesen Walzer, »L'Adieu«, nachdem er erfahren hatte, dass sein bester Freund in einem Krieg gestorben war, dem er selbst entgangen war, weil seine Eltern ihn nach Paris geschickt hatten. Obwohl wir uns Walzer fröhlich und anmutig vorstellen, ist dieses Stück langsam und innig, mehr Klagegesang als Tanz. Ich lege meine Seele hinein und lasse meinen Händen freien Lauf. Sie wissen, was zu tun ist.

Zuerst das Eröffnungsthema. Chopin hat erfahren, dass sein engster Kindheitsfreund tot ist. Es wird wiederholt, diesmal mit mehr Rubato – nicht ganz so streng im Tempo. Dann beginnt das zweite Thema, ein Aufschrei des Protests und der Traurigkeit. Chopin drückt aus, wie sehr ihn die Erinnerung an die Tiefe ihrer Freundschaft und Zuneigung schmerzt. Dann folgt ein leichterer, süßerer mittlerer Abschnitt, womöglich ruft er sich vor Augen, wie unschuldig und sorglos sie in der Vergangenheit waren. Aber dann kehrt die Erkenntnis wieder, dass der Freund tot ist, und das Eröffnungsthema beendet das Werk nach zweimaliger Wiederholung mit einem langsamen Seufzer.

Als ich die Hände von den Tasten nehme und mich zurücklehne, bin ich zufrieden. Meine Finger haben kaum gezittert und mein eigener Zuspruch hat mich vor der Panik und dem musikalischen Blackout bewahrt. Ich stehe auf, meine Wangen gerötet vom Adrenalin und vom aufrichtigen Applaus.

Meine Vorführung hat den Konzertabschnitt unseres Besuchs im Aufführungsraum eröffnet, und David fragt nach

Freiwilligen. Besonderen Spaß macht der Umstand, dass sich jeder ein Klavier seiner Wahl aussuchen kann.

Topeka Bob setzt sich an einen ausnehmend volltönenden Bösendorfer, den wir alle bewundert haben. Er ist sichtlich nervös: Schweiß durchfeuchtet sein großkariertes Hemd, sein Gesicht glänzt, er setzt mehrmals neu an, entschuldigt sich mit einem Scherz, um uns zum Lachen zu bringen und seine eigene Spannung abzubauen. Aber er spielt ein wunderbar interpretiertes Präludium aus Bachs *Wohltemperiertem Klavier*. Der Bosie-Flügel ist perfekt dafür.

Der Reihe nach geht jeder zu einem Klavier und spielt für die anderen.

Ich erhasche einen Blick auf Carl, der uns mit einem zufriedenen Lächeln still beobachtet. Er sieht aus wie ein Impresario, sehr befriedigt darüber, dass so viele lebhafte Klavierliebhaber in seine eklektische Sammlung geplatzt sind.

*

Ganz anders ist die Stimmung gegenüber, bei Faust Harrison, als wir pünktlich um halb vier eintreffen. Michael und Marina Harrison haben ihre Präsentation genau durchdacht. Wir hören aufmerksam zu, während sie uns ihre Restauriermethoden erklären und die Klaviertypen beschreiben, die sie führen. Ihr Warenbestand sind umgebaute Steinways, besonders Art-Case-Klaviere, dazu neue Masons und Estonias. Jedes Instrument im Ausstellungsraum ist makellos hergerichtet und wird möglichst vorteilhaft präsentiert. Das kreative Chaos, das bei Beethoven Pianos herrscht, könnte sich hier nie ausbreiten.

Aber ich möchte unbedingt auf den Instrumenten spielen, und sehe mich um, ob noch jemand sich vor Ungeduld verzehrt. Neben Calin, Rich, David Burton, Axtremus und Topeka Bob sind jetzt auch Frank Baxter, Bernard und »RealPlayer« dabei, die ich noch begrüßen muss. Bernard kenne ich von einem früheren Treffen, und jetzt lächeln wir einander zu. Er trägt ein schwarzes Hemd und schwarze Hosen, sein dunkles Haar ist sehr kurz geschnitten, seine dunklen, ausdrucksvollen Augen erinnern mich an einen Basset. Bernard ist ein sehr empfindsamer Pianist, und ich kann es kaum erwarten, ihn spielen zu hören.

Frank Baxter und ich haben uns in dieser Woche bereits zu Drinks und zum Abendessen getroffen. Bei Wodka Tonic (er) und Tee (ich) verbreiteten wir uns über die Foren, und Frank erzählte von seiner lebenslangen Begeisterung für das Klavier. Sie begann, als er mit zehn Jahren das alte Klavier seiner Familie zerlegte und herauszufinden versuchte, wie er es wieder zusammenbauen könnte. Im Heim der Baxters gab es immer Klaviermusik – Franks Vater, ein Stahlarbeiter, konnte alles spielen, vom Ragtime bis zu Populär- und klassischer Musik, seine älteren Schwestern nahmen Unterricht.

»Als kleiner Junge tanzte ich im Haus herum, während mein Vater die Ouvertüre zu ›Dichter und Bauer‹ spielte«, erinnerte sich Frank. Als Teenager in Massachusetts in den Sechzigerjahren begann er Klavierstunden zu nehmen, spielte Keyboard in einer Amateurband und sagte seinem Vater, er wolle in der Klavierbranche arbeiten. Sein Vater meinte: »Das legt sich wieder.«

»Aber das ist noch nicht geschehen«, sagte Frank, als wir in der Hotellobby saßen. »Das Klavier ist die perfekte Verbindung von Kunst und Technik. Es fasziniert mich immer noch. Zum Beispiel«, er drehte sich in seinem Stuhl um, »fällt es mir äußerst schwer, jetzt nicht aufzustehen und mir das Klavier da drüben anzusehen.« Ich folgte seinem Blick zu einem weißen Stutzflügel in der Nähe der Bar. Ich wusste genau, was er meinte. Ich hatte gegen denselben Impuls zu kämpfen gehabt. »Ich möchte einfach die Klappe hochheben und ein paar Noten spielen.«

Frank ergatterte seine erste Stelle in einem Musikgeschäft, er wurde Verkaufsleiter, später hatte er seine eigene Klavierhandlung. Aber wegen seines Mangels an Geschäftssinn war der Laden dem Untergang geweiht; nach nur drei Jahren war er pleite. »Leider bezog sich mein Talent nur aufs Verkaufen und Stimmen.« Mit dem Gefühl, er habe seine Kunden im Stich gelassen, zog er sich ins nördliche Connecticut zurück und führte für jemand anderen einen Klavierhandel. Dann entdeckte er das World Wide Web und beschäftigte sich mit HTML.

1995 las er einen Artikel auf der Prodigy-Website, wie man eine Homepage gestaltet. Seine erste Seite hieß »Alles über Klaviere« und verwendete den Browser Mosaic. Das News Board eröffnete 1999; Frank sagte, dass viele der heutigen Piano-World-Mitglieder schon seit damals dabei seien.

»Es ist erstaunlich, wie sehr das Netz inzwischen das Leben von Menschen bestimmt«, sagte er zu mir, während wir auf unserem Weg zu einem Chinarestaurant über den Times Square gingen. »Es gibt ein paar Leute, die praktisch im Forum leben. Sie sind dauernd eingeloggt.« Wir lachten. Wir wissen beide, wen er meint.

Ich hoffe, Frank werde sein Pop-Standardprogramm darbieten, aber noch spielt niemand Klavier. Faust Harrison hält einen Vortrag. Meine Aufmerksamkeit wandert zur Raummitte, wo ein phantastisch restaurierter Art-Case-Jubiläumsflügel D ausgestellt ist. Hat er etwa dieselbe Ausklingzeit wie Marcs Jubiläumsflügel? Ich möchte mich hinschleichen und es prüfen. Was ist sonst noch ausgestellt? Der Warenbestand ist ungefähr so wie bei meiner Klaviersuche vor zwei Jahren. Im

Schaufenster steht sogar wieder ein Steinway A aus getigertem Mahagoni. Wird er wieder wie beim letzten Mal mein Lieblingsklavier in diesem Geschäft sein?

Später spiele ich ein paar Noten auf dem A und erkenne sofort Marcs Handschrift – ein süßer, dunkler, sämiger, gerundeter Ton. Seine Art des Intonierens ist unverkennbar, so ausgeprägt wie sein Stimmtimbre.

Michael Harrison steht neben mir und lächelt, als ich auf dem A spiele.

»Wer hat dieses Klavier intoniert?« Ich möchte unbedingt wissen, ob mein Gehör mich getrogen hat oder ob ich das höre, was ich zu hören glaube. Aber es scheint, als würde die Absonderlichkeit meiner Frage Michael ein wenig aus der Fassung bringen. Wie viele Kunden fragen schon nach dem Intoneur? Er zögert und blickt mich unsicher an.

»Marc Wienert«, sagt er schließlich. »Er intoniert die meisten unserer Klaviere.«

»Ich hab's gewusst!«, rufe ich aus wie ein Kind, das beim Straßenfest die Anzahl der Jellybeans im Glas erraten hat. Und der Preis? Ich kann meinem Gehör trauen. Ich weiß, was ich höre. Ich wende mich Michael zu. »Wenn er intoniert, entsteht ein ganz besonderer Klang, nicht wahr?«

»Marc intoniert auf das Klavier hin«, widerspricht Michael. »Er bringt die Persönlichkeit des jeweiligen Instruments zum Vorschein. Er drängt ihm nicht seinen Geschmack auf.«

Statt einer Antwort lächle ich nur. Ich erkenne den Intoneur im Klavier.

»Gefällt Ihnen das Klavier?«, fragt Michael. »Es hat einen sehr guten Preis.«

Ja, sage ich ihm. Es gefalle mir sehr gut. Ja, es sei ein schönes Klavier. Aber ich habe bereits eines. Marlene. Und auch sie hat eine schöne Stimme. Zumindest, wenn ihr danach ist.

Und das war seit Marcs Besuch nicht mehr der Fall. Trotzdem bin ich in mein eigenes Klavier verliebt. Oder eher in das, was sie ist, wenn sie Make-up aufgelegt hat, schön frisiert ist und das Abendkleid aus Goldlamé trägt.

Aber nichts davon erzähle ich Michael. Nicht nur fürchte ich, er könnte sagen, ich hätte mir Ramsch andrehen lassen; nein, ich verstehe ja selbst noch nicht ganz das einzig Wichtige, was jeder Klavierkäufer wissen sollte: Ein Klavier zu kaufen ist wie miteinander auszugehen, ein Klavier zu besitzen ist wie eine Ehe.

Nachdem du Monate, vielleicht Jahre viele neue und gebrauchte Klaviere ausprobiert hast – das Liebeswerben –, findest du schließlich das eine, einzige, das vollkommene Klavier. Du kaufst es – eine hübsche Stimme, gerade das richtige Quantum musikalische Intelligenz – und lässt es liefern – die Hochzeit.

Nach kurzen Flitterwochen entdeckst du dann, dass dein Klavier alles andere als vollkommen ist. An manchen Tagen hat es Mundgeruch oder die Haare sitzen nicht. Morgens klingt seine Stimme manchmal schrill und schneidend, an manchen Abenden faucht es: »Heute nicht, Liebling.« Sein Unisono passt nicht, die Hämmer sind ausgetrocknet. Du fragst dich, was um alles in der Welt aus der schönen Braut geworden ist, die du heimgebracht hast, aus dem Traum, dem du verfallen bist und den du für immer zu besitzen glaubtest.

Gute Klaviere sind zarte, temperamentvolle Geschöpfe, und je schöner ihre Stimmen, desto nervöser und anspruchsvoller sind sie: Sie stellen hohe Anforderungen und erfordern regelmäßige Pflege, oder sie machen entsetzliche Szenen.

Niemand sagt Klavierkäufern so etwas. Man lässt sie in dem Glauben, das Klavier, auf dem sie im Ausstellungsraum spielen, sei das Klavier, das ihnen für immer gehöre. Aber in

Wahrheit ändern sich Klaviere ständig. Zumindest sehe ich das seit meinen Gesprächen mit Marc und Carl so. Obwohl ich noch immer skeptisch bin. Noch immer nicht vollkommen überzeugt. Noch möchte ich an das vollkommene Klavier glauben.

Die Intonation dieses Steinway A ist untadelig. Aber wird sie auch so bleiben?

»Darf ich?«

Es ist Bernard, der leise an meiner Seite aufgetaucht ist.

»Oh, bitte!«, sage ich und überlasse ihm den A. Bernards Anschlag dürfte perfekt zu diesem großartigen Instrument passen. Er setzt sich, hält einen Moment lang inne und spielt dann den zweiten Satz der Sonatine von Ravel. Der Klang ist so warm und bewegend, dass einige Gäste mit dem aufhören, was sie gerade tun, und lauschen.

Es ist bereits halb fünf, Zeit für unseren letzten Termin an diesem Tag. Wir bedanken uns bei Michael und Martina für ihre Gastfreundschaft und machen uns auf Richtung Westen zum nahe gelegenen Klavierhaus.

Ich bin äußerst interessiert an diesem Laden, da er während meiner letzten beiden Besuche in New York wegen Umbauarbeiten geschlossen war. Etliche andere Forumsmitglieder haben ihre Neugier auf eine neue Marke bekundet, die das Klavierhaus führt: Fazioli aus Italien.

An der Tür begrüßt uns ein imposanter, ganz in Schwarz gekleideter Mann mit einer pastellfarben karierten Krawatte. Er hat ein fleischiges Gesicht mit Hängebacken, einen borstigen Schnurrbart und kleine, tiefliegende Augen. Seine Begrüßung ist knapp und förmlich. Das Klavierhaus führt die wertvollsten Instrumente in der Piano Row: Steinways aus Hamburg, restaurierte europäische Art-Case-Instrumente und das exotischste und seltenste Modell von allen: Fazioli, das erst seit Kurzem im italienischen Sacile hergestellt wird und angeblich das perfekteste – und teuerste – jemals gebaute Klavier sein soll.

Der Mann führt uns durch die Geschäftsräume, darunter eine ziemlich beengte Restaurierwerkstatt im Keller, in die wir kaum alle hineinpassen. Von meinem Platz aus kann ich seinen Vortrag nicht hören, also sehe ich mich um. Seltene Zierpianinos sind eng aneinander und an die Wand gerückt, faszinierend in ihrer Vielfalt.

Ich bleibe sofort an einem sehr alten Gaveau hängen, ein französisches Klavier, das nicht mehr gebaut wird, ein eckiger Flügel mit 85 Tasten. Er ist ochsenblutrot gestrichen, über die Klaviaturklappe paradiert eine Ansammlung von weißen Musen und Engeln, umrahmt von Blumenbuketts und Kerzen in verschnörkelten Leuchtern. Er sieht so hinfällig aus, dass ich es nicht wage, ohne Erlaubnis die Tasten zu berühren.

Wir klappern wieder die enge, steile Treppe hinauf, dann durch den Haupt-Ausstellungsraum, vorbei an den einladenden Armen von ehrwürdigen Flügeln mit verzierten Gehäusen, durch eine Tür in der Hinterwand in einen versteckten Konzertsaal. Hier sind für uns bereits Stühle in ordentlichen Reihen aufgestellt. Davor zwei glänzende schwarze Klaviere, von Spots angestrahlt, Seite an Seite wie zwei wartende Limousinen: ein Hamburger Steinway D und ein Fazioli, beides Konzertflügel.

Ein kollektiver Seufzer des Entzückens ertönt beim Anblick der Klaviere, zwei der originellsten und seltensten aller heute gebauten Modelle, die wir miteinander vergleichen können. Das Klavierhaus hätte uns nichts Aufregenderes bieten können, außer vielleicht die Aussicht auf einen Auftritt in der Carnegie Hall.

»Das ist ja, als würde man an einem Tag zu viele Süßigkeiten kriegen!«, ruft Bernard. Wir setzen uns, mit Ausnahme von David, der in wilder Vorfreude mit den Armen schlenkert. Er genießt das Vorrecht, als Erster zu spielen, und stürzt sich am Steinway in das Brahms-Intermezzo Opus 118, Nr. 2. Der Klang ist brillant, überwältigend. Dann geht er zum Fazioli über und spielt Beethovens Sonate »Pathétique«; sie klingt noch strahlender, noch kraftvoller. Liegt es an Davids Spiel? Oder an den Klavieren? Rich und ich sitzen nebeneinander und tauschen unsere Eindrücke aus, sind uns aber nicht sicher.

Wir sind nur für kurze Zeit ein Konzertpublikum. Alle wollen auf den beiden Klavieren und auf den vielen seltenen Art-Case-Klavieren im vorderen Ausstellungsraum spielen. Angesichts der Schar, die neben den beiden Konzertflügeln wartet, wandere ich hinüber in den Ausstellungsraum.

Und dort finde ich mein Klavier des Tages.

Das Gehäuse würde ich ungern daheim stehen haben. Blattgold bedeckt es von oben bis unten und dient unter dem Deckel und an den Seiten kunstvollen Pastoralszenen in Ölmalerei als Untergrund. Es gibt eine passende Klavierbank, ebenfalls in Gold, mit verschnörkelten Beinen und blumengemusterter Gobelinpolsterung. Das Klavier wirkt wie eine alte Dame mit gepuderter Perücke, die zu viel Schminke aufgespachtelt und zu viel Parfüm aufgetragen hat. Das geschnitzte Notenpult trägt das Logo des Herstellers: Pleyel. Ein vergoldeter Louis-XVI-Pleyel.

Ich erwarte nichts Außerordentliches. Ich hege Vorurteile gegen protzige Art-Case-Klaviere und unterstelle, dass sie als Möbelstücke, nicht als Musikinstrumente gebaut wurden. Aber gleich beim ersten Tastenanschlag verblüfft mich der Pleyel. Er ist ungewöhnlich empfindsam. Sein Klang ist warm, in sich rund, vielschichtig, voller Zartheit und Farbigkeit. Der Chopin-Walzer und dieses Klavier scheinen sich sofort ineinander zu verlieben, sie walzen wunderbar miteinander, sind füreinander geschaffen. Vielleicht hat der Komponist dieses Werk auf einem ebensolchen Pleyel geschrieben. Auf keinem anderen Instrument kann Chopin mehr wie Chopin geklungen haben. Ich kann nicht widerstehen, das Stück zweimal durchzuspielen. Dieses Klavier ist das beste, auf dem ich den Walzer je gespielt habe. Ich hoffe, wer immer es auch kauft, möge ein Musiker sein.

»Phlebas«, der neben mir steht, bemerkt, wie hingerissen ich bin, und bittet mich, den Pleyel probieren zu dürfen. Phlebas hat sich den Namen nach einer Figur aus einem Gedicht von T. S. Eliot zugelegt, ist auch als Mike bekannt und arbeitet in der Forschungsbibliothek eines New Yorker Finanzkonzerns. Unsere E-Mail-Korrespondenz begann, als er sich nach einigen meiner Zeitschriftenartikel erkundigte, und seitdem haben wir ein paar Mal telefoniert. Wie ich ist er Sprössling eines Berufsmusikers, er war Komponist und Dirigent, und hat erfolglos gegen das Vermächtnis seines Vaters rebelliert.

»Wer Musik liebt, für den ist sie unwiderstehlich, das kann man nicht leugnen«, meinte Phlebas einmal zu mir als Erklärung, warum er schließlich doch an einem Konservatorium gelandet war und Klavier studiert hatte. Später gab er es wieder auf. Als aber seine Tochter anfing, Stunden zu nehmen, begann auch er wieder zu spielen und wurde Forumsmitglied, um mehr über Klaviere zu erfahren, da er selbst eines kaufen wollte. »Jetzt ist es eine Sucht«, sagt er über Piano World. »Ich bin dort aus denselben Gründen, aus denen man ins Café geht, anstatt sich zuhause welchen zu kochen. Es ist wegen der Gesellschaft. Das Klavier ist ein wesentlicher Bestandteil meines Lebens und auf der Arbeit kann ich mit niemandem darüber reden. Im Forum finde ich Gesprächspartner aus aller Welt.«

Phlebas trägt immer noch seinen dunklen Wollmantel, sein weißblondes Haar ist akkurat geschnitten, seine Blässe noch unterstrichen durch helle, scharfe und kluge Augen. Ein wenig unbeholfen setzt er sich auf die Klavierbank, die an ein Nadelkissen erinnert, aber seine Finger bewegen sich gewandt über die Klaviatur. Auch ihm gefällt es. »Sehr nett! Haben Sie schon die Faziolis ausprobiert?«

Wir wandern hinüber zu dem Fazioli im größten Ausstellungsraum. Calin spielt gerade darauf. »Das ist wunderbar!«, ruft er aus. »Dieses da und der Bechstein sind die besten. Versuch's mal!«

Sobald ich ein paar Takte auf dem Fazioli gespielt habe, weiß ich, das ist nicht das richtige Klavier für mich. Warum, ist zunächst schwer zu sagen, da der Fazioli so *perfekt* wirkt. Der Ton ist vollkommen austariert. Ich habe noch nie eine besser eingestellte Mechanik erlebt. Der Klang ist brillant und reichhaltig, von der tiefsten bis zur höchsten Note. Was also stimmt damit nicht?

»Es hat etwas Starres, nicht wahr?«, meint Phlebas.

Ja, denke ich. Es ist kalt. Dass ich direkt vom ehrwürdigen Pleyel herübergekommen bin, war vielleicht ein Fehler. Der Pleyel ist ein viktorianisches Wohnzimmer, üppig gepolsterte Samtsofas, Spiegel, in Form gestutzte Pflanzen, Vogelkäfige, schwerer Brokat. Der Fazioli ist ein kühler, modernistischer Glasturm, herrisch und undurchdringlich. Glas und Stahl. Niederschmetternd in seiner Brillanz. Ein Klavier ist natürlich ein Gegenstand, aber normalerweise hat es eine Seele. Dieses da hat keine Seele. Es besitzt mehr Kraft, Umfang und Brillanz, als ich mir je von einem Musikpartner wünschen würde. Fast schrecke ich zurück.

Zurück im kleinen Konzertsaal: RealPlayer ist am Fazioli und mischt ihn erst mit ein wenig Stride-Piano, dann mit ein bisschen Ragtime auf. Sein Zottelkopf ist waagerecht über die Tasten gebeugt, das lange rötliche Haar hängt ihm in die Augen, die Lippen in seinem Sechstagebart sind vor Konzentration aufeinandergepresst. Sein echter Name lautet Joseph Kubera, er ist ein bekannter Interpret zeitgenössischer Musik in der New Yorker Szene.

Joe spielt zuhause auf einem Mason CC-Konzertflügel von 1928, ein Klavier, das er nach achtjähriger Suche fand, wie er mir später beim Abendessen erzählt. Er hatte das Glück, Ende der Sechzigerjahre an der State University in Buffalo klassisches Klavier zu studieren; damals veranstaltete das dortige Center of the Creative and Performing Arts regelmäßig Konzerte mit »Avantgarde-Musik«, wie es damals hieß. Es war eine Zeit fieberhaften Experimentierens in Komposition und Interpretation, und diese Konzerte prägten Joes beinflussbares achtzehnjähriges Gehör und seine Laufbahn als Pianist. Heute arbeitet er direkt mit Komponisten zusammen, und viele haben ihm ihre Werke gewidmet. Ich bin schon neugierig, welchen Eindruck der Fazioli auf ihn macht. Daneben klingt der Hamburger Steinway lieblich.

Langsam trotten wir einer nach dem anderen aus dem Ausstellungsraum in die einsetzende Abenddämmerung und machen uns auf in Richtung Eighth Avenue und Restaurant. Bei Bangkok Cuisine verteilen wir uns in unserer kleinen Ecke an drei Tischen, dicht genug nebeneinander, um mit jedem sprechen zu können. Die Kellnerin braucht drei Anläufe, um unsere Bestellungen entgegenzunehmen, weil wir eifrig unsere Eindrücke von den Klavieren an diesem Tag vergleichen, anstatt uns auf die Speisekarte zu konzentrieren. Außerdem sind noch weitere Forumsmitglieder dazugestoßen. Bald kann ich all den Gesprächen nicht mehr folgen, und sie beginnen zusammenzufließen wie eine Fuge; der Effekt wird noch verstärkt durch den Rotwein, den jemand bereits für unseren Tisch bestellt hat.

»Welches Klavier hat dir am besten gefallen?«

»Das Modell A-III bei Faust Harrison fand ich ganz wunderbar.«

»Mir war der Bosie bei Beethoven Pianos das liebste.«

»War der Bechstein nicht einfach toll?«

»Nicht mein Geschmack. Zu grell.«

»Bernards Ravel war super.«

Die Zeit fliegt nur so. Frank nimmt den Zug heim nach Connecticut. Phlebas möchte noch einige Zeit bei seiner Familie in Queens verbringen. Ich fliege am nächsten Morgen zurück. Und das Rätsel um Marlene ist noch immer nicht gelöst.

16

Tom

Auf dem Rückflug liste ich auf, was ich bis jetzt in Erfahrung gebracht habe. Ich weiß nun, dass die Hämmer meines Klaviers mit Chemikalien weicher gemacht und dann wieder gehärtet wurden. Ich weiß, dass Marc binnen eines Tages Marlene wieder zum Leben erwecken kann, wenn auch nur vorübergehend. Außerdem klangen die Klaviere, auf denen ich in New York gespielt habe und die er intoniert hatte, wunderschön, sie gehörten zu den besten, die ich je gehört habe. Marcs Arbeit, so unkonventionell sie sein mag, bringt einen Klang hervor, den ich liebe. Wäre er nur von Dauer! Dann wäre die Lösung einfach. Warum geht das nicht?

Die Techniker auf Piano World mutmaßen, womöglich habe sich der Anschlagpunkt verschoben, die Steghöhe sei falsch, die Saiten lägen nicht gerade, der Resonanzboden habe zu wenig Impedanz oder die vorderen Anhanglängen würden mit dem tongebenden Abschnitt der Saite mitschwingen. Ich drucke mir sämtliche Hypothesen aus, verstehe sie aber eigentlich nicht. Obwohl ich wild entschlossen bin, mein Klavier-Schicksal selbst in die Hand zu nehmen, geht das, technisch gesprochen, über meinen Verstand.

Zumindest habe ich einen Techniker aufgetrieben. Er heißt Tom Kuntz und lebt in Coeur d'Alene in Idaho, drei Stunden westlich von Missoula. Rick Baldassin, der Klavierhändler aus

Salt Lake City und US-Repräsentant für Renner-Hämmer, der mich nach Marlenes Ankunft so großzügig beraten hat, verwies mich an ihn. Tom hat das Intonieren bei ihm gelernt und Rick versicherte mir, er sei sehr erfahren im Umgang mit Renner-Hämmern. Jeder meint, dass diese Hämmer in meinem Grotrian sind. In einer Woche soll Tom zum ersten Mal zu mir kommen.

Ich bereite mich darauf vor, indem ich Marcs Rat befolge und eine Aufnahme heraussuche, mit deren Hilfe ich Tom zeigen kann, welcher Klang mir zusagt. Als Erstes höre ich mir die berühmte Rubinstein-Aufnahme an, die mich dazu anregte, das Klavierspielen wieder aufzunehmen. Sie entstand 1963 in Rom, in einer einzigen Nacht. Den Hamburger Steinway hatte ein Techniker vor Ort für ihn vorbereitet. Obwohl mir Rubinsteins Spiel außerordentlich gefällt, klingt das Klavier brillanter, als ich es mag. Ich lege sie beiseite.

Als Nächstes versuche ich es mit einem weiteren Lieblingsstück: Christoph Eschenbach spielt für die Deutsche Grammophon Mozart-Klaviersonaten. Dieses Klavier klingt dünn, es hat keine Obertöne. Ich suche nach einem umfangreicheren Klang.

Ich greife nach einer Aufnahme von Indrek Laul, ein Geschenk des Pianisten; er interpretiert das Klavierkonzert von Grieg. Es klingt zu scharf und zu brillant, vermutlich spielt Indrek nicht auf einem Estonia, sondern auf einem Steinway.

Schließlich lege ich eine Aufnahme von 1965 auf; Ivan Moravec mit Chopin-Nocturnes. Das ist der Klang, den ich möchte, oder zumindest werde ich keinen finden, der ihm näherkommt. Er ist warm und üppig, mit gerade so viel Brillanz im Diskant, dass es funkelt, ohne scharf zu wirken. Könnte das Klavier vielleicht sogar ein Grotrian sein? Der Text auf der Hülle verrät es nicht.

Von einem Konzerttechniker, der mit ihm gearbeitet hat, erfahre ich später, dass Moravec dafür bekannt ist, wie genau er es mit dem Klavierklang nimmt. Es ist vorgekommen, dass er die Intonation selbst übernahm, wenn er mit dem Techniker vor Ort nicht zufrieden war. Die nötigen Werkzeuge befinden sich in der Handtasche seiner Frau.

*

Tom Kuntz steht an einem strahlenden Dezembermorgen vor meiner Tür. Er ist groß und schlaksig, trägt Jeans und Hemd und hat seine Werkzeuge in einem Aktenkoffer verstaut. Er wirkt immer ein wenig zerstreut. Ich bringe ihn zu Marlene.

Inzwischen ist die Aussicht, dass jemand an meinem Klavier herumwerkelt, für mich angstbesetzt – keine angenehme Situation für einen Techniker. Zu meinem Glück ist Tom geduldig und sogar nach dreißig Jahren als Klavierstimmer noch stets bereit, Neues zu lernen. Ich erzähle, wie ich mich in Marlene verliebte, wie das Klavier mit dem toten Diskant geliefert wurde; und er scheint dem Problem beinahe so sehr auf den Grund gehen zu wollen wie ich. Wir sitzen beide am Klavier, und er spielt ein paar Riffs im Diskant, den Kopf zur Seite gelegt, lauscht und lauscht.

»Klingt das für Sie nicht tot?«, frage ich.

»Na ja, ich weiß nicht. Ich weiß ja nicht, wie das Klavier im Ausstellungsraum klang. Werfen wir mal einen Blick hinein.« Er zieht die Mechanik heraus und legt sie auf seinen Schoß.

»Hoppla!«

»Was ist los?«

»Ich habe noch nie solche Hämmer gesehen. Das sollen Renner sein?«

»Ja, ich glaube schon.«

Ich erzähle ihm von Marc und wie er das Klavier mit einer geheimen Chemikalie intoniert hat.

»Normalerweise verwendet man bei Renner-Hämmern keine Chemikalien«, sagt Tom. »Sie sagen also, nachdem Marc hier war, hat das Klavier wieder schön geklungen? Wissen Sie, was er gemacht hat?«

»Er hat Lack auf die Hämmer aufgetragen.«

»Üblicherweise trägt man auf Renner-Hämmer keinen Lack auf. Und wenn man welchen verwendet, dann ist es von Dauer. Der Klang sollte nicht gleich am nächsten Tag anders sein. Und wenn doch, dann eher heller.« Tom hat ein Richtlineal auf die Saiten und dann über einen Abschnitt der Hämmer gelegt, um zu prüfen, ob sie eben liegen.

»Marc sagte, er habe nur eine dünne Schicht Lack aufgetragen, und das würde wieder aufplatzen.«

»Hm. Wie hat es denn geklungen, als es Ihnen gefallen hat?« Tom schiebt die Mechanik wieder in das Klavier, hebt einen Hammer bis an die Saiten und zupft dann mit dem Fingernagel daran, um zu sehen, ob sie alle den Hammer wirklich ganz berühren.

Ich beschreibe Marlenes Klang, den Klang, dem ich verfallen bin. »Es hat zur Tenorlage gepasst.« Ich spiele einige Akkorde im mittleren Abschnitt der Klaviatur. »Marc riet mir, ich solle Ihnen sagen, dass ich mehr im Diskant möchte. Dann würden Sie schon wissen, was ich meine.«

»Mehr, ja?« Langsam bewegt er die Mechanik hinein und heraus, schlägt eine Taste an, bewegt dann die Mechanik, schlägt wieder eine Taste an. Er überprüft den Anschlagpunkt.

Ich zeige ihm die CD mit den Chopin-Nocturnes, gespielt von Moravec. »Würde es Ihnen helfen, wenn ich sie Ihnen vorspiele? Das Klavier klingt nicht ganz so, wie meines vorher geklungen hat, aber doch besser als meines jetzt.«

»Sicher. Ich höre immer gerne Musik, wenn ich arbeite. Für mich sieht es so aus, als müsste man hier ein bisschen Standard-Regulierungsarbeit vornehmen. Ich werde jetzt an Ihrem Klavier arbeiten, als wäre es ein neues Instrument.«

In den nächsten Stunden richtet Tom die Hämmer an den Saiten aus, legt den Anschlagpunkt fest, markiert den Rand der Mechanik auf dem Klaviaturboden und passt die Mechanik in den Klaviaturboden ein. Währenddessen erklärt er mir, was er tut und warum und wie es gemacht wird. Ich bin ganz begeistert, das alles zu erfahren, möchte aber auch nicht lästig fallen.

»Ist es Ihnen auch wirklich recht, wenn ich bleibe?«, frage ich. »Ich kann gehen, wenn Ihnen das lieber ist. Ich möchte keine schwierige Kundin sein.«

»Sie sind keine schwierige Kundin«, erwidert Tom, während er eine Saite mittels eines Drahthakens ausrichtet. »Die Leute, die im Laden hinter der Kasse sitzen, die haben mit schwierigen Kunden zu tun. Verglichen mit denen habe ich es leicht.« Er scheint wirklich gerne zu erklären und seine Arbeit, seine Werkzeuge und Materialien vorzuzeigen.

Er bittet mich um ein Stück Zeitungspapier. Ich reiche ihm die Titelseite der Tageszeitung.

»Schauen Sie mal, das ist wirklich cool.« Er breitet das Blatt über den Klaviaturboden, die schlichte hölzerne Unterlage, auf der die Klaviermechanik ruht. Dann schiebt er die Mechanik wieder hinein, sodass nur ein Eckchen des Zeitungspapiers herauslugt. Als er das Papier wieder hervorzieht, gleitet es heraus, wie der Schal, den ein Zauberer aus dem Ärmel zieht. »Sehen Sie? So erkennt man, ob die Mechanik richtig eingerastet ist. Es sollte nur ein kleines bisschen Zug haben. Dann kommt es im Ganzen heraus.«

Wir haben uns die Klavieraufnahmen angehört und uns

über den jeweiligen Klang ausgetauscht. Jetzt kommt die Moravec-Nocturne.

»Sehr schön!«, meint Tom. »Hören Sie sich die Pedalarbeit an – total sauber! Lassen Sie mich die CD-Hülle sehen.«

»Es steht nicht drauf, was für ein Klavier das ist.«

»Das steht fast nie auf den CDs. Nervt Sie das nicht? Es würde mich interessieren, wer der Tontechniker ist. Es ist sehr schwer, ein Klavier auf einer Aufnahme derart gut klingen zu lassen.«

»Kriegen Sie den Diskant so gut hin?«

»Keine Ahnung.« Wieder zieht er die Mechanik auf seinen Schoß und hebt mit seinen langen Fingern behutsam ein paar Diskanthämmer an, untersucht sie, drückt sie. »Fühlen Sie mal. Merken Sie, wie weich die sind? Das ist nicht normal.«

Ich tue wie geheißen, kann aber nichts dazu sagen. Wie sollten sie sich denn anfühlen?

»Also, Sie wollen *mehr*. He, he«, gluckst er, während er einen schmalen Streifen Sandpapier über die Oberfläche der Hämmer zieht, von hinten nach vorn, von vorn nach hinten, als würde er Schuhspitzen polieren. Seine gute Laune hilft wirklich, meine Ängste zu besänftigen.

Tom hat sich entschlossen, bei seiner ersten Visite eine konservative Herangehensweise zu wählen. Er bearbeitet die Hämmer mit Sandpapier, trägt aber keinen Lack auf. Ich spiele auf dem Klavier, während er seine Werkzeuge zusammenpackt. Die Mechanik ist wunderbar, noch leichtgängiger als zuvor, falls das überhaupt möglich ist. Aber ich höre wenig Unterschied im Klang.

»Beim nächsten Mal probiere ich es vielleicht mit ein wenig Lack«, sagt Tom, während er seine Jacke anzieht. »Warten wir mal ab, wie es mit dem Bearbeiten allein funktioniert.

Vielleicht braucht es gar nicht mehr. Spielen Sie Ihren Flügel ein, und dann sehen wir weiter.«

*

Jetzt habe ich also einen Techniker. Er ist freundlich und geduldig, scheint mein Klavier sogar zu mögen. Aber der Diskant wird nicht besser. Er erblüht nicht zu dem vollen, reichhaltigen Klang, den ich kenne. Wo ist das Klavier, dessen Klang ich verfiel? Als ich den leblosen Diskant nicht mehr ertrage, rufe ich Tom an und bitte ihn, noch einmal zu kommen. »Können wir weitermachen? Es ist immer noch tot.«

Ich notiere genau, was mir an dem Klavier nicht gefällt, bei Toms nächstem Besuch muss es besser klappen. Noch habe ich nicht begriffen, dass Intonieren ein Prozess ist, der sich über viele Termine hinweg entwickelt und keine Aufgabe, die an einem Tag zu erledigen wäre.

Einen Monat später kommt Tom wieder, diesmal mit einem weißen Karton in der Größe und Form einer Pizzaschachtel. Er setzt sie auf dem Couchtisch ab und öffnet sie. Sie enthält verschiedene Hämmertypen in den unterschiedlichsten Formen.

»Fühlen Sie den mal«, sagt er und reicht mir einen Hammer mit rotem Unterfilz. Er zeigt mir, wie ich ihn zwischen den Fingern zusammendrücken soll. Dann reicht er mir einen anderen, mit blauem Unterfilz. »Spüren Sie, wie verschieden die sind?«

Aber ich spüre nichts. Für mich fühlen sich beide hart wie Stein an.

»Wofür sind die?«

»Wir werden sie jetzt in Ihrem Klavier bei a^2 einsetzen und sehen, welcher am besten klingt.«

Er zieht die Mechanik des Grotrian heraus, entfernt den Originalhammer und legt ihn beiseite. Er passt einen Renner-Hammer Blau am Ende eines neuen Hammerstiels ein, kürzt den Stiel auf die richtige Länge und schraubt die Hammerstielkapsel an den Mechanikbalken. Dann schiebt er die Mechanik wieder in das Klavier und schlägt a^2 an. Es klingt schrill. Meine Hämmer sind besser. »Der da wurde nie gestochen, nur abgezogen«, sagt er.

Als Nächstes bringt er einen Schaff-Hammer an. Dieser klingt gedämpft; er ist zu weich. Also ersetzt er ihn durch einen Isaac-Hammer. »Der ist ein bisschen härter«, sagt Tom, »aber nicht so hart wie der Renner.« Es klingt wirklich brillant, mir gefällt das nicht. Dann setzt er einen Tokiwa ein, eine japanische Marke. »Dieser hier ist sehr hart, er ist am unteren Teil der Schultern verstärkt.«

Plötzlich erblüht der Klang. Es ist eine deutliche Verbesserung. »Der gefällt mir!«, sage ich.

»Okay!«, meint Tom. Er baut den Hammer wieder aus, drückt und betastet ihn.

»Werden Sie Tokiwa-Hämmer in mein Klavier einbauen?«

»Nein. Ich werde fühlen und analysieren, wie dieser hier intoniert wurde, damit ich entscheiden kann, wie ich Ihre Hämmer intoniere. Die bloße Berührung verrät mir, wo er hart und wo er weich ist, und dann kann ich Ihre Hämmer entsprechend bearbeiten.«

Er geht zu seinem Auto und kommt mit einer kleinen blau-weißen Kühltasche zurück. Darin sind seine Fläschchen mit Chemikalien, der »Saft«, wie er es nennt. Tom verwendet eine Eins-zu-Eins-Lösung aus Schellack-Grundierung und Azeton. »Sie ist weicher als Lack und verzeiht einem eher, wenn man mal einen Fehler macht.« Er zieht die Mechanik heraus und tupft ein wenig Flüssigkeit auf die Hammerschultern, dann schiebt er sie wieder zurück und schlägt noch ein paar Noten an.

Nachdem er die Hämmer befeuchtet hat, brauchen sie Zeit, um zu trocknen; also gehen wir zum Mittagessen in Toms Lieblingsrestaurant in Missoula, das Hob Nob.

Ich frage Tom, wie er zur Arbeit mit Klavieren gekommen ist. Er erzählt mir, wie er als fünftes von zehn Kindern eines Kontrolleurs im Amt für Abwasserentsorgung von Mandan in North Dakota aufwuchs.

»Das war hart. Wir waren sehr, sehr arm.« Tom wurde direkt nach der Highschool zum Militär eingezogen und nach Vietnam geschickt. Nach seiner Entlassung ging er eine Weile aufs College und studierte Musik. Er begann sich für Klaviertechnik zu interessieren, da er die Übungsinstrumente am College nicht ausstehen konnte. Die waren dauernd verstimmt. Klavierstimmen zu lernen bot ihm die Möglichkeit, sich vor seinem überempfindlichen Gehör zu schützen. Bald danach studierte er in Minneapolis Klaviertechnik. Heute ist er an den Universitäten in Washington und Idaho sehr gefragt, zudem spielt er Kontrabass in einem Jazztrio, das an Freitagabenden in Coeur d'Alene auftritt.

Nach unserer Rückkehr spielt Tom ein paar Jazz-Riffs auf meinem Klavier. Der Diskant hat eine Stimme! Zwei Stunden lang sticht er jeden einzelnen Hammer, zieht die Mechanik heraus, schiebt sie wieder hinein, um sich das Ergebnis anzuhören, wieder und wieder.

»Ziemlich fein!«, sagt er. »Ein ziemlich feines Klavier haben Sie da, Perri Nay.« Er nennt mich immer Perri Nay, wie die persische Langflöte. Ich weiß nicht, ob es ein Missverständnis ist oder ein Witz, den er sich ausgedacht hat. Bei Tom ist das schwer zu sagen. »Warum versuchen Sie's nicht mal?« Er lässt sich auf dem Sofa nieder, um zuzuhören.

Ich bin wirklich erfreut über die Verbesserung im Diskant. Es ist zwar nicht der Klang, den Marc geschaffen hat, aber ich muss meine rechte Hand nicht mehr malträtieren, um die Melodie vollständig herauszuarbeiten. Ich möchte allerdings noch mehr Partialtöne, mehr Obertöne hören. Der Grundton dominiert zu sehr.

»Ich weiß, was Sie möchten«, entgegnet Tom, als ich ihn frage, ob er einen stärker abgerundeten Klang erzielen kann.

»Es geht nicht um hell oder dunkel«, versuche ich zu erklären. »Es geht um Farben.«

»Das wollen alle.«

»Können Sie das machen?«

»Weiß nicht ... Ich kann's versuchen.« Er packt seinen Aktenkoffer. Für heute ist er fertig. »Wir müssen einfach herumprobieren, das kann viele Stunden in Anspruch nehmen. Es wäre toll, wenn das Klavier in meinem Laden stünde, aber so ist es eben nicht. Ich würde es wie bei meinem eigenen Klavier machen – ein bisschen Saft, ein bisschen Stechen, dann noch ein bisschen Saft ... Raufjustieren, runterjustieren, hin und zurück, und manchmal fügen sich die Noten wie von selbst zusammen. Das ist schön.«

Nichts könnte mich jetzt mehr frustrieren. Aber ich werde das Klavier sicher nicht in sein Geschäft in Coeur d'Alene schaffen. Zumindest hat Marlenes Diskant jetzt eine Stimme.

»Ihr Klavier ist wunderbar«, sagt mein Techniker, während er zur Tür geht. »Ist Ihnen klar, wie besonders es ist? Die meisten Leute haben auf so einem Klavier noch nicht mal gespielt. Ich wette, Ihres ist das schönste Klavier in ganz Montana.«

Auch wenn das Klavier nicht die Marlene ist, die ich im Ausstellungsraum oder nach Marcs fürsorglicher Behandlung gekannt habe, so ist es jetzt immerhin ein brauchbares Übungsinstrument mit einer in allen Tonlagen gut ausbalancierten Stimme. Meine Technik passt sich rasch an, und ich gewinne meinen leichten Anschlag im Diskant zurück. Ich wünsche mir wirklich, Marlene wiederzubekommen, aber ich bin bereit, Tom eine Chance zu geben, über einen längeren Zeitraum an Marlene zu arbeiten. Und alles wäre womöglich gut gewesen, hätte ich nicht ungefähr einen Monat nach seinem zweiten Besuch einen Anruf erhalten.

*

Natürlich habe ich auf Piano World von meinen Kümmernissen mit dem Klavier berichtet, und die Techniker dort haben Anteil genommen und mir Ratschläge erteilt. Eines Tages ruft der Verkäufer aus einem Geschäft an, das sich um eine Grotrian-Vertretung bemüht.

»Ich weiß, was mit Ihrem Klavier nicht stimmt«, verkündet er. »Wir werden in Kürze Grotrian-Händler sein und uns für Sie darum kümmern – die Reparatur ist eine Garantieleistung.«

»Was stimmt denn nicht mit meinem Klavier?«, frage ich vorsichtig. Warum sollte dieser Verkäufer so interessiert daran sein, mir zu helfen? Er ist nicht von hier, und ich habe bereits einen Händler.

»Für Ihr Klavier sind Chemikalien überhaupt nicht geeignet. Sie sollten nur Nadeln und Sandpapier benutzen. Keine Chemikalien, niemals. Ich empfehle Ihnen, einen neuen Satz Renner-Hämmer einzubauen. Die ursprüngliche Dichtestruktur ist beeinträchtigt worden. Sollten wir die Grotrian-Vertretung erhalten, können wir dies als Garantieleistung laufen lassen.«

»Aber wenn es eine Garantiesache ist, wird das mein eigener Händler erledigen.«

Sofort ändert sich sein Ton. »Natürlich, rufen Sie Carl an. Fragen Sie ihn, was er für Sie tun wird. Aber lassen Sie keinen Steinway- oder Mason-Kerl ran. Der bringt es um. Viele amerikanische Techniker verstehen die Grotrian-Mensur nicht.«

Seine Worte versetzen mich in Panik. Ich hatte das Gefühl, mit Tom Fortschritte gemacht zu haben, aber vielleicht erreichen wir ohne eine neue Garnitur Hämmer nie wieder den Klang, dem ich verfallen bin? Womöglich ist Tom als amerikanischer Techniker gar nicht der Richtige für mein Klavier? Muss ich einen Experten aus Deutschland einfliegen lassen?

»Sind Sie Techniker? Warum interessieren Sie sich für mein Klavier?«

»Ich bin ein absoluter Klavierfreak. Ich lese Ihre Postings. Ich weiß, wo es hakt. Wenn ich eine gute Tonleiter spiele, kriege ich feuchte Augen. Das ist etwas Heiliges für mich. Ihr Klavier wäre eine spannende Aufgabe. Es ist ein Instrument mit außerordentlichen Eigenschaften. Grotrian-Klaviere haben keine Mängel.«

Ich verstehe das alles noch immer nicht. Aber ölige Schwätzer haben mich schon immer stutzig werden lassen.

»Gehen Sie ruhig zu Beethoven Pianos«, fährt der Verkäufer aalglatt fort. »Sagen Sie Carl, die Hämmer seien durch die Chemikalien beeinträchtigt worden. Das Klavier war nie ganz in Ordnung. Die Hämmer sind jenseits von Gut und Böse. Er soll Ihnen eine neue Garnitur schicken. Sagen Sie ihm, dass Sie nie ganz zufrieden waren – er hat Ihnen doch Zufriedenheit garantiert, oder? Ihr Techniker soll Carl einen Brief schreiben. Sagen Sie ihm, dass Sie genug durchgemacht haben. Er soll das in Ordnung bringen. Zwei Jahre sind zu lang. So lange muss man nicht einmal für kleinere Verbrechen sitzen. Und lassen Sie keinen Steinway-Techniker ran – der würde es steinwayisieren. Man holt sich ja auch keinen Sushi-Koch, um ein Soufflé zu machen. Besorgen Sie sich jemanden, der am Grotrian ausgebildet worden ist.«

Ich lege auf. Das erschüttert mich bis ins Mark. Warum drängt sich mir dieser Typ auf? Wo sollte ich seiner Meinung nach in Montana einen Grotrian-Techniker auftreiben? Erst später wird mir klar: Wenn seine Bemühungen Erfolg haben, wird er ein direkter Konkurrent von Beethoven Pianos sein. Versucht er Carl, der inzwischen autorisierter Händler ist, bei der Manufaktur schlechtzumachen, indem er seine Gewährleistungen unterbietet? Carls Preise für Grotrians sind die niedrigsten im Land; vielleicht kann dieser Händler keinen Profit machen, bevor Carl aus dem Weg ist?

Norbert, der Händler aus Vancouver, der mir während meiner Klaviersuche so viel Unterstützung leistete, hat mich vor den Schattenseiten des Klavierhandels gewarnt, vor den Gefahren, die auf Piano World lauern, wo Händler einander mittels ahnungsloser Kunden zu schaden trachten. Soll ich in diesem Spiel als Schachfigur herhalten?

Ich habe noch nichts zu den Verbesserungen gepostet, die Tom an meinem Klavier zustande gebracht hat. Fakt ist, dass ich jetzt mit dem Klavier viel zufriedener bin, als ich es in den vergangenen zwei Jahren je war. Soll ich mich an dem freuen, was ich habe, oder dem Klang aus dem Ausstellungsraum nachjagen? Ich weiß, dass der Verkäufer möglicherweise recht hat. Marc versuchte den Grotrian wie einen Steinway klingen zu lassen, weil sich das in New York verkauft. Obwohl er in unserem Wohnzimmer den Klang wiedererschaffen hat, in den ich mich verliebte, bin ich verwirrt: Ich weiß ja nicht, ob ich das Klavier im Ausstellungsraum vor oder nach dem Zeitpunkt gespielt habe, als Marc die Hämmer mittels Chemikalien weicher gemacht hat. Vielleicht brauche ich wirklich eine neue Garnitur.

Ich bin unsicher und rufe meinen Techniker an.

»Tom, glauben Sie, dass ich neue Hämmer brauche?«

»Wenn Sie eine neue Garnitur kriegen können, dann nur zu! Diese Hämmer sind nicht so ab Werk geliefert worden. Die waren nie ganz in Ordnung.«

Ich beginne einen ausführlichen Brief an Carl zu schreiben, in dem ich alles erkläre und die Investitionen dokumentiere, die ich bereits getätigt habe, um das Problem zu lösen. Aber dann halte ich inne. Carl ist nicht nur mein Klavierhändler – er ist mein Freund geworden. Ich greife zum Telefonhörer. Er nimmt beim ersten Klingeln ab. Überschwänglich begrüßt er mich.

»Wie gefällt Ihnen jetzt Ihr Klavier?« Seine Stimme klingt warm und freundlich.

»Carl«, sage ich nur, in dem Gefühl, mich rechtfertigen zu müssen. »Mein Klavier klingt immer noch nicht so wie im Ausstellungsraum. Ich fürchte, es war nie in Ordnung.«

»Wir besorgen Ihnen eine neue Garnitur Hämmer.« Er zögert nicht einen Augenblick: »Ich bestelle sie gleich heute.«

»Danke, Carl!« Ich fühle mich ermutigt und dankbar. Aber was ich fühlen sollte, ist Beklommenheit. Denn jetzt fangen meine Probleme erst richtig an.

17

Hämmer

»Ist das da ein Klavier?«

Der Zusteller von Federal Express verrenkt den Hals, um an mir vorbei durch die Eingangstür in das Spätnachmittags-Halbdunkel des Wohnzimmers zu spähen. Als ich sein Klopfen hörte, habe ich gerade gespielt, und Marlenes Deckel ist hochgestellt. Ich habe die Hände ausgestreckt, um das Paket in Empfang zu nehmen, aber jetzt drehe ich mich um und sehe, welch eindrucksvollen Anblick der Grotrian dort hinten in der Ecke bildet. Ein riesiges, glänzendes schwarzes Klavier erwartet man nicht unbedingt in einem winzigen Bungalow aus den Dreißigerjahren. Es ist, als würde man einen neuen Rolls-Royce in einer Scheune versteckt finden.

»Spielen Sie?«, frage ich.

Einen Moment lang erstarrt er. »Äh, nicht wirklich. Aber wir haben ein Klavier zuhause. Ich klimpere ein bisschen darauf rum.«

»Möchten Sie das da mal probieren?« Ich trete beiseite und mache ihm den Weg zum Klavier frei.

Er zögert. Dann stürmt er mitsamt seinem Klemmbrett und meinem Paket an mir vorbei, direkt auf den Grotrian zu.

»Wow. So ein schönes Klavier habe ich noch nie gesehen. Ist es neu?« Aus zwei Metern Entfernung bewundert er das Instrument, mein Paket im Arm.

Ich ziehe die Klavierbank hervor. »Bitte, nur zu!«

»Ich bin recht schüchtern, wenn ich vor anderen Leuten spielen soll.«

»Ich auch. Ich gehe einfach in die Küche und mache die Tür zu, und Sie spielen, was Sie wollen. Ist das Paket für mich?«

»Oh, ja! Bitte sehr. Geben Sie mir eine Unterschrift?«

Ich unterschreibe, reiche ihm sein Klemmbrett zurück und trage das Paket in die Küche. Es kommt von Beethoven Pianos. Ich schlitze den Klebestreifen mit einem Messer auf, neugierig auf den Inhalt.

Darin liegt eine vollständige Garnitur Klavierhämmer mit Wollfilzköpfen, vorintoniert und angespitzt, teils schon mit Löchern versehen, in vier Reihen vom tiefsten Bass bis zum höchsten Diskant angeordnet.

Durch die geschlossene Tür zum Wohnzimmer klingt gedämpft ein Beatles-Song, »And I Love Her«. Zunächst nur die Melodie, dann mit Begleitung. Mein Gast klingt, als würde er es genießen. Doch lange bevor der Song zu Ende ist, hört er auf.

Ich mache die Tür gerade weit genug auf, um meinen Kopf hindurchzustecken. Er sitzt am Klavier, ein Mann mit rotblonden Locken und strahlend blauen Augen in dunkelblauer FedEx-Uniform, und schaut auf die Tasten.

»Bitte hören Sie nicht auf, es klingt wunderbar.«

»Wirklich? Das ist ein tolles Klavier. Von dieser Marke hab ich noch nie gehört. Wäre schön, wenn mein Klavier auch so klänge.«

»Was für eines haben Sie denn?«

»Ein Steinway. Hat meiner Mutter gehört. Es gibt viel dran zu tun. Das hier ist einfach wunderschön!«

»Bitte spielen Sie noch was.«

Er beginnt wieder mit der Beatles-Ballade. Eigentlich ist es eine Sonate, erinnere ich mich aus einem Vortrag von Leonard Bernstein, den ich vor langer Zeit gehört habe, eines der musikalisch komplexesten ihrer Lieder. Ich beginne mitzusingen, leise zuerst, dann stimmt der Typ von FedEx ein. Langsam begebe ich mich wieder ins Wohnzimmer, bis ich neben dem geöffneten Klavierdeckel stehe, und gemeinsam singen wir den Refrain:
A love like ours
Could never die ...
Als der Song zu Ende ist, seufzt er, kann sich kaum von der Klaviatur trennen. Er zögert, lässt die Finger über die weißen Tasten laufen, improvisiert ein paar Noten. Er scheint ganz in einer Träumerei verloren.

»Sie können wiederkommen und darauf spielen, wann immer Sie mögen. Wirklich.«

Er springt auf und greift nach seinem Klemmbrett. »Jetzt muss ich aber los.«

Zum Abschied winken wir einander zu, er aus seinem großen weißen Lieferwagen, ich von der Türschwelle. Als ich wieder allein bin, kann ich mir nicht helfen und breche in hemmungsloses Gelächter aus. Ein FedEx-Fahrer! Wer hätte das gedacht? Es ist doch eine wunderbare Sache, wenn man seine Liebe zum Klavier mit dem Zusteller von FedEx teilen kann.

Ich berichte Carl, dass die Hämmer in gutem Zustand hier angekommen sind, und danke ihm noch einmal.

»Sie sind in der richtigen Reihenfolge sortiert.«

»Ja, das sehe ich.«

»Wann kommt Ihr Techniker?«

»Morgen wird er hier sein.«

*

Tom kommt früh am nächsten Morgen. Es ist Ende April, die Bäume blühen. Ich habe die Hämmer bereits ordentlich auf dem Couchtisch aufgereiht, und er begutachtet sie sorgfältig.

»Sie sehen perfekt aus«, meint er. »Nicht die kleinste Beule. Aber sind das Renner-Hämmer?«

Ich weiß es nicht. Carl wusste es auch nicht. Tom sollte das doch sicher wissen, bevor er anfängt? Wir finden weder auf den Hämmern noch auf der Schachtel ein Etikett.

»Ich werde bei Grotrian nachfragen«, beschließe ich und wünschte, das wäre mir schon früher eingefallen. Ich sehe auf die Uhr – in Deutschland ist es acht Stunden später. Ich müsste sie heute noch erreichen können. Ich werde eine Mail schicken. Und wenn ich schon dabei bin, kann ich sie ja gleich nach Tipps fürs Intonieren fragen.

Liebe Grotrians,

eben habe ich die Hämmer erhalten, die mein Händler, Mr. Carl Demler, vor Kurzem für mich in Ihrer Fabrik bestellt hat. Mein Techniker ist jetzt dabei, sie einzubauen. Wir wüssten gerne, ob es Renner-Hämmer sind. Könnten Sie sich bitte umgehend zurückmelden – vor allem auch, wenn beim Intonieren etwas Bestimmtes beachtet werden muss?

Ich sende die Mail und geselle mich dann wieder zu Tom.

»Setzen wir mal die Diskant-Partie ein, dann können wir sehen, wie es Ihnen gefällt«, schlägt er vor. »Dann können wir nachher noch die anderen Hämmer einsetzen, wenn Sie es wollen.«

Tom hat die neuen Diskant-Hämmer sorgfältig der Reihe nach auf das Notenpult des Klaviers gelegt, die feinen Rasterpunkte an den Schwänzen zeigen nach oben. Er hat die Mechanik aus dem Flügel gehoben und umgedreht, sodass die Tasten im Gehäuse sind und die Hämmer außen liegen; der

Diskant ist jetzt links, der Bass rechts. Den Klaviaturboden benutzt er als Werkbank.

Mit einem langen Schraubenzieher schraubt er jede zweite Kapsel in der Diskant-Lage ab. Die alternierenden Lücken in der Reihe der Hämmer sehen wie Zahnlücken aus. Die verbleibenden Hämmer nutzt er beim Einbau der neuen zur Orientierung.

Nun müssen die alten Hämmer von ihren Stielen gelöst werden. Tom benutzt ein Gerät aus glänzendem Chrom, das aussieht wie ein riesiger Locher. Er schiebt einen Hammer in den Rachen des Ausziehers, drückt den Kopf des Lochers auf die Spitze des Stiels und zieht ihn dadurch aus dem Loch im hölzernen Hammerschwanz. Der Auszieher hat keine Feder, der Stiel muss also mit purer Kraft entfernt werden. Tom verzieht das Gesicht vor Anstrengung. Seine kräftigen Hände zittern.

»Ich muss sie mit einem Messer abschneiden«, sagt er und schüttelt den Kopf. »Sehen Sie mal, wie schwer die runterzukriegen sind.«

Ich fühle Panik in mir aufsteigen und versuche meine Stimme ruhig zu halten. Tom weiß, dass ich die Originalhämmer, falls irgend möglich, erhalten will. Nur für den Fall der Fälle.

»Bitte, versuchen Sie es doch noch einmal«, locke ich. »Vielleicht geht es nicht bei allen so schwer?«

Aber das tut es. Tom ächzt und stöhnt, seine Arme zittern bei jedem einzelnen Hammer, den er entfernt. Er flucht und jammert. Bald hat er eine offene Blase an der Hand. Ich hole einen Verband und Blasensalbe aus meinem Erste-Hilfe-Kästchen und versorge die Stelle. Toms gute Laune schwindet zusehends, schließlich aber hat er die Hämmer entfernt; Nummer 49 bis 72 liegen jetzt aufgereiht am Rand des Couchtisches. Der Schwanz von Nummer 52 ist zersplittert.

»Tut mir leid«, sagt Tom. »Das war nicht zu vermeiden. Der da war einfach zu schwer rauszukriegen.«

Er schraubt die Hammerstiele und Hammerstielkapseln wieder an den Mechanikbalken und beginnt, die neuen Hämmer auf die alten Stiele zu leimen. Jeder Hammer muss präzise auf die Saiten, die Tasten und die benachbarten Hämmer ausgerichtet werden.

Tom tupft etwas Leim auf die Spitze des ersten Stiels, schiebt dann rasch den neuen Hammer mit der Spitze nach unten darauf und lässt mit einer schnellen Drehung einen kleinen »Leimkragen« an der Basis des Hammerschwanzes entstehen, der ihn an Ort und Stelle fixiert. Neugierig nehme ich das Leimfläschchen in die Hand. Es ist ein gummiartiger Leim, erklärt Tom. Er bleibt weich – ein aliphatischer, fetthaltiger Kleber, wie er es nennt. »Wie Weißleim.« Von links nach rechts hat er bald alle neuen Hämmer angeleimt und an den alten Hämmern ausgerichtet.

Sobald die Hämmer im richtigen Winkel zu den Saiten stehen und eben sind, erhitzt Tom die Stiele mit einer kleinen Taschenlötlampe. Dadurch wird die Feuchtigkeit im Holz erwärmt, und er kann die Stiele bei Bedarf noch etwas biegen.

Jetzt wiederholt er die gesamte Prozedur. Diesmal ersetzt er auch die Hämmer, die er zur Orientierung in der Diskantlage belassen hatte. Als alle neuen Hämmer eingebaut und reguliert sind, zieht Tom die Mechanik heraus, dreht sie auf seinem Schoß um und schiebt sie in das Klavier, diesmal wieder mit den Tasten nach außen. Jetzt macht er sich ans Intonieren.

Ich eile an meinen Computer, um zu sehen, ob Anweisungen von Grotrian gekommen sind.

Liebe Ms Knize,
Ihr Cabinet-Flügel wurde mit Abel-Hämmern ausgestattet.

Die Hämmer, die Sie von Mr. Demler bekommen haben, sind ebenfalls Abel-Hämmer. Es gibt kein Etikett darauf, da wir diese entfernen. Der Grund dafür: Wir bauen GROTRIAN-Klaviere und keine Abel-Klaviere.

Die Hämmer, die Sie erhalten haben, wurden in der Fabrik vorintoniert, das Resultat sollte also ganz gut sein. Der einzige Rat, den wir Ihnen geben können, lautet, nie direkt am Hammerscheitel zu stechen und sehr vorsichtig auszuprobieren … auszuprobieren … und wieder auszuprobieren.

Wir stechen nur an den Schultern bis beinahe zwei bis drei Millimeter vor dem Hammerscheitel (in der Basslage sogar vier bis fünf Millimeter) und im Allgemeinen nicht mehr und näher als nötig. Übrigens: Diese Instrumente wurden nicht gebaut, um sehr weich zu klingen! Das entspräche nicht ihrem Charakter und würde zu keinem guten Klangergebnis führen.

Wir hoffen auf ein gutes Ergebnis und verbleiben inzwischen mit freundlichen Grüßen
Burkhard Kämmerling

Ich drucke die E-Mail aus und zeige sie Tom.

»Ausprobieren, ausprobieren, wie?«, meint er. Tom spielt ein wenig auf dem Klavier.

Der Diskant ist zu hören! Er hat Reichweite, eine gute Ausklingphase und viel Farbe. Die Abrundung, die ich gesucht habe und die Tom auf den alten Hämmern nicht zustande brachte, ist da. Ich bitte ihn, sehr vorsichtig vorzugehen, um diese Abrundung ja nicht zu gefährden.

»Wir werden nur ein bisschen intonieren«, sagt er. »Dann können Sie heute Abend spielen und beurteilen, ob ich weitermachen soll.«

Er bearbeitet die Hämmer mit einem 9,5 Millimeter breiten Sandpapierstreifen mit 220er-Körnung. Dann sticht er mittels eines Intonierwerkzeugs mit drei Nadeln die Hammerschultern viermal pro Seite in der Zwei-bis-drei-Uhr-Stellung, auf der anderen in der Neun-bis-zehn-Uhr-Stellung, nur ein klein wenig. Er tupft die Scheitel ganz leicht mit flachen Stichen an.

»Versuchen Sie mal«, sagt er.

Während ich spiele, packt er seine Werkzeuge zusammen. Er ist unterwegs nach North Dakota, um seinen Vater zu besuchen, der vor Kurzem eine Herzoperation hatte. Erst in einem Monat wird er seine Arbeit hier fortsetzen können.

»Es gefällt mir wirklich gut«, erkläre ich. Ich werde keinen Monat für meine Einschätzung brauchen. Der Diskant hört sich jetzt tatsächlich gut an. Aber die Tonskala klingt, als wäre sie zwischen zwei Klavieren aufgeteilt – der dunkle, weiche Tenor und Bass, die Marc intoniert hat, und der neue, hellere, hübsche Diskant. Die neuen Hämmer lassen die alten viel dumpfer klingen als zuvor. Ich entschließe mich rasch, dass ich gerne das Klavier mit einer einheitlichen Persönlichkeit sprechen lassen möchte – derjenigen der neuen Hämmer.

*

Einen Monat später, Ende Mai, kommt Tom wieder. Die restlichen neuen Hämmer einzuhängen nimmt zwei Tage in Anspruch, und diese Zusammenkunft könnte in die Geschichte der Klavier-Dreiecksbeziehungen als eine der schwierigsten und schmerzlichsten eingehen, den je eine Klavierspielerin, ihr Klavier und ihr Techniker erlebt haben. Tom kommt am frühen Morgen, er hat einen ausgefüllten, anstrengenden Tag vor sich und macht sich sofort an die Arbeit.

Wieder fragt er mich, ob ich ihm erlaube, die Stiele an den alten Hämmern zu spalten, um sie leichter von der Kapsel zu bekommen. Wieder bitte ich ihn eindringlich, er möge versuchen, so viele wie möglich zu retten. Sind sie einmal gespalten, kann man die Hämmer nie wieder verwenden.

Also müht Tom sich stundenlang ab und stanzt sie mit seinem glänzenden Metallwerkzeug von der Kapsel. Ich polstere die Stelle zwischen seinem Daumen und rechten Zeigefinger dick mit Schutzpflaster, damit er nicht wieder Blasen bekommt. Aber als er zur Bass-Sektion kommt, hat er genug. Seine Stimmung hat sich verdüstert. Mehr als einmal hat er geknurrt, wie schwierig es sei, diese Arbeit in einer Wohnung zu erledigen, fern von der vertrauten und praktischen Werkstatt. Ich gehe in mein Büro, um ihm ein wenig Freiraum zu lassen, um nur ja nichts zu tun oder zu sagen, was ihn reizen könnte. Als ich ins Wohnzimmer zurückkomme, leimt er gerade die letzten Hämmer an. Auf dem Couchtisch liegen die alten Hämmer aufgereiht. Die Stiele aller Basshämmer sind gespalten. Ich sehe sie bloß an und sage nichts; es ist so oder so zu spät. Nun gibt es kein Zurück mehr.

Tom dreht sich nicht einmal um. Er weiß, worauf mein Blick ruht. »Es musste sein, sorry. Sie waren einfach zu schwer runterzukriegen.«

Was geschehen ist, ist geschehen, und da mir der neue Diskant so gut gefällt, mache ich mir keine allzu großen Sorgen. In den letzten Wochen habe ich – abgesehen von den paar Stunden nach Marcs Besuch vor mehr als einem Jahr – zum ersten Mal richtig Freude mit dem Klavier gehabt. Ich trete zu Tom an die Klaviatur. Er erhitzt die Stiele mit seinem kleinen Schweißbrenner und richtet sie aus. Ein sehr langer Tag liegt hinter ihm.

Schließlich dreht er die Mechanik um, sodass die Tasten wieder an der Vorderseite des Klaviers sind. »Sind Sie bereit?«, fragt er. Und ich setze mich, um zu spielen.

Was nun geschieht, ist gewissermaßen zu schmerzlich, um

es zu beschreiben. Etwas ist schrecklich schiefgegangen. Es klingt grauenhaft. Schrill. Rau. Aus dem Korpus strömt zu viel Geräusch, ein Misstönen, das zu einem Sturm der Dissonanzen wird, zu einem wüsten Tornado anschwillt, der mir körperlich weh tut. Ich halte mir die Ohren zu. Welche Spur von Marlenes Persönlichkeit noch im Klavier geschlummert haben mag, jetzt ist sie vollkommen verschwunden. An ihre Stelle ist eine hässliche Hexe getreten.

»Da ist irgendeine Hochfrequenzsache«, sage ich. »Wie bei einer Hundepfeife. Ich glaube, das macht mich taub.«

»Ich höre das nicht.«

»Es ist eine sehr hohe Frequenz. Als würden die Schwingungen alle gegeneinander scheppern.«

Tom probiert es mit ein wenig vorsichtigem Intonieren, aber die erste Note, die er weicher zu machen versucht, fällt in sich zusammen wie ein Ballon, den man mit einer Nadel ansticht. Die ganze Abrundung, die komplexen Harmonien sind verschwunden. Er ersetzt den Hammer durch einen der Extra-Hämmer, die bei der neuen Garnitur dabei waren.

Zum ersten Mal kommt mir der Gedanke, dass Tom, jetzt Anfang fünfzig, nach etwa dreißig Jahren Klavierstimmen vielleicht die Fähigkeit verloren haben könnte, hohe Frequenzen zu hören. Das kommt bei Klavierstimmern häufig vor, und überhaupt deuten manche Studien darauf hin, dass Frauen in der Lage sind, höhere Frequenzen zu hören als Männer. Vielleicht ist diese Oberton-Nebenschwingung, die mich so quält, wirklich wie eine Hundepfeife.

Nachdem Tom nachgebessert hat, versuche ich wieder auf dem Klavier zu spielen, aber die Nebenschwingungen sind nach wie vor da. Sie sind unerträglich. Und mein Techniker kann nicht wegintonieren, was er nicht hört. Außerdem kann er heute nichts mehr tun. Es war ein harter Monat für ihn, und er ist müde. Er weiß nicht, wie das Problem zu lösen ist. Das gibt er ganz offen zu.

»Haben Sie irgendeine Art Stoffband?«, fragt er.

In unserem Wäscheschrank finde ich weißes Ripsband und bringe Tom ein großes Knäuel.

Er nimmt das Band und fädelt es in die hinteren Anhanglängen des Klaviers ein, unter und über die Saiten.

»Wozu ist das denn gut?«

»Ich dämpfe die Oberton-Nebenschwingungen ab.«

»Wird es das Problem lösen?«

»Das ist das Beste, was ich jetzt tun kann.«

Es ist Zeit für ihn, nach Coeur d'Alene zurückzukehren. Er packt seine Werkzeuge zusammen und lässt mich mit dem zurück, was einmal mein Klavier war.

Vorsichtig nähere ich mich wieder der Klaviatur, als wäre es ein in die Enge getriebenes fauchendes Tier. Ich schließe den Deckel, um den Ton so weit wie möglich zu dämpfen, und versuche wieder zu spielen.

Die Nebenschwingungen sind leiser, aber sie sind immer noch da. Immer noch tun sie meinen Ohren weh. Jetzt klappe ich den Notenständer zurück und senke auch die Klaviaturklappe, damit der Korpus ganz umschlossen ist. Es klingt nach wie vor scheußlich. Der Klang ist rau, metallisch, scharf. Als würde mir jemand einen Bohrer ins Ohr treiben.

Das kann einfach nicht wahr sein. Die neuen Hämmer sollten doch meine Probleme lösen! Ich decke das Klavier mit einer dicken Decke zu, in der Hoffnung, seine grausame Stimme zu dämpfen. Wieder spiele ich. Das Tier ist verwundet, gefährlich. Ich ertrage es nicht mehr, es anzurühren. Mir kommen die Tränen. Das Telefon klingelt.

»Wie gefällt Ihnen Ihr Klavier?« Es ist Carl, er klingt vergnügt und erwartungsvoll.

Ich schließe die Augen und halte den Atem an. Als ich schließlich spreche, hört sich meine Stimme an, als käme sie von jemand anderem – schwach und untröstlich. Aber trotz meiner bodenlosen Enttäuschung sage ich Carl nicht, wie ich mich fühle. Es soll für uns beide erträglich sein. Vielleicht habe ich auch gar keine andere Wahl, denn wenn ich Carl erzähle, dass Marlene verschwunden ist, könnte mein Traum für immer verloren sein.

»Ich glaube, es braucht eventuell einen Intoneur«, sage ich Carl und versuche, vernünftig und ruhig zu klingen, obwohl ich in diesem Moment das Gefühl habe, als wäre das Klavier eine Verlängerung meines Körpers, als wäre diese seine Wunde meine eigene. »Ich glaube, die Hämmer sind zu hart. Es entstehen ein paar Nebenschwingungen, die sehr unangenehm sind.«

»Was möchten Sie denn machen?«

»Können Sie mir helfen, jemanden zu finden?«

»Ich werd's versuchen.«

*

Warum habe ich – eine erwachsene Amateurpianistin, keine Technikerin, keine Klavierhändlerin – ganz allein beschlossen, dass das Klavier bloß intoniert werden muss? Warum habe ich Carl nicht einfach erzählt, was passiert ist, und mir angehört, was er als Lösung anzubieten hat? Bis heute weiß ich es nicht. Vielleicht hätte er mir geraten, das Klavier zurückzuschicken. Etliche Experten, die ich konsultiere, und einige meiner Freunde auf Piano World drängen mich genau dazu. »Tauschen Sie es einfach gegen ein anderes aus«, sagt Derick, als ich ihm am Telefon erzähle, was geschehen ist. »Carl kommt auch dann noch auf seine Kosten. Sie haben genug mitgemacht.«

Aber ich habe nie auf einem anderen neuen Grotrian gespielt, also weiß ich nicht, ob das mein Problem lösen würde. Ich weiß immer noch nicht, ob ich dem Grotrian verfallen bin oder Marcs Intonation. Ich weiß bloß, dass die Stimme, in die ich mich verliebt habe, so einzigartig und besonders war, dass ich zweifle, sie bei irgendeinem anderen Instrument, sogar der gleichen Marke und Herstellungsart, finden zu können. Der Klang dieser Stimme lebt noch jetzt in meinem Gedächtnis; sie ruft nach mir. Ich bin nicht bereit, sie aufzugeben.

Marcs Warnung, die Suche nach Vollkommenheit könne schöne Dinge zerstören, fällt mir wieder ein und verfolgt mich. Seine Geschichten über Pianisten, die sich so schreckliche Sorgen um ihre Klaviere machten, dass sie niemandem mehr trauten und kein Techniker mehr für sie arbeiten wollte, hallen in meinen Gedanken nach. Nun erlebe ich ihre Pein. Ich habe Angst, eine von ihnen zu werden.

Als Oliver von der Arbeit heimkommt, flüchte ich mich in seine Arme, suche dort Trost. Er kann mir nicht helfen; er hat zwar mitbekommen, dass das Klavier irgendwie anders klingt, aber sein Gehörverlust in den oberen Frequenzen ist ausgeprägt, und so kann er mich bloß festhalten, während ich weine. Nicht zum ersten oder zum letzten Mal staune ich über seine Bereitwilligkeit, Mitgefühl und Trost für den Verlust von etwas anzubieten, das er niemals erlebt hat und niemals verstehen wird.

»Was soll ich bloß tun?« Ich fühle mich hilflos genug, ihn um Rat zu bitten, während ihn die Frage zweifellos genauso hilflos macht.

»Fang mit dem Tontaubenschießen an und lass die Ohrenschützer weg«, sagt er. »Werde Holzfällerin und vergiss, deinen Helm zu tragen.«

»Du meinst, ich soll mein Gehör schädigen?«

»Sonst wüsste ich nichts, was ich dir raten könnte.«

Es fällt mir immer schwerer zu üben. Nur mit Ohrstöpseln ertrage ich es, auf dem Klavier zu spielen. Trost finde ich auf langen Bergwanderungen. Der Sommer ist da, und während ich durch die Hügel streife, die Missoula umgeben, ertappe ich mich dabei, wie ich davon träume, das Klavier zu verkaufen und einen Ersatz zu suchen. Im Geist spiele ich noch einmal die bemerkenswertesten Klaviere durch, die ich während meiner zweijährigen Suche ausprobiert habe. Sicher hätte es mit einem von ihnen wunderbar funktioniert, vielleicht sogar besser als mit Marlene?

Schließlich hat sich Marlene, grüble ich während dieser Auszeiten, in denen zeitweilig die Vernunft zurückkehrt, als Traum herausgestellt, als Hirngespinst. Ich werde doch sicherlich mit einem anderen Klavier mein Glück finden können, das weniger launisch und schwierig ist? Das Fazit lautet: So wie es jetzt ist, hätte ich das Klavier nie gekauft. Ich überlege sogar, den Unterricht aufzugeben. Perri, du schadest dir mit dieser Obsession bloß selbst, sage ich mir. Du musst aus diesem Traum aufwachen.

Trotzdem nehme ich meine Suche nach einem Intoneur wieder auf. So sehr ich mich bemühe, zur Vernunft zu kommen, ich kann Carl nicht anrufen und ihn bitten, das Klavier zurückzunehmen. Stattdessen starte ich eine Kampagne: Ich will einen Helden finden, einen Prinzen, der Marlene wachküsst. Denn ich weiß, dass sie noch da ist, wenn auch schlafend, in diesem schwarzen, glänzenden Gehäuse. Will oder kann ich aus meinem Traum vom vollkommenen Klavier nicht aufwachen, dann muss Marlene eben wiederbelebt werden.

*

Mein erster Anruf gilt dem Verkäufer, der mich so überzeugend beraten hat, die Hämmer auszuwechseln. Er klang wirklich so, als wisse er, wovon er redete. Und er hat sogar angeboten, an meinem Klavier zu arbeiten. Vielleicht kommt er nach Montana und bringt alles in Ordnung. Er war so erpicht darauf, mein Problem zu lösen, warum sollte er nicht das Gefühl haben, er habe Anteil daran, wie die Sache ausgeht?

Ich beschließe, ihm eine Mail zu schicken.

Nun gut, es ist perfekt reguliert. Die Klaviatur reagiert geradezu phänomenal auf den Anschlag. Der Klang ist relativ gleichmäßig, beginne ich, da ich zuerst das Positive würdigen will.

Aber bei den helleren Tönen schwingt nun etwas mit, ein Oberton, den mein Techniker mit einem Band abdämpfen musste. Das hat ein wenig geholfen. Natürlich unterscheidet sich diese Intonation sehr von dem, was ich gewohnt bin ....

Ich halte kurz inne und überlege, wie ich mein Anliegen umschreiben könnte.

Ich weiß, dass dieses Klavier so viel mehr sein könnte, als es im Moment ist – ich muss einen wirklich begabten Intoneur finden, jemanden, der sowohl das Gehör hat als auch über die richtige Methode verfügt, das volle Potenzial aus meinem Flügel herauszuholen. Haben Sie eine Idee?

Der Verkäufer schlägt in seiner Antwort einen ganz anderen Ton an als bei unserem ersten Telefonat, als er mich drängte, die Hämmer auszutauschen. Die beflissene Hilfsbereitschaft ist verschwunden:

Ihr Entschluss, am Ende der Welt zu leben, schränkt Ihre Möglichkeiten erheblich ein.

Er gibt mir den Rat, nachzuprüfen, ob die Saiten eben sind, und fragt, ob die Hämmer vorgebohrt waren oder ob mein Techniker sie gebohrt hat.

Ich hoffe jedenfalls, dass alles gut läuft.
Unklugerweise greife ich zum Telefon und rufe ihn an.

»Ich hatte gehofft, Sie könnten mich an einen Intoneur verweisen; oder vielleicht möchten Sie, da Sie solches Interesse an dem Klavier gezeigt haben, selbst daran arbeiten?«

»Ich?«, fragt er und gibt ein spöttisches kleines Lachen von sich. »Himmel, nein! Ich habe viel zu viel zu tun. Ich könnte keinesfalls ganz zu Ihnen rausfahren. Nein, keine Ahnung, wen Sie da in Ihrer Nähe finden könnten.«

»Sie kennen wirklich niemanden in meiner Gegend?«, beharre ich.

»Nein. Einer unserer Zwischenhändler hat vielleicht eine Idee.«

»Wo befindet er sich?« Ich habe den Namen so schnell niedergeschrieben, wie er ihn ausgesprochen hat. »Und seine Nummer?«

»Oh, seine Nummer? Die habe ich nicht. Ich muss aufhören. Ein Kunde ist da.«

Klick.

Der Mann ist sein Zwischenhändler, und er hat seine Nummer nicht? Das klingt merkwürdig. Ich spüre den Zwischenhändler ohne allzu viel Mühe auf. Er stellt sich als wunderbarer Mensch heraus, sehr sympathisch und hilfsbereit. Er nennt mir Namen und Telefonnummern von etwa einem Dutzend Technikern und liefert mir Hintergrundinformationen über jeden, von Los Angeles bis Chicago und weiter nach New York. »Sagen Sie Ihnen, ich hätte Sie an ihn verwiesen«, rät er. »Und erzählen Sie mir, wie es gelaufen ist.«

Dann meldet sich Carl.

»Ich habe eine Intoneurin für Sie. Sie ist eine Spitzenkraft in New York, ein Genie. Ich habe schon mit ihr über Sie gesprochen.«

Ich schreibe die Nummer auf und rufe sofort an. Niemand hebt ab, keine Ansage auf dem Anrufbeantworter, nur Geklimper. In der Annahme, ich hätte mich verwählt, probiere ich es noch einmal. Wieder ist das einzige Geräusch am anderen Ende der Leitung ein sonderbares geklimpertes Medley, und so bleibt mir nichts anderes übrig, als eine Nachricht zu hinterlassen.

Einstweilen schicke ich eine Mail an Grotrian mit der Bitte um eine Empfehlung; dort verweist man mich an andere Händler. Ich rufe diese an und erhalte noch mehr Empfehlungen. Bald habe ich Namen von Technikern aus Oakland, Mill Valley, Los Angeles, Chicago, Denver, Virginia, sogar ein paar aus Montana, viele aus New York, aus Los Angeles, San Francisco, Seattle und so weiter. Jeder scheint sich sehr für meine Klaviernöte zu interessieren, und jeder hat seine eigene Theorie dazu, was nicht stimmt und wie man dem Problem abhelfen könnte. Sie haben alle eine eindeutige Meinung. Gegen Ende der Woche sind sie in meinem Kopf zu einem permanenten, disharmonischen, beinahe ohrenbetäubenden Geräusch angeschwollen:

»Die Nebenschwingungen werden durch intensives Stechen verschwinden.«

»Ich persönlich bin gegen Stechen. Nehmen Sie Dampf, es klingt dann viel angenehmer und hält länger.«

»Dampf ist eine gute Möglichkeit, zu experimentieren. Der Effekt ist nur vorübergehend«

»Mit diesen Klavieren sollten Sie nicht herumexperimentieren.«

»Gehen Sie mit einer Papierfeile über die Hämmer, das wird sie aufmöbeln.«

Als ich dem US-Vertreter für Abel-Hämmer gegenüber erwähne, wie viele einander widersprechende Informationen ich bekommen habe, meint er: »Gute Intoneure haben immer sehr ausgeprägte Ansichten.«

Namen, die drei Mal fielen, kommen in die engere Auswahl. Aber viele von diesen Technikern rufen mich trotz meiner wiederholten Versuche, sie zu erreichen, nicht zurück. Und Carls Technikerin hat sich auch nicht gemeldet. Ich probiere es noch einmal. Dieses Mal wird das Musikgeklingel unterbrochen, als sie den Hörer abhebt.

»Ich habe Ihre Nachricht erhalten«, sagt sie mit kehliger Altstimme. »Aber im Moment habe ich so viel zu tun.« Sie habe zwei alte Katzen, erklärt sie, und fürchte, sie würden sterben, während sie auf Reisen sei. Eine von ihnen ist krank. Da ich Tiere liebe, äußere ich mich mitfühlend.

»Irgendwann würde ich sehr gern nach Montana kommen. In der Zwischenzeit könnte ich Ihr Klavier für ziemlich wenig Geld nach New York bringen lassen. Ich habe einen Deal mit einem Klavierspediteur; wenn es in meinem Atelier wäre, könnte ich mich darum kümmern. Dann könnte ich daran arbeiten, wie es mir gerade passt.«

»Aber würden Sie mich nicht dabei brauchen, um Ihnen zu sagen, was ich möchte?«

»Oh, ich möchte nicht, dass Sie mir über die Schulter blicken. Ich richte mich nach meinem Gefühl für das Instrument. Wenn Sie mir sagen, was Sie wollen, kommt es womöglich noch so weit, dass ich Ihnen den Lack und die Nadeln reiche und sage, Sie sollten es selbst machen. Welche Hämmer sind denn drin?«

»Abel.«

»Ich bin Steinway-Hämmer gewöhnt. Ich könnte versucht sein, die Abel-Hämmer rauszunehmen und Steinway-Hämmer einzusetzen. Oder so vorzugehen, als wären es Steinway-Hämmer.«

»Haben Sie schon einmal an einem Grotrian gearbeitet?«

»Ich hatte einmal einen alten 2,24-Meter-Flügel. Die europäischen Klaviere klingen alle gleich – ganz hell.«

So habe ich das zwar nicht wahrgenommen, aber ich widerspreche ihr nicht.

»Schicken Sie es zu mir«, fährt sie fort. »Oder schicken Sie es zu Carls Lagerhaus, und ich sehe es mir dort an. Dann könnten Sie herfliegen und schauen, ob Sie es noch wollen, nachdem ich es intoniert habe. Wenn nicht, ist es schon bei Carl, und er kann Ihnen ein anderes anbieten. Oder, falls es sich schon lange hinzieht – und es klingt ganz danach –, tauschen Sie das Klavier jetzt aus.«

Nach dem Telefonat rufe ich Carl an. »Sie sagt, ich solle das Klavier zu ihr befördern lassen.«

»Wir müssen uns etwas anderes ausdenken. Es gibt da einen Techniker in Los Angeles. Er zieht sich an wie Elvis. Er ist sehr, sehr gut. Ich muss versuchen, seinen Namen rauszukriegen. Ich kenne ihn nur als Elvis.«

Elvis! Carl hat gesagt, er werde das Intonieren bezahlen, aber bei der Suche nach dem richtigen Techniker bin ich offenbar auf mich allein gestellt.

18

Die Intoneure

Drei Jahre nachdem ich den Grotrian-Flügel gefunden habe, zwei Monate nachdem Tom die neuen Hämmer eingebaut hat, steckt die Ehe mit meinem Klavier in einer Krise. Nicht nur sind die Nebenschwingungen unerträglich, auch einige Diskantnoten sind wieder matt geworden, nachdem Tom die Hämmer gestochen hat, um den Ton zu dämpfen. Marlene ist jetzt ein schrilles Desaster, ein kreischendes altes Weib, und ich empfinde nichts für sie. Ich achte nicht mehr darauf, den Luftbefeuchter laufen zu lassen, ich decke sie nicht mehr mit dem roten Schal zu. Ich möchte sie nicht berühren. Ich habe einen Verlust erlitten.

»Du bist wie jemand, der einen Lamborghini kauft und sich dann beklagt, wenn der Mechaniker vor Ort Mist baut«, sagt Oliver, der inzwischen so viel über das Klavier zu hören bekommen hat, dass es ihm für den Rest seines Lebens reicht. »Was hast du denn erwartet?«

Bei meinen Freunden auf Piano World finde ich mehr Mitgefühl. Rich und Derick helfen mir bei der Einschätzung, welchen der vielen Techniker, mit denen ich gesprochen habe, ich beauftragen soll. Rich verspricht, mir einen Grotrian-Experten vorbeizuschicken – sobald der Mann aus Südamerika zurück ist.

»Ich glaube nicht, dass du das Klavier verkaufen solltest«,

meint er. »Das würdest du bereuen. Hat man erst einmal den Gipfel erklommen, gibt es kein Zurück mehr.«

Ja, denke ich, ich weiß. Aber jetzt ist weit und breit kein Gipfel in Sicht.

Letztes Jahr habe ich Derick beigestanden, als dieser sich mit seinem Falcone-Flügel herumquälte. Schließlich hat er ihn verkauft, und jetzt sucht er einen Intoneur für seinen neuen Bösendorfer-Imperial-Konzertflügel. Derick ist weitaus anspruchsvoller als ich – ein Klang-Fanatiker, für den jede einzelne Note immer perfekt sein muss.

»Es klingt wie ein Banjo!«, jammere ich Derick am Telefon vor.

»Schick es zurück, Perri«, sagt er. »Denk darüber nach, was das Schlimmste wäre, das eintreten könnte.«

Mir brummt schon der Schädel vor lauter Nachdenken und Grübelei, wer mir helfen könnte. Mich beunruhigt, was ein Techniker zu mir gesagt hat: »Es klingt, als hätten Sie bereits zu viel mitgemacht; bald wird keiner mehr für Sie arbeiten wollen.«

Ich rufe Wally Brooks an, den US-Händler für Abel-Hämmer. Er müsste doch wissen, an wen ich mich wenden kann?

»Hierzulande weiß niemand, wie diese Hämmer zu intonieren sind«, sagt Wally. »Sie sind viel härter als die Abels, die ich verkaufe. Sie sind mehr wie Bösendorfer-Hämmer. Sehen Sie sich nach einem Bosie-Intoneur um.«

Eine Stunde verbringe ich am Telefon mit einem Techniker von Bösendorfer in New York. Er gesteht, noch nie auf einem Grotrian gespielt zu haben. Für Carl hat er allerdings schon gearbeitet, und so erkundige ich mich nach ihm.

»Den werden Sie doch nicht nehmen wollen«, sagt Carl. »Der lässt Ihr Klavier wie ein Bösendorfer klingen.«

Ich werde Derick von dem Bösendorfer-Typ erzählen, er wird begeistert sein.

»Warum lassen Sie Marc nicht wieder kommen?«, fragt Carl.

»Carl, ich finde es wunderbar, was Marc macht, aber es hält nicht an«, sage ich. »Ich wohne so abgelegen, ich brauche eine stabile Intonation.«

Ein Grotrian-Händler, der auf Piano World postet, bietet mir seinen Toptechniker an, zum exorbitanten Preis von tausend Dollar pro Tag, Minimum drei Tage, dazu Reisekosten und Mahlzeiten. Das Angebot begreife ich als Ausdruck seines Unmuts darüber, dass ich mein Klavier nicht bei ihm gekauft habe.

Mir fällt ein, dass Darrell und Heather Fandrich, die Besitzer von Fandrich & Sons Pianos in Stanwood, Washington, jeden Sommer auf ihrem Weg zu Verwandten in North Dakota durch Missoula kommen. Als ich anrufe, beruhigt mich Heather, Darrell könne sicherlich helfen; sie werde sich melden, sobald ihr Terminplan steht. Doch andere Leute in der Klavierszene, die Darrell womöglich mit seinem jüngeren Bruder Del verwechseln, meinen, er werde mir ohnehin bloß nahelegen, mein Klavier umbauen zu lassen. »Das können Sie sich sparen«, rät einer von ihnen. Als ich von Heather nichts mehr höre, gehe ich der Sache nicht weiter nach.

Ich erfahre von einem Techniker in Los Angeles, einem der besten Intoneure im Land, wie man mir versichert; er macht jeden Sommer in Montana Urlaub. In meiner Aufregung darüber, womöglich den Richtigen gefunden zu haben, hinterlasse ich mehrere Nachrichten auf seinem Anrufbeantworter. Eines Tages erhalte ich eine Mail:

»*Ich mache Ferien im Yellowstone*«, schreibt er. »*Nach Missoula würde ich in tausend Jahren nicht kommen.*«

Na so was, danke für die Auskunft.

Im Laufe eines Monats spreche ich mit mehr als dreißig Technikern aus dem ganzen Land. Beinahe alle sind zuversichtlich, mein Problem lösen zu können, aber woher soll ich wissen, wer der Richtige ist? Gefällt jemandem, der einen guten Ruf hat, automatisch das, was mir gefällt? Liebt und versteht er den Klang, den ich in meinem Kopf höre? Ich kann nicht hinfahren, um mir anzuhören, wie er arbeitet, und es muss auf Anhieb klappen. Zu viel steht auf dem Spiel. Ich muss auf Nummer sicher gehen.

*

Er steht am Bordstein vor dem Ausgang bei der Gepäckausgabe: ein großer, sehniger Mann, der mich mit seiner dünnrandigen Brille und seinem schmalen Gesicht an einen Gelehrten erinnert. Beim Anblick meines Kombis lächelt er und winkt. Er wuchtet sein schweres graues Rollköfferchen mit den Werkzeugen auf den Rücksitz.

Wir haben einander bereits in Seattle getroffen, in dem Geschäft, dessen Mitbesitzer er einmal war. Er war Chef-Klaviertechniker an der University of Washington, Herausgeber der Zeitschrift der Klaviertechniker, hat zahllose junge Leute in Stimmen und Regulieren unterwiesen und das Fachlektorat bei Larry Fines *Piano Book* übernommen. Er hat Klaviere für Ivan Moravec, Murray Perahia und den berüchtigt pingeligen Alfred Brendel vorbereitet, als sie in der Meany Hall konzertierten. Und er ist selbst Pianist und mit einer Konzertpianistin verheiratet; die beiden unterrichten Techniker in Kundenkommunikation. Von allen Experten, die ich in Erwägung gezogen habe, ist er derjenige, den nicht einer seiner Kollegen schlechtmachte, der Einzige, der allgemein gepriesen wurde. Im oft halsabschneiderischen Klavierhandel und angesichts der kleinlichen Eifersüchteleien und Egoismen der Spitzen-Klaviertechniker ist das eine außerordentliche Leistung. Er scheint mir der richtige Kandidat zu sein, zudem hat er sich bereit erklärt, zu einem für Carl und mich vertretbaren Honorar nach Missoula zu kommen.

»Danke, dass Sie gekommen sind!«, rufe ich über das Gebrüll der Flugzeugmotoren hinweg.

»Sehr gerne«, sagt Steve Brady, während er sich neben mich setzt.

Die Zeit läuft unerbittlich: Wir haben zehn Arbeitsstunden zur Verfügung.

*

Bevor Steve loslegen kann, müssen wir uns besprechen. »Wir sollten uns auf eine einheitliche Begrifflichkeit einigen«, sagt er, während wir nebeneinander vor dem Klavier sitzen. »Wir verwenden zwar alle dieselben Wörter, doch stellen wir uns möglicherweise etwas grundlegend anderes darunter vor.«

Ich beschreibe, so gut ich es vermag, wie Marlene war, ihren Klang, in den ich mich verliebte.

»Was Sie wünschen, würde ich *Kopfraum* nennen«, sagt Steve. »Wie in einem Auto.« Er klopft mit den Knöcheln an ein imaginäres Wagendach über seinem Kopf. »Kopfraum bedeutet eine umfassende Dynamik und große Farbskala bei den Tönen.«

Zunächst überprüft Steve sämtliche Bolzen und Schrauben im Klavier. Nachdem er sich vergewissert hat, dass sie fest angezogen sind und dass die Saitenführung durch die Stegstifte in Ordnung ist, zieht er eine schwarze Schürze über sein blaugrünes Oberhemd und die weißen Chinos und löst mit einem elektrischen Bohrer rasch und effizient die Wangen ab.

»Suchen wir mal ein paar ganz, ganz schlechte Noten und schauen wir, was wir tun können.«

Er spielt eine Chopin-Nocturne, dann ein Brahms-Intermezzo. Sein Anschlag ist sensibel, sehr musikalisch. Wenn er nur halb so gut intoniert wie er spielt, wäre ich zufrieden. Er zieht das Baumwollband, das Tom eingefädelt hat, aus den Saiten und reicht mir das Knäuel. Dann spielt er wieder.

»In erster Linie geht es darum, das Intonieren, das im Werk begonnen wurde, fertigzustellen. A^2 klingt wirklich scheußlich.« Er spielt den Ton einige Male und zieht die Mechanik heraus, legt sie auf den Couchtisch. Er kniet sich hin und späht in den hintersten Winkel des Gehäuses. Auch ich gehe in die Knie. Noch nie habe ich so tief in ein Klavier hineingeschaut. Ganz hinten ist eine seltsame Vorrichtung. Was ist das?

»Das ist die Unterdämpfung«, sagt Steve und sieht mich überrascht an. Vermutlich denkt er, ich sollte das wissen, aber meine Klavierkenntnisse sind nicht sehr umfassend.

»Das ist ja cool!«, rufe ich voll ehrlicher Begeisterung für die mechanische Komplexität des Instruments. Eine Unterdämpfung – noch ein Universum, das es zu erforschen gilt.

Steve lacht leise auf und tätschelt mir den Rücken. Er spürt wohl, wie groß meine Wissbegierde ist, denn wir begeben uns sofort auf eine neue Ebene – die von Meister und Schützling.

»Ein Klavierton besteht aus drei Komponenten«, erklärt Steve. »Zuerst der *Grundton*. Er definiert die Note.«

Noch einmal zupft er an der Saite, diesmal vor den Dämpfern. »Das ist der *Klang*. Er verstärkt die Charakteristik und Kraft der Note.«

Nun zupft er die Saite von vorne, dicht vor der Agraffe.

»Und da ist die *Farbe*. Sie fügt Brillanz hinzu. Wir wollen erreichen, dass alle drei Komponenten ausbalanciert sind. Ihr Klavier hat viel Klang und Farbe, aber der Grundton ist zu schwach. Er wird durch leichtes, senkrechtes Stechen verstärkt. Wir bleiben mal bei a², bis wir damit zufrieden sind.«

Steve beschließt, mit der Farbe zu beginnen. »Zuerst wollen wir mal diese Scheußlichkeit loswerden.« Er »überzuckert« – setzt kleine, flache Stiche an der Filzoberfläche – sehr nahe am Anschlagpunkt. »Wir gehen nur einen Millimeter tief. Nur ein Kratzen an der Oberfläche. Es geht ums Verhältnis von Signal und Rauschen. Wir brauchen mehr Signal und weniger Rauschen.«

Er schiebt die Mechanik wieder hinein und schlägt die Taste ein Dutzend Mal an, zunehmend fester. »Wie viele Abstufungen bei der Lautstärke kann ich erzielen? Ich möchte zumindest zehn oder elf. Versuchen wir etwas anderes bei einer anderen Note, und warten ab, was passiert.«

Diesmal nimmt er einem Des die Schärfe. Er sticht tief in die Seiten, um einen »fetteren« Klang zu erzielen, wie er es nennt. Wie zuvor beim a² bearbeitet er den Filz, indem er ihn mit dem Handgriff seines Werkzeugs beklopft. Dann schlägt er wieder den Ton an.

»Scharf wie ein Diamant«, meint er und streichelt die Taste, während wir lauschen. »Wir möchten, dass er wie eine Perle schimmert.« Er setzt ein gebogenes, mit Schleifpapier von 400er-Körnung überzogenes Stück Holz an den Hammer und fährt damit über den Filz. Dann schiebt er die Mechanik in das Klavier und schlägt wieder den Ton an. »Hören Sie das Dröhnen?«

Später, beim Abendessen in einem Restaurant, verbreitet sich Steve über das Konzept eines Klaviertonlexikons. Als Weinkenner wählt er einen Pinot Noir und bittet mich ausdrücklich, es ihm gleichzutun. Nach dem ersten Schluck fordert er mich auf, den Geschmack zu beschreiben.

»Dunkel, warm, vielschichtig …«, beginne ich.

»Das klingt, als würden Sie einen Klavierton typisieren«, sagt Steve. »Jeder Wein hat ein Geschmacksprofil, genau wie ein Klavier.«

»Ja, stimmt!« Ich koste noch einmal den Wein. »Ja, ich verstehe, es ist das gleiche Konzept!«

»Gut! So können wir uns besser über Ihr Klavier verständigen. Nehmen Sie noch einen Schluck.«

Ich rolle ihn auf meiner Zunge.

»Zuerst kommt die Attacke, nicht wahr?«, lockt Steve, während ich über die Geschmacksnoten nachgrüble. »Das ist die Kopfnote. Dann achten Sie auf die Mitte: Blüht sie auf? Oder schwindet sie schnell? Dann der Abgang – er ist vergleichbar mit dem Nachhall eines Tons.«

Ich gestehe Steve, dass ich mit der Idee spiele, das Intonieren zu erlernen, da ich so abgelegen wohne. Was er davon halte?

»Stimmen ist viel schwerer zu lernen als Intonieren, es dauert lange«, antwortet Steve. Ich habe gehört, ein Klavier zu stimmen sei ebenso schwierig, wie darauf zu spielen. Ein Fachmann erzählte mir, er habe tausend Klaviere stimmen müssen, um es wirklich zu lernen. »Ein großer Teil des Intonierens besteht aus gutem Stimmen«, fährt Steve fort, »man muss also ein ausgebildeter Techniker sein, bevor man sich an das Intonieren wagen kann. Sonst könnte man nicht beurteilen, was man tut.«

Steve selbst wurde erst Techniker, nachdem er Pianist geworden war. »Ich bin in besonderer Weise geeignet für das, was ich tue«, sagt er. »Ich habe viel mechanisches Geschick. Ein wirklich gutes Gefühl für Tonhöhen. Und dann ist da noch meine Liebe zur Musik, meine Besessenheit von Klavieren. Ich kann mir nicht vorstellen, dass ich etwas anderes ebenso gut machen könnte.«

Nachdem ich ihn bei seinem Hotel abgesetzt habe, setze ich mich wieder ans Klavier. Steve hat erst einen Teil der Arbeit erledigt, aber da er morgen um halb vier Uhr nachmittags sein Flugzeug erreichen muss, zählt jede Minute. Eine Stunde verbringe ich damit, die Töne zu analysieren und mir Notizen zu machen.

Der Diskant ist irgendwie rau – zu extrovertiert – er braucht mehr Umfang und Feinheit. Im Bass gibt es viele falsche Töne, schnarrende Geräusche von der Mechanik. Ich möchte einen dunkleren, stimmungsvolleren, glockengleichen, süßen und warmen Ton. Schwer, genug Pianissimo rauszuholen. Der Grundton ist zu stählern, durchdringend, er braucht mehr Abrundung ...

Am Morgen sieht sich Steve meine Notizen an und schüttelt den Kopf. »Sie sollten wirklich mit irgendeiner geräuschvollen Sportart anfangen, Sie hören ja die Flöhe husten!« Er spielt wieder auf dem Klavier, um sich erneut mit dem Klang vertraut zu machen; noch mehr Chopin und Brahms. Ihm zuzuhören ist himmlisch.

Es ist bereits zehn Uhr. Steve brauchte noch einige Werkzeuge und Jeff Stickney, der Klavierstimmer, der Marlene nach ihrer Ankunft betreut hatte, lieh sie ihm bereitwillig und hatte auch Zeit, mit uns zu frühstücken. Jetzt stehen wir unter Druck, getrieben vom unbarmherzigen Verstreichen der Zeit.

Steve sticht seine Nadeln souverän und energisch in die Hämmer. Dann klopft er die Wollfasern mit dem Griff seines Intoniergeräts glatt. Die Hämmer müssen wirklich hart gewesen sein, denke ich, wenn es erforderlich ist, sie so intensiv zu stechen.

Steve ist äußerst konzentriert, und ich bin furchtbar angespannt. Wir können es uns nicht leisten, zu plaudern und zu diskutieren. Bald überwältigt mich die Sorge – so viel steht auf dem Spiel, und die Zeit läuft. Ich habe das Gefühl, als berührten meine Füße kaum den Boden, als bewegte ich mich durch eine zähe, undurchdringliche Flüssigkeit. Also verschwinde ich. Ich laufe im Hinterhof herum, beschneide Rosen, zupfe Unkraut. Lese ein wenig auf der Terrasse. Ich versuche greifbar zu sein, aber nicht im Weg.

»Würden Sie mal einen Blick drauf werfen?« Steve steckt den Kopf aus der Hintertür. Wir tauschen die Plätze: Er entspannt sich in der Julisonne und verzehrt das Sandwich, das ich ihm zubereitet habe, während ich an das Klavier zurückkehre, um zu spielen.

Ich kann jetzt die Noten heraushören, die rein sind, und diejenigen, die immer noch unsauber klingen. Bass- und Tenorlage weisen nach wie vor dieses Summen auf. Ich schreibe nieder, was ich höre. Steve kommt herein und spielt rasch die Tonleiter hinauf und hinunter, entdeckt die Noten, die aus der Reihe fallen, und stürzt sich mit den Nadeln darauf. Er spielt noch ein bisschen. Ich spiele. Er intoniert ein wenig. Er erhitzt die Hammerstiele, um sie abgleichen zu können, richtet die Hämmer auf Chor, nutzt alle Regulierungsmöglichkeiten, die den Klang beeinflussen könnten. Die Uhrzeiger bewegen sich immer weiter. Ich vermelde immer wieder, wie viel Zeit noch bleibt, bis wir zum Flughafen müssen.

Steve bittet mich, noch einmal auf dem Klavier zu spielen. Tenor und Bass wollen sich den Nadeln einfach nicht fügen. Der hässliche Klang ist hartnäckig. Ich fürchte allmählich, dass Steve fahren wird, ohne das Problem mit den Nebenschwingungen gelöst zu haben. Steve greift zu einer abgefeilten Zange. »Das ist etwas umstritten, aber ich habe es von

Wally Brooks gelernt.« Er quetscht jeweils den mittleren Teil der Hämmer zwischen den Backen der Zange. »Das wird den Klang erblühen lassen.«

Er schiebt die Mechanik wieder zurück. Rasch spiele ich die Tonleiter: Endlich sind die Nebenschwingungen verschwunden. Der Flügel ist wieder bespielbar. »Sie haben's geschafft! Danke!« Ich stürze mich auf die Tasten und spiele meinen Chopin-Walzer. Es ist nicht Marlene, aber ein sehr hübsches Klavier.

»Sie haben eine Vorliebe für einen außerordentlich dunklen, warmen Klang«, kommentiert Steve meine Reaktion. »Ich würde gern die Hämmer sehen, die Tom herausgenommen hat. Die Originalhämmer. Sie haben sie doch noch, oder?«

Ich bringe ihm den Karton mit Marlenes sorgsam in Packpapier gewickelten Hämmern. Steve nimmt einige Diskanthämmer heraus und drückt sie nachdenklich zwischen den Fingern. Dann befühlt er einige aus der Tenorlage.

»Das ist wirklich komisch – sie sind weich am Scheitel und hart an den Schultern.«

»Tom hat sie mit Schellack-Grundierung behandelt.«

»Schellack-Grundierung ist gut«, sagt er und untersucht noch einige Hämmer. Dann legt er sie hin und dreht sich zu mir. »Aber eines muss ich Ihnen leider sagen: Wenn ich diese hier für Sie hätte intonieren können, hätte Ihr Klavier wie früher geklungen.«

»Es ist, wie es ist.« Ich zucke die Achseln. »Jetzt gibt es kein Zurück mehr.« Aber ich spüre einen schrecklichen Anfall von Kummer. Was, wenn ich nicht auf den Verkäufer gehört hätte, der mir riet, neue Hämmer zu besorgen? Schließlich hatte Tom bei seinem vorsichtigen Herantasten stetig Fortschritte gemacht. Jetzt fühle ich Zorn und Bedauern.

»Sie haben das Zeug zur Technikerin, Perri. Sie haben das

Ohr dafür«, sagt Steve. »Leute wie Sie und ich sind für Weiterentwicklung, Schwierigkeiten und Herausforderungen geschaffen. Ich weiß, dass ich so bin, und Sie schätze ich auch so ein. Je mehr Sie diesem Drang nachgeben, desto glücklicher werden Sie sein.«

»Ich würde wahnsinnig gern Intoneurin werden«, stimme ich ihm zu. »Aber bis ich nach zwanzig Jahren so weit bin, eine Konzertstimmung hinzukriegen, werde ich gar nicht mehr hören können!«

Wir lachen. Dann, eingedenk der verstreichenden Zeit, stelle ich meine dringlichste Frage.

»Steve, was Sie getan haben, ist wunderbar, eine riesige Verbesserung. Aber – es ist immer noch nicht das Klavier, in das ich mich verliebt habe. Werde ich dieses Klavier jemals zurückbekommen?«

Steve setzt an, hält dann jäh inne und neigt einen Moment nachdenklich den Kopf. Er antwortet sehr bedächtig.

»Denken Sie am besten daran, dass manches, was Sie an diesem Klavier wirklich gemocht haben, noch immer da ist.«

»Sollte ich es verkaufen und mir ein anderes besorgen?«

»Dieses Problem werden Sie mit jedem Klavier haben. Es sei denn, Sie verlieben sich zufällig in ein Klavier im Urzustand, bevor es intoniert wurde. In Ihrem Fall war der Klang, auf den Sie reagiert haben, das Resultat einer ziemlich ungewöhnlichen Behandlung der Hämmer. Dieser Klang hängt allein mit der Art zusammen, wie die Hämmer aufbereitet wurden. Sie haben sich in eine Illusion verliebt.«

Steve sieht mich prüfend an, um abzuschätzen, wie ich seine Worte aufnehme, und fügt hinzu: »Ich glaube allerdings, man könnte noch näher an das herankommen, was Sie möchten. Das glaube ich wirklich. Nur gehe ich solche Sachen lieber langsam an. Es gibt einen gemeinsamen Nenner, einen

Klang, der den meisten Leuten angenehm ist, und so weit sind wir schon.«

»Was können wir denn noch tun?«

»Mit dem Diskant würde ich nicht mehr viel machen. Beim Bass und beim Tenor könnten Sie dem früheren Zustand noch näherkommen. Allerdings ist jede Garnitur Hämmer etwas anders, also gibt es keine Garantie. Aber ein erfahrener Intoneur kann das machen, wenn man ihm genügend Zeit gibt. Ich kann mir den Klang vorstellen, den Sie suchen. Zwei Klaviere, mit denen ich in der Vergangenheit gearbeitet habe, hatten diesen Klang, eines davon war ein Grotrian. Viel Power ohne die geringste Schärfe.«

Wir müssen los. Steve packt sein Rollköfferchen und zieht es hinaus zum Auto. Auf dem Weg zum Flughafen schlägt er vor, ich solle nach Seattle kommen. Wir könnten am Falcone-Flügel seiner Frau herumexperimentieren, damit er besser verstünde, was er bei seinem nächsten Besuch anstreben sollte.

»Stört es Ihre Frau denn nicht, wenn man die Intonation an ihrem Klavier verändert?«

»Amateurpianisten sind oft viel fanatischer in solchen Dingen als Berufspianisten«, erwidert Steve. Wir stehen vor dem Eingang zur Abflughalle. »Die meisten Konzertpianisten sind leicht zufrieden zu stellen. Sie haben zahllose Stunden in Übungsräumen verbracht, also sind ihre Erwartungen niedriger. Meine Frau ist gerade von einer Konzerttournee in Europa zurückgekommen. Sie erzählte mir, die Klaviere seien abscheulich gewesen. Aber sie hat darauf gespielt. Man spielt auf jedem Stück Holz, das sie vor einen hinstellen.«

Das gibt mir zu denken – und wird mich vermutlich noch tagelang beschäftigen.

*

Als ich heimkomme, klingelt das Telefon. Ich krame hektisch nach dem Schlüssel zur Hintertür und haste durch die Zimmer, um ans Telefon zu gelangen, bevor der Anrufbeantworter anspringt.

»Nun?« Es ist Rich, mit munterer, erwartungsvoller Stimme, neugierig zu hören, wie es gelaufen ist.

»Na ja ... ich brauche jetzt keine Ohrstöpsel mehr.« Ich lache, ein wenig außer Atem. »Er hat die Basisintonation gemacht und die Nebenschwingungen beseitigt.«

»Großartig!«

»Aber so wie das Klavier jetzt klingt, hätte ich es nie gekauft, Rich. Dafür hätte ich keine Hypothek aufgenommen. Es ist hübsch, aber es ist nicht das Instrument, in das ich mich verliebt habe.«

»Spiel noch einen Monat darauf, bevor du dich entscheidest.«

»Genau das habe ich vor.«

»Aber lass mich wissen, wenn du es verkaufen willst. Ich wäre sehr interessiert.«

»Du willst schon wieder ein Klavier kaufen?«

*

Manche Techniker, die ich in den vergangenen Monaten um Rat gefragt habe, rufen an und fragen, wie es gelaufen ist. Bei Dave Lovos, der bei Bösendorfer in Wien gelernt hat, nun aber Gitarren baut, beklage ich mich, dass der Grotrian-Flügel nicht mehr das ist, was er war.

»Das kann er auch gar nicht sein.« Dave klingt ganz sachlich. »Sogar wenn es Hämmer desselben Modells sind, wenn sie nach denselben Spezifikationen auf dieselbe Art hergestellt wurden, so stammt die Wolle doch von einem anderen Schaf, und ein anderer Mann stand an der Presse. Natürlich gibt es sehr präzise Standardvorgaben, aber es ist nie ganz dasselbe.«

»Dann ist es auch nicht mehr dasselbe Klavier?«

»Es ist dasselbe Klavier«, beharrt Dave. »Natürlich ist es dasselbe. Meine Frau hatte einen Autounfall und kann nicht mehr gehen. Sie kann nicht mehr wandern. Ist sie deshalb nicht mehr dieselbe?«

Er wartet nicht auf meine Antwort. Dieser Einblick in sein Privatleben macht mich verlegen.

»Die wesentliche Frage ist: Haben Sie schon einmal in einem anderen Zusammenhang etwas Ähnliches erlebt wie an Ihrem Klavier?«

Diese Frage verdutzt mich. Aber als ich mir das bezwingende, berauschende Gefühl in Erinnerung rufe, das das Klavier in mir auslöste, wird mir plötzlich klar, ja, Ähnliches habe ich auch in anderen Situationen erlebt. Wenn ich allein in den Bergen war, bei der Liebe, wenn ich mich daran erinnerte, wo mein Platz im Leben ist. Das Klavier verbindet mich mit diesen Erlebnissen, aber Dave hat recht: *Es ist nicht das Erlebnis selbst. Das Erlebnis ist in mir.*

Meine seelische Verfassung ist jetzt erträglicher, passend zum Klavierklang, den ich auch als erträglicher empfinde. Die Ehe-Metapher wird immer zutreffender: Ich verspreche, das Beste in meinem Klavier zu sehen, und es für das zu schätzen, was es im Moment ist. Ich kann es vielleicht immer noch verkaufen oder Carl bitten, es umzutauschen, aber immerhin kann ich meine Aufmerksamkeit nun dem Eigentlichen zuwenden: spielen zu lernen.

Und dann erhalte ich eines Tages einen Anruf, mit dem ich nicht mehr gerechnet habe.

*

»Hi Perri, hier ist Heather Fandrich. Wir sind morgen Nachmittag in Missoula und könnten bei Ihnen vorbeischauen und uns das Klavier ansehen. Darrell hat sein Werkzeug dabei.«

Die Fandrichs kommen von ihrem jährlichen Urlaub in North Dakota zurück. Ich hatte das vollkommen vergessen. Vage erinnere ich mich, dass irgendjemand – ich weiß nicht mehr, wer – davon abgeraten hat, Darrell mein Klavier intonieren zu lassen.

»Oh, hi! Na ja, als ich nichts mehr von Ihnen hörte, habe ich Steve Brady geholt, um das Klavier zu intonieren. Er war erst vor zwei Wochen hier.«

»Nun, dann kann Darrell ja die Intonation ausgleichen.«

»Sie ist im Moment ganz ausgeglichen.«

»Wir rufen Sie an, wenn wir in der Stadt sind.«

Nach dem Telefonat schicke ich eine panische SOS-Mail an Steve:

Wie soll ich mich verhalten? Würden Sie gerne Darrells Meinung erfahren? Oder sollte ich morgen einfach verschwinden?

Glücklicherweise schreibt Steve sofort zurück:

Darrell ist ein erfahrener Intoneur. Es interessiert mich, was er beizutragen hat. Lassen Sie sich von ihm erläutern, wie er den von Ihnen gewünschten Klang wiederherstellen würde, aber erklären Sie, dass Sie derzeit nichts an Ihrem Klavier gemacht haben wollen.

Wir verkennen, dass das leichter gesagt ist als getan.

*

»Bitte, wo ist das Klavier?«, fragt Darrell Fandrich, kaum dass ich die beiden begrüßt habe. Er klingt gehetzt, hat Augen nur für den Flügel. Fast springt er durch die Haustür. »Fünfundzwanzig Jahre lang habe ich keinen Grotrian angerührt!«

Bevor ich etwas erwidern kann, sitzt er schon vor dem Instrument und öffnet mit zitternden Händen die Klappe.

Hastig erkläre ich ihm, dass das Klavier eben erst intoniert und gestimmt wurde, aber er scheint mich nicht zu hören: Seine ganze Aufmerksamkeit ist auf den Grotrian gerichtet. Er spielt eine verträumte, leicht jazzige Version von »Somewhere Over the Rainbow«, dann dreht er sich zu mir.

»Na ja, ich verstehe schon, warum Sie unzufrieden damit sind.«

»Ja, hören Sie sich mal das Wolfsgeheul da drin an«, sagt Heather, die uns ins Haus gefolgt ist. »Ich meine diesen scharfen Ton.«

Darrell hebt den beigefarbenen Hartschalenkoffer hoch, den er mitgebracht hat, und öffnet ihn. Er ist voller Intonierwerkzeuge. Er hält mir ein Messinggerät mit einem polierten Mahagonigriff zur Begutachtung hin. Es ist der schönste Nadelhalter, den ich je gesehen habe. »Dieses Werkzeug habe ich aus Deutschland. Und sehen Sie sich das da an. Das habe ich selbst gemacht.«

Dieses Gerät ist beinahe so fein gearbeitet wie das deutsche und hat eine runde Kappe aus winzigen Nadeln, so eng beisammen wie die Borsten einer Zahnbürste, und einen Messinggriff. »Das Ende mit den Nadeln verwende ich, um den Anschlagpunkt leicht zu massieren, das Kolbenende, um den Hammerfilz zu beklopfen.« Er zeigt mir noch etliche andere Werkzeuge. Alle sind Darrells Erfindung, manche davon verkauft er an Kollegen.

»Ich nehme an, es werden gar nicht alle Werkzeuge hergestellt, die Intoneure für ihre unterschiedlichen Verfahren brauchen«, sage ich.

»Sie haben's erfasst!«, sagt Darrell und dreht sich wieder zum Klavier, schlägt nun jede Note einzeln an und lauscht.

»Ich glaube, diese ist nicht in Ordnung«, meint er, als er zu dem B im Tenor kommt, das mich am meisten gestört hat.

Ohne ein weiteres Wort schraubt er Tastenklappe und Wangen ab und entfernt sie, hebt die Frontleiste ab und zieht die Mechanik aus dem Klaviergehäuse und auf seinen Schoß.

»Das Klavier ist momentan sehr ausgeglichen«, sage ich nervös, »das sollte so bleiben.«

»Ich gehe hier nicht weg, bis es vollkommen ausgeglichen ist«, sagt Darrell. »Sehen wir mal, wie wir den scharfen Ton loswerden können. Wissen Sie, ich habe Grotrians verkauft, vor Jahren, als ich ein Klaviergeschäft hatte. Und ich hatte immer eines zuhause. Sie sind unvergleichlich. Sie klingen ätherisch, magisch und trotzdem so kraftvoll und singend.«

»Ja! Na, ja, so war dieses Klavier mal«, sage ich traurig, überrascht, dass Darrell Grotrians kennt und versteht. »Glauben Sie, es wird je wieder so werden?«

»Oh, ja. Glaub schon. Kann gar nicht anders sein. Es liegt in der Natur dieses Klaviers. Jedes Grotrian, auf dem ich gespielt habe, war so. Sehen Sie, hier bei uns ist keiner in der Lage, die Werksintonation zu kopieren. Die Grotrian-Techniker wissen ganz genau, was zu tun ist, und sie machen es schnell. Sie haben Werkzeuge dafür, die hier keiner hat. Aber nach etwa fünfzig bis hundert Stunden Spielen verliert sich ihre Vorintonation, und dann finden die Käufer sich in der Lage, in der Sie jetzt sind.«

Zuerst nimmt er das deutsche Intoniergerät und stößt die Nadeln tief in den untersten Teil der Hammerschultern. Dann scheuert er mit einem langen Streifen Schmirgelpapier eine Schicht Filz vom Scheitel des Hammerkopfs. Er schiebt die Mechanik wieder ins Klavier und spielt die Note noch einmal. Der scharfe Ton ist weg, die Note klingt rund und voll.

»Ja! Das ist es!«, rufe ich. »Hören Sie, wie rund es klingt?

Es sollte ein voller, dunkler, kraftvoller, und dabei doch klarer Ton sein. Im Augenblick klingt der Bass zu flach und unsauber.«

»Stimmt!«, pflichtet Darrell mir bei. Er spielt die Note noch einmal und dann die danebenliegenden. Dann bittet er mich, ihm zu sagen, was ich vom Klang der angrenzenden Noten halte. »Sind die ähnlich?«

»Das C ist unsauber. Das D ist heller, klarer. Das E ist weicher.«

»Stimmt!« Er nickt. »Sie kann hören!«, ruft er Heather zu.

Ich erzähle ihnen, wie mein Vater mir von klein auf beigebracht hat, genau zu hören. Wie er mich abgefragt hat, wenn das Radio lief.

»Hätte doch nur jemand mein Gehör in so jungen Jahren derart trainiert.« In Darrells Stimme schwingt etwas wie aufrichtiger Neid mit.

Er spielt die Note, die er korrigiert hat, um sich den Ton noch einmal zu vergegenwärtigen, dann intoniert er die drei angrenzenden Noten, um sie ihm anzupassen. Von den vier abgeänderten Noten hat eine den Klang, an den ich mich von Marlene her erinnere – diesen tiefgründigen, vollen, herrlichen, geheimnisvollen Klang. »Das da!« Ich schreie es beinahe. »Das ist der Klang! Machen Sie, dass sich alle so anhören!«, flehe ich.

»Sie haben's erfasst!«, sagt der Intoneur und zieht die Mechanik wieder aus dem Klavier. Mit Nadeln, Schleifpapier und Feilen macht er sich an die Arbeit, schiebt die Mechanik mit fachkundiger Geschwindigkeit ins Klavier hinein und hinaus, um zwischendurch die Töne zu überprüfen. Eine graue Haarsträhne hängt ihm ins Gesicht, in den Gläsern seiner Brille schimmert das Spiegelbild der weißen Tasten. Seine Hände und Werkzeuge liebkosen gewandt die Hämmer.

Als er die Töne noch einmal ausprobiert, klingt der Bass deutlich abgerundeter, nicht ganz so, wie ich ihn in Erinnerung habe, aber offenkundig auf dem Weg dorthin.

»Was meinen Sie?«, fragt Darrell und spielt eine Tonleiter, während er zu mir aufsieht. Angespannt lehne ich am Flügel.

»Nun, die Vibrationen sind weg, aber ich würde gern wissen, ob Sie dem Klavier wieder zu der Tiefe und Kraft verhelfen könnten, die es einmal hatte. Da war so viel Wärme und Geheimnisvolles.«

»Sie haben eine akustische Vision des Tons, den Sie gerne hätten«, sagt Darrell. »Das ist sehr gut, das ist schon die halbe Miete. Bleiben Sie dabei und lassen Sie sich von niemandem sagen, Sie sollten sich mit weniger zufriedengeben.«

Betäubt von dieser Zustimmung, dieser Erkenntnis, dieser Wertschätzung meiner musikalischen Vision setze ich mich zu Heather aufs Sofa, versuche mich zu fassen. Noch nie hat jemand so etwas zu mir gesagt. Wie oft hatte es geheißen, ich würde Dinge hören, die sonst keiner hört oder die irrelevant seien, und ich solle mich mit weniger zufriedengeben.

An diesem Nachmittag hatte das Schicksal seine Hand im Spiel – und es war eine ausnehmend glückliche Hand: Heathers Anruf aus heiterem Himmel am Tag, bevor wir in die Ferien aufbrechen wollten, ihre Beharrlichkeit, selbst als ich ihr sagte, Steve habe das Klavier bereits intoniert, Darrells offenkundige Leidenschaft für Grotrians (»Es ist so wichtig«, sagt er eindringlich, »dass jemand, der Ihr Klavier intoniert, es liebt und seine Seele versteht.«). Und dann die Entdeckung, dass er und ich auf dieselbe Art hören, dass wir uns nicht erst absprechen müssen. »Das beruht auf Gegenseitigkeit«, erwidert er, als ich mich bei ihm dafür bedanke, dass er mein Gehör würdigt. »Sie können hören, was ich mache. Normalerweise arbeite ich in einem Vakuum.«

Heather erzählt mir irgendetwas – über ihr Geschäft? Ihre Kunden? –, aber in meinem Kopf hat sich so viel statisches Rauschen aufgebaut, dass ich sie nicht hören kann. Es ist die vibrierende Erkenntnis dessen, dass mir das Universum, vielleicht, vielleicht, doch ein Ass zugeteilt hat: Darrell ist mein Intoneur. Ich werde mein Klavier nicht verkaufen müssen. Die beinahe drei Jahre Kummer wegen Marlene sind endlich vorbei. Darf ich zu hoffen wagen? Ich fühle, wie mir heiße Tränen der Erleichterung und Dankbarkeit in die Augen steigen, aber ich nehme mich zusammen, bin ganz verlegen.

Darrell steht auf und setzt die Klavierbestandteile wieder ein. »Meine Ohren müssen sich jetzt ein wenig ausruhen. Spielen Sie ein bisschen und sagen Sie mir dann, was Sie denken.«

Ich führe die Fandrichs in den Garten, bringe ihnen Eiswasser und Obst, damit sie sich in der sehr warmen Abendluft ein wenig erfrischen können, und kehre dann ans Klavier zurück.

Ich beginne mit dem »Lied ohne Worte«, ein geeignetes Stück, um den Bass zu testen. Die Nebenschwingungen sind vollkommen verschwunden, ebenso beinahe die Vibrationen, der scharfe Ton. Der Bass allerdings ist jetzt dumpf und der Diskant im Vergleich viel zu hell. Sie passen nicht mehr zusammen. Einige der Tenornoten haben ebenfalls ihre Kraft verloren. Ich beschließe, den Diskant einstweilen so zu lassen. Ich möchte nicht, dass er nach unten angepasst wird, sondern umgekehrt der Bass nach oben. Ob Darrell das schafft?

Ich gehe in den Garten und erstatte Bericht, bevor er es sich richtig bequem machen konnte.

»Ich bin Ihr Intonierwerkzeug«, sagt er, als ich ihm zurück ins Haus folge. »Benutzen Sie mich also auch ruhig als Intonierwerkzeug.«

Eine gute halbe Stunde Arbeit, in der die Basshämmer noch einmal abgezogen und die Tenorhämmer mit Schleifpapier behandelt wurden, hat zwar die Kraft wieder zurückgebracht, zugleich aber auch die Vibrationen. »Das ist ein Drahtseilakt«, erklärt er. »Die Vibrationen kommen von der Längsbewegung der Saiten. Das gibt sich nach einer Weile, wenn das Klavier stabiler wird. Wenn ich sie vollkommen zum Verschwinden bringe, verliert es an Kraft.«

Wieder spielt er, und wir wählen ein paar Noten aus, die »garstig« sind, wie Darrell es nennt. »Diese hier ist verkrustet«, sagt er und geht mit den Nadeln daran. »Und diese da ist verkrustet und weich, wir müssen die Außenhaut aufrauen, aber auch unten an den Schultern stechen.«

Nach noch mehr Schmirgeln und Abziehen und Stechen und Klopfen erklärt er das Resultat schließlich für gut. »Spielen Sie, so viel Sie können«, sagt er, während er seine Werkzeuge zusammenpackt und den Koffer zuschnappen lässt. »Ihr Klavier wird ein paar hässliche Phasen durchmachen. Achten Sie nicht darauf, spielen Sie einfach durch sie hindurch, dann erreichen wir eine stabile Basis. Im nächsten Sommer komme ich wieder hier vorbei, und dann bringe ich es auf die nächste Stufe.«

»Glaubst du nicht, es wäre besser für sie gewesen, wenn ihr jemand von Anfang an den ganzen Vorgang erklärt hätte, wie ein Klavier sich entwickelt?«, fragt Heather.

»Nein«, sagt Darrell. »Sie hätte ihnen nicht geglaubt. Sie haben ihnen doch nicht geglaubt, oder?«

Darüber muss ich nicht lange nachdenken. »Ich bin vermutlich immer noch damit beschäftigt, überhaupt zu verstehen«, antworte ich.

»Ich musste dasselbe durchmachen«, meint er.

Und dann sind sie fort.

Ich gehe wieder ans Klavier, vorsichtig, wider alle Hoffnung hoffend, dass mir gefallen wird, was ich höre. Beim ersten Berühren der Tasten, ich spiele das »Lied ohne Worte«, fühle ich mich überwältigt vom tiefgründigen, gerundeten, üppigen Ton des Klaviers. Da drin ist Marlene. Ich kann sie hören, auch wenn sie sich etwas verändert hat. Rastlose Erregung überfällt mich. Ich spiele mein ganzes Repertoire durch. Der Diskant perlt in silbernen Tönungen, der Bass ist warm, dunkel, mit einem Hauch von Geheimnis. Ich spiele das Adagio einer Mozart-Sonate, und das Klavier nimmt mich an der Hand, zeigt mir, wie man seinen Tasten die wunderbarste Musik entlocken kann. Diese Klavierstimme ist so verführerisch, dass ich mich nicht von ihr losreißen kann. Ich beginne vor Gefühlsüberschwang zu zittern. Ich werde mein Klavier nicht verkaufen müssen. Ich lehne meinen Kopf an das Notenpult und schluchze lange vor Erleichterung.

*

Eigentlich sollte meine Geschichte hier enden. Aber genau wie Darrell vorhergesagt hat, wird das Klavier wieder hässlich. Ich versuche durchzuhalten, aber es fällt mir immer schwerer, die Vorstellung zu akzeptieren, ein ganzes Jahr warten zu müssen, bis das Klavier auf »die nächste Stufe« gehoben wird. Zumal mir niemand garantieren kann, dass Marlene wieder so wird wie früher. Der nächste Sommer scheint sehr weit entfernt. Die unangenehmen Nebenschwingungen sind wieder da. Das Klavier fällt in seinen wilden, nicht zu bändigenden Zustand zurück. Ich bin ausgelaugt, habe diesen ewigen Kampf satt.

Eines Tages sticht mir eine Anzeige in einer Lokalzeitung ins Auge: Ein Mason & Hamlin-Händler aus Billings stellt in der Vorhalle des Kindertheaters von Missoula einige seiner Flügel aus. Ich habe Gutes über das neueste Modell von Mason gehört, den AA, einen Zwei-Meter-Flügel. Ich vereinbare telefonisch einen Termin und mache mich auf in die Innenstadt.

Die Klaviere sind an den Wänden des Foyers aufgereiht, ein verspielter, bunter Raum mit einer hohen, kathedralengleichen Decke, von der Mobiles herabhängen. Der Händler heißt Greg Depner, er ist auch Konzerttechniker und Restaurator, ausgebildet bei Bechstein in Berlin; er erwartet mich.

Ich zögere nicht lange und spiele rasch auf allen Flügeln. Die Preise, bemerke ich, sind sehr moderat. Greg erklärt, es gebe die Instrumente im Ausverkauf, weil die Lackierung Mängel aufweise.

Mir gefällt ein Monticello A, ein 172-Zentimeter-Flügel aus Mahagoni, allerdings fehlt es dem Bass an Kraft. Ein Modell BB, der 2,14-Meter-Flügel, hat einen warmen, abgerundeten, singenden Ton, doch die tonalen Farbtönungen besitzen keine so umfangreiche Palette wie ein Grotrian. Es gebe leider keinen AA, entschuldigt sich Greg; er habe keinen bekommen können, da bis jetzt nur zehn gebaut worden seien. Keiner der Flügel hat eine Mechanik, die es an Leichtgängigkeit und Subtilität mit der meines Grotrian aufnehmen könnte.

Ich bin gerade im Begriff, meine Jacke zu nehmen und mich bei Greg zu bedanken, als Jeff Stickney hereinspaziert. Steve hat ihm einiges von meiner Grotrian-Saga erzählt; er fragt, wie es dem Klavier nun gehe. Ich danke ihm für seine Hilfe während Steves Besuch und erzähle ihm hastig meine Geschichte, ohne auf den lauschenden Händler zu achten.

Als ich zu dem Teil komme, wie furchtbar die Hämmer waren, nachdem Tom sie eingebaut hatte, kann Greg nicht mehr an sich halten.

»Warum haben die Ihnen denn die Hämmer nicht an den Stielen geschickt?«, verlangt er zu wissen. »So mache ich es, wenn ein Techniker aus dem Bechstein eines Kunden einen Steinway zu machen versucht. Das funktioniert perfekt. Die Hämmer werden in der Fabrik im Klavier vorintoniert und müssen erst später fertigintoniert werden. Nur so funktioniert es.«

Ich schaue ihn verdattert an. »Hämmer an den Stielen? Was meinen Sie damit?«

»Das Werk soll Ihnen den gesamten Satz schicken. Sie intonieren die Hämmer im Klavier, wie für den Ausstellungsraum. An die Stiele geleimt und mitsamt Hammerstielkapseln kommen sie dann bei Ihnen an. Auf diese Weise muss Ihr Techniker nur noch die Kapseln der alten Garnitur abschrauben und die neuen anschrauben. Ihre alten Hämmer bleiben intakt, und Sie können sie wieder einbauen, falls das Ganze nicht funktionieren sollte. Das habe ich schon oft für meine Kunden gemacht. Das hätte Ihnen die ganze Misere erspart!«

Wenn das eine so gute Idee ist, frage ich mich, warum sie noch keiner vorgeschlagen hat. Weder Tom noch Carl noch einer der Dutzend Techniker, die ich telefonisch um Rat gefragt habe. Vielleicht sollte ich mit Carl darüber sprechen.

»Warten Sie nicht zu lange damit«, mahnt Greg, als ich das Theater verlasse.

*

Je länger ich über Greg Depners Rat nachdenke, desto mehr fühle ich mich verunsichert. Ich rufe Darrell Fandrich an.

»Darrell, was halten Sie davon, wenn das Werk mir ein neues Set Hämmer mit Hammerstielen schickt, das sie dort in einem Klavier intoniert haben?«

»Verdammt, ja«, antwortet er wie aus der Pistole geschossen. »Das hätten sie gleich tun sollen!«

In der Zwischenzeit ist Rich von einer Klaviersuche in New York heimgekehrt und schreibt mir, Carl habe drei neue Grotrian-Cabinet-Flügel in seinem Ausstellungsraum stehen. Und sie seien wunderschön.

Diese Nachricht eröffnet mir eine Fülle phantastischer Möglichkeiten. Wenn Marlene eine Illusion war, was ist dann real? Ich habe noch niemals auf einem Grotrian gespielt, der frisch aus dem Werk kam. Wenn ich auf einem im Werk vorbereiteten Flügel spiele, werde ich wissen, ob ein weiteres Hammerset mein Problem lösen kann oder ein neues Klavier her muss. Und wenn das nicht der Fall ist – wenn Marlene ganz und gar Marcs Geschöpf war –, dann muss ich endlich verstehen, warum ich von diesem Klang so tief berührt war und warum ich nicht davon lassen kann.

Es klingt verrückt, aber nach drei Jahren schwingt dieser Klang immer noch in mir nach, und ich muss dem nachgehen. Ich bin so wehrlos wie Emil Jannings im Film *Der blaue Engel*, als Marlene Dietrich singt: »Ich bin von Kopf bis Fuß auf Liebe eingestellt« – »Das ist, was soll ich machen, meine Natur«, lautet der Refrain. »Ich kann halt lieben nur und sonst gar nichts.«

III

19

Die Grotrians

Carl ist nicht da, als ich an einem düsteren Novembernachmittag im Ausstellungsraum von Beethoven Pianos in der West 58th Street eintreffe. Linda, die für den Versand zuständig ist, spricht oben auf der Galerie in ihr Headset; sie späht über das Geländer und ich winke ihr zu. Ich lege meinen Mantel auf den Diwan im Büro und gehe zu den Ausstellungsräumen.

Da stehen etliche Masons und Steinways, ein Bösendorfer, zwei Yamahas – alles Flügel. Unter ihnen finde ich – wie Rich versprochen hat – drei funkelnagelneue Grotrian-Cabinet-Flügel.

Der erste, auf dem ich spiele, hat ein schlichtes, schwarz lackiertes Gehäuse, wie meiner. Er klingt hell und kraftvoll – ganz und gar nicht wie Marlene! Der zweite ist das Clara-Schumann-Modell mit verziertem Gehäuse, eistütenähnlich konisch zulaufenden Füßen und einem Notenpult mit durchbrochener Schnitzerei. Dieser gefällt mir etwas besser, aber der Ton ist kühler und zugleich brillanter als der meines Klaviers.

Der dritte Grotrian hat ein glanzpoliertes Walnussgehäuse. Mozart klingt schimmernd und transparent auf diesem Klavier. Der Ton ist klar, verfeinert, brillant ohne Schärfe. Ich bin nicht vom ersten Anschlag an hingerissen wie bei Marlene. Ich bin nicht hypnotisiert, leidenschaftlich verliebt. Aber vielleicht könnte ich leidenschaftlich befreundet sein. Der

Walnuss-Grotrian klingt wärmer als die beiden anderen, mit einem singenden Diskant, sehr verführerisch und süß. Der Tenor ist vielschichtig, mit einem Hauch dunkler Färbung, der bei Chopin offenkundig wird. Ich versuche ein wenig Bach, dann eine Seite aus Schumanns *Kinderszenen*. Schumann klingt besonders anmutig und geheimnisvoll auf diesem Klavier – es durchschauert mich.

Ich spiele auf einigen anderen Klavieren. Ein Hamburger Steinway ähnelt Marlene am ehesten, mit seiner rauchigen, dunklen Komplexität. Der Diskant ist weniger brillant als bei den Grotrians, gedämpfter und warm, dazu ein satter Tenor und eine volle Basslage. Ist dieses hier das angenehmste Klavier im Raum?

Ich kehre zum Walnuss-Grotrian zurück. Der Ton ist rund, glockengleich – Klang-Sternschnuppen schießen durch eine samtige Dunkelheit. Und wie bei allen Grotrians reagiert die Ansprache erstaunlich sensibel. Der Flügel wächst mir immer mehr ans Herz. Wenn mein Klavier doch nur so klänge! Er ist nicht Marlene, aber er klingt wunderbar, äußerst angenehm. Womöglich ist er das beste Klavier im Ausstellungsraum.

Ich habe jetzt auf vier neuen Grotrian-Cabinet-Flügeln gespielt – auf diesen dreien und auf Marlene. Was ist ihnen gemeinsam? Worin unterscheiden sie sich?

Alle haben einen glitzernden Diskant mit komplexen, farbigen Obertönen, aber damit enden ihre Ähnlichkeiten. Marlene klang wärmer, süßer, viel dunkler als die anderen. Ich höre eine gewisse Verwandtschaft, als wären sie Geschwister; sie sind aber auch Individuen. Offensichtlich kann eine neue Garnitur Grotrian-Hämmer keine bestimmte tonale Persönlichkeit garantieren. Jedes Klavier ist einzigartig.

Wenn das mit Marlene eine zum Scheitern verurteilte Liebesehe war, könnte ich mit dem Walnuss-Grotrian eventuell eine erfolgreiche arrangierte Ehe führen? Was würde Carl wohl dazu sagen? Ich scheue mich, ihn zu fragen, obwohl mich alle drängen, mein Klavier auszutauschen. Ich glaube, Marlenes Seele wohnt noch immer im Korpus des Instruments, das in unserem Wohnzimmer steht. Gebe ich es zurück, verliere ich für immer die Chance, sie wieder zum Leben zu erwecken.

»Hallo!«

Carls Begrüßung reißt mich aus meinen Grübeleien. Wir umarmen uns.

»Haben Sie gesehen, dass wir jetzt drei Cabinet-Flügel haben? Und Grotrian wird uns einen Konzertflügel schicken!«

»Das ist ja wunderbar! Also läuft es gut mit ihnen?«

»Ja, ziemlich.«

»Ich glaube, dieser hier ist mir der liebste.« Ich berühre die Tasten des Walnuss-Grotrian. »Hat ihn jemand intoniert?«

»Nein, nein! Der ist genau so reingekommen. Wir wollen ihn so lassen, wie er ist.«

»Und die anderen beiden?«

»Vielleicht wurde da ein bisschen intoniert.«

Darauf trainiert, Informationen effizient zu verarbeiten, registriere ich diesen Hinweis: Mir gefällt also die Werksintonation.

*

Carls Grotrians sind nicht die Einzigen, derentwegen ich nach New York gekommen sind. Einige Monate lang habe ich mit Jerry Korten korrespondiert, einem Biomedizintechniker, der im vergangenen Winter in Deutschland einen Grotrian-Steinweg-Cabinet-Flügel gekauft hat. Jerry schrieb mir, nachdem er auf Piano World von meinen Klavier-Kümmernissen gelesen hatte; er suchte einen Techniker, der sich mit deutschen Hämmern auskannte, weil sein neues Klavier ebenfalls Nebenschwingungen zeigte und er die Anhanglängen dämpfen lassen musste. Er fand schließlich auf eigene Faust einen Intoneur aus seiner Gegend, der das Problem behob. Ich möchte unbedingt wissen, was dieser getan hat und welches Ergebnis er erzielte.

Jerry wohnt mit seiner Familie am Central Park West in einem modernen Backstein-Apartmentkomplex, der zwei Häuserblöcke umfasst. Die Nacht ist finster, die Adressangabe verwirrend, schließlich aber finde ich den richtigen Eingang. Jerry öffnet die Tür, ein schnurloses Telefon ans Ohr gepresst – er bestellt chinesisches Essen für uns und seine zwei kleinen Söhne Lex und Oliver, die in einem angrenzenden Zimmer darin vertieft sind, aus Legosteinen phantastische Gebilde zu erschaffen.

Als ich die Wohnung betrete, fällt mein Blick direkt auf die Klaviatur des Grotrian, und ich gehe darauf zu wie magisch angezogen. Das ist mein Klavier, dieselbe Größe und Lackierung, die goldene Gravur des Grotrian-Steinweg-Logos spiegelt sich im stimmungsvollen Halblicht des Wohnraums in den weißen Tasten. Jerry hat den Deckel hochgestellt, und ehe ich mir Rechenschaft darüber ablege, was ich tue, sitze ich schon auf der Klavierbank, die Hände auf den Tasten.

Aber noch bevor ich zu spielen beginnen kann, hat der Besitzer des Klaviers sein Gespräch beendet. Wir betrachten einander, als wären wir Geschwister, die sich lange aus den Augen verloren haben – schließlich sind wir beide derselben obskuren Klaviermarke verfallen. Jerry hat etwas Eckiges an sich; er hat ein kantiges Kinn und breite Schultern, bewegt sich mit einer gewissen Entschiedenheit. Sein blondes Haar ist kurz geschnitten, über der Stirn bildet es einen Zacken. Er ist auf der Höhe der Zeit, ein Gadget-Freak. Das wird offenkundig an den Stereo-Lautsprechern, die den Grotrian wie zwei Flughafen-Kontrolltürme flankieren: Magnepan MG3A, zwei Meter hoch und zweieinhalb Zentimeter dick.

»Hinter der Konstruktion steckt die Erkenntnis, dass man weniger Verzerrung hat, wenn man viel Luft nur ein klein wenig bewegt«, erklärt Jerry, der mein Interesse an den Lautsprechern bemerkt hat. Mein Vater, der Tonsysteme konstruierte, hätte dies genauso veranschaulichen können. An der Wand gegenüber befindet sich Jerrys eklektische Plattensammlung; sie füllt ein deckenhohes Regal. Ich lasse meinen Blick über die Coverrücken wandern und entdecke viele meiner eigenen Favoriten. Jerry fängt Feuer, als er mein Interesse an seinen Alben bemerkt, und legt eine Raumzeitalter-Pop-Version des »Hawaiian War Chant« der Ray Charles Singers auf, um mir die Stereoanlage vorzuführen. Schon nach wenigen Takten diskutieren wir begeistert über die Leistung der Lautsprecher, ihre Fähigkeit zur nuancierten Wiedergabe. Ich verbreite mich über die unendlichen Vorzüge analoger Aufnahmen gegenüber digitalen. Jerry stimmt mir zu, hier gibt es nichts zu debattieren. Nicht jeder hört den Unterschied.

»Sie sind wie ich«, meint er. »Klang ist alles.« Er streckt mir sein Handgelenk entgegen und umfasst es vollständig mit dem Daumen und Zeigefinger der anderen Hand. »Meine Theorie ist, dass Frauen und feinknochige Männer ein besseres Gehör für höhere Frequenzen haben. Vielleicht hat es mit der Größe des Trommelfells zu tun.« Ich umfasse ebenfalls mein Handgelenk. Mir kommt der Gedanke, dass Marc Wienert dies wahrscheinlich auch gelingen könnte.

Das chinesische Essen wird jetzt jeden Augenblick geliefert werden, und ich wollte doch noch das Klavier ausprobieren, um den Klangcharakter der Marke besser kennenzulernen.

Ich setze mich und lege die Noten zum Andante aus Mozarts Sonate KV Nr. 330 zurecht, meinem jüngsten aufführungsreifen Stück. Danach will ich den Chopin-Walzer spielen.

Dieser Grotrian ist der beste, auf dem ich während dieser Reise gespielt habe. Seine Stimme ist warm und wie Gesang, Dunkelheit und Leuchten sind wunderbar ausbalanciert, er ist voller Geheimnis, eine Frau, die den Pianisten verführerisch mit ihren schimmernden Schleiern liebkost. Allmählich erkenne ich in diesem Funkeln eine spezifische Grotrian-Eigenschaft, die mit reichlich Vielschichtigkeit, Farbigkeit in den Obertönen und einem kräftigen, schokoladigen Bass einhergeht. Alle neuen Grotrians haben diese Eigenschaften, wenngleich manche kühler oder wärmer, heller oder dunkler klingen. Wie schmerzlich wünsche ich mir, zuhause einen Techniker zu haben, der mein Klavier wie das von Jerry klingen lassen könnte. Und trotzdem bewegt es mich nicht so sehr, wie es Marlene tat.

Jerry lauscht nachdenklich, versunken, den Kopf geneigt. Sobald ich zu spielen aufgehört und ihn zur Schönheit des Klaviers beglückwünscht habe, möchte er mir zeigen, wozu das Instrument fähig ist. Mein Repertoire ist zu mickrig, um das Vermögen des Klaviers angemessen zu demonstrieren, und so legt Jerry mit flüssiger, müheloser Leichtigkeit und Feingefühl ein wenig Ravel und Brahms hin.

»Grotrian hat die Geometrie der Mechanik – das Gewicht des Hammers, die Länge des Hammerstiels, die Beschleunigungsrate, die Prallhöhe, also wie weit der Hammer zurückfällt – perfekt ausgetüftelt«, sagt Jerry voller Begeisterung und wendet sich auf der Klavierbank zu mir. Das ist die Sichtweise eines Ingenieurs. »Es ist ein Über-Klavier. Es macht genau das, was man will. Es gibt nichts, was man darauf nicht spielen könnte.«

Dann klingelt es. Das Essen ist da.

Wir decken den Tisch, schauen hinaus auf den dunklen Central Park. Lex und Oliver, zehn und sechs Jahre alte Flachsköpfe, springen auf und helfen Frühlingsrollen und Sauer-scharf-Suppe auszuteilen. Lex lernt Klavierspielen, teilt mir sein Vater mit, und spezialisiert sich auf Jazz – Duke Ellington und Thelonious Monk –, aber erst nach dem Abendessen darf er mir sein Können vorführen.

Jerry und ich haben wirklich eine Menge gemeinsam, wie sich bald herausstellt: Wir wurden im selben Jahr in New York geboren, sind Kinder von Musikern – Jerrys Vater spielte Geige – und studierten Mitte der Siebzigerjahre an der University of Michigan, wo wir beide Stammkunden bei Liberty Music waren, dem legendären Plattenladen für Hi-Fi-Adepten. Wir hätten uns zu dieser Zeit gut und gerne in benachbarten Hörkabinen aufhalten können. Damals war Jerrys Hauptinstrument die Klarinette; er spielte in der Michigan Symphony Band. Später dann in New York spielte er regelmäßig in Amateurorchestern.

In seiner Jugend versuchte sich Jerry am Klavier, aber als er und seine Frau Carol von Ann Arbor nach New York zogen, damit sie bei Merce Cunningham tanzen konnte, wurde das Klavier sein bevorzugtes Instrument.

»Die Klarinette ist sehr anspruchsvoll«, erklärt er mir. »Man muss jeden Tag üben, lang gehaltene Töne, Zungenübungen, Atemübungen. Lässt du einen Tag aus, geht alles in die Binsen.« Als Jerry einen Job als CEO eines Biomedizin-Unternehmens antrat und viel reisen musste, konnte er seinen regulären Übungsplan nicht mehr einhalten. Also kaufte er einen alten Steinway M, einen kleinen Flügel, und fing wieder an zu spielen. Er machte so rasche Fortschritte, dass er bald das Gefühl hatte, der alternde M würde ihn hemmen.

»Der 11. September gab mir das Gefühl, man müsse sein Leben jeden Tag voll ausschöpfen, da man ja schon morgen nicht mehr da sein könnte; warum also kein gutes Klavier kaufen? So machte ich mich auf die Suche nach einem guten Klavier.«

Wie ich reiste er im ganzen Land herum, probierte überall Instrumente aus. Er hatte die Absicht, einen größeren Steinway zu kaufen. Schließlich war das der Klang, der ihm als echter Klavierklang galt, und seine Schwiegermutter – eine Pianistin, die bei dem legendären Cortot studiert hatte – besaß einen Steinway B211, den sie als das Nonplusultra empfand. Aber dann kam Jerry zufällig bei Beethoven Pianos vorbei und spielte auf einem Grotrian Modell 220, die nächste Größe nach dem Cabinet-Flügel.

»Der war um Klassen besser als alle Klaviere, auf denen ich jemals gespielt hatte«, sagt er von diesem Grotrian. »Es war unglaublich schön. Ich konnte die Dynamik in den leisesten Passagen kontrollieren, und trotzdem besaß er unglaubliche Kraft über die ganze Tonskala, wie ein Konzertflügel. Das war unwiderstehlich.«

Doch das Modell 220 war zu groß, um in Jerrys Wohnung transportiert werden zu können. Also begann er sich auf seinen Geschäftsreisen in Deutschland nach einem kleineren Instrument umzusehen und fand schließlich in Düsseldorf ein Modell 192, den Cabinet-Flügel, den er als »grandios« empfand.

»Mein ganzes Leben lang hatte ich immer geglaubt, es gebe bloß Steinway, Steinway, Steinway. In den Vereinigten Staaten wird man so von Steinway indoktriniert. Deswegen suchte ich nach einer Untermauerung für meine Entscheidung. So kam ich zu Piano World. Es war wirklich wichtig für mich, ich wollte einfach ein gutes Gefühl dabei haben, so viel

Geld für ein Klavier ausgegeben zu haben, von dem ich noch nie gehört hatte. Bis heute äußert sich meine Schwiegermutter mit keinem Wort dazu. Es ist eben kein Steinway.«

»Worauf, glauben Sie, reagieren wir beim Klavierspiel?«

»Man hat alles in einem Instrument: die ganze Harmonie, Melodie, Begleitung – es ist alles da«, beginnt Jerry ganz allgemein. »Es ist so viel befriedigender, als Klarinette zu spielen, wo man Mitspieler haben muss, um wirklich Musik machen zu können. Und mit einem Klavier, das länger ist als zwei Meter, erzielt man diesen gewaltigen, phantastischen Klang, einen Wahnsinnsbass. Es ist, als hätte man sein eigenes Orchester bei sich zuhause. Wenn ich spiele, bin ich vollkommen konzentriert, der ganze Alltagsstress tritt in den Hintergrund, und ich bin in meiner eigenen Welt voller Freude, Harmonie, Rhythmus, Melodie. Musik versetzt uns an einen zeitlosen Ort. Und schon rein physisch ist Klavierspielen so bereichernd – die eigenen Finger machen es möglich. Man erschafft diese wunderbaren Komponistenpersönlichkeiten neu, wenn man spielt – Bártok, Ravel, Brahms – es ist, als wäre man ein Medium für sie, sie schweben in der Luft.«

Sein Techniker, der nur einmal da war, habe beim Intonieren nur Nadeln benutzt, sagt er. Dann verrät mir Jerry zu meiner Überraschung, dass er das Klavier auch selbst gestimmt und intoniert hat. Zudem erledigt er die gesamte Regulierung, hat keine Angst vor Experimenten. Das würde ich nie wagen. In seiner Werkstatt in der Wohnung kann er die Mechanik justieren. Er fertigt auch Klarinettenmundstücke und verkauft sie. Offensichtlich ist Jerry ein geborener Techniker.

Die Werkstatt bekomme ich bei einem späteren Besuch anlässlich einer Piano Party zu sehen, die Jerry und seine Frau Carol organisiert haben. Carol zieht mich von den anderen Gästen weg und bedeutet mir, mitzukommen.

»Wie viele Leute kennen Sie, die in ihrer New Yorker Wohnung eine Werkstatt haben?«, mokiert sie sich. Sie führt mich zu dem, was einmal die Küche der Nachbarwohnung war, die sie dazugekauft haben. In dem fensterlosen Raum stehen eine riesige Werkbank, eine Tischsäge, Fräsen, eine Drehbank, auf dem Boden liegt Sägemehl.

»Wenn mein Mann etwas anfängt, dann tut er es gründlich. Er kann nicht einfach ein Klavier kaufen. Er muss drei verschiedene Feuchtigkeitsmesser haben, einen Dampp-Chaser, Federlaufscheiben. Man könnte annehmen, die Jungen würden eigene Zimmer kriegen, aber nein, Jerry braucht eine Werkstatt.«

Jerry fragt mich, wen ich während meines Aufenthalts noch treffen werde, und ich erzähle ihm von Marc Wienert. Natürlich habe ich Marc angerufen und ihm gesagt, dass ich hier bin. Er ist inzwischen mehr als bloß der Typ, der mein Klavier intoniert hat – er ist unlösbar mit meinem und Marlenes Schicksal verstrickt. Seit der Katastrophe mit den neuen Hämmern vor einigen Monaten haben wir nicht mehr miteinander gesprochen. Dutzende Techniker habe ich ausgefragt, aber Marc habe ich nicht angerufen.

Andere Techniker beteuerten, man dürfe keinesfalls irgendwelche Chemikalien auf deutsche Abel-Hämmer auftragen. Einer nannte das sogar »barbarisch«. Hier behalte ich mir ein Urteil vor. Inzwischen habe ich mit genügend Technikern gesprochen, um zu wissen, dass ihre Meinungen oft auseinandergehen. Was für den einen barbarisch ist, hält der andere für genial. Marcs Genie hat in unserem Wohnzimmer ein Wunder zustande gebracht, so flüchtig es auch sein mochte. Das habe ich nicht vergessen. Aber indem ich die Originalhämmer ersetzte, verschmähte ich Marcs Arbeit. Das wird ihm sicher zu schaffen machen.

Ich sage Jerry, ich sei nicht sicher, was ich mir eigentlich von dem morgigen Treffen erhoffe. Ich weiß nur, dass – jenseits der seltsamen karmischen Verbindung, die der Intoneur und ich zu besitzen scheinen – er der Hüter von Marlenes Geheimnis ist und dass ich sie vielleicht nie zurückgewinnen werde, wenn ich ihn gehen lasse.

20

Szotts Geheimnis

Frühmorgens um fünf vor fünf hat Marc bereits am Straßenrand geparkt und wartet vor Kims Haus, genau wie im letzten Jahr. Ich steige ein und registriere überrascht, dass ich wegen unseres Wiedersehens ganz aus dem Häuschen bin. Offenbar geht es Marc genauso – wir strahlen beide beim Anblick des anderen. »Wie schön, Sie zu sehen«, sagen wir wie aus einem Mund und umarmen einander. Und dann geht's auf ins Abenteuer dieses Tages, aus dem bald eine waghalsige Fahrt werden sollte.

Zuerst nimmt mich Marc mit in das nahe gelegene Aufnahmestudio, wo ich noch einmal auf dem Jubiläumsflügel D spiele, da er neue Hämmer eingebaut hat. »Wie finden Sie es?«, fragt er. Ich muss ihm aufrichtig sagen, dass der Ton nicht nach meinem Geschmack ist. Er ist zu dumpf.

»Tatsächlich?«, ruft Marc. »Das da ist nämlich mein idealer Klang, oder zumindest kommt er ihm so nahe, wie es mir bis jetzt möglich war. Dieser Klang ist für mich sehr befriedigend. Ihn strebe ich an.«

»Ich suche wohl bei jedem Klavier, auf dem ich spiele, immer noch nach der Persönlichkeit, in die ich mich verliebt habe«, sage ich beinahe entschuldigend – und meine: Es liegt nicht an deinem Klavier, sondern an mir.

»Und woran genau lag das?«, fragt Marc, immer noch verblüfft, dass ich seinen Jubiläumsflügel nicht goutiere. »Waren es die Hämmer? Der Resonanzraum? Könnte ein anderes Klavier Sie so bewegen?«

»Ich weiß es nicht.« Und das stimmt. Es hat keinen Sinn, ihn anzuschwindeln. »Ich habe zwei Jahre nach einem Klavier gesucht. Keines der anderen, auf denen ich gespielt habe, hat so geklungen.«

Wieder im Auto, am West Side Highway, löchert mich Marc mit Fragen über das, was Tom, Steve und Darrell getan haben, um mein Problem mit den Hämmern zu lösen. Er wägt jedes kleinste Stückchen Information ab, obwohl ich wiederhole, dass ich womöglich nicht genau verstanden habe, was ich sah oder was man mir sagte. Vielleicht seien auch meine Beschreibungen nicht präzise genug.

»Es ist ein Jammer, wissen Sie«, lenkt er schließlich ein, während wir in die Tiefgarage der Manhattan School of Music fahren. »Was die gemacht haben, sollte eigentlich ausgereicht haben, um das Problem zu lösen.«

»Na ja, es ist ja auch viel besser geworden. Wirklich gar nicht schlecht. Die Sache ist eben, dass ich mich in eine Art magischer Klangeigenschaft, wie aus einer anderen Dimension, verliebt hatte, und als ich Darrell darum bat, dies wiederherzustellen, meinte er: Mit einem Besuch ist das nicht getan.«

»Stimmt. Das habe ich Ihnen ja auch gesagt.«

»Aber die Sache ist die, Marc: Mein Klavier wird schon wieder unspielbar. Es ist unausgeglichen und hat einen ziemlich scharfen Klang.«

Wir nehmen den Lift in den fünften Stock, Marc hält seinen enormen Schlüsselbund in der Rechten, die Werkzeugtasche in der Linken. Überall auf den Gängen ertönt der Klang von Instrumenten, auf denen Studenten üben. Er öffnet die erste Tür.

»Ich möchte, dass Sie mir den Gang hinunter folgen. Ich stimme, dann spielen Sie, während ich zum nächsten Raum gehe und das nächste Klavier stimme. Wie beim Staffellauf.«

Warum möchte er, dass ich auf jedem Klavier spiele? Ich habe keine Ahnung, aber jedes Mal, wenn ich ihn einhole, fragt er mich nach meiner Meinung zu dem Instrument, auf dem ich zuletzt gespielt habe. Als wir uns durch alle Gänge vorgearbeitet haben, fragt er mich: »Habe ich Sie schon ins Zimmer 130 geführt?«

»Weiß nicht. Welches Klavier ist das?«

»Es ist das beste Klavier der Schule.«

Wir steuern die Technikerwerkstatt an, um uns den Schlüssel für Nr. 130 zu holen.

»Sie haben also noch nie ein Klavier wie Ihres gehört?«, sagt Marc, während wir die Stufen hinuntertrappeln.

»Gestern Abend habe ich auf dem Klavier meines Freundes Jerry gespielt. Der Klang ähnelte jenem, an den ich mich von meinem Flügel her erinnere. Jerry hat dieselbe Marke und dasselbe Modell.«

»Genau das gleiche Klavier?«

»Exakt.«

»Okay. Also mögen Sie vor allem diese ganz bestimmte Mensur. Das geht gegen die landläufige Meinung darüber, wer die beste Mensur hat. Etwa Fazioli.«

»Faziolis sagen mir nicht zu.«

»Bösendorfer.«

»Bis jetzt habe ich auf keinem Bösendorfer gespielt, der mir gefällt.«

»Steinway.«

»Ich habe auf ein paar wirklich wunderbaren Steinways gespielt, aber von keinem habe ich weiche Knie bekommen. Also.«

»Was ist es dann? Die Ausklingphase? Die Reaktionsfähigkeit? Kraft? Charakter? Ist es die Farbigkeit? Ist es –?«

»Unglaubliche Farbigkeit.«

»Also – keines der Klaviere, auf denen Sie heute gespielt haben, besitzt dieses Maß an Farbigkeit, von dem Sie gesprochen haben?« Seine Stimme wird lauter, er klingt ungläubig. Das würde auch seinen hochgeschätzten Jubiläumsflügel miteinschließen.

»Nein. Keines.«

»Nicht einmal der B in dem kleinen Vorführraum, der Ihnen gefallen hat?«

»Was mir an dem Klavier gefallen hat, waren andere Eigenschaften.«

»Aber Ihres sagt Ihnen noch immer am meisten zu.«

»Ja.«

»Okay. Jetzt holen wir uns den Schlüssel für 130. Wenn dieses Klavier Sie nicht aus den Socken haut, dann geb ich's auf.«

Zimmer 130 ist ein kleiner Raum hinter der größten Konzertbühne der Schule. Dort steht ein schwarzer Steinway B. Marc sagt mir, er sei das Lieblingsinstrument von Dr. Silverman, dem Leiter der Klavierabteilung. Er tritt ein wenig zurück, erwartungsvoll. Ich fühle mich wie eine Närrin. Ich verfüge weder über das Repertoire noch die Kennerschaft, um ein Klavier gebührend bewerten zu können. Ich weiß bloß, was ich höre, worauf ich reagiere, was mir gefällt. Warum sollte sich Marc dafür interessieren?

Der B ist wirklich wunderbar, mit einem jubelnden Diskant, einem grummelnden, sonoren Bass und einer sehr empfindsamen Ansprache.

»Nun?«, fragt Marc mit einem erwartungsvollen, fast triumphierenden Lächeln.

»Ein sehr gutes Klavier, aber nicht mein Klang.«

Er ist wie vor den Kopf geschlagen. »Sie müssen ihm noch eine Chance geben. Da ist mehr zu entdecken. Spielen Sie noch ein bisschen.«

Ich spiele noch ein bisschen. Ich spiele Chopin, Schumann, Stücke, die die Farbigkeit des Grotrian am besten zur Geltung bringen. Aber das, worauf ich bei einem Klavier höre, ist nicht da. Ich muss nur wenige Noten spielen, um das zu wissen. Ich schüttle den Kopf.

»Eine Minute.« Marc zieht sein Handy heraus. »Joanne? – Marc hier. Perri Knize ist bei mir.« Joanne koordiniert seine Termine, sie wohnt in Westchester. »Wäre es in Ordnung, wenn ich ihr die zwei Klaviere in deinem Wohnzimmer zeige? – Wir kommen also rauf, ungefähr um zehn sind wir da. Okay?«

Er steckt das Handy wieder ins Etui und bedeutet mir, ihm mit affenartiger Geschwindigkeit den Gang entlang zu folgen. »Kommen Sie schon, das muss jetzt schnell gehen.«

»Wir fahren raus nach Westchester? Aber warum?«

»Ich muss herauskriegen, wovon Sie sprechen. Es muss ein anderes Klavier geben, das Ihren Ansprüchen genügt. Dann finden wir raus, was dieses Erleben auslöst.« In weniger als zwei Minuten sind wir wieder im Subaru und fahren Richtung Norden aufs Land.

Woher kommt Marcs plötzliche Entschlossenheit, mich den Klang jedes Klaviers in seiner Reichweite mit der Klavierpersönlichkeit vergleichen zu lassen, die ich verloren habe? Ist es eine Frage des Egos, will er beweisen, dass ich mag, was er mag, dass er es schafft, dass ich mich in seine Arbeit verliebe, wie es schon einmal geschehen ist? Treibt ihn der unbedingte Wunsch, mehr über die Quelle unserer Klaviersucht in Erfahrung zu bringen? Oder fühlt er sich gewissermaßen für mein

Klavierglück verantwortlich, so wie es ihm oft bei seinen Kunden geht, und hofft, ein Mittel zu finden, mich mit »meinem« Klang wiederzuvereinen?

Bald biegen wir in die geschwungene Auffahrt zu einem Haus ein; es ist neu, nicht einmal der Rasen ist gesät. Der Eingang ist noch für Halloween geschmückt. Joanne – zierlich, kastanienbraunes Haar – begrüßt uns munter an der Tür und läuft dann wieder in die Küche, wo sie der Pfadfindertruppe ihres Sohnes beim Muffinbacken hilft.

In einem langen Raum, das einzige Mobiliar sind zwei enorme Konzertflügel, bleiben Marc und ich vor einem uralten Broadwood stehen, den er restaurieren möchte. Er klingt wie ein Geist aus der Vergangenheit, nur ein Hauch der kraftvollen Instrumente, auf denen wir heutzutage spielen. Ich bin mir nicht sicher, welche Schlüsse über den Grotrian ich daraus ziehen soll. Das andere Klavier ist ein Baldwin, mit dem Marc noch viel vorhat. Es ist ein modernes Instrument mit opulenten, üppigen Tönen. Ich höre das Potenzial, aber das Klavier kann sich nicht mit dem Grotrian messen. Vielleicht will Marc nur mein Gehör auf die Probe stellen, meinen Geschmack mit dem seinen abgleichen? Marc scheint nach jedem Strohhalm zu greifen.

»Ein Klavier habe ich noch für Sie!«, ruft er, als ich den Kopf schüttle: Nein, wieder nichts. »Es steht bei mir zuhause. Ein Steinway M. Connie übt darauf. Ich halte ihn für sie in einem Topzustand.«

Hastig verabschieden wir uns von Joanne und steigen in den Subaru. Marc sieht auf seine Uhr und scheint im Stillen Berechnungen anzustellen. Dann sausen wir wieder auf die Schnellstraße, in Richtung seiner Wohnung und seines eigenen Klaviers.

»Marc, was ist der Zweck dieser Übung?«

»Wir finden heraus, ob Sie das, was Ihnen mit dem Grotrian passiert ist, auch mit einem anderen Instrument erleben können. Wenn man ein Klavier kauft, weiß man nicht, was man erwirbt. Man weiß nur, was jemand damit gemacht hat.«

»Und wenn das verschwunden ist, was dann?«

»Dann, dann – dann sind die Flitterwochen VORBEI, Baby!«. Er kichert.

»Marc, was für ein boshaftes Lachen.«

»Na ja, ich lache, weil die Leute denken, die Flitterwochen würden ewig dauern. *Aaah! Endlich habe ich mein perfektes Klavier gefunden!* Na, dann spiel lieber nicht darauf. Stell es besser in ein Zimmer, überwacht wie in einem Museum, damit es sich nie verändert! Dann kannst du's dir anschauen.«

»Und wie findet man jemanden, der es zurückverwandelt?«

»Keine Ahnung. Eine Dating-Agentur hat es leichter!« Wieder schüttet er sich aus vor Lachen. »So grauenvoll das klingt: Entweder suchst du dir jemanden, der deine Situation kennt und mit ihr umgehen kann, oder du suchst dir jemanden, der so intoniert, wie du es willst, obwohl er nicht weiß, wer du bist oder was du magst. Das ist wie ein Sechser im Lotto.«

Wir halten vor Marcs Wohnhaus. Es ist zweistöckig mit vielleicht zehn Wohneinheiten, vage Anklänge an den Tudorstil, ein bisschen heruntergekommen. Marc schließt die Tür zu seiner Wohnung auf – darin herrscht wüstes Durcheinander. Direkt gegenüber dem Eingang ein Cello auf einem Ständer, der Bogen liegt erwartungsvoll auf einem Stuhl daneben. Hinter dem Cello ein Flügel, dessen Silhouette sich in den verglasten Verandatüren abzeichnet.

»Hallo, Liebling!«, ruft Marc, und eine große, imposante Frau erscheint in der Küchentür. »Das ist Perri, von der ich dir so viel erzählt habe.«

»Hi, Connie! Schön, Sie endlich kennenzulernen.«

Connie lächelt freundlich zu mir herab. Sie muss mindestens fünfzehn Zentimeter größer sein als ich. Ihr Gesicht ist rund und ein wenig gerötet, ihr aschblondes Haar im Nacken zu einem adretten Knoten gewunden. Hätte Marc mir nichts von ihr erzählt, wäre ich nicht auf den Gedanken gekommen, dass sie krank sein könnte.

»Sie sind da, um sich das Klavier anzusehen?«

»Ja, wir bleiben nur auf einen Sprung«, sagt Marc. »Ich kaufe dann später noch ein. Was möchtest du denn gerne?«

Der Diskant von Connies M ist wunderschön: Ich kann hören, wie sorgfältig Marc sich um ihn kümmert, er funkelt genau richtig. Das ist das beste Klavier, auf dem ich heute gespielt habe.

»Wirklich? Das ist ja ein ganz besonderes Lob«, bemerkt Marc, als ich es ihm sage. »Aber gibt es Ihnen das, was Ihnen der Grotrian gegeben hat?«

»Es ist ein großartiges Klavier. Ich würde mich geehrt fühlen, eines wie dieses zu besitzen. Aber um Ihre Frage zu beantworten ... Der Klang des Grotrian hat etwas Magisches, wie aus einer anderen Dimension, das ich hier nicht höre. Ich weiß nicht, was es ist.«

»Hm. Ich kann's kaum erwarten, es zu erfahren.« Er grübelt einen Moment, das Kinn in die Hand gestützt. »Könnte sein, dass Ihr Klavier das einzige auf der Welt ist, das das zustande bringt. Vielleicht reagieren Sie, wie andere auch, empfindlicher auf bestimmte Frequenzen. Aber ich glaube eher, so wie es im Universum einen anderen Planeten geben muss, auf dem ähnliche Lebensformen möglich sind, muss es auch ein anderes Klavier geben, das zustande bringt, was Sie berührt.«

Auf dem Weg zur Schnellstraße sind wir beide still, hängen

unseren Gedanken nach. Marcs Kommentar hat mich um drei Jahre zurückversetzt, zu dem Erlebnis, das ich mit Marlene im Ausstellungsraum hatte, zum toten Diskant, als sie bei mir ankam, zu den herrlichen zwölf Stunden, als sie nach Marcs Besuch ein paar Monate später auferstand. Wie ein Echo höre ich seine Worte von damals – *99 Prozent dessen, was ich gemacht habe, war Stimmen.*

»Marc.« Ich wende mich abrupt zu ihm hin. Er scheint tief in seine eigenen Gedanken versunken, auf der Suche nach einer Erklärung, die Hände am Lenkrad, den Blick auf irgendeine mittlere Entfernung auf der Schnellstraße gerichtet. »Marc. Was ist die Schubert-Konzertstimmung?«

»Was?«

»Sie haben gesagt, Sie hätten das Klavier mit Ihrer besten ›Schubert-Konzertstimmung‹ gestimmt. Was ist das? Worin unterscheidet sie sich von einer ›Bach-Stimmung‹ oder einer ›Brahms-Stimmung‹?«

»Ach, das habe ich aus der Arbeit mit Kunden heraus entwickelt, die einen ganz bestimmten Geschmack haben. Es ist eine interpretierende Umsetzung dessen, was Schubert-Musik verlangt. Man muss sehr sauber, sehr zurückhaltend stimmen. Darin steckt eine gewisse Vornehmheit, eine gewisse Ruhe. Es ist keine geschäftige, klimpernde Sag-so-viel-wie-nur-geht-Stimmung – Sie wissen schon.«

»Aber was konkret machen Sie anders?«

»Oh! Ich nehme an, man könnte es vereinfachend mit ›weniger Spreizung‹ beschreiben. Wenn man's auf einen ganz, ganz kleinen gemeinsamen Nenner bringen wollte.«

»Weniger Spreizung wozwischen? Den Oktaven? Den Quinten?«

»Einfach weniger Spreizung, ganz allgemein. Ich werde sicher eine enge Quinte stimmen. Aber nicht übermäßig eng.

Eine reine Quinte ist wie ein mmmmmm. Während eine engere Quinte irgendwie ein gro-o-o-o-ßes Register hat.« Seine Hand fährt vor der Windschutzscheibe durch die Luft. »Dieses Register ist wie ein Motor, der wabernde Partialtöne aussendet, eine Kombination von Noten, die zusammenschwingen. Die Quinte ist wirklich das entscheidende Intervall für die Art von Farbigkeit, die man aus dem Klavier herausholen kann. Sie ist sehr empfindlich.«

»Würden Sie mir eine ›Schubert-Konzertstimmung‹ machen?«

»Was, heute? Ich weiß nicht, ob das heute klappt. Es wäre leicht zu machen gewesen, wenn ich eher gewusst hätte, dass Sie das möchten.«

»Das verstehe ich. Aber mir ist erst jetzt der Gedanke gekommen. Also, wenn ich zu irgendeinem x-beliebigen Klavierstimmer sagen würde: Machen Sie mir eine enge Stimmung, würde er verstehen, wovon ich rede?«

»Ja, das würde er wahrscheinlich, aber Sie würden nicht kriegen, was Sie wollen. Er würde nämlich die Enge nur auf die Oktaven anwenden. Und Sie würden mit einer langweiligen Stimmung dastehen, einer nach innen gekehrten, die sich räumlich nicht entfalten kann. Und ich glaube, Sie mögen Räumlichkeit. Sie mögen es, wenn es sich öffnet, aber nur so weit es das eben tun soll.«

Je ausführlicher Marc die »Schubert-Konzertstimmung« beschreibt, desto klarer wird mir, dass ich sie noch einmal hören muss. Aber nachdem er mir seinen Terminplan für den Rest des Tages erläutert hat – er muss ein Klavier in Dobbs Ferry intonieren und dann Connie zum Arzt bringen –, finde ich mich damit ab, dass ich diese Stimmung nicht hören werde. Vor meiner Abreise aus New York dürfte sich keine Gelegenheit mehr ergeben.

Dann tritt Marc plötzlich aufs Gas.

»Was ist los?«

»Wir werden stimmen. Ich kann es auf dem Klavier machen, an dem ich arbeite. Ich krieg das hin.«

»Sie würden das für mich tun?« Ich umklammere den kleinen Haltegriff über der Beifahrertür. Schnelles Fahren macht mich nervös.

»Ja, warum nicht? Aber nicht so, wie ich normalerweise Klaviere stimme, die zum Verkauf vorbereitet werden.«

»Es könnte das erste sein, das zur Ladentür hinausflattert.«

»Vielleicht. Ich glaube allerdings, die wenigsten Leute, die Klaviere kaufen, haben einen so fein ausgeprägten Geschmack wie Sie.«

Wir betreten das Lager.

»Verdammt noch mal!«

Ich sehe mich suchend nach der Ursache für Marcs Fluchen um. Er ist bereits in die Werkstatt im hinteren Bereich gestampft. Ich höre ihn brüllen. »Wo ist die Mechanik für den B?« Seine Stimme klingt schrill.

Da sehe ich, dass das Klavier, vor dem er eine Minute zuvor stand, ein leeres Gehäuse ist. Die Mechanik fehlt. Während Marc hinten in der Werkstatt wütend auf jemanden einredet, wandere ich durch den Raum und sehe mir die Klaviere an. Unter einem hohen Fenster steht ein schöner Steinway aus satiniertem Mahagoni. Die Politur ist prachtvoll. Ein solches Gehäuse hätte ich allzu gerne bei meinem eigenen Klavier gehabt. Es ist ein Modell L. Ich setze mich und spiele das Andante aus Mozarts KV 330. Marc hat dieses Klavier intoniert, so viel kann ich sagen. Da ist eine hörbare Familienähnlichkeit zu allen anderen Klavieren, auf denen ich heute gespielt habe, aber der Diskant klingt ziemlich matt, wie bei Marlene, als sie in Montana eintraf.

Marc kommt zurückgestürmt und steht zwischen den mit Steppdecken bedeckten Instrumenten, die Fäuste in die Hüften gestemmt, schäumend vor Wut. »Jetzt sitzen wir in der Patsche! Die haben die Mechanik aus dem Klavier genommen, das ich intonieren sollte. Ich finde keine Worte.« Er klingt, als würde er um Entschuldigung bitten.

»Warum stimmen Sie nicht diesen hier?«, frage ich und streichle die Tasten des L. »Das ist ein sehr schönes Klavier.«

»Er ist gerade gestimmt worden, jetzt soll er in den Ausstellungsraum.« Marc macht eine Pause. »Na ja, ich wäre wahrscheinlich schneller fertig, da er ja schon gestimmt ist. Sicher, warum nicht.«

Schon hat er seine Werkzeuge ausgepackt, und der Stimmhammer ist aus dem Stoffstück gerollt. Ich überlasse ihm die Klavierbank. Sein Gummi-Stimmkeil steckt zwischen den Saiten, er spielt doppelte Oktaven, Dezimen und Septemdezimen und setzt rasch die Stimmung. Der Klang erfüllt den grottenartigen Raum, und auch das metallisch klingende Aufsetzen des Stimmhammers auf den Stimmwirbeln und das Drehen sind hörbar – hinauf und hinab, hinauf, hinab. In Windeseile.

»Das Klavier kommt in zwei Stunden hier weg.« Es ist die Chefin, die ich beim letzten Mal nicht gesehen habe. Die Geräusche haben sie herbeieilen lassen.

»Okay, kein Problem«, sagt Marc, den Kopf gesenkt. Stimmen, stimmen.

Noch nie habe ich Marc so schnell stimmen sehen, der Hammer fliegt über die Wirbel, der Gummi-Stimmkeil springt über die Tonleiter, die linke Hand klettert in Akkorden die Tasten hinauf – Quarten, Quinten, Oktaven, Dezimen, Septemdezimen.

»Fast fertig.«

Plötzlich springt die Eingangstür auf und herein kommt

Indrek Laul, in einen schweren Mantel gehüllt. Ein sehr großer, weißhaariger Herr ist bei ihm. Indrek und mir verschlägt es die Sprache, einander hier zu sehen. Wir umarmen uns. »Was machen Sie denn hier?«, fragen wir beide zugleich.

»Ich bin hier, um meinem Vater das Lagerhaus zu zeigen.« Er stellt mich Venno Laul vor, dem bedeutenden estnischen Dirigenten. »Und Sie?«

»Ich bin mit Marc hier.« Marc blickt mit einem matten Lächeln hoch, winkt Indrek zu und wendet sich wieder seiner Arbeit zu.

Indrek und sein Vater entschuldigen sich, um ein wenig zwischen den Klavieren herumzuschlendern. Das bedeutet, dass die Besitzer der Werkstatt jede Minute hier sein werden. Was werden sie sagen, wenn sie Marc ein Klavier stimmen sehen, das zur Abholung bereit ist, während der Transportwagen bereits auf dem Weg hierher ist?

»Es war sehr schön, Sie wiederzusehen«, sagt Indrek. Dann steuern er und sein Vater die Werkstatt im hinteren Teil des Gebäudes an.

»Marc, dieses Klavier muss raus.« Es ist wieder die Chefin, die um uns herumwuselt, sie ist neugierig, was wir machen. Zwei Männer kommen zur Tür herein. Möbelpacker? Ich spüre einen Adrenalinschub. Aber sie tragen Anzüge. Sie spielen auf ein paar Klavieren und gehen wieder.

»Fertig!«, sagt Marc. »Ich sollte das alles noch ein paar Mal machen, damit Sie die volle Wirkung haben, aber versuchen Sie's mal.«

Rasch setze ich mich, bevor es noch mehr Unterbrechungen gibt und solange wir den Raum für uns haben. Ich lege die Noten für das Mozart-Andante auf das Pult, genau dasselbe Stück, das ich gespielt habe, bevor Marc die Stimmung veränderte. Es ist ein guter Test für den Diskant, denn es verlangt Klarheit und Ausklingzeit. Sonst kann die Melodie nicht singen. Marc packt seine Werkzeuge zusammen und stellt sich erwartungsvoll neben mich. Das ist das letzte Klavier, das wir gemeinsam ausprobieren werden.

Ich spiele die Anfangstakte und höre sofort, dass dieses Klavier nicht mehr dasselbe Instrument ist, das es noch zehn Minuten zuvor war. Der Diskant schwingt sich auf und schimmert wie Mondschein auf dem Wasser. Mein Herz will bersten. Es ist beinahe schmerzhaft. Ich habe erst eine Zeile des Andante gespielt, als ich innehalten muss. Ich kippe auf der Klavierbank vornüber.

»Das ist es! Das ist es!«, rufe ich wie vom Schlag getroffen. »Das ist der Klang!«

»Sie machen Witze!«

Ich richte mich auf, Tränen in den Augen. Uns bleiben nur Minuten, bevor wir gehen müssen, und ich möchte nicht weg von diesem Klavier. Dieselbe nordlichtartige Stimmung, an die ich mich von Marlene her erinnere, hängt in der Luft, verführerisch, allumfassend, sie trägt mich fort aus Zeit und Raum. Ich spiele so lange, wie ich darf, und lasse die Töne mich mitnehmen. Vollkommenheit. Ich versuche den Chopin. Er knistert unter meinen Fingern, die rauchige Altstimme voller Tiefe, Wärme, Vielschichtigkeit. Das ist der Klang, dem ich verfiel. Ich erkenne ihn augenblicklich, so tief hat er sich in mein Gedächtnis eingebrannt.

»Es war das Stimmen!«, flüstere ich. Ich muss wieder aufhören. Lege eine Hand aufs Herz. Es schmerzt.

»Wir müssen gehen«, sagt Marc sanft. »Ich bringe Sie zum Bahnhof in Riverdale.«

Das alles ergibt jetzt einen Sinn. Eine Intonierung hält mindestens einige Wochen, wenn nicht Monate. Eine Stimmung bloß einige Stunden. Diese Stimmung ist die Sirene, die mich im Ausstellungsraum in ihren Bann zog. Als Marlene in Montana ankam, hatte sie ihre Stimme verloren, weil sie auch die Stimmung verloren hatte. Sobald Marc sie neu stimmte, war sie wieder da.

Aber warum *diese* Stimmung? Mein Herz schwingt immer noch mit, es zerspringt fast davon. Es ist eine physische Reaktion. Wie kann eine Stimmung so etwas bewirken?

»Was hat es mit dieser Stimmung auf sich?«, frage ich Marc, sobald wir wieder im Wagen sitzen. Marc winkt den Insassen eines anderen Autos zu, das eben im Leerlauf die steile Zufahrt herunterrollt, während wir hinauffahren. Die Besitzer der Werkstatt. Das war knapp.

»Das ist etwas, was mein Leben verändert hat«, sagt Marc. »Ich habe diese Stimmung von einem polnischen Techniker bei Steinway gelernt; er ist schon tot.«

»Wie ist er gestorben?«

»Er hatte einen Herzanfall in der U-Bahn. Er hieß Szott.«

»Bloß Szott?«

»Ich kannte ihn nur unter diesem Namen. Wir haben uns bei Steinway angefreundet.«

Marcs Erinnerung nach war Szott ein schmaler, gebückter Mann mit blauen Augen und beginnender Glatze; er sprach mit starkem Akzent und bewegte sich auf Krücken. Oft litt er an Schmerzen. »Er saß immer still in irgendeiner Ecke«, entsinnt sich Marc. »Vor der Zeit gealtert. Ich war jung und in meinem ersten Vollzeitjob überfordert. Er war eine Vaterfigur für mich, er strahlte Güte und Menschlichkeit aus. Seine Stimmungen waren die lieblichsten, schimmerndsten … wie Mondschein auf dem Wasser.«

Wie Mondschein auf dem Wasser. Ich drehe mich zu ihm und starre Marc an, als ich höre, wie meine eigenen Eindrücke aus seinem Mund kommen.

»Zum ersten Mal hat mich eine Klavierstimmung regelrecht berührt. Ich wusste, das war das Schönste, was ich je gehört hatte.« Er seufzt. »Da wurde mir klar, dass ... meine Stimmungen nicht so klangen. Ich habe herumgetüftelt, wie man diesen Klang zustande brachte. Szott fand die Worte nicht, um es zu beschreiben.«

»Sie haben es nur durch Zuhören herausgefunden?«

»Dieses Stimmen vermittelte mir eine andere Art, an die Arbeit heranzugehen. Ich war 32. Es war sechs oder sieben Jahre her, seit ich die Klavierstimmerschule verlassen hatte. Ich hatte eine Spitzenausbildung genossen. Meine temperierte Stimmung war von Franz Mohr, dem Chefkonzerttechniker bei Steinway, geprüft worden. Ich machte *Pling-Trring-Wuuuh-huuuuh-wumm*-Stimmungen. Aber ich hatte eine gesunde Portion Ehrfurcht vor dem, was Szott erschuf – wie zarter Herbstnebel über einem Fluss. Sein Klang schwebte in der Luft, er schwebte ... Er erblühte und trieb dahin und ...«

Marcs Stimme wird leiser, er verstummt, seine rechte Hand gleitet durch die Luft, um den Klang zu beschreiben. Dann wendet er sich zu mir.

»Er hat nur eine Stimmung kreiert, nur diese eine. Das ist, als würde ich sagen, ich hätte nur eine Statue geschaffen, und das wäre dann die Venus von Milo.«

Er parkt vor den Stufen zur Hochbahn, mit der ich in die Stadt zurückfahren werde.

»Perri, ich bin jetzt wirklich beunruhigt, weil mir eben etwas klar geworden ist – wenn ich dasselbe, bereits gestimmte Klavier wieder und wieder stimme, dann geschieht etwas. Zwischen einem 99,3- und 99,9-prozentigen Grad an Genauigkeit geschieht etwas, Scheiße noch mal.« Er brüllt beinahe.

»Was geschieht?«

»Ich weiß nicht, vielleicht ist es die Matrixwelt, von der

Michael Harrison spricht. Vielleicht ist es nur eine dichtere Kristallisationsstruktur, oder sie ist besser angeordnet oder ich weiß nicht was. Es ist wie der Unterschied zwischen einem Quarz und einem Diamanten. Wer weiß, was es ist. Aber etwas geschieht. *Etwas geschieht.*«

»Sie haben es erlebt.« Es ist keine Frage. Ich glaube, ich weiß, wovon Marc spricht.

»Ich habe es erlebt. Aber für mich ist das keine bestimmte Art der Stimmung. Für mich ist es nur eine hochorganisierte Struktur, die auf wunderschöne Weise noch weiter organisiert und mehr strukturiert und noch mehr verfeinert wird – und dann geht sie über in irgendetwas anderes.«

»Sie glauben also, dass es vielleicht nur irgendeine Stimmung ist, die aufs Äußerste verfeinert wurde?«

»Das ist wirklich, wirklich, wirklich gestimmt, ja, wirklich intoniert, wirklich gestimmt.« Marc spricht leidenschaftlich. Er umklammert das Lenkrad, obwohl das Auto längst steht.

Die Heftigkeit seiner Worte trifft mich mit Wucht. Ich glaube, ich weiß ganz genau, wovon er spricht. Es ist der Klang Marlenes, als ich sie zum letzten Mal hörte.

»Je mehr man es verfeinert, desto machtvoller ist es?«

»Ja, so ungefähr.«

»Mein Gott. Ich bin nicht verrückt.«

»Nun ja, nicht direkt.« Wieder das ausgelassene Lachen. »Sie *sind* verrückt, und Sie haben sich gerade dieser netten kleinen Bande von Wahnsinnigen angeschlossen.«

21

Der Anthroposoph

Jetzt also weiß ich es. Das Erlebnis mit Marlene, oder soll ich sagen, das Marlene-Erlebnis, ist noch flüchtiger und trügerischer, als ich oder einer der Techniker, die ich um Rat gefragt habe, je hätten ahnen können. Wer verliebt sich schon in eine Klavierstimmung? Aber jetzt ist die drängendere Frage: Was kann ich tun? Was bedeutet das für meine Klavier-Reise?

Ich muss Marlene abschreiben und etwas anderes machen. Marcs Intonation ohne seine Stimmung ist offenkundig für mich nicht geeignet; unsere sinnlosen Besuche in der Musikschule und in Westchester haben das bewiesen. Und ich kann ihn nicht zwei Mal im Monat nach Montana einfliegen lassen. Am praktikabelsten ist es, den Werksklang der Grotrians anzustreben. Sobald ich in Midtown angelangt bin, gehe ich in der Hoffnung, Carl dort anzutreffen, hinüber zu Beethoven Pianos. Doch er ist nicht da. Ich spiele noch einmal auf dem Walnuss-Grotrian, und er ist ebenso schön, wie ich ihn in Erinnerung habe. Jetzt weiß ich sicher, was ich zu tun habe. Aber es wird warten müssen, bis ich mit Carl gesprochen habe.

Ich ziehe meinen Mantel an und raffe meine Noten zusammen, will gerade das Geschäft verlassen, als der Impresario durch die Glastür kommt, eine Einkaufstüte in der Hand. Er wirkt entzückt, mich zu sehen.

»Ich hab da was für Sie«, sagt Carl und reicht mir die Plastiktüte. Er klingt aufgeregt. Darin sind einige Bücher. »Behalten Sie sie, so lange Sie möchten.«

Ich lasse die Bücher aus der Tüte gleiten und setze mich auf eine Klavierbank, um sie zu begutachten, während Carl auf die Galerie hinaufgeht, um einige Anrufe zu erledigen. Die Bücher sind ziemlich abgegriffen und stammen offensichtlich aus seiner privaten Bibliothek.

Das erste ist *Music Forms* von Geoffrey Hodson. Eine mit Farbstiften gestaltete Lilienblüte ziert den eingerissenen Schutzumschlag. Auf dem Vorsatzblatt steht »Theosophical Publishing House of Madras, India«. Im Innenteil sind Farbfotos von eigenartigen Organismen abgedruckt. Sie sehen aus wie runzelige Mollusken oder die Mäuler von Seegurken, nicht identifizierte Materie in bizarren Gebilden. Ich lese eine Bildunterschrift:

Diese Formen, hüpfend und herumwirbelnd wie Tänzer in einem ungestümen Ballett, sind einige der dynamischen »Skulpturen«, die während einer Reihe von Experimenten geschaffen wurden, welche die verblüffend mannigfaltigen, durch Schwingung hervorgerufenen Wirkungen veranschaulichen.

Ich schlage das nächste Buch auf, *Healing and Regeneration Through Music*, und lese die Worte:

Der menschliche Organismus ist ein Resonanzboden. Der Körper des Menschen ist ein Musikinstrument, entweder im Einklang mit himmlischen Harmonien oder in Dissonanz dazu, je nach dem Grad an Gesundheit, Wohlbefinden und Fortentwicklung des Individuums.

In *Clairvoyant Investigations*, einem Taschenbuch der Theosophischen Gesellschaft, lese ich:

Beim Musizieren wird jeder wahre Musiker in Beziehung zu den Gandharvas gebracht, den Erzengeln des schöpferischen

Klangs, und kann zum Medium für ihre erbauenden Einflüsse werden. Musiker gelten also als wirksame Mittler für die schöpferische Energie, die – besonders wenn sie spiritueller Natur ist – in die Welt und in das Leben der Menschen strömt.

Es gibt noch weitere Bücher ähnlicher Art.

»Danke sehr. Ich freue mich darauf, sie zu lesen«, sage ich zu Carl, als er wieder die Treppe herunterkommt. Die Texte erscheinen mir abstrus, aber vielleicht können sie mir ja helfen, Carl Demler besser zu verstehen, der immer unfassbarer wird, je näher ich ihn kennenlerne. Diese Bücher müssen ein Teil jener »Religion« sein, die er bei unserem Gespräch im letzten Jahr erwähnt hat.

»Was hat Ihr Interesse an diesen Themen geweckt, Carl?«

Er setzt sich auf eine Klavierbank mir gegenüber und umfasst ein Knie mit beiden Händen. Sein Gesicht wirkt erstaunlich abgespannt, doch seine Augen leuchten, als er meine Frage beantwortet.

»Bevor ich die Hotelfachschule besuchte, arbeitete ich als Koch in einem Genfer Restaurant; dort hatte ich eine Französischlehrerin, Madame Appia, die mir die Philosophie von Rudolf Steiner und die Vorstellung nahebrachte, dass eine Welt jenseits der sichtbaren existiert.«

»Können Sie sie sehen?«

»Ich kann es nicht, aber ich kenne Leute, die das können. Die Antwort, die ich mir selbst gegeben habe, lautet, dass wir Funken des Göttlichen sind; wir sind hier, um in der physischen Welt Erfahrungen zu sammeln, um schöpferische Intelligenzen zu werden. Ich bin kein guter Philosoph. Ich bin auch kein guter Mystiker. Aber wenn ich etwas verliere, gehe ich mit einem Achselzucken darüber hinweg. Ich kann es ohnehin nicht mitnehmen. Das macht es zum Beispiel auch leichter, mit aufgebrachten Kunden umzugehen. Manchmal haben sie das Gefühl, ihnen sei Unrecht geschehen. Meine Aufgabe ist es, ihnen zu helfen, mich für sie zu zerreißen – mehr als es andere tun würden.«

Dann sagt Carl etwas, das mich überrascht.

»Manchmal wäre ich das Geschäft nur allzu gerne los. Ich interessiere mich mehr dafür, ob wir eine Klaviertechnikerschule auf die Beine stellen können. Und am meisten interessiert es mich, ein Heilzentrum zu eröffnen.«

»In diesen Büchern steht offenbar, dass Musik heilsam ist. Führen Sie dann nicht in gewisser Weise bereits ein solches Zentrum?«

»Ja. Musik ist ein wichtiger Teil der Heilung«, sagt Carl nachdenklich. Dann schweigt er einen Moment lang. »Würden Sie mit mir zu Abend essen?«

*

»Dort gibt es gesundes Essen, und es ist günstig«, sagt Carl, als wir von Beethoven Pianos aus die Straße entlang zu einem Restaurant an der Ecke 57th Street – Seventh Avenue gehen.

An der Theke bestellen wir beide Suppe und Brot, gegen die Kälte des frostigen Novemberabends, und setzen uns dann an einem Eckfenster an einen der langen Esstische im Landhausstil.

Carl erzählt mir von seiner Reise nach Deutschland, die er kürzlich unternommen hat. Er hat ein Heilzentrum am Bodensee besucht, das die Lehren der mittelalterlichen Komponistin, Äbtissin und Visionärin Hildegard von Bingen befolgt. »Ich hatte Probleme mit einem Knie. Aber ich halte mich an die Therapie, die man mir empfohlen hat, und nächstes Jahr, zu meinem siebzigsten Geburtstag, hoffe ich den New York Marathon zu laufen.«

»Das wäre ja wunderbar! Was meinten die denn, was Ihrem Knie fehlt?«

»Stress!«, sagt Carl. »Ich habe zu viel Stress.«

Das klingt nach einer eigenartigen Diagnose für ein Knie, aber nach einer vernünftigen Erklärung dafür, wie Carl aussieht. Sein schmales Gesicht ist eingefallen und grau. Er wirkt noch schmächtiger als in meiner Erinnerung, zerbrechlich; ich stelle mir vor, wie ich ihn auf meinen Arm setze und herumtrage wie einen verletzten Vogel.

»Wenn Sie nach Deutschland fahren, sollten Sie das Zentrum am Bodensee besuchen«, empfiehlt er. »Es ist sehr schön.«

Wenn ich nach Deutschland fahre?

»Und wenn Sie die Grotrian-Fabrik besuchen: In Braunschweig gibt es ein Museum, das Sie sich ansehen müssen. Dort steht Clara Schumanns Grotrian.«

»Ja«, erwidere ich vage. »Das würde ich gerne machen.«

»Also.« Carl wechselt das Thema. »Wie verläuft Ihr Aufenthalt denn bisher so?«

»Sehr gut. Ich lerne so viel.« Ich breche ein Stück von dem Baguette ab, das wir uns teilen, und lege es wieder vor ihn hin.

»Das ist wunderbar. Wenn man zu lernen aufhört, ist man so gut wie tot.«

Ich erzähle von der »Schubert-Konzertstimmung«, dass dies der Klang sei, dem ich verfallen war, der Grund, warum ich Marcs Intonation für flüchtig hielt, nachdem er nach Montana gekommen war.

»Die richtige Stimmung kann Wunder wirken«, bestätigt Carl. »Es geht darum, welche Art von Stimmung Ihrer Seele entspricht.«

»Kommt das bei Ihren Kunden öfter vor, dass sie sich in eine Stimmung verlieben?«

»Die meisten von uns haben den Kontakt mit Schwingungen verloren, weil wir zu sehr in den materiellen Teil unserer Existenz verstrickt sind«, sagt Carl. »Musik ist die Essenz von allem, das existiert.«

»Es ist ein echtes Problem, dass es dort, wo ich lebe, wahrscheinlich niemanden gibt, der auf diese Art stimmt. Ich fürchte, ich werde mich damit zufriedengeben müssen, den besten Klang zu nehmen, den ich kriegen kann.«

»Wie geht es Ihrem Klavier?«, fragt er behutsam. Er senkt den Blick und bestreicht ein Stück Brot mit Butter.

Das liefert mir einen Anknüpfungspunkt. Die Worte, die ich seit Wochen einstudiert habe, strömen mir nun über die Lippen.

»Carl, ich weiß nicht, was ich mit meinem Klavier tun soll. Ich habe es jetzt fast drei Jahre, und in der gesamten Zeit war das Spielen vielleicht für einen Monat eine Freude. Ich habe mit vielen Technikern über die Hämmer gesprochen. Manche meinen, ich hätte vielleicht einfach eine schlechte Garnitur erwischt. Andere sagen, man hätte sie mir besser vorintoniert schicken sollen, an den Hammerstielen. Dann hätten wir sie einfach austauschen können.«

»Daran hätte ich denken sollen«, sagt Carl leise.

»Nun, Sie sind ja kein Techniker.« Aus irgendeinem Grund möchte ich in Carl nicht den Schuldigen sehen.

»Nein, aber ich kümmere mich andauernd um solche Dinge.« Er hält nachdenklich inne. »Grotrians sind sehr stabil, die Anforderungen bei der Herstellung sind so präzise festgelegt, es gibt so geringe Abweichungen, das könnte tatsächlich funktionieren!« Er isst einen Löffel Suppe und schweigt gedankenvoll. Dann sagt er: »Wir werden sehen, ob Grotrian das macht. Sie sollen die Hämmer in ein Klavier in der Fabrik einsetzen, sie dort intonieren, sie wieder rausnehmen und Ihnen schicken. Erinnern Sie mich noch einmal, wenn wir wieder im Geschäft sind, dann mache ich mir eine Notiz, dass ich gleich morgen früh dort anrufe.«

»Wunderbar! Vielen, vielen Dank. Vielleicht ist mit den neuen Hämmern an den Stielen das Ende der ganzen Geschichte gekommen.«

»Bei Klavieren gibt es nie ein Ende der Geschichte«, meint Carl und grinst. »Außer man gewöhnt sich an den Klang und lernt, sich immer wieder neu zu verlieben«, setzt er nachdenklich hinzu. Dann scheint ihm etwas anderes einzufallen. »Haben Ihnen die neuen Grotrians im Ausstellungsraum gefallen?«

»Oh, sehr! Besonders der Grotrian aus Walnuss. Ich wäre sehr glücklich, würde mein Klavier so klingen.«

»Und sind Sie mit der Gängigkeit, mit der Mechanik zufrieden?«

»O ja! Ich habe, was den Anschlag betrifft, nie auf einem besseren Klavier gespielt.«

»Nun, warum nehmen wir dann nicht die Hämmer aus dem Walnuss-Grotrian und schicken sie Ihnen? Dann wissen Sie, dass Sie eine Intonation haben, die Ihnen zusagt. Das kann ich natürlich erst machen, sobald ich eine neue Garnitur aus Deutschland bekommen habe. Ich weiß nicht, ob sie einverstanden sein werden. Wir bauen sie in den Walnuss-Grotrian ein und dann lasse ich sie intonieren.«

Dieses Angebot haut mich um. Warum macht er so etwas? Und wie bemerkenswert, dass er das Ganze als Möglichkeit sieht, mit den Klavieren etwas Neues auszuprobieren. Mich überströmt jäh eine Woge der Aufregung, gemischt mit Zweifeln.

»Sind Sie sicher? Was, wenn es nicht funktioniert?«

»Wir versuchen es. Ein Experiment. Und wenn es nicht klappt, versuchen wir was anderes.«

»Und was, wenn in der Zwischenzeit jemand kommt und den Walnuss-Grotrian kaufen will?«

»Nun, dann halten wir ihn hin. Wir zögern den Kauf hinaus.«

»Das ist verrückt.«

»Nein, es ist perfekt! So machen wir's!«

22

»Revelation«

*Viele sagen, das Leben sei mittels der Musik in
den menschlichen Körper eingezogen, aber die Wahrheit ist:
Das Leben selbst ist Musik.*

Inayat Khan, Sufi-Meister

Als wir das Restaurant verlassen, ist es draußen ziemlich kalt und dunkel. Ich begleite Carl zu seinem Geschäft, danke ihm noch einmal und gehe dann durch die Piano Row zur U-Bahn. Auf der anderen Straßenseite gibt es einen neuen Kawai-Händler. Das Geschäft hat zu, aber die Spots im Fenster beleuchten einen Pleyel mit einem Gehäuse aus Edelholz. Das nächste Geschäft Richtung Osten ist Faust Harrison. Durch die Glasscheiben entdecke ich Michael Harrison, der gerade telefoniert, und hinter ihm ein Klavier mit einem Gehäuse aus satiniertem Mahagoni. Es sieht aus wie der Steinway Modell L, dem Marc heute die »Schubert-Konzertstimmung« angedeihen ließ. Ich klingele, und Michael betätigt den Summer, um mich reinzulassen.

»In ein paar Minuten kommt eine Klasse für indischen Raga«, sagt Michael. »Sie können sich gerne anschließen.«

Dekorative Wollkissen, Sitzgelegenheiten für die Sänger, die bald eintreffen sollen, sind auf einem Perserteppich in der

Raummitte verstreut. Eine Tambura, ein Sitar-ähnliches Instrument mit langem Hals und einem aus einem riesigen Kürbis gefertigten Korpus, liegt auf ihr eigenes Kissen gestützt da. Dann wird mein Blick wieder von dem Klavier in satiniertem Mahagoni angezogen.

»Den Flügel haben wir erst heute reinbekommen«, sagt Michael, der meinem Blick gefolgt ist. »Ich hatte noch keine Gelegenheit, darauf zu spielen. Möchten Sie?«

Ich hebe die Klappe hoch. Es ist ein Steinway. Ich spiele bloß ein paar Takte Mozart und erkenne die Stimmung sofort wieder. Die »Schubert-Konzertstimmung« hat den Transport von Dobbs Ferry hierher überstanden. Ich sage Michael, ich würde gerne zu der Raga-Singstunde hierbleiben.

*

Wir sitzen zu neunt auf Dhurrie-Kissen; Michael vor uns, die Tambura auf dem Schoß, zupft sachte mit seinen langen Fingern die Saiten, die Stirn an die Hinterseite des Instrumentenhalses gelegt. Die Saiten vibrieren mit einem leisen Brummen, und er passt ihm seine Stimme an. Nach jeder Note hält er inne, und wir antworten ihm mit derselben Note, werfen den Klang zwischen uns hin und her. Er singt fremdartige Silben, bewegt sich in der exotischen Skala der nordindischen klassischen Musik. Wir passen uns seiner Tonhöhe an, variieren unsere Intonation; zusammen erzeugen wir eigenartige und berührende Harmonien.

*

»Stimmen ist das A und O.« Michael räkelt sich in einem großen Sessel im Musikstudio seines Hauses in Yonkers. Der

Komponist und Pianist ist ein dünner Mann mit langen, feingliedrigen Fingern und einer gelehrtenhaften Ausstrahlung, die von seiner eulenaugenrunden Brille noch unterstrichen wird. Seine spindeldürren Beine hat er wie Stängel umeinandergeschlungen. Ich bin mit dem Zug hierher gefahren, um ihn zu treffen, denn nach dem Raga-Singen am gestrigen Abend und nach unserer anschließenden Unterhaltung bin ich mir sicher: Wenn irgendjemand mir erklären kann, was die »Schubert-Konzertstimmung« ist und weshalb sie diese Wirkung auf mich hat, dann ist es Michael.

»Es liegt an der Resonanz«, sagt er. Seine lebhafte, ermutigende Art lässt vermuten, dass ich in eine Bruderschaft aufgenommen wurde. Wir sitzen einander an einem kleinen Tisch gegenüber, darauf unsere Teetassen. An der Wand hinter uns steht etwas, das wie riesige, hoch aufragende Stereolautsprecher aussieht, tatsächlich aber sind es so genannte »Tube Traps«, wie Michael erklärt, Resonanzabsorber, die Klang absorbieren und ausbalancieren sollen. Gegenüber stehen zwei Flügel, jeder 2,14 Meter lang, Rim an Rim gestellt wie die wechselseitigen Kräfte im Yin-Yang-Symbol. »Alles ist Nachklang, Schwingung«, sagt Michael. »Diese Frequenzen klingen in Ihnen nach.«

Gestern Abend, gleich nachdem ich mein Interesse am Steinway L bekundet hatte, gab mir Michael einige konkrete Beispiele, wie das Mitschwingen in der Welt funktioniert. Schlage man in einem Raum voller Klaviere eine Note an, werde die gleiche Saite auf allen anderen Instrumenten mitklingen. Wenn man einen Raum mit Pendeluhren anfülle, die in ihren eigenen, individuellen Rhythmen schwingen, und ihn über Nacht abschließe, würden die Pendel am Morgen alle synchron schwingen.

»Es ist Physik«, erklärt er. »Die Luftschwingungen streben

nach Effizienz. Wenn sie in Harmonie miteinander schwingen, gibt es weniger Luftwiderstand. Das gilt auch für Menschen.«

Michael gab mir eine Geschichte des Stimmens mit, *Temperament: The Idea That Solved Music's Greatest Riddle* von Stuart Isacoff, und eine CD, eine selbst eingespielte Aufnahme seiner Komposition »Revelation: Music in Pure Intonation«. Dabei hatte er, wie er sagte, eine spezielle Art der Stimmung verwendet, die er selbst entwickelt hatte. Und dann lud er mich ein, ihn zuhause zu besuchen, um selbst zu hören, wie ein Klavier mit reiner Intonation klingt.

Michael Harrison wuchs in Eugene, Oregon, als Sohn eines berühmten Mathematikers in einer Familie von Wissenschaftlern auf. Schon in sehr jungen Jahren war er vom Klavier fasziniert; er gesteht, den größten Teil seiner Jugend damit verbracht zu haben, sich auf die Bühnen verdunkelter Konzertsäle geschlichen zu haben, um auf einem ordentlich vorbereiteten und gestimmten Instrument zu spielen. Er hatte sich so verzweifelt einen eigenen Flügel gewünscht, dass er sich an einem Wettbewerb einer Fachzeitschrift für Tasteninstrumente beteiligte; man durfte beliebig oft einreichen, und Michael gab mehr als 700 Dollar Porto für seine Einsendungen aus, ein nutzloses Unterfangen, wie sich schließlich herausstellte.

In seinen frühen Zwanzigern fühlte er sich vom Sufismus angezogen, einer orientalischen Lehre, die Musik als ein mögliches Vehikel auf dem Weg zu Gott ansieht, und lernte bei einem berühmten Raga-Sänger. Nachdem er ein Jahr lang indische Ragas gesungen hatte, die eine andere Tonleiter benutzen als die westliche Musik, empfand er zunehmend Unzufriedenheit damit, wie sein Klavier gestimmt war. Er begann zu experimentieren.

»Ein Teil der besonderen Anziehungskraft des Klaviers liegt darin, dass die Saiten Obertöne produzieren«, erklärt er. »Es besitzt eine zusammengesetzte tonale Qualität, die vielfältiger ist als die einer Gitarre. Eine Oboe hat hohe Obertöne. Eine Flöte ist beschränkt auf tiefere Obertöne. Beim Klavier aber besitzt jede Note eine reiche, komplexe Obertonstruktur – in einem Instrument ist ein ganzes Orchester beheimatet. Ein Klavier ist das Instrument mit der stärksten Resonanz.«

Am Abend zuvor habe ich Michael von der »Schubert-Konzertstimmung« und meiner Reaktion darauf berichtet. Jetzt erzähle ich ihm, wie ich zu meiner Marlene kam, und wie ich mich auf die Suche nach einer Methode machte, die ihre Stimme wiederherstellen würde. Ich hoffe, Michael werde mir dabei helfen können, das Erlebte zu verstehen.

»Aber *warum* schwinge ich bei diesen bestimmten Frequenzen mit?«, frage ich. »Warum war dieses Klavier so verlockend, dass ich Opfer brachte, zu denen ich vorher nie bereit gewesen wäre? Wonach suche ich? Es scheint alles so unwirklich und verrückt.«

Michael lächelt. »Lassen Sie mich Ihnen mit einer Sufi-Fabel antworten. Ich glaube, sie wird etwas in Ihnen zum Klingen bringen.

Bevor die menschliche Seele Fleischesgestalt annahm, versuchte Gott sie dazu zu bewegen, in den menschlichen Leib einzuziehen. Aber die Seele wollte nicht in den Körper, denn sie befand sich in einem unendlichen Reich der Freude und grenzenlosen Seligkeit. Warum sollte sie sich in diese menschliche Form begeben, wo sie Krankheiten erfahren und begrenzt in Zeit und Raum sein würde? Der einzige Weg, die Seele dazu zu bringen, war, die Engel musizieren zu lassen. Die Seele war so berauscht von der Musik, dass sie sie noch besser hören wollte. Aber sie konnte die Musik nur besser hören, wenn sie mit den Ohren eines menschlichen Körpers lauschte. Und so überlistete Gott die Seele, menschliche Gestalt anzunehmen.«

Wir lachen beide laut auf. Aber mitten im Gelächter breche ich in Tränen aus. Sie strömen mir übers Gesicht.

»Das ist unglaublich. Ich weiß nicht, warum ich weine. Es wirkt bloß so wahrhaftig auf mich.«

»Ich habe mir gedacht, dass diese Geschichte bei Ihnen Anklang findet. Möchten Sie ein Taschentuch?«

»Danke. Ich glaube, ich habe welche in der Tasche.« Ich greife danach und trockne mir die Augen. »Auf dieser Reise scheine ich ja viel zu weinen. Gestern, als ich Marcs Stimmung hörte. Jetzt diese Geschichte. Was hallt da bloß in mir wider?«

»Ich glaube, in dieser Phase Ihres Lebens sind Sie sehr fein auf irgendeinen Schwingungslevel gestimmt. Man könnte es vielleicht einen Engel-Level nennen. Was geschieht, ist Folgendes: Wenn Sie etwas hören, das wie diese Klaviere auf einer ganz bestimmten Ebene schwingt, löst das ein Erinnern, eine Art Wiedererkennen in Ihnen aus. An andere Reiche, die Ihre Seele erlebt hat. Es ist eine Art Alchimie – die Schwingungen der Töne lösen eine Erinnerung an diesen Sehnsuchtsort in Ihnen aus. Und genau darum geht es. Es geht darum, herauszufinden, woher Sie kommen. Was kann Sie dorthin zurückbringen? Das Klavier ist ein Mikrokosmos universeller Wahrheit. Die Unverletzlichkeit vollkommener mathematischer Proportionen heilt die Seele, und sie heilt auch den Körper.«

Anscheinend wurde ich, als mich die schimmernde Schönheit Marlenes umfing, an einen Ort innerer Wahrheit oder zumindest Transzendenz versetzt. Wenn ich dem nicht nahe war, dann sehnte ich mich danach, nach etwas, an das ich mich nur diffus erinnerte.

»Ganz schön heftig. Und worum geht es bei Ihnen?«

»Mein Leben war dieser Suche gewidmet. Im Endeffekt habe auch ich erlebt, was Sie schildern. Als ich 1979 nach New York gekommen bin, lud mich der Komponist La Monte Young in sein Loft in Tribeca ein, um mir die im Jahr zuvor entstandene Aufnahme einer Aufführung seiner Komposition »The Well-Tuned Piano« anzuhören. Damals dauerte das Stück viereinhalb Stunden; inzwischen sind es sechseinhalb. Da saß ich also in seinem Loft, mit den ungefähr anderthalb Meter hohen, riesigen Lautsprechern, und hörte mir die viereinhalbstündige Komposition an. Dieser Musik zu lauschen hatte auf mich denselben Effekt, wie Sie ihn beschreiben. Ich hörte die Musik, von der ich immer irgendwie geträumt, die ich aber nicht für möglich gehalten hatte. Und das hat mein Leben auf der Stelle verändert. Ich hatte keine Ahnung, wie er diese außerordentliche, engelhafte, wunderschöne Musik hatte schaffen können, die alles, was ich je in meinem Leben gehört hatte, weit übertraf. Und so habe ich ihm sofort gesagt, dass ich sein Schüler werden wolle, um von ihm zu lernen. Das war der Beginn einer gewaltigen Odyssee für mich, so wie Ihr Erlebnis der Beginn Ihrer eigenen Odyssee ist.«

Michael wurde Youngs persönlicher Klavierstimmer, er arbeitete bei allen Konzerten und Aufnahmen an dessen Bösendorfer, einer Spezialanfertigung. Es war eine Art Jüngerdasein, da Young ihm keinen Kompositionsunterricht erteilen wollte, solange Michael das Stimmen nicht vollkommen beherrschte.

»Für La Monte war die heiligste und wichtigste Aufgabe das Stimmen«, fährt Michael fort. »La Monte hat eine Theorie, die ich für richtig halte. Dass nämlich Stimmung eine Funktion der Zeit ist. Er ist wie ein Philosoph: Für mich ist er ein moderner Pythagoras.«

Pythagoras, der griechische Mathematiker und Philosoph,

entdeckte rein zufällig die Naturgesetze, welche die Musik bestimmen. Der Legende nach ging Pythagoras eines Tages, um 530 vor Christus, in Kroton am Laden eines Schmieds vorbei und wurde vom Klang der Hämmer, die auf die Ambosse schlugen, gefesselt. Mal war der Klang knirschend, hässlich und dissonant. Dann wieder verschmolzen die Geräusche der Hämmer zu einer wundervollen, transzendenten Harmonie. Pythagoras trat in den Laden, um herauszufinden, woran das lag. Es stellte sich heraus, dass Hämmer mit unterschiedlichem Gewicht verschiedene Töne erzeugten, und wann immer die Gewichte der Hämmer gewisse mathematische Zahlenverhältnisse ergaben, etwa 2 zu 1 oder 3 zu 2 oder 4 zu 3, bildeten die Töne, die sie gleichzeitig anschlugen, schöne Harmonien.

Für Pythagoras bedeutete diese Entdeckung, dass im Universum eine natürliche Ordnung herrschte. Er experimentierte mit den Klängen einer gespannten Saite, die nach den obigen Zahlenverhältnissen unterteilt war, und begründete damit die Art, wie Tasteninstrumente gestimmt werden.

»Astronomen wissen seit Jahrhunderten, dass man die Umlaufbahn eines Planeten desto besser voraussagen kann, je länger man ihn in Bewegung beobachten kann«, meint Michael, um einen Vergleich zu ziehen. »Je größer der sichtbare Querschnitt dieser Umlaufbahn, desto mehr Informationen besitzt man. Genauso verhält es sich mit Tönen. Sie sind wie Umlaufbahnen. Stimmt man zwei Töne, beispielsweise eine vollkommene Quinte, stehen sie in einer Beziehung zueinander. Und wenn sie ein wenig verstimmt sind, erzeugen sie so genannte akustische Schläge, wenn sie gegeneinander schwingen. Wenn die Quinte nun genauer gestimmt wird, werden diese Ausschläge immer kleiner, bis sie synchron sind. Aber wie synchron werden sie? Werden sie alle zwei Sekunden einmal ausschlagen? Oder alle fünf Sekunden? Alle zehn Sekunden? Je länger man zuhört, desto genauer kann man diese Intervalle zu einer perfekten Synchronizität stimmen. Stimmen ist also eine Funktion der Zeit. Ich habe eine Menge Zeit damit verbracht, La Montes Klavier zu stimmen. Genau genommen war ich stundenlang dort, jeden Tag, Woche für Woche, um diese Stimmung in einer Umgebung, in der Feuchtigkeit und Temperatur beinahe absolut präzise kontrolliert waren, zu perfektionieren. Für seine Arbeit. Die ist nämlich ebenso ungewöhnlich wie die Art und Weise, in der man ein normales Klavier stimmen würde. Grundsätzlich erzeugt die Art, in der ein Klavier gestimmt wird, nichtperiodische Wellenformen. Das heißt, dass sich die Formen der Schallwellen in der Luft nicht wiederholen. Bei einer reinen Stimmung aber erzeugen die Intervalle periodische, zusammengesetzte Wellenformen. Das bedeutet, dass sich die Wellenformen wiederholen.«

Reine Stimmung, so erfuhr ich aus dem Buch von Isacoff, das Michael mir gegeben hatte, ist eine Methode, so zu stimmen, dass alle Intervalle – die Abstände zwischen den Noten – in ihrer natürlichen Proportion zueinander stehen. Sie folgen den harmonischen Verhältnissen, die Pythagoras in der Natur entdeckte; man nennt sie auch Obertonreihen.

Jede einzelne Note setzt sich eigentlich aus vielen Tönen zusammen; sie umfassen eine Art tonaler Hüllkurve. Das sind die Obertöne oder Partialtöne, die ausgelöst werden, wenn der Grundton angeschlagen wird. Sie folgen einem vorhersagbaren mathematischen Muster, das aus ganzen Zahlen zusammengesetzt ist. Der Grundton ist der erste Partialton. Der zweite Partialton ist eine Oktave über dem Grundton hörbar. Wenn der Grundton mit einer Frequenz von hundert Hertz pro Minute schwingt, würde der zweite Partialton, da er diese Frequenz immer verdoppelt, also mit zweihundert

Hertz pro Minute schwingen, im Verhältnis 2 zu 1. Oktaven sind immer eine Verdoppelung der Frequenz, die nächste Oktave würde also mit vierhundert Hertz pro Minute schwingen.

Der dritte Partialton liegt immer eine Quinte über dem zweiten Partialton und immer ein Vielfaches von drei, für ein Verhältnis von 3 zu 2 also dreihundert Hertz pro Minute. Von hier aus klettern die Partialtöne die Tonleiter hinauf, und die Intervalle – die Abstände dazwischen – werden enger und enger. Je enger sie werden, desto disharmonischer werden sie. Die einfachsten Verhältnisse schaffen die harmonischsten oder am stärksten konsonanten Töne und klingen deshalb am angenehmsten. Alle diese Töne hört man simultan, wenn nur eine Note gespielt wird.

Die Obertonreihe ist ein universelles Naturphänomen: Es ist die Grundlage der Harmonie. »Wie der Regenbogen am Himmel«, sagt Michael. »Die Farben erscheinen immer in genau derselben Reihenfolge.« Er schlägt auf seinem Schimmel-Klavier ein C an. »Hören Sie, wie das C auch das eine Oktave höhere C enthält, dann das G – oder die Quinte – darüber? Und dann die Terz darüber?«

Wird eine Klaviatur in jener reinen Stimmung gestimmt, die Michael verwendet, dann werden die Intervalle zwischen den einzelnen Noten sauber gestimmt, das heißt, sie sollen zu den Frequenzen der natürlichen Obertonreihe passen. Aber hier ergibt sich ein Problem, das Isacoff in seinem Buch anschaulich beschreibt: Wenn jeder Note innerhalb einer Oktave die entsprechende Frequenz der Obertonreihe zugeteilt wird, passen sie nicht in den Umfang einer reinen Oktave. Als Pythagoras und seine Schüler das herausfanden, hielten sie es geheim; sie glaubten, die Nichteingeweihten würden es für einen Makel in der Ordnung des Universums halten.

Das war der Beginn des Rätselratens um das Stimmen. Wie könnte man alle Noten in die Oktave einpassen? Welche Methode auch immer der Stimmer benutzen mag, um jedes Intervall rein zu gestalten, mindestens eines wird unrein sein. Die Verhältnisse der ganzen Zahlen gehen nicht auf. Quinten mit ihrem Verhältnis von 3 zu 2 und Terzen mit 5 zu 4 können niemals am selben Ort landen. Zum Beispiel kann in einer reinen Stimmung in der Tonart C-Dur das A, das eine Terz über dem F ist, nicht dasselbe A sein, das eine Quinte über dem D liegt. Die Differenz zwischen den beiden As wird Komma genannt. Der Großteil der Musik für Tasteninstrumente, die vor der Erfindung der gleichstufigen Stimmung komponiert wurde, wurde so geschrieben, dass sie solches vermied.

Die gleichstufige Stimmung ist die moderne Lösung für das Komma. Die zwölf Halbtonschritte der chromatischen Tonleiter werden innerhalb einer reinen Oktave gleichmäßig aufgeteilt, sodass jede Note ein Zwölftel eines erniedrigten Halbtonschritts ist, was die meisten Menschen gar nicht bemerken. Michael erleichtert mir das Verstehen mit einer großartigen Metapher: Mondmonate und das Sonnenjahr passen nicht zusammen. Wie bei der Oktave beugen wir uns dem Diktat des Sonnenjahres, da es die Jahreszeiten bestimmt. Wir variieren die Länge eines Monats von 28 auf 30 oder 31 Tage, damit die Monate in das Jahr passen. Auf ähnliche Weise werden die Frequenzen mancher Noten etwas verringert, damit sie in die Oktave passen.

»Viele Intervalle in der gleichstufigen Stimmung sind eigentlich scheußlich verstimmt«, erläutert Michael. »Die Terzen entsprechen etwa vierzehn Prozent eines erhöhten Halbtons.« Die Verhältnisse lassen sich nicht mehr in konsonanten ganzen Zahlen beziffern, sondern in dissonanten irrationalen Zahlen. Das Ohr mag getäuscht werden, irgendein anderer Teil von uns jedoch nicht. Wenn ein Barbershop-Quartett singt, tut es das selbstverständlich in reiner Stimmung. Auch ein hervorragendes Streichquartett der alten Schule neigt dazu. Man muss uns nichts beibringen, damit wir diese Art der Stimmung erkennen: Sie ist bereits ein Teil von uns. Und da wir eine natürliche Empfänglichkeit besitzen, weil wir normalerweise mit reinen Intervallen mitschwingen, ist eine reine Stimmung – eine mit periodischen oder wiederkehrenden Kurvenformen – eine ganz andere ästhetische Erfahrung als eine gleichtemperierte Stimmung.«

Das also hatte Marc gemeint, als er mir sagte, eine Stimmung sei ein Haufen winziger Lügen, die sich zu der großen Lüge summieren, etwas sei gestimmt! Die Wahrheit fühlt sich ganz anders an als eine Lüge.

Ein Pianist verfügt nicht über jene Freiheit, nach seinem Willen zu stimmen, die ein Sänger, der Spieler eines Saiteninstruments oder sogar ein Bläser hat. Beim Klavierspiel kann man die Note nur so spielen, wie sie gestimmt ist. Man kann sie nicht durch die Art, wie man die Taste anschlägt, höher oder tiefer gestalten. Man ist der Stimmung ausgeliefert. Und in den letzten 150 Jahren wurden so gut wie alle Klaviere gleichstufig gestimmt.

Michaels Philosophie des Stimmens schließt das Komma eher ein, als es zu vermeiden, indem er entsprechend stimmt. Er erlaubt ihm nicht nur, sich frei zu entfalten, er komponiert auch Musik, die es gezielt nutzt.

»Ich nenne dies die Emanzipation des Kommas«, erläutert Michael. »Denkt man in Jungianischen Begriffen, dann ist das Komma unser Schatten, unsere dunkle Seite. Das, was wir vermeiden, wird zu unserem Schicksal. Das Komma ist der Schatten der Musik. Blickt man ihm ins Gesicht, können wir auf das gleichstufige Stimmen verzichten. Wenn wir das

Komma akzeptieren, eröffnet es uns ein ganzes Klanguniversum, das im Westen jahrhundertelang ignoriert worden ist.«

Durch gleichstufige Stimmung, die das Komma vermeidet, wird das Klavier dissonant, es erzeugt unterbrochene physikalische Kurvenformen – sie sind nicht beständig und wiederholen sich nicht. Die reine Stimmung – die Michael auch bei seiner Komposition verwendete – erzeugt hingegen periodische Kurvenformen; sie wiederholen sich ständig und stimulieren unser Nervensystem auf andere Weise. Sie zu hören bedeutet eine vollkommen andere kinästhetische Erfahrung als die übliche Reaktion auf Töne.

»Aber die ›Schubert-Konzertstimmung‹ ist doch eine gleichstufige Stimmung«, beharre ich. »Warum also reagiere ich so stark darauf?«

»Marc ist mein Konzertstimmer. Ihm sind die Feinheiten, von denen ich spreche, sehr bewusst. Er bietet Ihnen einen sehr hohen Grad an Verfeinerung. Aber mit der reinen Stimmung erhalten Sie einen noch höheren. Sogar viel höher.«

Ich bitte ihn, es mir zu demonstrieren.

Michael geht mit mir zum Schimmel-Klavier, demjenigen, das für das Spiel in reiner Stimmung eingerichtet wurde. Jeder Note entspricht nur eine Saite; das verstärkt die Klarheit des Tons. Über den Saiten befinden sich zudem viele kleine farbig gekennzeichnete Knöpfe. Sie sollen jeweils bestimmte Saiten dämpfen, damit diese nicht mitschwingen können. Diese Vorrichtungen dienen dazu, ausgewählte Töne so lange wie möglich andauern zu lassen.

Michael holt einen Stimmhammer heraus und stimmt rasch eine reine Quinte zwischen C und G für mich. Als sie anklingt, überkommt mich ein Hochgefühl. Der Ton schlägt in einer fortdauernden, geschmeidigen, glasklaren Woge vom Resonanzboden zurück und scheint dann in die Unendlichkeit davonzuschweben. Hier ist eine Reinheit und Klarheit, die mich zutiefst berührt.

»Was höre ich da?«

»Eine reine Quinte.«

»Aber, *was höre ich?*«

Wir müssen beide lachen.

»Es ist Musik, die uns in eine andere Erfahrungsdimension versetzt.«

Michael stimmt noch einige Quinten und spielt sie dann. Der Klang ist wie ein vom Resonanzboden aufsteigendes Aroma. Die Töne hören gar nicht mehr auf zu strahlen.

»Darf ich?« Ich spiele eine Quinte und lausche dem Nachhall. »Die Töne verschmelzen.«

»Das stimmt. Stellen Sie sich vor, Sie werfen einen Stein in einen See. Die kleinen Wellenkräusel, die von ihm ausgehen, lassen sich mit dem vergleichen, was bei einer gleichstufigen Stimmung geschieht. Der Klang flattert.« Er spielt eine verstimmte Terz. »Hören Sie das Zittern? Hören Sie, wie klimperig das ist?«

Dann spielt er noch einmal die Quinte.

»Hier gibt es keine Bewegung – der See ist vollkommen ruhig. Wie ein Kristall.«

Der Klang ist beglückend.

»Und wenn jemand nicht hören kann?« Natürlich denke ich an meinen Mann Oliver. »Was, wenn sein Gehör beeinträchtigt ist? Kann er diese Erfahrung trotzdem machen?«

Michael zögert einen Moment. »Ja«, sagt er langsam. »Ich denke schon, dass er das könnte. Alles ist Schwingung; Geigenspiel verändert die Molekularstruktur von Holz, und Experimente haben gezeigt, dass Vibrationen auch Sand und Wasser beeinflussen. Es ist also möglich, dass Vibrationen unser Nervensystem beeinflussen, ohne dass wir sie hören.«

Dann fordert mich Michael auf, auf dem Mason & Hamlin zu spielen, der hinter dem Schimmel steht. Dieser Flügel ist für seine »Revelation«-Komposition vorbereitet, in einer anderen Art der reinen Stimmung. Ich spiele eine Tonleiter, und sie klingt eigenartig – das Cis ist tiefer als das C. Ich versuche meinen Chopin-Walzer in h-Moll zu spielen und breche in Gelächter aus. Wo die Noten höher werden sollten, werden sie tiefer. Es scheint unmöglich, auf diesem Klavier eine Melodie zu spielen. Es fühlt sich an, als hätte ich mich auf dem Rummelplatz in einem Grusel- oder Spiegelkabinett verirrt und alles, was ich zu sagen versuchte, käme verzerrt heraus. Der Walzer klingt vollkommen unsinnig.

Michael möchte mir »Revelation« vortragen, damit ich hören kann, wie sein Klavier klingen soll, aber selbst die gekürzte Version ist 45 Minuten lang. Wir beschließen, zuerst etwas zu essen. In der Küche stellt mein Gastgeber Brot, Käse und Obst für uns hin. Er fragt, wie ich mein Klavier-Problem zu lösen beabsichtige, jetzt, wo ich von der »Schubert-Konzertstimmung« weiß. Vielleicht wäre ich daran interessiert, den Grotrian zu verkaufen und den Steinway L zu nehmen?

Aber schon die Vorstellung lässt mich fröstelte. Es ist mehr an Marlene als die Stimmung, da bin ich sicher. Im Korpus meines Klaviers geht etwas vor sich, da ist etwas, das ich bei keinem anderen Klavier gefunden habe, nicht einmal bei dem von Marc gestimmten L. Ich habe keine Ahnung, worin diese einzigartige Qualität besteht, aber ich möchte Marlene nicht aufgeben. Ich erkläre Michael, ich hätte mich damit abgefunden, die Grotrian-Werkstimmung zu bekommen und das Klavier regelmäßig von meinem Techniker stimmen zu lassen. Das werde schon hinhauen.

Doch für Michael ist die Sache damit nicht erledigt.

»Es gibt mehrere Möglichkeiten, wie ich es angehen würde«, beharrt er, während wir Brot und Käse verspeisen. »Sie könnten sich einen Accu-Tuner zulegen. Der liest die genaue Frequenz einer Saite ab und speichert sie. Lassen Sie Marc nach Montana kommen und so perfekt wie möglich stimmen. Zeichnen Sie die exakte Frequenz jeder Note auf. Und dann lernen Sie entweder, selbst zu stimmen, damit Sie diese Stimmung reproduzieren können – das ist nicht so schwer –, oder Sie beauftragen einen Stimmer in Ihrer Nähe, der mit dem Accu-Tuner arbeitet. Dann müssten Sie keinen kaufen – die sind recht teuer.«

»Ist ein Accu-Tuner denn empfindlich genug, um alles aufzuzeichnen, was Marc macht?«, frage ich ungläubig.

»Ja. Er ist sehr empfindlich«, sagt Michael. »Marc stimmt nach dem Gehör, dabei bezieht er Ihr Klavier, die Raumakustik und so weiter mit ein. Der Accu-Tuner zeichnet eine Karte, welche die exakte Stimmung reproduziert. Das funktioniert digital – als würde man eine CD brennen. Sie könnten die ›Schubert-Stimmung‹ einrichten, sie dann zunichte machen und sie mit dem Accu-Tuner eins zu eins wiederherstellen. Das Gerät ist sehr präzise.«

»Können Sie die Stimmung von einem Klavier auf ein anderes übertragen?«

»Tja … theoretisch ja … aber es wäre nicht ganz dasselbe, denn jedes Klavier hat verschiedene Obertoneigenschaften. Ideal wäre es, wenn Marc Ihr Klavier genau so für Sie einrichtete, wie Sie es haben möchten, und die Stimmung dann mit dem Accu-Tuner aufzeichnete. Wollten Sie Ihr Klavier allerdings auf genau diesem Stand halten, müsste Marc jedes Jahr zu Ihnen rauskommen, denn die Intonierung wird sich ändern. Sie wollen doch wohl niemand anderen an diese Intonation lassen. Marc ist der beste Intoneur in der Szene.«

Ja. Schön. Nur, dass man von Marc nicht erwarten kann,

jedes Jahr nach Montana zu kommen. Selbst wenn ich es mir leisten könnte. Angesichts seines Vollzeitjobs, seiner anderen Auftraggeber und Connies Gesundheitszustand kann er nicht auch noch eine solche Verpflichtung mir gegenüber eingehen, und ich würde ihn auch nicht darum bitten. Es hat also keinen Sinn, dass Marc mein Klavier intoniert, weil kein anderer Techniker seine Arbeitsweise kennt. Solange ich nicht sicher weiß, dass Tom mein Klavier in der »Schubert-Konzertstimmung« stimmen und einen Accu-Tuner verwenden kann, möchte ich nicht, dass irgendjemand die neuen Hämmer anrührt, die Carl mir schicken wird. Nicht einmal Marc.

Und dennoch: Könnte es einen Weg geben, Marcs Stimmung auf mein Klavier zu übertragen? Vielleicht könnte er den Walnuss-Grotrian im Ausstellungsraum von Beethoven Pianos stimmen und dies aufzeichnen, bevor mir Carl die Hämmer schickt? Dann wäre wenigstens mit Hämmern gestimmt worden, die anschließend in mein Klavier kämen. Aber das möchte ich nicht mit Michael vertiefen.

»Wie wohl Marc es finden wird, seine Stimmung aufzeichnen zu lassen?«, überlege ich laut.

»Er wird nichts dagegen haben«, meint Michael. »Lassen Sie mich mit ihm sprechen.«

*

Michael sitzt vor dem Mason & Hamlin, und ich nehme in der entferntesten Zimmerecke Platz, damit erst die Raumakustik auf den Klang einwirken kann, bevor er mich erreicht. Dann beginnt er zu spielen.

Zunächst klingt die Musik misstönend, verschwommen. Aber dann beginnt mein Ohr sich daran zu gewöhnen, und ich spüre förmlich, wie sich der Klang unter dem geöffneten Deckel des Flügels aufbaut. Der Ton beginnt herauszuströmen. Die Klangwellen prallen nicht gegeneinander und schneiden einander nicht ab, wie es bei Klaviermusik normalerweise der Fall ist. Sie bewegen sich frei, wirbeln umher und schrauben sich hoch, setzen große Wolken aus Tönen in Gang, die immer dichter zu werden scheinen, bis ich das Gefühl habe, von einer Matrix aus Klang umgeben zu sein.

Und dann bemerke ich, wie sich der Charakter des Klangs allmählich verändert. Zuerst höre ich unklar, aber dann deutlicher und deutlicher eine Flöte. Dann nehmen andere Töne, die keine Klaviertöne sind, Gestalt an. Ich höre eine Oboe, ein Horn, eine Geige. Die Flöte jubelt die Oktaven hinauf und hinunter. Eine Pikkoloflöte erschallt. Waldhörner gesellen sich dazu, ein Fagott, Trompeten dröhnen in wuchtigen Schallwellen durch den Raum.

Michael spielt und spielt, sodass ich mich allmählich frage, wann die Musik aufhören wird. Aber je länger ich in dieser Klangwolke sitze, desto klarer wird mir, dass das, was ich höre, nicht in seinem Tun begründet ist. Er nutzt für sein Spiel nur einen sehr kleinen Bereich der Klaviatur, und trotzdem erklingen so lebendige, so anhaltende Obertöne, dass es scheint, als wäre das Instrument von innen nach außen gewendet. Die Nebenschwingungen erzeugen ein Orchester. Entweder das, oder Michael Harrison hat zehn Arme.

Während die Tonwolke um mich herum ständig ihre Gestalt verändert, überlasse ich mich ganz diesem Erleben. Die Wolke wird zum Hurrikan, stürmische Winde umtosen mich. Schließlich braust ein ganzes Orchester unter dem Klavierdeckel hervor.

Ich bin sprachlos vor Staunen. Die Orchesterstimmen klingen wie zauberische Erscheinungen, Geister, die aus den heftigen Schwingungen der Klavier-Obertöne emporsteigen.

Die Klangwolke baut sich immer weiter auf, bis die erregten Obertöne die Klänge einer Sitar erzeugen, dann die einer Tambura und schließlich einen Chor von Engelsstimmen, die den Raum durchschallen, bis sie jeden Moment die Wände und Fenster einzudrücken scheinen. Nachdem gleichsam alle Farben des Regenbogens in dem Klangaufruhr entfesselt wurden, verzieht sich die tonale Donnerwolke allmählich, und schließlich ist das Werk zu Ende.

Michael erhebt sich, sein schmales Gesicht ist gerötet vor Wonne.

»Wie haben Sie all die anderen Instrumente geschaffen?«, frage ich, als ich mich so weit von meinem ehrfürchtigen Schauer erholt habe.

»Die mitschwingenden Resonanzen vereinigen sich und formen ganze neue Klänge«, antwortet er. »Sie verbinden sich buchstäblich neu und erzeugen die tatsächlichen Obertöne dieser Instrumente. Es ist Physik.«

23

Physik und Metaphysik

Was ist, ist Bewegung.
David Bohm, Physiker, ›Die implizite Ordnung.
Grundlage eines dynamischen Holismus‹

Sollte es eine wissenschaftliche Erklärung für unsere physiologische Reaktion auf Töne geben, für das, was mit mir geschah, als ich mein Klavier fand – einen Weg zu einer schematischen Darstellung der Transzendenz –, dann möchte ich diese Erklärung haben. Ich fange an, über die Physiologie des Hörens nachzulesen, über die Physik der Schallschwingung, Psychoakustik, Neurowissenschaften und schließlich Quantenphysik. Physik und Mathematik waren in der Schule nicht gerade meine Stärke, aber mein Verlangen, mein Marlene-Erlebnis zu verstehen, treibt mich an. Bald betrete ich ungewöhnliches Gebiet.

Klänge, so erfahre ich, existieren nur in unserem Gehirn; es sind Wahrnehmungen, die als Reaktion auf Veränderungen des Luftdrucks entstehen, ausgelöst durch Objekte in Bewegung. Wenn Saiten, Trommelfelle oder Stimmgabeln vibrieren, dann wirbeln sie die Luftmoleküle durcheinander, so, wie ein hineingeworfener Stein die ruhige Wasseroberfläche eines Teiches aufstört. Ströme von abwechselnd hohem und niedrigem Luftdruck fließen durch die Atmosphäre. Sobald diese Schwingungen – die so genannten *Schallwellen* – unsere Ohren erreichen, werden sie verstärkt, erst in mechanische, dann in elektrische Energie umgewandelt und schließlich an unser Gehirn weitergeleitet, wo sie auf unser Nervensystem einwirken.

Im Gehörgang befindet sich eine Luftsäule, ähnlich wie in einer Flöte oder einer Orgelpfeife. Diese Luftsäule vibriert als Reaktion auf Druckwellen, die Schwingungen an das Trommelfell weiterleiten. Das Trommelfell wandelt die Impulse in mechanische Energie um und leitet diese wiederum an das Mittelohr weiter. Im Mittelohr werden drei kleine, in einem Hebelsystem miteinander verbundene Knöchelchen in Bewegung gesetzt, die die Kraft der Schwingungen verdreifachen. Diese verstärkten Vibrationen erreichen dann eine mit einer Membran verschlossene Öffnung, das so genannte *ovale Fenster*. Dieses verdichtet die Wucht der Vibrationen weiter, und wenn sie auf die *Cochlea*, einen mit Flüssigkeit gefüllten Hohlraum im Innenohr, treffen, ist ihre mechanische Kraft auf einer Strecke von bloß vier Zentimetern um das Achthundertfache gewachsen.

Innerhalb der Cochlea, die etwa so groß ist wie die Kuppe des kleinen Fingers, wird diese Kraft in hydraulischen Druck umgewandelt, der durch die Flüssigkeit im so genannten *Schneckengang,* einer schneckenförmigen Röhre, pulsiert und gegen die Membranen des Innenohrs drückt, bis die Schwingungen den am besten geschützten Punkt des Körpers erreichen: das *Corti-Organ*, eine mehr als 2,5 Zentimeter lange gallertige Masse. Das Corti-Organ bewegt sich im Rhythmus der Schwingungen auf und ab. An seinem Ende berührt eine Zellansammlung beinahe die *Tentakel* des Hörnervs. Diese Zellen besitzen Tausende feine, weiche Härchen, eingebettet in eine dicke überhängende Schicht, die *Tektorialmembran*.

Wenn diese Membran durch die Flüssigkeit, welche durch die Geräuschwellen in Gang gesetzt wurde, angeregt wird, bewegen sich auch die Härchen; ihre scherenden Bewegungen erzeugen elektrische Signale, welche den Gehörnerv und schließlich das Gehörzentrum im Gehirn stimulieren.

Diese elektrische Energie sendet dem Gehirn eine verschlüsselte Version der ursprünglichen Schallwellen – ihre Grundfrequenz, Intensität und Klangfarbe. Diese Information wird dann an das zentrale Nervensystem weitergeleitet. Die Reaktionen der Menschen hierauf fallen höchst unterschiedlich aus. Für jemanden, dem genaues Hören nahegebracht wurde, können subtile Unterschiede in Frequenz und Klangfarbe bedeutsam sein. Jemandem, der kein trainiertes Gehör hat oder der diese Unterschiede nicht einzuordnen versteht, mögen sie hingegen unerheblich erscheinen.

Eine musikalische Ausbildung verändert die grundlegende Struktur unseres Nervensystems, erfahre ich aus einem Artikel über die Neurowissenschaft der Musik in der Zeitschrift *Nature*. Die Autoren stellen die Theorie auf, dass musikalische Schwingungen unsere motorischen und physiologischen Funktionen mitreißen *(Entrainment)* und unsere Herzfrequenz, Atmung und Stimmung beeinflussen. Wenn es Zuhörern »kalt den Rücken hinunterläuft«, werden dieselben Bereiche des Gehirns angesprochen, die auf Nahrungsaufnahme oder Sex reagieren. Man hat auch herausgefunden, dass dieser Effekt über unsere Hörfähigkeit hinausgeht und unsere Neurobiologie direkt anspricht. Vibrationen auf Grund von Luftdruckänderungen können nicht nur gehört, sondern auch gefühlt werden.

Gehörlose können Musikintervalle erkennen, indem sie deren Vibrationen an Wänden mit Händen und Armen ertasten. Klang ist also genauso fühlbar wie hörbar.

Das Herz, das für unseren Pulsschlag verantwortlich ist, schlägt normalerweise mit einer Frequenz von 1 bis 1,2 Hertz. Diese Schläge hallen im Körper als elektromagnetische Energie nach. Unser Nervensystem ist ein zwischen Bewegung und Ruhe oszillierendes elektrisches System. Ist der Körper Musik ausgesetzt, dann ändert sich unser Herzschlag in Reaktion auf deren Geschwindigkeit und Intensität. Forscher an der University of Oklahoma nehmen an, dass Geräusche bestimmte Zentren im zentralen Nervensystem stimulieren; diese reagieren auf die Frequenz, das Volumen und die Klangfarbe von Schallwellen.

Kardiologen nehmen solche Erkenntnisse sehr ernst. An der Harvard Medical School hat Dr. Ary Goldberger herausgefunden, dass die komplexen Rhythmen gesunder Herzen den Notenmustern klassischer Musik ähneln. Im Carle Heart Center in Urbana, Illinois, lässt Dr. Abraham Kocheril, Chefarzt der Abteilung für Kardiologische Elektrophysiologie, im Operationssaal Harfenisten spielen, während er am offenen Herzen operiert. Livemusik kann den Herzschlag der Patienten regulieren, hat Kocheril herausgefunden. In manchen Krankenhäusern wird Harfenmusik eingesetzt, um den Herzschlag von Neugeborenen normalisieren zu helfen, Patienten die Angst zu nehmen und Todkranken das Sterben zu erleichtern.

Dr. Mark Tramo, Neurologe in Harvard und Direktor des Instituts für Musik und Gehirnwissenschaften, ist der Ansicht, dass *Entrainment* – der Einfluss eines oszillierenden Systems auf ein anderes – eine Erklärung für die heilende Wirkung von Musik bieten könnte. Das oszillierende elektromagnetische Feld des menschlichen Nervensystems wird von oszillierenden Schallwellen beeinflusst, ganz ähnlich, wie Pendeluhren »lernen«, im Gleichschlag zu ticken, wenn sie dicht beieinanderstehen. Musik wirkt auf jenen Teil des Gehirns, der als das *Mesolimbische System* bezeichnet wird; es kontrolliert die Gefühle und kann das Herz erheblich beeinflussen.

Die Verbindung zwischen Emotionen und Musik wurde seit den 1960er Jahren durch den Neurowissenschaftler, Dichter und Konzertpianisten Manfred Clynes gründlich erforscht. Clynes ist Forscher in der Abteilung für Physiologie und Biophysik des Lombardi-Krebszentrums an der Georgetown University. Er hat den Computer of Average Transients (CAT) entwickelt, um in Gehirnwellen verborgene Reaktionen zu messen. Mithilfe des CAT untersuchte er, was im Gehirn geschieht, wenn jemand die Farbe Rot sieht. Er entdeckte, dass alle menschlichen Gehirne die gleiche elektrische Reaktion auf die Farbe Rot zeigen, und fragte sich, ob auch unsere Gefühle und Stimmungen auf messbaren biologischen Grundlagen basierten. Also entwickelte er eine Apparatur, den *Sentographen,* und nannte sein Forschungsfeld *Sentik*.

Die Probanden wurden gebeten, ein bestimmtes Gefühl durch eine Berührung, also die Art, wie sie den Finger auf ein Pad legten, auszudrücken. Der Sentograph zeichnete die Form des Abdrucks und die Dauer der Berührung auf einem Computerbildschirm nach. Clynes führte dieses Experiment mit Probanden aus Bali, Japan, Mexiko und Amerika durch. Die Umrisse, die der Sentograph für Liebe, Hass, Zorn, Ehrfurcht und Eifersucht aufzeichnete, ließen sich deutlich voneinander unterscheiden. Jedem einzelnen dieser Gefühle konnte hingegen – egal, welcher Ethnie die Testpersonen angehörten oder wo sie lebten – dieselbe Form zugeordnet werden. Clynes folgerte daraus, dass jeder Ausdruck einer Emotion universell ist.

Clynes erinnerte sich, über die Arbeit des deutschen Musikwissenschaftlers Gustav Becking gelesen zu haben. Becking hatte versucht, das Wesen von Musik zeichnerisch auszudrücken. Dabei entstanden Muster und Formen, die jeweils charakteristisch für das gesamte Œuvre des jeweiligen Komponisten waren, mit dessen Werk er sich befasste. Clynes nahm Beckings Versuche als Anregung, schloss sich an den Sentographen an und dachte sich durch Werke von Beethoven, Mozart und Schubert – für jeden Komponisten entstanden dabei ganz spezifische Formen.

Dann bat Clynes den Pianisten Rudolf Serkin, das Experiment zu wagen. Serkins Muster für Mozart, Beethoven und Schubert ähnelten denjenigen, die Clynes selbst hervorgebracht hatte. Clynes wiederholte das Experiment mit Pablo Casals und anderen berühmten Musikern. Die Formen fielen ganz ähnlich aus. Er schloss daraus, dass Ausdruck mittels Berührung und Ausdruck mittels Musik derselben zugrunde liegenden Gehirnfunktion entspringen. Unser Nervensystem ist offenbar so angelegt, dass es unsere Gefühle mit universellen physischen Gesten ausdrücken kann. Auch durch uns selbst ausgelöste Schallwellen bewegen und berühren uns. Können sie also ganz buchstäblich bestimmte Empfindungen vermitteln? Und könnte ein Musiker, der dieses Prinzip versteht, seine musikalische Botschaft besser vermitteln?

Nachdem ich mit Dr. Clynes ein paar Mails gewechselt habe, darf ich ihn anrufen. Er ist inzwischen 81 Jahre alt und lebt in Sonoma in Kalifornien. Clynes sagt, meine Erlebnisse mit dem Grotrian kämen ihm sehr bekannt vor. Erst vor Kurzem habe er mit einem Bösendorfer genau das Gleiche erlebt. Er kaufte das Instrument, um Bachs *Goldberg-Variationen* aufzunehmen. Er sagt, seine Beschäftigung mit Sentik habe seine musikalischen Interpretationen sehr beeinflusst.

»Es ist rätselhaft, manchmal erzielt man wie durch Zufall einen schönen Klang, und am nächsten Tag ist er verschwunden«, sagt er mitfühlend, als ich ihm von Marlene erzähle. »Was Sie mit dem Klavier erlebt haben, ist real. Die Menschen nehmen Töne einfach als gegeben hin. Töne aber sind nicht einfach die Summe eines Bündels aus harmonischen Schwingungen, es geht auch darum, wie sie mittels der Zeit erfahren werden. Die Wissenschaft kann uns solche Klangerfahrungen nicht erklären, ebenso wenig wie sie uns sagen kann, warum wir auf manche Gerüche positiv reagieren und auf andere ablehnend, oder was das Rote am Rot ist«, fährt der Professor fort. »Es sind Qualia, Erfindungen der Natur. Wir können sie nicht erfinden. Unser subjektives Erleben ist also ganz und gar objektiv, genau genommen allgemein gültig. Aber wie wir dieses Erleben in das Bewusstsein übertragen, weiß man nicht. Die Wissenschaft tappt völlig im Dunkeln.«

Ich danke Dr. Clynes, dass er sich Zeit für mich genommen hat, und grüble eine Weile über die Sackgasse nach, in die ich anscheinend geraten bin. In welcher Richtung soll ich weitersuchen, wenn das, was ich zu verstehen versuche, der »herkömmlichen« westlichen Wissenschaft fremd ist? Eines Abends unterhalte ich mich mit Freunden über mein Dilemma. Sie schlagen vor, ich solle mich einmal mit Stringtheorie und Quantenphysik beschäftigen. Die Stringtheorie versucht, eine allumfassende Theorie aufzustellen, eine Art Mastergleichung, die alle Gesetze des Universums erklären würde, von der Schwerkraft bis zur Lichtgeschwindigkeit. Laut der Stringtheorie existiert die Realität in parallelen Dimensionen, die vollkommen aus vibrierenden eindimensionalen Objekten, energiegeladenen Fädchen (*Strings*), aufgebaut sind. Diese Vibrationen bilden eine kosmische Symphonie, welche die gesamte Realität umfasst. Beweise oder Testergebnisse, die diese Theorie erhärten, gibt es nicht.

Aber nehmen wir für einen Augenblick an, die Stringtheorie biete eine Erklärung für alles, inklusive mein Erlebnis mit dem Klavier, das ich Marlene nenne. Das würde bedeuten, dass die physische Wirklichkeit – auf der subnuklearen, atomaren, molekularen und Makroebene – in Schwingung wäre. Ausnahmslos alles oszilliert zwischen zwei Ruhezuständen, wie ein Pendel, und produziert dabei Geräusche, von denen einige außerhalb unseres Hörbereichs liegen. Die Erde selbst hat eine Resonanzfrequenz von 7,8 Hertz, wie man am elektrostatischen Feld zwischen der Erdoberfläche und der Ionosphäre gemessen hat – und jeder Planet hat einen Grundton. Alle Schwingungen, ob nun Klang, Photonen, Elektronen, Neutronen, besitzen Harmonizität – und sie reagieren auf Stimuli. Wenn alle Materie aus vibrierenden Feldern elektromagnetischer Energie besteht, die in zahllosen Frequenzen schwingen, dann gilt das auch für uns Menschen. Dann *müssen* unsere Körper fähig sein, harmonisch auf die Schwingungsfrequenzen eines Klaviers zu reagieren. Und da es zwischen den Polen zweier Noten innerhalb einer Oktave unendlich viele Frequenzen gibt, erscheint es plausibel, dass jeder von uns – wie Carl Demler meint – eine eigene Frequenz hat, wie einen tonalen Fingerabdruck. Und wenn die einzigartige Frequenz eines Klaviers unserer eigenen entspräche – würde dann nicht etwas in uns mitklingen, so wie ein Kristallglas bei dem hohen Ton einer Sopranistin vibriert? Würde nicht unsere Physiologie, würden nicht unsere Zellstrukturen intensiv darauf reagieren?

Und vorausgesetzt unsere Körper antworten harmonisch auf die Grundfrequenz eines Klaviers, wie verhält es sich dann mit den zwischenmenschlichen Schwingungen? Können zwei Individuen buchstäblich im Einklang sein? Erklärt das, warum wir uns in der Gegenwart mancher neuer Bekannter auf der Stelle wohlfühlen und unwohl bei anderen? Vielleicht werden einige Ehepaare einander mit der Zeit immer ähnlicher, weil ihre Schwingungsfrequenzen einander »*entrainieren*«? Wenn Liebende streiten, sind dann ihre Schwingungen phasenverschoben? Und werden unsere Schwingungen von denen eines Mitmenschen mitgezogen, wenn wir viel Zeit mit ihm verbringen?

Ich stelle diese Fragen einem Freund, einem Neuropsychologen, und er sagt mir, neue Forschungen hätten nachgewiesen, dass dies tatsächlich der Fall sei: Wissenschaftler, die mittels Elektroenzephalographen die Spannungsschwankungen im Gehirn maßen, fanden solche Entrainment-Effekte beim Zusammentreffen einander bis dahin fremder Menschen.

Ich lese über Heilung mittels Schwingungen nach. Klangheiler glauben, dass jeder von uns einen eigenen Grundton hat und dass Krankheiten entstehen, wenn wir nicht mehr in unserer Frequenz schwingen. Sie heilen durch die Anwendung reiner pythagoräischer Intervalle, so wie Michael Harrison sein Klavier in reiner Intonation gestimmt hat.

Ich denke an manche Freunde, die ich auf Piano World kennengelernt habe, Menschen, die mir im Vertrauen erzählten, wie sehr sie vom Klang eines Klaviers berührt wurden, und was diese Erfahrung in ihnen auslöste. Einer ließ den Alkohol sein und wandte sich dem Klavierspielen zu, nachdem er Horowitz-Interpretationen von Beethoven gehört hatte. Ein anderer gab seinen genau ausgetüftelten Selbstmordplan auf, nachdem er an einem Klaviergeschäft vorbeigefahren war und sich an seinen lebenslangen Traum erinnert hatte. Innerhalb von 24 Stunden kaufte er drei Klaviere, bald danach zwei weitere, und brachte sich selbst das Spielen bei. Ab diesem Zeitpunkt wollte er leben.

Als Darrell und Heather Fandrich mich besuchten, erwähnte Heather, die auch als psychologische Beraterin gearbeitet hatte, dass viele ihrer Klienten, die besonders sensibel auf Klang reagieren und für die Töne von entscheidender Bedeutung sind, aus zerrütteten Familien kommen. Vielleicht nutzen einige von uns den Klavierklang als Mittel zur emotionalen Selbstheilung?

Wenn wir aus der Sentik schließen, dass Musik unsere Emotionen einer Zuhörerschaft mitteilt und sie zugleich verstärkt – können wir dann auch davon ausgehen, dass ein Instrument die Emotionen derjenigen übermittelt, die es gebaut und präpariert haben? Das Gleiche gilt fürs Stimmen – kann es heilsam sein?

Musik strukturiert die Zeit. Wenn deckungsgleiche reine Intervalle gespielt werden, können die Schwingungen ihre Bewegungen uneingeschränkt wiederholen, und da wir den Sinn der Welt mithilfe des Wiedererkennens begreifen, das auf Wiederholung basiert, ist das für uns zutiefst befriedigend. Ganz gleich, ob man dem wiederkehrenden Thema einer Sonate lauscht oder den wiederholten Schwingungen einer einzigen Saite: Beim Zuhören ordnen sich unsere Gedanken.

Beeinflusst eine übereinstimmende Resonanz der Obertöne – wie die angenehmen Harmonien eines Barbershop-Quartetts – die Schwingungen unserer Zellstruktur? Wirkt sie sich positiv auf unsere Gesundheit aus? Eine am Massachusetts General Hospital durchgeführte Studie besagt, dass dissonante und konsonante Klänge vom Gehirn sehr unterschiedlich verarbeitet werden: Dissonanz stimuliert Angst, Konsonanz ruft Euphorie hervor.

Die Intervalle der »Schubert-Konzertstimmung« sind der Konsonanz so nahe, wie es bei der gleichstufigen Stimmung nur möglich ist. Vielleicht klingen die Wellenformen dieser Stimmung mit ihren reinen doppelten Oktaven in unserem zentralen Nervensystem auf eine Weise wider, wie es die nichtperiodischen, dissonanten Wellenformen einer konventionellen Klavierstimmung nicht können?

Obwohl mir all diese Theorien und Hypothesen neu sind, entdecke ich bald, dass viele von ihnen seit dem Altertum existieren. Platon lehrte, dass die natürlichen musikalischen Proportionen der Obertonreihe die Schwingungen der inneren menschlichen Natur wiedergeben und deshalb zur Heilung der Seele eingesetzt werden könnten. Er definierte dieses ästhetische Prinzip, indem er eine Linie so unterteilte, dass das Verhältnis des kürzeren zum längeren Abschnitt dem des längeren Teils zur Gesamtlänge entsprach. Dieses Proportionsverhältnis entspricht der Zahl 1 zu 1,618 034, die auch als Goldener Schnitt, Göttliche Proportion oder Goldene Mitte bekannt ist.

Der Goldene Schnitt beschreibt die der Natur eigenen Grundmuster für harmonische Beziehungen, und die reinen, natürlichen Obertöne der Obertonreihe sind nur eines von vielen Beispielen. Die Kammern einer Nautilusschnecke, die Samenspiralen in einer Sonnenblumenblüte, die Muster, die Baumzweige bilden, und sogar die Proportionen des menschlichen Körpers: Die Entfernung von den Füßen zum Nabel, dann vom Nabel zum Schädeldach und die Art, wie die Gewebeschichten unseres Herzmuskels angeordnet sind, entsprechen demselben Muster. Es finden sich Verhältnisgrößen wie in der Musik im Abstand der Härchen im Corti-Organ im menschlichen Ohr, die es ihnen ermöglichen, mit bestimmten Frequenzen einströmender Klangenergie mitzuschwingen. Von der Form der Galaxien im Weltall über die sentische Form für Liebe bis zur Struktur der DNA beschreibt das Verhältnis alles, was auf natürliche Weise harmonisch ist. Wir leben in einer Welt, deren Proportionen sich an der Goldenen Mitte orientieren.

Es ist also nicht überraschend, dass uns dieses Proportionsverhältnis angenehmer als alle anderen ist. Seit Menschengedenken fand der Goldene Schnitt bei der Konstruktion von Gebäuden, Fenstern, Gemälden und Bilderrahmen Anwendung. Die Ägypter verwendeten ihn beim Bau der Pyramiden. Die alten Griechen nannten ihn »Gottes Vorschrift für Schönheit«; der Architekt Iktinos aus dem 5. Jahrhundert v. Chr. berücksichtigte ihn beim Entwurf des Pantheon. In der italienischen Renaissance setzten ihn Architekten beim Bau von Kathedralen wie etwa dem Markusdom in Venedig ein. Leonardo da Vinci konzipierte seine Gemälde nach den Verhältnismäßigkeiten des Goldenen Schnitts, Mozart, der von Zahlen fasziniert war, nutzte ihn angeblich für die Komposition seiner Werke, ebenso wie Béla Bartók.

Im modernen Flügel und in dem um 1700 von Bartolomeo Cristofori erfundenen Pianoforte findet sich das Teilungsverhältnis des Goldenen Schnitts: Die Breite des Diskants im Verhältnis zur Breite des Basses entspricht der Breite des Basses im Verhältnis zur Gesamtbreite des Klaviers. Die Länge der schwarzen Tasten steht in Proportion zur Länge der weißen Tasten. Die acht weißen Tasten der Oktave stehen in Proportion zu den fünf schwarzen Tasten. Auch in den Akkordmustern des Klaviers findet sich dieses Verhältnis. Als das Klavier erfunden wurde, waren die Menschen vom Goldenen Schnitt fasziniert, aber selbst wenn Cristofori ihn nicht bewusst verwendete, führte ihn seine Intuition für diese Proportion – über die wir alle verfügen – dazu, dass er es doch tat.

Der im 20. Jahrhundert wirkende Physiker und Philosoph David Bohm verbrachte sein Leben damit, nach dem Wesen der Wirklichkeit zu suchen. In seinem 1980 erschienenen Buch *Die implizite Ordnung. Grundlagen eines dynamischen Holismus* postuliert er, dass Musik das Vergehen der Zeit hörbar mache und uns damit eine unmittelbare Erfahrung der Wirklichkeit ermögliche. Wenn wir der Bewegung einzelner Noten lauschen, die im Zeitablauf gespielt werden, erleben wir, wie ein Moment dem nächsten Platz macht, dann dem nächsten und nächsten und wieder nächsten. Gleichzeitig erleben wir die Musik als etwas Ganzheitliches. Die Bewegung des allgegenwärtigen Jetzt wird zur unmittelbaren Erfahrung, etwas, das wir in allen Aspekten unseres Seins fühlen können. Wenn wir spielen oder hingegeben der Musik lauschen, sind wir ganz in der Gegenwart, wo sich das Jetzt im Jetzt im Jetzt entfaltet.

Bohm zufolge ist die normale Realität nichts weiter als statische Bilder auf unserer inneren Leinwand, eine Verzerrung, die Täuschung, dass die Realität unwandelbar sei, dass Vergangenheit und Zukunft, die in Wirklichkeit nicht existieren, in der Gegenwart lebendig seien. Musik verbindet uns mit der *impliziten Ordnung*, der Entfaltung eines Augenblicks in den nächsten. Wir müssen die Noten, die gerade verklungen sind, loslassen, um ganz bei den Noten zu sein, die eben geboren wurden. Wir müssen lernen, in der Gegenwart zu sein.

So wirkt Musik: Sie überführt unser Bewusstsein in einen wacheren, aufnahmefähigeren Zustand. Hegel hielt die Musik für eine Analogie unseres Innenlebens – unaufhörlich fließende Ströme von Klängen in Beziehung zueinander, in Bewegung durch die Zeit.

Bohms Hypothese lässt mich an Tage denken, die ich allein in den Bergen verbrachte, abseits der Wege, als ich schwieriges Gelände durchquerte, einen schweren Rucksack auf dem Rücken. Ein falscher Tritt, und ich hätte sterben können. Meine Aufmerksamkeit ist ganz auf meine Schritte gerichtet – erst der eine, dann der nächste, dann noch einer, alle zu einem Ziel hin sich entfaltend. Schritte werden meine ganze Wirklichkeit – so sehr muss ich darauf konzentriert sein. Wenn wir darauf achten, erleben wir dasselbe in der Bewegung eines Atemzugs, dem ein weiterer und noch einer folgt, und die Gesamtheit unserer Atemzüge wird zur Geschichte unseres Lebens. Jede Reise setzt sich aus den einzelnen Schritten zusammen, so wie Noten das Musikwerk bilden und Atemzüge unser Leben ausmachen. All das kann eine unmittelbare Erfahrung der Wirklichkeit sein – die Ganzheit in der impliziten Ordnung.

Das scheint mir ein Rezept für Vernunft in dieser wahnhaften Welt zu sein. Wenn unsere Achtsamkeit ganz auf die ununterbrochene Bewegung der sich entfaltenden Zeit gerichtet ist, wie es sein muss, wenn wir Klavier spielen, dann zerschellen unsere Illusionen von Schmerz, Verlust, Bedauern und von der Vergangenheit.

Bis jetzt habe ich mehr Fragen als Antworten gefunden, mehr Theorien und Annahmen als echtes Wissen. Was soll ich glauben? Wie soll ich mir einen Reim darauf machen? Ich muss mit jemandem sprechen, der schon einmal gründlich über diese Ideen nachgedacht hat, der sie mir erklären kann. Ich rufe Marc an und frage ihn, ob er jemanden kennt, der das Phänomen untersucht, wie die Stimmung eines Klaviers auf Menschen wirkt. Ich kann förmlich hören, wie seine Augenbrauen in die Höhe gehen.

»Das ist ein unerschlossenes Gebiet«, sagt er. »Wie ein Klavier unsere Schwingungsenergien beeinflussen kann?« Er lacht. »Da müsste man eine Konferenz von Heilern, Physikern, Ärzten, Mathematikern, Klaviertechnikern, Musikern und Philosophen einberufen, die dann alle gemeinsam versuchen, dieses Phänomen zu erklären. Es ist ein großes und unergründliches Thema. Ich kenne keinen interdisziplinär tätigen Forscher, der sich damit auseinandergesetzt hätte.«

Dann erwähnt Jerry Korten einen Artikel in der Wissenschaftsrubrik der *New York Times* über einen Jazz-Drummer in Queens, der sich unter diesen Aspekten mit Herzkranken beschäftigt: Er lauscht zunächst ihrer »Melodie« und komponiert dann Musik, um Rhythmusstörungen zu heilen. Milford Graves ist ein Vertreter des Free Jazz und hat in den Sechzigerjahren mit dem New York Art Quartet gespielt, wurde 1973 Ordentlicher Professor für Musik am Bennington College und dann Kampfsportmeister, Akupunkteur, Schamane und Kräuterkundler. Für seine Herzforschungen erhielt er ein Guggenheim-Stipendium. Nun gut, denke ich, vielleicht ist das jenes »interdisziplinäre Individuum«, das mir meine Erlebnisse erklären kann?

*

An einem strahlenden Frühlingstag nehme ich die U-Bahn zum Parsons Boulevard, im Jamaica-Viertel von Queens, und überlege mir sorgfältig, was ich fragen will. Es war nicht leicht, Milford Graves zu einer Zusage für ein Treffen zu bewegen. Der Artikel in der *New York Times* hat viele Menschen an seine Tür klopfen lassen, und am Telefon betonte er, wie wichtig es ihm sei, Zeit für seine Forschungen zu haben, die er in die drei Wochentage pressen muss, welche er nicht am Bennington College verbringt. Ich werde mich auf meine drängendsten Fragen konzentrieren müssen: Ist es wissenschaftlich erklärbar, dass Musik ein menschliches Herz heilen kann? Hat jeder Mensch seine eigenen, einzigartigen Frequenzen, die mit anderen mitschwingen? Und vor allem: Kann Klaviermusik heilen? Und wenn ja, wie genau geht das vor sich?

Ein Bus bringt mich schließlich in eine Gegend voller Bodegas und 99-Cent-Läden. Süd-Jamaica scheint krank vor

Elend und Verzweiflung. Ich steige an einem »Santana«-Lebensmittelladen aus und wandere etliche wüst aussehende Häuserblocks entlang.

Graves' dreistöckiges Haus ist leicht zu entdecken – es ist beinahe vollständig von phantasievollen Mosaiken aus Spiegelscherben, Steinen, Kieseln, Tonscherben und Keramikfliesen bedeckt. Seine Frau Lois öffnet die Haustür und führt mich auf einen winzigen Treppenabsatz zwischen Küche und Keller. Sie ruft in den höhlenartigen Raum hinunter, um mein Eintreffen anzukündigen.

Graves schwenkt auf seinem dunkelroten Schreibtischsessel eine Vierteldrehung zu mir, seine Knie in den Samtcordhosen pendeln hin und her. »Ich muss noch ein Programm schließen, das Sie nicht sehen dürfen«, sagt er. Er dreht sich wieder zum Computerbildschirm, wo das Schaubild eines Schaltkreises zu sehen ist. Ich nutze die Gelegenheit, mich umzusehen. Ich befinde mich in einem außerordentlich seltsamen Laboratorium.

In einer Ecke steht ein vollständiges menschliches Skelett, über und über mit bunten Stickern und Drähten bedeckt. Große Büschel mit getrockneten Kräutern und afrikanische Trommeln hängen von den Deckenbalken. Eine geheimnisvolle Apotheke – Glasgefäße, Flaschen und Keramikkrüge mit diversen pflanzlichen Tinkturen – füllt die Regale eines uralt aussehenden Kabinettschranks; einige Aufschriften sind chinesisch.

Überall sind Lautsprecher in allen Größen und Formen. Ein Schlagzeug mit Becken, bemalt mit wilden bunten Kringeln; im Bauch der Basstrommel steht eine geschnitzte afrikanische Skulptur. EKG-Kabel und -Anschlussstücke bekränzen einen grünen Vinylsessel, an dessen Armlehnen Überwachungsgeräte befestigt sind. Auf einem Beistelltisch sind vier Stethoskope an einen Rechner angeschlossen. Der Sessel sieht aus, als könnte er Tote zum Leben erwecken.

Aber das geheimnisvollste Objekt in diesem phantastischen Unterschlupf ist eine messingbeschlagene Sperrholzkiste. Eingangs- und Ausgangsbuchsen hängen lose daran. Oben ist eine Trommel befestigt, zudem Akupunkturmodelle – ein Ohr, eine Hand, ein Kopf, ein kleiner, nackter Plastikkörper. Das muss der Apparat sein, über den die *New York Times* berichtet hat. Hier also lauscht Graves dem Herzrhythmus von Freiwilligen. Stethoskope und Sensoren übertragen die Pulsschläge auf einen Computer. Eine eigene Software analysiert die Daten, und Graves konzentriert sich auf die Mikrorhythmen auf den EKG-Ausdrucken. Der Computer wandelt die Herzschläge in eine höhere Stimmlage um, die über spezielle Lautsprecher hörbar ist.

»Vieles davon ist wie Free Jazz«, wurde Graves zitiert. »Es gab Rhythmen, die ich nur in kubanischer und nigerianischer Musik gehört habe.« Die Rhythmen und Tonhöhen entstehen durch Bewegungen der Muskeln und Klappen in den Herzkammern und Vorhöfen. Die Tonhöhen entsprechen Noten auf der Tonleiter; wenn man sie um etliche Oktaven erhöht, werden die Klänge melodisch. »Es klingt wie ein Choralsatz«, erklärte Graves. »Man kann an der Melodie festmachen, was nicht in Ordnung ist. Man hört etwas und sagt: Ah, es klingt nach einem Problem im rechten Vorhof.«

Wenn Graves eine Arhythmie vernimmt, manipuliert er die Rhythmen auf seinem Computer oder komponiert neue auf seinen Trommeln, schafft so einen Gegenrhythmus, der das Herz in seinen normalen Modus zurückstupsen soll. Dann überträgt er den Korrekturrhythmus in den Körper des Freiwilligen, wobei er Lautsprecher oder Akupunkturnadeln oder beides verwendet. Hin und wieder brennt Graves den Rhythmus sogar auf CD, damit der Patient ihn sich zuhause anhören kann. Laut Graves trainiert dies das Herz, einen gesunden Pulsschlag anzunehmen.

Jetzt zeigt Graves Computerschirm nur noch das unschuldige Blau des Desktop, und plötzlich fühle ich die lebhaften dunklen Augen des Professors auf mich gerichtet.

»Also, was kann ich für Sie tun?« Seine Stimme ist tief und rau und ein wenig ungeduldig. Er trägt weite Kleidung, ein burgunderrotes Paisley-Hemd und pyjamaartige Hosen. Seine Haare stehen vom Kopf ab, wie funkensprühend von Elektrizität. Sein ergrauendes Ziegenbärtchen ist beinahe so lang wie das von Fu Manchu. Er sieht mich skeptisch an, seine rechte Augenbraue ist hochgezogen.

Da ich befürchte, jeden Moment wieder vor die Tür gesetzt werden zu können, beginne ich mit meiner wichtigsten Frage. Der Jazzer lehnt sich in seinem Sessel zurück und verschränkt die Arme. »Ich möchte nicht über Ihr Instrument herziehen, aber das Klavier hat gewisse Beschränkungen«, sagt er mit einer Synkopierung, die wie Rap klingt. »Mein Ding sind Trommeln. Ja, das Klavier kann heilen – immer, wenn du spürst, dass etwas anziehend auf dich wirkt, ähnelt es dir irgendwie, oder die Menschen, die es geschaffen haben, ähneln dir. Die Menschen, die das Instrument gebaut oder gestimmt haben. Aber das Klavier entspricht nicht der Biologie des Menschen. Was liegt zwischen diesen schwarzen und weißen Tasten? Da hinein möchte ich. Besser ist Singen, da kann man die Note fühlen, oder ein Instrument, das den Gesang begleitet. Wenn Sie Ihre tonale Vorstellungskraft erweitern wollen, müssen Sie die Reise ohne das Klavier antreten.«

Ja, denke ich, das stimmt. Man kann auf einem Klavier keinen freien Ton bilden. Ich stelle die Frage anders.

»Wie genau heilt Musik?«

Graves erklärt, dass Schallwellen auf das Trommelfell treffen, das diese mechanische Bewegung in elektrische Energie umwandelt, woraus dann Nervenimpulse werden und in weiterer Folge Energie und Bewegung im Körper. »Musik ist eine Art, Energie in Nervenimpulse, elektrische und chemische Vorgänge im Körper umzuwandeln. So wie man einen Stromstoß einsetzt, um jemanden wiederzubeleben, der einen Herzanfall hatte, oder intravenös Elektrolyte verabreicht, um ein chemisches Ungleichgewicht auszugleichen, oder eine Neun-Volt-Batterie verwendet, die einen Schrittmacher speist. Elektrizität hält uns am Leben. Mann, dieser Saft ist eine Supersache«, sagt Graves. »Leben dank einer Neun-Volt-Batterie! Wir machen die Dinge so kompliziert, dabei ist alles ganz einfach. Die modernste Technologie finden wir in unserem eigenen Körper. Wir alle sind drahtlose Generatoren. Voodoo? Da wird vieles hineingeheimnist. Das ist einfach drahtlose Kommunikation, es benutzt die elektromagnetische Energie in der Luft. Wir nehmen Energie auf und geben sie ab. Unser Geist ist ein Verstärker. Jeder Mensch hat so etwas schon erlebt: Man denkt an jemanden und dann ruft der an. Das sind alles elektromagnetische Impulse. Was ist diese elektromagnetische Aktivität oder diese Bewegung im Körper? Es ist *Prana*, *Qi*, viele Afroamerikaner nennen es *Soul*. Es ist ein Gefühl, und es kann durch Berührung weitergegeben werden. Seine Kraft kann in elektrische Energie umgewandelt werden. Zum Beispiel mit Musik. Man kann es Geist nennen. Mein Gott, es ist die elektrische Aktivität, die wir im Körper brauchen.«

Graves erzählt, sein Interesse an Heilung durch Musik habe in den Tanzlokalen von Jamaica oder »Soulville«, wie er seine Heimat nennt, begonnen. Kranke berichteten ihm, sie hätten sich nach seinen Auftritten körperlich besser gefühlt, und Graves entwickelte eine Begeisterung für die Auswirkungen der Musik auf die menschliche Physiologie.

Wenn er jetzt auftritt, dann lauscht er zuerst auf den Grundton des Publikums – die Geräusche, die durch Sprechen und Lachen erzeugt werden. Er sagt, die Frequenzen der Einzelpersonen seien die Obertöne des Grundtons der Menge. »Habe ich ihn erst einmal herausgehört, ergibt sich der Rest von selbst.« Graves orientiert sich bei seinen Improvisationen an diesem Grundton. Wenn die anfängliche Schwingung positiv ist, verstärkt er sie; wenn er das Gefühl hat, etwas sei aus dem Gleichgewicht geraten, verändert er sie. Durch seine Musik projiziert er positive Emotionen auf seine Zuhörer, mit der Absicht, sie in einen »offenen Zustand entspannter Konzentration« zu versetzen.

»Ein Musiker muss ein guter Mensch sein«, sagt er. »Man erzählt seine Geschichte mittels eines Instruments. Die Menschen schwingen, und sie schwingen unterschiedlich. Wenn Sie sich das nächste Mal in einer Menge befinden, achten Sie einmal darauf.«

Hat also jeder Mensch seine eigene Frequenz?

»Wir haben ein ganzes Spektrum an Frequenzen. Wir müssen achtgeben, wie wir mit ihnen umgehen. Was wir uns vorstellen, was wir zu uns nehmen, schmecken – wir müssen noch eine Menge über Biochemie lernen. Wir machen Sachen, die unserer Entwicklung im Weg stehen, sehen uns minderwertiges Zeug im Fernsehen an, nehmen nährstoffloses Essen zu uns, hören Musik mit schweren Frequenzen. Wir schwingen nicht wie eine Sinuskurve. Wir müssen verstehen, was biologische Kurven bedeuten.«

Ich erzähle Graves von meiner ersten Begegnung mit Marlene, wie sehr ich mit ihr im Einklang war, wie ich ihr verfallen bin. Was habe ich da erlebt?

»Sie haben die Intention eines jeden Menschen gespürt, der je an diesem Klavier gearbeitet hat. Dieses Klavier trägt sie in sich. Intention ist alles.«

*

Auf der Rückfahrt nach Manhattan steigt in Forest Hills eine Schar Schulmädchen ein, kichernd, plappernd vor guter Laune und Aufregung. Im begrenzten Raum des U-Bahn-Abteils machen sie gewaltigen Krach. Plötzlich erinnere ich mich an Graves' Aufforderung, auf die Frequenz einer Menge zu horchen. Kann ich die Frequenz dieser fünfzehnjährigen Mädchen in ihren Schuluniformen hören? Hoch und süß. Hellgelb, sehr sonnig. Definitiv eine Dur-Tonart. Cis? Ja, ich bin mir ziemlich sicher, der Klang dieser Gruppe ist Cis-Dur.

Erstaunlich. Ich fange an, auf die Frequenzen von allem Möglichen in meiner Umgebung zu achten – das Klackern auf den U-Bahn-Schienen, der anschwellende Lärm der Massen, der aus der Station dringt. Ich erinnere mich, wie ich zuhause an einem Bach saß, und mir wird klar, dass ein vorbeirauschendes Gewässer eine Grundtonart hat. Eine neue Welt der Wahrnehmung eröffnet sich mir. Vieles von dem, was ich gelesen und unklar gedacht habe, beginnt sich zusammenzufügen.

Sprechen wir über die »Wellenlänge« eines anderen Menschen, dann meinen wir das ganz wörtlich – es sind tatsächlich Wellen, die wir wahrnehmen. Warum fühlen wir uns zu manchen Menschen hingezogen und von anderen abgestoßen? Wir reagieren darauf, ob die emotionalen Frequenzen mit unseren eigenen ineinandergreifen oder mit ihnen kollidieren.

Mir wird jetzt klar, dass ich das, was Graves während seiner Auftritte macht, aus eigenem Erleben kenne: Schon oft habe ich mich bewusst in einen positiven, ruhigen Gemütszustand versetzt und beobachtet, wie sich auch die Stimmung meines Gegenübers veränderte. Der andere wurde ruhig, wenn er aufgeregt, offen, wenn er zuvor verschlossen gewesen war.

Wenn wir davon ausgehen, dass unsere Gefühle Frequenzen haben, die universell verständlich sind, wenn Musik unsere Emotionen übermitteln kann und wenn unser Körper auf Gefühle reagiert, die durch Musik ausgedrückt werden, und mitschwingt wie ein Resonanzboden, dann bedeutet dies, dass unsere Zellen von der Intention des Musikers mitgezogen werden. Beim Klavierspiel erfahren wir die emotionale Schwingung dessen, was mit dem Klavier gemacht wurde. Die »Schubert-Konzertstimmung« übermittelt Szotts Absicht – Güte und Menschlichkeit –, interpretiert und ausgedrückt durch Marc. Das Stimmen ist eine emotionale Geste des Stimmers.

Aber wie kann es sein, dass das Klavier selbst Intentionen in sich trägt? Steckt etwas im Grotrian – in seiner Mensur, seinem Korpus, in dem Baum, aus dem es entstand –, das Emotion ausdrückt? Sicherlich sind die Empfindungen seines Erbauers eingeflossen, die sich im Design zeigen. Aber was blieb von dem Arbeiter, der den Resonanzboden gefertigt hat? Von dem, der das Gehäuse schuf? Ist es möglich, dass ihre Intentionen, ihre Emotionen mit dem Klavier zu mir getragen wurden? Was ist mit dem Wald, in dem der Baum aufwuchs, dem Förster, der den Baum aussuchte, dem Holzarbeiter, der ihn fällte? Was mit den Arbeitern im Sägewerk, die den Baum zersägten, den Stahlarbeitern, die die Platte schmiedeten, dem Intoneur, der Marlene den letzten Schliff gab, bevor sie die Laderampe verließ, um nach Amerika zu reisen? Habe ich ihre Absichten ebenfalls gespürt? Meint Graves das wörtlich? Oder metaphorisch? Und wenn stimmt, was er sagt, sind diese Menschen dann meine Weggefährten? Verwandte Geister?

Wer sind sie?

24

Braunschweig

»*Jungs, baut gute Klaviere, dann kommt alles andere von selbst.*«
Motto der Pianofortefabrik Grotrian-Steinweg

Martin Walter tänzelt zwischen drei Holzböcken an seinem Arbeitsplatz hin und her. Jeder stützt einen inneren Rim, den Schichtholzrahmen eines Flügels. Martin pinselt rasch Leim auf die obere Kante eines Rims und spannt dann den Resonanzboden mit Zwingen darauf. Er greift nach einer Krananlage und lässt eine Gusseisenplatte auf den zweiten Rim herab, dann misst er die Saitenauflage. Sein langer Oberkörper ist beinahe in der Horizontalen, als er über die Platte greift, um mit dem Bleistift die Führungslinie für seine Hobelmaschine auf den Basssteg zu zeichnen. In den oberen Rand des dritten Rims fräst er Aussparungen, die später die Rippen des Resonanzbodens aufnehmen werden. Martin arbeitet die ganze Zeit hochkonzentriert, jede Bewegung ist elegant und präzise.

Er kann kein Englisch, ich kein Deutsch; sollten wir Hilfe brauchen, stünde uns jemand zur Seite. Aber auch wortlos kommuniziert Martin mit mir; mit seiner geschmeidigen Körpersprache, der Art, wie seine Lippen sich zu einem verschmitzten Lächeln kräuseln, und mit seinem Blick, aus dem die Freude der Meisterschaft leuchtet. Er hat etwas Jungenhaftes an sich: die überlangen Arme eines Halbwüchsigen, strubbeliges dunkles Haar, Grübchen, einen Dreitagebart, eine rebellische Aura. Aber in Martin Walters Gesten liegt auch etwas Entschlossenes. Mit seinen siebenundzwanzig Jahren ist er bereits ein guter Korpusbauer, ständig damit befasst, Schönheit in die Welt zu bringen. Voller Neid und Ehrfurcht beobachte ich seine Gewandtheit, seine unbekümmerte Grazie, seinen offenkundigen Stolz auf das, was er tut.

»Ich habe meinen Job so verinnerlicht, ich könnte das blind machen«, sagt er mit einem glücklichen Grinsen.

Martin trat mit siebzehn eine dreieinhalbjährige Ausbildung in der Pianofortefabrik Grotrian-Steinweg an und blieb. Ich kam heute früh um acht Uhr, nachdem ich mein Hotel verlassen hatte und quer durch den Braunschweiger Vorort Veltenhof gegangen war: Mein einwöchiger Aufenthalt in Marlenes Geburtsort hat begonnen.

*

Auf dem Nachtflug von New York nach Frankfurt hatte ich unruhig geschlafen, zusammengerollt in einem Liegesitz. Am Morgen nahm ich den Zug Richtung Norden. Die Landschaft lag sattgrün und samtig im Regen; die Blätter entfalteten vor meinem Fenster ihre frischen Frühjahrskleider und besänftigten meine müden Augen.

Am Bahnhof in Braunschweig sah ich in meiner Erschöpfung niemanden auf dem Bahnsteig, der nach mir Ausschau hielt, und so nahm ich ein Taxi ins Hotel. Als ich mich kurz darauf in meinem spärlich möblierten Zimmer auf die Daunendecke des Doppelbettes fallen ließ, klingelte das Telefon. Burkhard Stein, Geschäftsführer von Grotrian-Steinweg, machte sich Sorgen. Ob ich ihn denn nicht auf dem Bahnsteig

gesehen hätte, wo er sein Täfelchen mit der Aufschrift »Grotrian« emporgehalten habe?
Jedenfalls wollte er mich nun zum Abendessen abholen.

*

Die Pianofortefabrik Grotrian-Steinweg liegt in Niedersachsen, ein Stück südöstlich von Hannover, ein flaches, modernes Gebäude neben der A2, auf der Lastwagen und Autos auf dem Weg nach und aus dem Osten unterwegs sind – nach Berlin und Tschechien, in die Slowakei, nach Polen und Russland. Bis 1990 war dieser Autobahnabschnitt ruhig und leer. Die nur wenige Kilometer entfernte Grenze zur DDR war geschlossen und streng bewacht. Seit der Wiedervereinigung rauschen täglich 250 000 Fahrzeuge vorbei.

Deutschland ist für den Klavierbau, was New York für das Verlagswesen, die Börse oder das Theater ist. Zwölf deutsche Klavierbauer und achtzehn Hersteller von Klavierbestandteilen konkurrieren auf dem Weltmarkt miteinander – auf dem höchstmöglichen Standard von Qualität und Handwerkskunst. Die meisten dieser Firmen wurden im 19. Jahrhundert gegründet.

*

Holzspäne fliegen durch die von den Oberlichten einfallenden Sonnenstrahlen. Stimmen hallen. Saiten erwachen schnarrend zum Leben. Hämmer klirren, Messing auf Messing. Kupferdraht saust schwirrend um Stahlsaiten. Luftdruckpistolen fauchen. Bandsägen jaulen. Frisches Sägemehl auf dem Betonboden.

Allmählich passen sich meine Augen und Ohren an die Details meiner Umgebung an. Die Werkshalle ist beinahe 75 Meter lang, an die 70 Meter breit und für die einzelnen Schritte im Klavierbauprozess in verschiedene Zonen unterteilt. Längs und quer an der Decke verlaufen Schienen, von denen die Ketten der Krananlagen baumeln; mit ihrer Hilfe werden schweres Gerät und Klavierplatten hin und her bewegt. Hinter einem Rolltor aus Kunststoff befindet sich die Tischlerei, dort werden die einzelnen Teile der Klaviergehäuse hergestellt. Wuchtige Ziehharmonikaschläuche saugen Sägemehl von computergesteuerten Hobel-, Schleif- und Poliermaschinen und transportieren es als Brennstoff in den Heizkessel der Fabrik. Zu Stalaktiten getrocknete lange Leimbärte hängen von Holzböcken. Sonderbare, eigens entwickelte Maschinen für die Resonanzbodenwölbung, das Besaiten und das Pressen des Rims verblüffen mich mit ihren exotischen, rätselhaften Formen.

Burkhard Kämmerling, Klavierbaumeister und Sohn eines bekannten Professors für Klavier an der Hochschule für Musik und Theater in Hannover und am Salzburger Mozarteum, führt mich herum. »Ich musste furchtbar viel üben«, sagt er und verdreht die Augen, während wir in die größte Werkshalle der Fabrik marschieren.

Der 36-jährige Kämmerling ist Vertriebsleiter für Europa und Cheftechniker, und da sein Englisch ebenso makellos ist wie seine Kenntnisse des Klavierbaus, eignet er sich wie kein Zweiter, mir bei der Suche nach dem Wesen von Marlenes Zauber zur Seite zu stehen.

»Das ist Herbert Solarski«, erklärt er und wir bleiben stehen, damit er dem Tischler die Hand schütteln kann. »Er hat den Deckel und das Gehäuse Ihres Klaviers gebaut.« Herbert Solarski bedient eine Maschine mit einem langen Transportband, auf dem flache Gehäuseteile an Polierscheiben vorbeigeführt werden. Am anderen Ende nimmt eine Frau die schwarzen, lackglänzenden Pianoplatten entgegen und stapelt sie übereinander. Herbert Solarski lächelt mich freundlich an. Wie die anderen Arbeiter hier spricht er kein Englisch.

Eine junge Frau mit Ohrenschützern, eine Auszubildende, spult neben der Besaitungsstation Kupferdraht auf den Stahlkern für Basssaiten; die meisten Arbeitskräfte sind allerdings Männer. Fast alle haben einen Dreitagebart, manche wirken ungekämmt, alle sind leger in Jeans und T-Shirts gekleidet. Kämmerling allerdings ist ein Managertyp: glatt rasiert, mit akkuratem Haarschnitt, gerader Haltung, er trägt ein ordentlich gebügeltes Oxford-Hemd. Jedem Arbeiter, dem wir begegnen, gibt er die Hand. Jemandem die Hand zu schütteln, bevor man ein Gespräch beginnt, selbst wenn man sich an dem Tag bereits begrüßt hat, ist hier Brauch.

Eckhard, ein Arbeiter mit langem Rauschebart, schneidet aus einer riesigen Schichtholztafel Doppel für Diskantstege aus. Das macht er freihändig, mit einer Bandsäge. Dann legt er die Doppel nebeneinander, schneidet in einem Zug die Enden ab und legt sie auf einen Stapel, wo sie auf die Bohrmaschine warten.

Waldemar wiederum poliert Flügelgehäuse mithilfe einer wachsgetränkten, flanellüberzogenen Scheibe, die an einem elektrischen Bohrer rotiert.

Ein anderer Arbeiter schlägt mit einem weichen Messinghammer vernickelte Stahlstifte in einen Basssteg. »Es ist sehr schwierig, die Stifte genau zu treffen«, kommentiert Burkhard Kämmerling. »Wir haben hier nur zwei Leute, die das machen dürfen.«

Draußen an der Laderampe, wo Holz, Draht, Filz und Gusseisen angeliefert und Klaviere abtransportiert werden, verpackt Uwe Gille, der für die Verladung zuständig ist, drei für die Musikakademie in Zagreb bestimmte Flügel. Er hüllt sie in mit Polystyrol und Styrol beschichtete Pappe und umwickelt die Füße und die Lyren mit Luftpolsterfolie. Die Arbeit in der Fabrik endet um zwanzig Minuten vor drei Uhr, aber Gille arbeitet oft bis nach fünf. Besonders mittwochs und donnerstags. Die Donnerstage sind Versandtage, da kommen die Lastwagen, holen Klaviere ab und transportieren sie überallhin in Europa, von Griechenland bis Norwegen. Diese Woche wird besonders arbeitsreich sein, da fünf Konzertflügel versandt werden sollen. Grotrian produziert pro Jahr nur zwanzig Konzertflügel, für die Herstellung jedes Instruments werden über acht Monate benötigt. Einige sind an die Scala, die Oper von Sydney und an das Bolschoi-Theater in Moskau gegangen.

An einem gewöhnlichen Wochentag kommen die 38 Arbeiter um zwanzig Minuten nach sechs ins Werk, arbeiten bis neun, nach einer zwanzigminütigen Frühstückspause wird bis zum Mittagessen um zwölf Uhr dreißig weitergearbeitet. Um dreizehn Uhr geht es weiter, bis das Grotrian-Werk um vierzehn Uhr vierzig schließt. Einmal pro Woche findet eine Planbesprechung statt. »Die Führungskräfte sind nicht dabei«, erzählt Burkhard Kämmerling. »Die Arbeiter organisieren sich selbst.«

Da geht ein Anruf auf seinem Handy ein, dass er in seinem Büro erwartet wird. Er setzt mich im Ausstellungsraum der Fabrik ab, wo ich mir ein Video zur Firmengeschichte ansehen kann.

An den Wänden hängen riesige, goldgerahmte Ölporträts der sechs Generationen Firmeneigner, beginnend bei Friedrich Grotrian. Dieser war Klavierbauer und Eigentümer eines Moskauer Musikgeschäftes; in den 1850er Jahren kehrte er in seine Heimatstadt Braunschweig zurück, um ein großes Erbe anzutreten. Dort lernte er einen gewissen Theodor Steinweg kennen und sie wurden Geschäftspartner; Steinweg gehörte eine von seinem Vater, Heinrich Engelhard Steinweg, gegründete Klavierfabrik. Steinweg senior hatte 1835 in seiner Küche in Seesen am Harz sein erstes Klavier gebaut. 1851 emigrierte er von Braunschweig nach New York, wo er seinen Namen in Henry Steinway änderte und die Firma Steinway & Sons gründete. 1865 folgte ihm Theodor und verkaufte die Familienanteile an der Pianofortefabrik Grotrian-Steinweg an die Grotrians.

1895 begann ein Rechtsstreit um den Namen Steinweg; er sollte Jahrzehnte andauern. Steinway hatte Klage erhoben, dass die Familie Grotrian den Namen nicht auf ihren Klavieren führen dürfe, aber verloren. 1919 änderten die Grotrians ihren Namen in Grotrian-Steinweg, um sich die Eigentumsrechte an der Marke zu sichern, ließen diese aber in den Vereinigten Staaten nicht registrieren. Als in den 1960er Jahren Knut Grotrian-Steinweg mit Wurlitzer einen Vertrag über den Verkauf von Grotrian-Steinweg-Klavieren in den USA abschloss, erfuhr Steinway davon und zog in New York vor Gericht. Es folgte eine lange Auseinandersetzung, die Grotrian schließlich verlor. In seinem Urteil in der letzten Berufungsverhandlung entschied der Oberste Gerichtshof, dass Grotrian-Steinweg in den Vereinigten Staaten weder offenkundig machen darf, dass Henry Steinway die Firma begründet hat, noch den Namen Steinweg auf ihren Klaviaturklappen führen darf. Seit 1977 dürfen sämtliche Grotrian-Steinweg-Klaviere, die in den USA von autorisierten Händlern verkauft werden, nur mehr den Namen Grotrian tragen.

Im Jahr 2000, als mein Klavier entstand, wurde Burkhard Stein der erste Geschäftsführer in der Firmengeschichte, der nicht aus der Familie Grotrian stammte. Er und Kämmerling gehören einer jungen, mehr am Markt orientierten Generation an, die nicht nur in Klaviertechnologie und -design, sondern auch in Betriebswirtschaft ausgebildet wurde. Da der Markt für Klaviere generell kleiner und die Konkurrenz durch China äußerst hart geworden ist, hat das neue Management die Produktion gestrafft und die Kosten dadurch gesenkt, dass jeder Arbeiter fünf bis sechs verschiedene Arbeitsschritte erledigt und größere Verantwortung trägt. 2005 nahm die Produktion von Grotrian-Flügeln um 23 Prozent zu, das Unternehmen baut nun 10 Prozent aller aus Deutschland stammenden Klaviere. Es heißt, man wolle auch den Marktanteil in Amerika steigern.

»Wir haben hier ein geflügeltes Wort«, sagt Burkhard Kämmerling, als er zurückgekehrt ist und ich ihn nach den Perspektiven der Firma frage: »*Wenn du einen Esel laufen siehst, dann schlag ihn nicht – lass ihn laufen.*« Dieser Spruch dient der Geschäftsführung als Mahnung, gute Arbeiter ihre Sache machen zu lassen, gilt aber ebenso für Burkhard Stein und Burkhard Kämmerling.

»Fotografieren Sie, so viel Sie wollen«, ermuntert mich Kämmerling, als wir in die Werkshalle zurückkehren. »Das stört uns nicht. Was da drin ist«, er klopft sich an die Stirn und lächelt entwaffnend, »können Sie schließlich nicht aufnehmen.«

Ich sehe selbst, dass der Klavierbau komplexer ist, als ich an einem Tag, in einer Woche lernen oder in Hunderten Bildern festhalten könnte. Mehr, als ich in ein paar Absätzen oder sogar in einem ganzen, nur dem Klavierbau gewidmeten Buch erklären könnte. »Manches wissen nicht einmal die Spitzentechniker«, sagt Burkhard Kämmerling.

Während ich mich in der Werkshalle umsehe, lässt die Menge dessen, was ich nicht weiß, das Wenige, das ich weiß, belanglos, ja lächerlich erscheinen. Es ist ein unvorstellbar weitläufiges Terrain, das ich wahrscheinlich nie ganz überblicken werde. Also muss ich wählerisch sein, gezielt und effizient vorgehen. Aber ich mache mir weiterhin Notizen und knipse Bilder. Irgendwo, hier in diesem Werk, bei diesen Arbeitern, liegt der Schlüssel zu Marlenes Zauber.

Jetzt beginnt die Reise erst richtig.

*

Alles im Klavier wird um die Geometrie der gusseisernen Platte herum gebaut, erläutert Kämmerling. Obwohl die Platten für Grotrian-Klaviere nach genauen Vorgaben und computergesteuert gegossen, vorgebohrt und geformt werden, gleicht keine exakt der anderen. Das geschmolzene Eisen kühlt in seiner Sandform ungleichmäßig ab, der kühlste Teil schrumpft schneller als die wärmeren Partien. Dadurch entsteht eine ungleichmäßige Spannung im Metall, und die Platte verzieht sich ein wenig. Deshalb müssen die hölzernen Komponenten im Korpus – Rim, Resonanzboden, Stimmstock, Stege – um sie herum gebaut werden. Jedes Teil wird ihr mithilfe einer Produktionsnummer zugewiesen.

Marc Wienert sagte mir, seiner Ansicht nach wohne die Seele des Klaviers in der Platte, nicht im Resonanzboden, da bei der Restauration alter Klaviere nur sie und das Gehäuse erhalten bleiben. Wenn wirklich jede Platte einzigartig ist und alles andere davon ausgehend gebaut wird, erscheint es mir plausibel, den unverwechselbaren Klang eines Klaviers auf die spezifische Verziehung seiner Platte zurückzuführen.

Hans Lorenz, seit 1979 im Unternehmen, packt die Platten aus den Kisten, wenn sie aus Springfield in Ohio eintreffen, wo sie von der O. S. Kelly Company, einer Tochterfirma von

Steinway, für Grotrian gegossen werden. Wenn sie eintreffen, haben die mattschwarzen Platten schon mehrere Monate der Trocknung hinter sich. Lorenz prüft sie, spachtelt sie und schleift sie ab, bevor sie in den Produktionsablauf kommen; mithilfe eines Bandschleifers in der Größe eines Stifts beseitigt er Unregelmäßigkeiten, mithilfe seiner Hände und Augen überprüft er, ob jeder Teil der Platte den Grotrianschen Standards entspricht.

Außerdem hilft Hans Lorenz Martin Walter beim Bau von Flügel-Rims, ein Arbeitsgang, der mindestens zwei Personen erfordert. Für den inneren Rim werden 27 Schichten drei Millimeter dicken Rotbuchen- und Birkenholzes in einer Formpresse zusammengeleimt. Dessen Schichten sind bei einem Cabinet-Flügel an die sechzig Zentimeter breit und etwa 4,80 Meter lang. Das Kernholz dieser Bäume ist für seine Biegsamkeit und Haltbarkeit bekannt.

Die beiden Männer legen die erste Schicht Holz auf einen langen Leimtisch. Martin Walter mischt in einem Eimer Wasser mit Pulverleim und gießt die Mischung dann in den Behälter eines Handrollers. Er arbeitet rasch, rollt zuerst den Leim auf die erste Schicht, legt dann die nächste darauf, trägt den Leim auf, legt eine weitere Schicht darüber – bis die Schichten übereinanderliegen wie bei einem Baumkuchen. Da die Faserrichtung der äußeren Schichten in Längsrichtung verläuft, sind sie sehr biegsam; als Martin und Hans je ein Ende aufnehmen, hängt der ganze Korpus des Schichtholzes zwischen ihnen herunter wie ein riesiges Stück Fettuccine.

Dieses dicht über dem Boden hängende Stück schleppen die Männer hinüber zur elektrischen Rimpresse. Die Presse sieht aus wie ein niedriger, flügelförmiger Tisch; sie ist mit einer Aluminiumform ausgekleidet, die sehr heiß werden kann. Die Männer führen die Holzlagen in das Endstück der Form ein und klemmen sie fest. Dann schalten sie die Maschine ein, und die auf Schienen laufende Form transportiert die Schichten in eine flügelförmige Vertiefung. Wenn die Form in die Vertiefung eingepasst ist, presst eine hydraulische Sperre alles fest zusammen, wobei sie einen gleichmäßigen Druck von sechs Tonnen ausübt und Holz und Leim auf 95 Grad Celsius erhitzt werden. Beim Abkühlen wird der kochende Leim formbar. Ausgehärtet beträgt er ein Sechstel des Rim-Gewichts, ist akustisch neutral und unempfindlich gegen Wasser, wodurch das Klaviergehäuse auch in extrem feuchtem Klima stabil bleibt.

Trifft ein neuer Innen-Rim in seinem Arbeitsbereich ein, fräst Martin Walter zuerst Vertiefungen für fünf Zentimeter dicke, solide Kiefernleimholzspreizen in die Innenwand. Diese Spreizen werden in sternförmiger Anordnung genau in den Rim eingepasst und stabilisieren die Form des Flügels, sodass ihr weder Stimmen noch Regulieren oder der Transport etwas anhaben können.

Jetzt ist der Rim bereit für den Korpusbau, bei dem der akustische Schallkörper geschaffen wird – die architektonische Grundlage für den Klavierklang. Martin setzt Resonanzboden, Stege, Stimmstock und Platte so miteinander in Verbindung und zueinander in Beziehung, dass sie dem Klavier seinen einzigartigen Charakter verleihen.

*

Als Martin Walter vierzehn war, sah er bei der Berufsberatung in seiner Schule einen Film über Klavierbau und entschloss sich, mit der Tradition seiner Familie zu brechen. Die Walters waren seit jeher Bäcker gewesen.

»Zuerst waren meine Eltern schockiert, nach einer Weile haben sie sich aber an den Gedanken gewöhnt und sogar Gefallen daran gefunden«, erzählt er, während er einen Resonanzboden mittels Zwingen an einen Rim leimt. »Meiner Meinung nach ist es ein spezieller, ein seltener Beruf. In Deutschland ist es einer der angesehensten Berufe, die man finden kann. Als ich endlich meine Prüfungen abgelegt hatte, waren sie sehr stolz auf mich.« Er wischt sich über die Stirn, verdreht die Augen und seufzt schwer, mimt wortlos Erleichterung. Martin Walter steckt voller solch komischer kleiner Gesten – eine ganz eigene Persönlichkeit.

Wenn man ihm beim Arbeiten zusieht, scheint eine weißglühende kinetische Energie von ihm auszugehen. Ich frage ihn, ob er seine Arbeit liebt.

»Absolut! Ich bin ganz fanatisch.« Er lächelt verschmitzt. »Ein Klavier ist nicht bloß eine Maschine – es ist ein Kunstwerk. Es ist mehr als ein Möbelstück oder ein Auto. Keine zwei Instrumente gleichen einander. Jedes hat seinen eigenen Charakter.«

»Woher kommt dieser Charakter?«

»Es ist wie der Charakter eines Weins – wo kommt der denn her? Das ist, als wollte man die Seele eines Menschen beschreiben.« Wie kann man bloß eine so törichte Frage stellen, ist in seinem Blick zu lesen.

»Aber warum unterscheiden sie sich voneinander?«

»Das ist eine gute Frage. Es hat mit der Verbindung verschiedener Materialien zu tun – Fichtenholz, Kupfer, Rotbuche, Wolle. Kein Baum wächst wie der andere. Vor allem der Filz auf den Hammerköpfen ist unterschiedlich. Und dann die Arbeiter. Jeder von ihnen hat eigene Ansichten und Erfahrungen, die er einfließen lässt. Es ist das Zusammenspiel verschiedener Materialien und verschiedener Persönlichkeiten. Daraus entsteht das Rätsel des Klaviercharakters.«

Während ich zusehe, wie Martin diesen Charakter fertigt, kommt es mir vor, als wäre die Übertragung der eigenen Intention auf das Klavier etwas ganz Normales. Die Intention ist die Persönlichkeit des Klavierbauers innerhalb der Parameter von Design und Material. Man stelle sich das Klavier als ein Gedicht vor. Der Klavierdesigner ist der Dichter, der die Worte beisteuert. Die Materialien sind Feder, Tinte und Papier. Der Korpusbauer ist der Schreiber, der das Gedicht in seiner eigenen Handschrift sichtbar macht. Und keine zwei Menschen haben dieselbe Handschrift.

Martin passt eine rot angestrichene Schablone in einen anderen Rim ein, um die exakte Position des Resonanzbodens zu kennzeichnen. Mit Schablonen zu arbeiten ist eine alte deutsche Tradition, eine Methode, Abweichungen zu minimieren und die Einheitlichkeit zu steigern. Bei Grotrian werden die Produktionsvorgaben aus Klavierdesign-Prototypen entwickelt und umfassen buchstäblich jeden Schritt des Klavierbauvorgangs. Zweimal jährlich werden die Schablonen mit den Originalen abgeglichen, um sicherzugehen, dass sich die Abmessungen nicht verändert haben. »Ein Tropfen Leim kann die Maße um zwei Millimeter verändern«, erläutert Burkhard Kämmerling. »Im Klavierbau ist das ein ganzes Universum.«

»Es ist wie ein Turm«, sagt Martin, während er die Position des Resonanzbodens sorgfältig mit T-förmigen Stiften markiert. »Ein Teil wird über das andere gebaut. Jedes Instrument ist ein neues Rätsel, und man muss wieder von vorne beginnen. Wie fügt man all die Teile zusammen? Das ist es, was mich fasziniert.«

Martins Arbeit ist für einen jungen Mann gedacht – ein Korpusbauer muss über hundert Kilogramm schleppen können – oder für einen sportbegeisterten Menschen. »Meine

Lehrer haben alle gesagt, solange ich aus den Knien heraus hebe, werde ich keine Probleme bekommen.« Aber Martin hat noch mehr vor. »Ich möchte sämtliche Herstellungsschritte kennen, nicht nur einen. Ich möchte das gesamte Klavier kennen.«

Sein großes Ziel ist es, die berühmte Oskar-Walcker-Schule in Ludwigsburg zu besuchen und ein Klavierbaumeister wie Kämmerling zu werden. Aber derzeit ist es schwierig für ihn, dieses Ziel zu verfolgen – niemand sonst im Werk kann seine Arbeit übernehmen.

Ich erkundige mich nach der in der Nähe von Stuttgart gelegenen Schule. Es gibt dort einen Vollzeit-Lehrplan, er dauert ein Jahr; um zugelassen zu werden, muss man eine dreijährige Ausbildung in einem Werk absolviert und weitere drei Jahre bei einem eingetragenen Meister gearbeitet haben. Die Schüler lernen Physik, Finanzen und Pädagogik – um später ihre Lehrlinge unterrichten zu können. Sie müssen einen zehnstündigen schriftlichen Test und einen mehr als siebzigstündigen praktischen Test ablegen, wobei sie das Gerippe eines desolaten Klaviers in ein bespielbares Instrument zu verwandeln haben.

»Wenn man sich qualifiziert hat, ist der Unterricht kostenlos«, erklärt Burkhard Kämmerling. »Die Werkzeuge und Materialien muss man mitbringen und für Unterkunft und Verpflegung selbst aufkommen. Die Frage ist, ob man ein Arbeiter bleiben will oder in die Meisterklasse eintreten.« Er wiederholt diese Frage auf Deutsch und lächelt Martin Walter ermutigend zu.

Martin kennt die Antwort bereits. Er möchte seine eigene Werkstatt einrichten und selbständig arbeiten. Aber im Augenblick wird sein Gehalt gebraucht, um seine Familie zu unterstützen, und er kann nichts für die Schule zurücklegen.

»Ich esse nur Weißbrot, um Geld zu sparen«, sagt er mit einem melodramatischen Seufzer.

*

Nachdem der Korpusbauer die Maße der gusseisernen Platte genommen hat, kommt sie in die Lackierkabine. Dieser Raum erstaunt mich: Eine gesamte Wand ist ein Wasserfall, das Wasser stürzt nieder und rinnt dann unter einem offenen Gitterboden ab, ein Fluss unter unseren Füßen. Der Arbeiter trägt einen weißen Schutzanzug über der Kleidung, darauf ist aber kaum ein Farbfleck zu entdecken. Er trägt keine Schutzmaske. Während er mit einer Spritzpistole einen feinen Nebel aus goldfarbenem Polyurethanlack versprüht, bläst ein Ventilator Luft aus einem Plafond aus porösem Gewebe, wodurch die Farbpartikel zu Boden gedrückt werden. Sie fallen durch das offene Gitter, das Wasser trägt sie weiter durch einen Filter und fließt dann zum Wasserfall zurück. Zweimal im Jahr holt eine Giftmüll-Entsorgungsfirma die Rückstände aus den Lackierkabinen ab.

»Die Umweltgesetze in Deutschland sind sehr, sehr streng«, erklärt Kämmerling. »Dieses Verfahren hat uns 500 000 Euro gekostet. Man riecht die Dämpfe nicht einmal.« Das stimmt. Ich rieche nichts. Ich denke an Marc und seine Kollegen, wie sie in New York Dämpfe einatmen. Dieses System könnte ihre Gesundheit schützen.

Wenn die Platte lackiert ist, schraubt Georgios Sotirelis, ein Grieche aus Athen, der seit 33 Jahren bei Grotrian arbeitet, sie an den Innen-Rim, leimt rote Filzstreifen an, auf denen die Saiten aufliegen, und bohrt Löcher für die Stimmwirbel in den Stimmstock, wobei er eine an einem Roboterarm bewegliche Standbohrmaschine benutzt. Er baut direkt vor den Saitenanhangstiften einen halbrunden Messingstab ein, der die klingende Saitenlänge begrenzt. Dieser Messingstab ist ein wesentlicher Teil der Grotrian-Mensur.

Eine Mensur ist ein Kompositum aus zahllosen kleinen und großen Entscheidungen: wie der Steg bestiftet ist, wie die Rippen geleimt sind, wie die Wölbung des Resonanzbodens beschaffen ist, um nur einige zu nennen. Die Gesamtheit dieser Auswahl bringt die Klangphilosophie des Klavierbauers zum Ausdruck. Bei Grotrian steht diese Philosophie für einen brillanteren Klang mit zahlreichen farbigen Obertönen im Diskant.

»Wir streben Klarheit im Ton an, also verwenden wir kurze, dicke Saiten unter hoher Spannung«, erklärt Kämmerling. Diese Kombination erfordert einen steiferen Resonanzboden mit dichteren Jahresringen. »Eine sehr hohe Wölbung mit einer hohen Spannung im Resonanzboden und sehr wenig Stegdruck schafft eine bessere Ausklingphase. Wir möchten einen kraftvolleren Ton mit mehr und höheren Obertönen.«

Zwischen dem Messingstab und den Anhangstiften befindet sich ein Abschnitt der Saite, der in einer anderen Frequenz schwingt als die Note der betreffenden Saite. Diese Saitenabschnitte schwingen in alternierenden Frequenzen, wodurch ein so genannter »Mischanhang« geschaffen wird.

»Der Mischanhang ist wie ein allgemeines Intonieren«, sagt Kämmerling. »Er beeinflusst den Klang, hat aber selbst keinen speziellen Ton. Dadurch, dass jene Saitenstücke, die nicht zu stimmen sind, unterschiedlich lang sind, entsteht ein farbiges Geräusch. Die verschiedenen Saitenlängen erzeugen vielfältige kleine Reflexionen und bilden einen Geräuschhintergrund für den Diskant, verleihen ihm so einen farbigen Charakter.«

Er zupft diese Saitenabschnitte an, damit ich die Obertöne

hören kann. Ich erkenne den Klang: Es ist die Klangwolke, die aus Marlenes Leib aufsteigt. Es ist der Klang ihrer Seele, die zu mir flüstert.

Hinter dem Zauber liegt die Mensur – er ist genau berechnet und quantifizierbar.

*

Wir gehen weiter zur Mechanik-Abteilung, wo Andreas Schecke eine Unterdämpfung einbaut. Dies ist der anspruchsvollste Teil im Klavierbau. Während die Herstellung eines Grotrian-Klaviers immer mit der gusseisernen Platte beginnt, enden alle darauffolgenden minutiösen Berechnungen bei den Dämpfern. Die Dämpfer müssen die Inkongruenzen aller anderen Komponenten ausgleichen, und die Einstellung ist sehr kompliziert. »Man muss sehr genau sein«, sagt Schecke. »Wenn man auch nur um einen Viertelmillimeter abweicht … Das Schwierigste ist es, präzise zu sein.«

Dämpfer sind kleine Stücke aus Wollfilz, die auf den Saiten aufliegen und sie beim Loslassen der Taste verstummen lassen. Sie bewegen sich an einem von Hand gebogenen Draht auf und ab. »Es ist wirklich schwer, das richtig hinzukriegen«, betont Kämmerling. »Er hat keine Schablone, an der er sich orientieren könnte.«

»Man muss seine Finger gut unter Kontrolle haben, gute Augen, gute Ohren besitzen«, sagt Andreas Schecke. »Es gibt Leute, die scheinen für das Einbauen von Dämpfern geboren zu sein. Andere kriegen es trotz jahrelangen Übens nicht hin. Am wichtigsten ist, dass man das Instrument liebt.« Während er spricht, hebt und senkt sich sein glänzender ovaler Schädel hinter dem Gehäuse eines Flügels, wo er auf einem seitwärts liegenden Stuhl vor dem offenen Klaviaturboden sitzt.

»Wir nennen ihn den ›aufgehenden Mond‹«, schmunzelt Burkhard Kämmerling. »Das ist alles, was man im Vorbeigehen von Andreas sieht: seinen kahlen Kopf.«

Andreas Schecke wurde in Vienenburg im Harz geboren, etwa fünfzig Kilometer von Braunschweig entfernt. In seiner Familie spielten alle Akkordeon, und es war auch sein erstes Instrument. Aber er hatte immer schon Klavier lernen wollen, und mit fünfzehn erhielt er dann den Unterricht, den er sich gewünscht hatte. Sein Vater arbeitete bei der Eisenbahn, doch seine Eltern wollten, dass er eine musikalische Laufbahn einschlug; so besuchte er drei Jahre lang eine Instrumentenbauerschule und absolvierte dann eine Ausbildung bei Grotrian. Er ist seit dreiunddreißig Jahren hier. »Es ist mein Leben«, sagt er. »Ich bin mit Grotrian verheiratet.«

Andreas Schecke hört, ob die Saiten eben ausgerichtet sind, ob eine von ihnen nicht gedämpft ist und ob die Eigenfrequenz der Hammerstiele stimmt – ist sie gering, kommen die Stiele in den hohen Diskant, wo sie weniger Geräusche erzeugen.

»Man muss sich voll und ganz in die Details vertiefen. Man sollte perfektionistisch veranlagt sein. Wenn ich etwas mache, dann richtig. Halbe Sachen kann ich nicht ausstehen.«

Andreas Schecke tauscht den Stuhl gegen einen Drehstuhl aus und setzt sich vor eine auf einem Arbeitstisch liegende Flügelmechanik. Er prüft die Bewegung der Hämmer, indem er sachte Taste für Taste niederdrückt, und kippt dann die Hämmer zurück, die nicht im rechten Winkel oder im richtigen Abstand stehen. Mit einer kleinen Spirituslampe, die aussieht, als würde ein Geist darin wohnen, erhitzt er ihre Stiele. Die Spiritusflamme ist sauber und schwärzt das Holz nicht. Andreas Schecke biegt die Stiele in die korrekte Position, justiert mittels Augenmaß und Gespür.

»Am befriedigendsten ist es, wenn man eine Taste niederdrückt und es passt einfach. Alles läuft, wie es sollte, und alles spielt sich wunderbar.« Beim Reden blickt er nicht von der Arbeit auf, aber er spricht ruhig und wirkt gelassen und verlässlich. Er trägt schlichte Kleidung, ein schwarzes T-Shirt und eine Khakihose. Seine Brille ist ihm auf die Nasenspitze gerutscht. Konzentriert schiebt er seine Unterlippe vor. »Wenn die Leute mich fragen, was ich mache, und ich sage, ich sei Klavierbauer, dann heißt es: ›Wow!‹«

Andreas Schecke bereitet auch Klaviere für Konzerte vor. »Wenn ein Pianist sich nachher bei mir bedankt, schlägt mein Herz schneller«, sagt er und hält inne, drückt eine Faust an die Brust. »Das spornt mich an.«

»Was sollten Pianisten von Ihrer Arbeit verstehen?«, frage ich.

Andreas Schecke zögert. Er muss überlegen. »Schwer zu sagen. Es sollte andersherum ablaufen. Der Pianist sagt uns, was besser gemacht werden sollte.«

*

Am nächsten Tag ist es wieder kühl und regnerisch. Ich hülle mich für den kurzen Weg zur Fabrik in meine wärmsten Kleidungsstücke.

Burkhard Kämmerling begrüßt mich in bester Laune. Er hat einen Weg gefunden, die Sprachbarriere zu überwinden – wir hatten ein wenig Schwierigkeiten, Klavierbestandteile aus dem Deutschen ins Englische zu übersetzen. »Sehen Sie sich das an!« Mit diesen Worten reicht er mir ein großes Handbuch namens *Piano Nomenclature*. Darin sind alle Klavierteile in sechs Sprachen aufgeführt. Gemeinsam konsultieren wir es wegen all der Worte, die wir gestern nicht wussten. Es war eine Herausforderung, eindeutig zu sein. Zu entschlüsseln, ob die gusseisernen Platten in der verlorenen Form oder im Vakuumguss gegossen wurden oder ob die Saitenmensur ein Duplex vorsieht oder nicht, war ebenfalls nicht leicht.

Bewaffnet mit unserem Wörterbuch steuern wir wieder die Mechanik-Abteilung an, wo die Fachausdrücke die größte Herausforderung darstellten. Andreas Schecke ist nicht da, dafür eine Reihe Klaviermechaniken in verschiedenen Stadien des Zusammenbaus. Auf einer, sehe ich, stehen mit Bleistift die Buchstaben »M. M.« Ich erkenne die Signatur sofort wieder. »Wer ist M. M.?«, frage ich.

»Das ist Maik Müller. Er ist im Moment nicht da, er besucht die Klavierbau-Meisterklasse.«

Auf jeder Mechanik stehen überall Initialen und Signaturen. »Jeder, der daran arbeitet, signiert sie«, erklärt mir Kämmerling. »Das sind die internen Hieroglyphen der Firma.«

»Wer hat noch an meinem Flügel gearbeitet?«

»Das wissen wir genau«, versetzt Kämmerling. »Wir führen eine Akte über jedes einzelne Instrument, das jemals von Grotrian gebaut wurde. Das ist natürlich vertraulich.«

»Darf ich sie sehen?«

Kämmerling lächelt und legt den Kopf schräg. Er ist unschlüssig. Diese Information ist nicht für die Öffentlichkeit bestimmt. Doch nach dem Mittagessen präsentiert er mir mit schwungvoller Geste Marlenes Akte. Er hat die Erlaubnis erhalten.

Marlenes Biographie

Im Jahr 2000 baute die Firma Grotrian-Steinweg 130 Flügel. Achtzig davon waren Cabinet-Flügel, einer davon, im Oktober entstanden, war Marlene.

Ihre Produktionsnummer war 856.
Ihre Platte wurde am 5. Oktober 1999 in Springfield, Ohio, gegossen.
Hans Lorenz polierte und präparierte ihre Platte.
Martin Walter baute ihren Korpus.
Georgios Sotirelis baute ihre Platte ein und bezog sie.
Burkhard Kämmerling baute ihre Mechanik und installierte sie, stimmte sie und intonierte die Hämmer vor.
Andreas Schecke führte die Endregulierung durch.
Rolf Bosse erledigte die endgültige Intonation.
Burkhard Stein nahm die Endkontrolle vor. Er beanstandete bloß Kleinigkeiten – das Schloss an der Klaviaturklappe funktionierte nicht, die Mechanik musste noch ein wenig nachjustiert werden, ein Pedal machte Geräusche. Andreas Schecke korrigierte das alles.

Also ist neben Maik Müller die einzige Person, die hier an meinem Klavier gearbeitet hat und die ich noch nicht kennengelernt habe, Rolf Bosse. Der Intoneur. Und möglicherweise ist er derjenige, dessen Arbeit ich vor allem sehen muss, dessen »Intention« ich erleben möchte.

*

Rolf Bosses Arbeitsstätte ist ein schalldichter, fensterloser, von einem Oberlicht erhellter Raum. Heute arbeitet er an einem für den deutschen Botschafter in Kirgistan bestimmten Stutzflügel. Sehr schnell spielt er mit dem rechten Mittelfinger die Tonleiter auf und ab. Mit einem Stück Kreide in der Linken markiert er Noten, an denen noch etwas zu tun ist. Eine zu scharf klingende Note erhält einen senkrechten Kreidestrich auf dem Tastenvorderstück, eine zu weich klingende einen horizontalen. Dann zieht er die Mechanik heraus und sticht den Filz, um ihn weicher zu machen, oder schleift ihn, um den Ton zu schärfen. Er putzt die Hämmer partieweise mit samtigem schwarzem Karbidpapier. Das glättet die Wollfasern und verleiht dem Klang das charakteristische Funkeln.

Bosse ist seit seinem sechzehnten Lebensjahr bei Grotrian. 1959 begann er seine Lehrzeit. »Ich dachte mir, das sei eine schöne, saubere und interessante Arbeit«, sagt er zu mir.

Seit 35 Jahren inzwischen ist das Intonieren sein vorrangiger Verantwortungsbereich bei Grotrian. 90 Prozent der hier gebauten Flügel werden von ihm intoniert.

Ich bin ganz Aufmerksamkeit – zu sehen, was Rolf Bosse macht, könnte ausschlaggebend für meine zukünftige Beziehung zu Marlene sein. Ich brauche dieses Wissen für die Hämmer, die Carl mir schicken wird.

Ich erinnere mich an die Worte von Wally Brooks, dem US-Repräsentanten für Abel-Hämmer: »Keiner in diesem Land weiß, wie man diese Hämmer intoniert.«

»Niemand kann diese Hämmer so intonieren, wie sie es im Werk in Deutschland machen«, hatte Darrell Fandrich mir erklärt.

Jetzt bin ich hier. Ich kann es mit eigenen Augen mitverfolgen. Ich mache viele Bilder und Notizen. Jeden Schritt der Werksintonation werde ich nach meiner Heimkehr Tom erklären.

Bei der Arbeit schweigt Rolf Bosse meist. Er ist untersetzt, hat einen kantigen Schädel, eine kurze, kräftige Nase und dichtes, kurz geschnittenes Haar. Die Ärmel seines Karohemds sind hochgekrempelt. Seine müde wirkenden Augen lösen sich nicht von seiner Arbeit.

Ich erkundige mich, ob er die Hämmer jemals mit Chemikalien behandelt.

»Falls nötig, verwenden wir, was immer wirkt«, erwidert

Kämmerling. »Bügeln, in Azeton aufgelöste Kunststoff-Tastenbeläge. Manchmal benutzen wir in Lackverdünner aufgelöstes Styropor – es bleibt elastisch und behält einen guten dynamischen Umfang.«

Bosse zeigt mir das Bügelgerät – einen Messingspachtel, den er mit einer Spirituslampe erhitzt und dann an den Anschlagpunkt drückt. Er lässt seine feinfühligen Hände über die Seiten der Hämmer gleiten.

»Grotrians brauchen einen eiförmigen Hammer«, erklärt er. »Der Faserverlauf des Filzes muss rundum durchgängig sein. Und man sticht immer mit drei Nadeln. Und immer pro Partie, damit die Hammerscheitel absolut gleich werden.«

Beim Eintreffen sind die Hämmer sehr hart. Man »sticht sie vor«, um einen gewissen Tonumfang zu erzielen. Die Schultern werden gestochen, weil die Wolle bei der Herstellung der Hämmer dort durch die Fugenpresse am stärksten zusammengedrückt wurde. Beim ersten Intonieren müssen beide Schultern sechzig- bis achtzigmal gestochen werden. Dann wird die Mechanik in den Flügel eingesetzt, der Flügel bespielt, die Mechanik herausgezogen, und die Hämmer werden wieder gestochen. Es kann vorkommen, dass Bosse bei einer Intoniersitzung mehr als zwanzig Mal die Mechanik entfernt und wieder einsetzt.

Nach acht Jahren bei Grotrian begann er das Intonieren zu erlernen. »Von den Alten, die das jahrelang gemacht hatten.« Er zeigt auf ein an die Wand gepinntes Schwarz-Weiß-Foto. Dort posiert Rolf Bosse in jungen Jahren neben seinem betagten Lehrer, beide in Arbeitsschürzen, umringt von einer Schar Lehrlingen mit eifrigen Gesichtern. Sein wichtigster Lehrer war ein Herr Feuerhahn, der Mitte des 20. Jahrhunderts für Grotrian intonierte. »Er hat sein ganzes Leben hier verbracht.«

»Als Intoneur muss man sehr, sehr sensibel sein«, führt er aus. »Kritisch gegenüber sich selbst und der eigenen Arbeit. Man braucht eine Begabung, ein Ohr für das, was Pianisten wollen, und das Talent, es zu erreichen. Niemand kann einem wirklich erklären, wie man hört.«

»Wie würden Sie Ihren idealen Klavierklang beschreiben?«, frage ich.

»Sehr schwierig, Klang zu beschreiben«, erwidert Rolf Bosse, während er die Hämmer abschleift. »Das Wichtigste ist eine riesige dynamische Spannweite. Es braucht Klarheit im Pianissimo und Kraft im Fortissimo. Das kriegt man nicht einfach so hin. Das ist eine Gabe. Wenn ich den richtigen Klang erwische, hatte ich Glück. Dann bin ich einfach glücklich, dass es hingehauen hat.«

Er zeigt mir, wie er die Hämmer partieweise sticht, wobei er die Nadelspitzen vom Anschlagpunkt fernhält, indem er diesen mit dem Daumen schützt. Für mich sieht es recht gefährlich aus, wie er den Daumen als Führung benutzt. Über die Jahre muss in diesem Raum einiges Blut geflossen sein.

Nachdem der Intoneur die Mechanik wieder hineingeschoben hat, spielt er »Somewhere Over the Rainbow«, um den Klang zu testen. Rasch hat er die fehlerhaften Töne gefunden, markiert sie, sticht die Hämmer, zieht sie ab. Sein Schleifpapierstreifen passt über genau drei Hämmer. Ich nehme ein Stück hoch und drehe es um. 600er-Körnung, notiere ich.

Burkhard Kämmerling, der bemerkt hat, wie genau ich mitschreibe, nimmt einen überzähligen Basshammer und zeichnet mit einem Stift Striche, radial ausgehend vom Schwanz zu den Schultern. »Hier sticht man, in diesem Winkel.« Dann reicht er mir den Hammer, ich darf ihn behalten.

»Es ist wichtig, dass ein Intoneur Klavier spielt«, sagt Rolf

Bosse. »Intonieren erfordert mehr, als Talent zu haben oder ein Gefühl für den Klang.«

Kämmerling, der schon in jungen Jahren mit dem Klavierspielen begann, pflichtet ihm nachdrücklich bei. »Mit Musik aufzuwachsen schult das Ohr. Das ist äußerst wichtig. Aber das Allerwichtigste für einen Intoneur ist, dass er stimmen kann. Auf einem verstimmten Klavier kann man keine Vorstellung von einem Klang bekommen. Es muss eine absolut saubere Stimmung sein. Die Primen müssen sauber sein.«

Bei Grotrian stimmten alle rein nach Gehör, wendet er sich an mich. Das Problem mit Stimmapparaten sei, dass es mehr als eine Art gebe, ein Klavier zu stimmen. Manche Kunden wollten einen sanfteren Klang. Andere eine größere Spreizung. Man höre sich an, was der Pianist haben möchte, wie er spielt, was er spielt. Und man müsse verstehen, wie sich Saiten verhalten, wie man auf der gesamten Saitenlänge eine gleichmäßige Spannung erzielt. Das Gehör müsse gut genug sein, um zu erkennen, ob eine Stimmung stabil ist. »Sonst klingt es, als wäre eine Katze in die Saite geraten.« Kämmerling lacht. »Miau, miau.«

Rolf Bosse sagt, er habe nur noch zwei Jahre bis zur Rente.

»Fünf Jahre!«, wendet Kämmerling ein.

Rolf Bosse lächelt bloß in sich hinein. »Wir werden sehen.«

Was ihm am meisten an der Arbeit als Intoneur gefalle, frage ich.

»Ich mag den Klavierklang«, erwidert er. »Der Flügelklang hat ein *Klangbild*, hat Form und Charakter. Ich liebe es, wenn der Ton kurz vor der Vollendung steht. Man hört, wie der Klang sich zusammenfügt – das ist das Aufregendste. Und wenn die Pianisten sagen, er sei schön. Das ist sehr befriedigend. Aber manchmal glaubt man auch, hervorragend gearbeitet zu haben, und ein anderer ist nicht dieser Meinung.

Damit muss man dann halt fertig werden. Das ist das Schwierigste.« Er zuckt die Achseln. »Man findet immer Unzulänglichkeiten.«

Ich erzähle Rolf Bosse von Marlene, wie ich ihr verfiel. »Warum«, frage ich ihn, »reagieren wir so stark auf bestimmte Klaviere?«

»Es gibt viele Dinge, die sich nicht erklären lassen«, sagt er auf Deutsch und hebt den Blick, der nun endlich dem meinen begegnet. »Nicht einmal, wenn man dieselbe Sprache spricht.«

*

An meinem letzten Tag im Werk nimmt mich der Grotrian-Geschäftsführer Burkhard Stein unter seine Fittiche. Früh am Morgen, während er sich in seinem Büro um einige Angelegenheiten kümmert, wandere ich wieder in den Ausstellungsraum, setze mich vor einen von drei Cabinet-Flügeln und spiele meinen Chopin-Walzer. Der Klang dieses Flügels ist brillanter als bei jedem anderen Grotrian, auf dem ich bisher gespielt habe. Ich probiere die beiden anderen. Einer klingt weicher, aber alle sind sehr singend, mit einem jubelnden Diskant.

Als ich gerade in Schwung gekommen bin, nähert sich Herr Stein, und wir marschieren rasch gemeinsam durch das Werk. Stein ist ein junger Mann mit rundlichem Gesicht, das nicht genug Sonne abbekommt, und freundlichen, müden Augen. Er hat einen anstrengenden Terminplan und zuhause vier Kinder. Von allen hier ist er am formellsten gekleidet, er trägt ein Button-down-Hemd, eine breite graue Krawatte und Anzughosen. In seine Hemdtasche hat er einen Stift geklemmt, den er häufig benutzt.

Burkhard Stein öffnet die Tür zum »Endkontrollraum«, das schalldichte innere Allerheiligste zwischen Werkshalle und

Verladerampe. Hier inspiziert er höchstpersönlich jedes Instrument, bevor es das Werk verlässt.

Beim Abendessen am Tag meiner Ankunft habe ich einiges über den Geschäftsführer erfahren. Er wurde 1967 in Marburg geboren. Vater und Großvater waren Klavierbaumeister. Die Familie besaß ein Klaviergeschäft, in dem Grotrians verkauft wurden.

»Ich war mir nicht sicher, ob die Arbeit im Geschäft meines Vaters das Richtige für mich sein könnte«, erzählte mir Stein. Er interessierte sich für das Geschäftliche ebenso wie für Klaviertechnik, studierte tagsüber an der Oscar-Walcker-Schule in Ludwigsburg und bereitete sich an freien Tagen auf seinen MBA an einer deutschen Wirtschaftshochschule vor. Er arbeitete ein Jahr lang bei seinem Vater, stimmte und reparierte, und ging danach zu Siemens, wo er Telefone verkaufte. Dann bot Knut Grotrian-Steinweg, das letzte Mitglied der Familie Grotrian, das die Geschäftsführung innehatte, Stein einen Posten in der Verkaufsabteilung an. Paradoxerweise hatte Knut einen Sohn, der nicht an der Übernahme der Geschäftsführung in der Familienfirma interessiert war, also berief er Stein als Thronfolger ins Management. Acht Jahre lang wurde Stein auf die Führungsposition bei Grotrian vorbereitet.

»Es ist sehr wichtig, das Wissen älterer, erfahrener Menschen nutzen zu können«, betont er. »Einige unserer Händler stehen seit hundert Jahren mit uns in Geschäftsbeziehungen. Es ist hilfreich, wenn man ihren Geschmack und ihre Anforderungen kennt.«

Im letzten Jahr, als der Verkaufsleiter, der seit dreißig Jahren bei Grotrian gewesen war, starb, entschied Stein, es sei an der Zeit, einige Veränderungen vorzunehmen. »Grotrian war immer eine sehr konservative Firma. Sie brauchte eine neue Generation, um eine neue Marktposition zu erreichen, und unser Erfolg zeigt uns, dass wir richtig gelegen haben.« In einem kleiner werdenden Markt erhöht Grotrian seine Produktion als Reaktion auf die Nachfrage und baut das Händlernetz aus. Burkhard Stein reist nun mehrmals im Jahr nach Amerika, um Werbung für das Klavier zu machen und neue Händler zu finden.

Beim Abendessen nach meiner Ankunft wollte er meine Geschichte hören: wie ich mein Klavier gefunden und was mich nach Deutschland geführt hatte. Als ich ihm von Marlene und der »Schubert-Konzertstimmung« erzählte, von meiner Lektüre und Milford Graves' Vermutung, beim Spielen würde ich die Intentionen aller Menschen erleben, die an meinem Klavier gearbeitet hatten, schien Burkhard Stein ganz und gar nicht überrascht. »Ich weiß, dass solche Dinge Künstlern widerfahren, die Klavier spielen – das ist ein sehr interessanter Teil meines Jobs.«

»Warum glauben Sie, passiert das?«

»Da kommen verschiedene Faktoren zusammen«, erwiderte er in seinem etwas holprigen Englisch. »Viele Leute haben an diesem Flügel gearbeitet.«

Aber er führte das nicht weiter aus. Er ist ein wortkarger Mann. Vielleicht konnte er seinen Gedanken auf Englisch nicht besser ausdrücken. Vielleicht würde ich mir im Werk selbst ein Bild machen können.

Jetzt sind wir im Kontrollraum, um die letzte Überprüfung an einem Klavier vorzunehmen, das nach Zürich geht.

»Unsere Händler haben sehr hohe Ansprüche«, sagt Stein, während er das Vorderteil des Klaviergehäuses entfernt, um den Resonanzboden zu inspizieren. Er findet Leimreste und Sägespäne und kennzeichnet die Stellen mit einem Stück Klebeband. »Man findet immer irgendetwas, wenn man genau hinsieht.«

Ich werfe einen prüfenden Blick auf Steins Hände, aber er trägt keine weißen Baumwollhandschuhe. Seine Attitüde würde dazu passen. Er versichert sich, dass die Seriennummer mit seinen Unterlagen übereinstimmt. Die Klaviaturklappe ist beschädigt, sie benötigt eine Polyesterreparatur. Er spielt auf dem Klavier – fallen die Tasten nach dem Anschlagen alle zurück? Treffen die Hämmer im rechten Winkel auf die Saiten? Bewegen sich die Dämpfer im Einklang?

Er überprüft alle Punkte der mehrere Seiten umfassenden Checkliste, die gerahmt an der Wand hängt, fährt mit den Händen sachte über die Oberseite der Tasten, um zu fühlen, ob sie gleich hoch sind. Wie klingt die Stimmung? Was ist mit der Intonation? Die Noten, die ihm nicht gefallen, markiert er mit Kreide. Hatte dieser Kunde bestimmte Anforderungen gestellt und wurden sie erfüllt?

Auf einem Blatt Papier notiert er alle Punkte, die ihm untergekommen sind. Eine Schraube sitzt nicht hundertprozentig gerade. Ein Dämpfer hebt sich zu spät von der Saite. Die Stimmung ist nicht perfekt. Das Sostenuto-Pedal hat nicht genügend Spiel.

»Für den Fall, dass es eine Reklamation geben sollte, notieren wir, wer was gemacht hat. Derjenige, der die Arbeit erledigt hat, nimmt die Korrektur vor und unterzeichnet dann diesen Bogen hier. Bis dahin dürfen die Spediteure das Klavier nicht mitnehmen.«

»Was geschieht, wenn das Klavier nicht fertig wird?«

»Manchmal warten die Möbelpacker einen halben Tag lang an der Verladerampe.«

Heute ist Donnerstag, Versandtag. Im Werk herrscht Hochbetrieb, ein geschäftiges Summen erfüllt die Halle. Morgen werde ich Braunschweig verlassen und schon jetzt verspüre ich Bedauern. Ich werde die Symphonie der Werkshalle vermissen: die jaulenden Sägen, die surrenden Poliermaschinen, die fauchenden Sprühgeräte, das dumpfe Dröhnen der Förderbänder. Ich werde Rolf Bosses und Andreas Scheckes Geduld und Freundlichkeit vermissen, Burkhard Kämmerlings Scherze, unser freundschaftliches Geplänkel. Burkhard Steins nüchterne und großzügige Gastfreundschaft. Aber vielleicht am meisten wird es mir fehlen, Martin Walter beim Arbeiten zuzusehen. Seine leidenschaftliche, energische Art, sein elegantes, präzises Korpusbauen.

Mich durchströmt ein verrücktes Gefühl – ich möchte hier Lehrling sein. Wäre das möglich?

Burkhard Stein lächelt. »Sicher nehmen wir Sie.«

»Im Ernst, wie sehen die Voraussetzungen aus?«

Es gibt einen zweitägigen Test in Tischlerei, Holzbearbeitung und einfachen Regulierungstätigkeiten. Es gibt einen Hörtest – kann ich Intervalle hören oder ob ein Klavier gestimmt ist? Dann schätzt die Firma ein, wer nach der Ausbildung am ehesten bleiben wird und wer hierher passt. Offensichtlich sind meine Aussichten nicht sehr gut.

»Wir brauchen Leute, die Spezialisten und Individualisten zugleich sind«, erklärt der Geschäftsführer. »Der Korpusbauer muss der Meinung sein, er habe den wichtigsten Job in der Firma. Der Lackierer, der das Äußere des Klaviers so herrichtet, wie es auf der Bühne zu sehen sein wird, muss denken, seiner sei der wichtigste. Sie müssen aber auch zusammenpassen, damit es keine Streitereien und keinen Ärger gibt – ja, das kommt vor«, sagt er mit einem bedeutungsvollen Nicken. »Die Chemie muss stimmen. Natürlich ist handwerkliches Talent wichtig, aber eine harmonische Atmosphäre ist ebenso bedeutsam. Schließlich produzieren wir ein harmonisches Instrument.«

Ja. Das ergibt Sinn. Und es liegt an dieser Harmonie, dass

ich mich hier so wohl fühle, so im Einklang mit diesen Menschen. Wenn ich in die Werkstatt lausche, so wie Milford Graves in sein Publikum, dann erlebe ich die Grundfrequenz und ihre Obertöne als eine positive, erhebende Kraft. Diese Akkorde harmonischer Intentionen sind ein Teil dessen, was ich erlebe, wenn ich auf Marlene spiele.

*

Martin Walter wollte mir heute zeigen, wie er die Wölbung in einem Resonanzboden (die so genannte Krone) fertigt, aber als Kämmerling und ich zu seinem Arbeitsplatz kommen, verkündet er, die verfügbaren Rippen hätten die falsche Farbe. Sie seien dunkler als die Resonanzböden. Heute werde es keine Krone am Resonanzboden geben.

»Aber die Rippen liegen doch darunter«, protestiere ich. »Dem Pianisten fällt das gar nicht auf.«

»Uns fällt das aber auf«, sagt Kämmerling. Er wird mir alles über Resonanzböden erzählen, was er weiß.

Zusammen treten wir in die Stille des Trockenraums, wo das Tonholz gelagert wird. Die Luftfeuchtigkeit beträgt dreißig Prozent, die Temperatur zwischen dreißig und vierzig Grad Celsius. Ziel ist es, die Feuchtigkeit im Holz zwischen zwei und drei Grad zu halten. Wenn man die Resonanzböden so trocken hält und später einer normalen, vierzig- bis fünfzigprozentigen Luftfeuchtigkeit aussetzt, quillt das Holz auf und erhöht die Spannung im Resonanzboden, sobald er durch Rippen und Zarge in Form gehalten wird. Für die Grotrian-Mensur ist die höchstmögliche Resonanzbodenspannung erforderlich.

Die Resonanzböden kommen bei Grotrian als flache Tafeln an, die bei den Holzwerken Strunz in Bayern zusammengefügt wurden. Dort werden sie nach den Vorgaben von Grotrian gefertigt, jede einzelne Tafel wird wegen ihres Naturtons oder der Frequenz ausgesucht, die durch Klopfen auf das Holz bestimmt wird. Die Bretter besitzen nicht alle dieselbe Frequenz – das ist nicht möglich –, aber sie sind »homogen«, wie es auf der Grotrian-Website heißt. Was genau bedeutet Homogenität in diesem Zusammenhang?

»Wir haben vereinbart, nicht darüber zu sprechen«, sagt Kämmerling. »Ich kann Ihnen nur so viel sagen, dass wir eine Methode haben, um einzelne Holzstücke nach Klang, Gewicht und Elastizität auszusuchen, um die bestmöglichen Resultate zu erzielen. Wir halten die Tonhöhe konstant. Da die chinesischen Klaviere immer besser werden, brauchen wir kleine Wunder, Kleinigkeiten, die sonst keiner kennt, um uns von anderen Herstellern zu unterscheiden.«

Meine Vermutung ist, dass sie Bretter mit konsonanten Frequenzen auswählen, aber ich insistiere nicht. Außerdem, fügt Kämmerling hinzu, sei die natürliche Frequenz des Resonanzbodens zwar wichtig, aber nicht sie schaffe den unverkennbaren Klang – schließlich könne man keine zwei Resonanzböden mit demselben Naturton fertigen. Was zählt, ist die Frequenz des Bodens, nachdem er unter Spannung gesetzt wurde, die »erzwungene Frequenz«, wie er es nennt. Das Geheimnis besteht darin, wie man die Spannung auf dem Resonanzboden verteilt und wie viel Spannung nötig ist, um dessen Eigenfrequenz zu neutralisieren, sodass die einzige Tonhöhe, die man beim Spielen hört, die der Saiten ist. Der Resonanzboden wirkt wie ein Umwandler, wie die Membran in einem Lautsprecher, er gibt die Tonschwingungen der Saiten weiter.

Kämmerling nimmt ein nicht ganz einen Zentimeter dickes Stück Tonholz hoch, um es mir vorzuführen. Er hält es ganz oben fest und fordert mich auf, mit einem Fingerknöchel dagegen zu klopfen. Es ergibt einen hohlen, widerhallenden Ton, ziemlich tief. Dann biegt er dasselbe Stück Holz zwischen den Händen und bildet einen Bogen.

»Klopfen Sie noch einmal dagegen«, sagt er. Die Frequenz ist höher. »Wir manipulieren die natürliche Frequenz absichtlich, indem wir eine Wölbung erzeugen und sie mittels der Saiten unter Spannung setzen. Wenn keine Spannung herrscht, schwingt der Resonanzboden nicht. Besonders in der Diskantlage braucht man maximale Spannung. Das erzeugt höhere Obertöne. Wenn der Resonanzboden zu biegsam ist, verliert man Schwingung. Jeder Teil des Resonanzbodens muss in der richtigen Frequenz schwingen. Je mehr Spannung, desto weniger Flexibilität, und je höher die Frequenz, desto empfänglicher ist der Resonanzboden für die Schwingungen der Saiten. Vergleichen Sie es mit einem Gummiband. Schlaff erzeugt es keinen Ton. Aber setzen Sie es unter Spannung, und es klingt.«

Nachdem die Resonanzböden von Strunz eingetroffen sind, werden sie bei Grotrian in einer Schleifmaschine bearbeitet, die unterschiedlichen Dicken werden mittels Computer kalibriert. Dann wird im Herstellungsprozess alles darangesetzt, eine möglichst hohe Wölbung zu erzielen – der trockene Boden quillt bei normaler Raumfeuchtigkeit auf, während er an den noch nicht ausgetrockneten Rippen befestigt ist, der Resonanzboden wird in einer Presse an diese Rippen angepasst, die Rippen selbst werden bearbeitet, damit sie sich mit dem Resonanzboden biegen können, auf der Oberkante des Innen-Rims wird ein Winkel angefräst, um die Wölbung zu halten, eine Seite des Resonanzbodens wird lackiert, um sie einpassen zu können, während die andere sich ausdehnt. Alle diese Schritte erzeugen Spannung, als würde man eine Feder aufziehen.

Die Resonanzbodenpresse ist eine konvexe Basis aus aufblasbaren Feuerwehrschläuchen zwischen Stahlträgern, die niederfahren und die Rippen an den Boden pressen, bis der Leim ausgehärtet ist. »Das ist ein altes System«, sagt Kämmerling und zieht eine der Zwingen nieder und wieder hoch. Die Presse wurde hier in der Maschinenschlosserei der Fabrik gebaut. Niemand stellt sie zum Verkauf her – wahrscheinlich weil sie ewig halten.

»Das Resultat sollte nicht überraschend sein«, erklärt Kämmerling. »Es kommt durch Berechnung sowie Versuch und Irrtum zustande. Aber wie gut die Berechnungen auch sein mögen, es ist äußerst wichtig, sich anzuhören, was man berechnet hat. Letztlich kommt es auf unsere Meinung und unseren Geschmack an.«

Die Bäume für die Resonanzböden werden sehr sorgfältig ausgewählt.

»Klopft man vor dem Fällen gegen einen der Stämme, hört man einen deutlichen Unterschied im Nachklang des Tons. Man hört, ob es wie *pock* klingt oder eher wie *p-o-o-o-ock*. So sucht man Bäume für Tonholz aus. Ich weiß aber nicht, was Strunz genau für uns macht – das weiß keiner. Unser Arbeitsvorgang ist es, die Wölbung, den Korpus und den Resonanzboden zu schaffen. Was Strunz macht – das bleibt mir verborgen. Ja, so ist es!«, betont er, als er meinen skeptischen Blick bemerkt.

»Wie in einem Geheimbund?«, necke ich ihn.

»Ja, genau.« Er bleibt ernst. »Niemand kennt alles. Nicht einmal ich!« Und Burkhard Kämmerling lacht sein gutmütiges Lachen.

25

Österreich

Als Thomas Hilz' Großvater Carl noch lebte und in den Wald ging, um Bäume für Tonholz auszuwählen – das Holz, aus dem Musikinstrumente gebaut werden –, lief er angeblich zwischen den Baumgiganten hin und her, klopfte mit einem Hammer gegen ihre Stämme und lauschte. Das sei jetzt über fünfzig Jahre her, erzählt mir Thomas, während wir in die österreichischen Alpen fahren, um unsererseits nach Tonholz zu suchen. Carl Hilz brauchte nur hundert Bäume im Jahr, Thomas Hilz, Eigentümer der Holzwerke Strunz, der älteste Hersteller von Resonanzböden weltweit, braucht fünftausend, und wenn er jeden Baum beklopfen müsste, käme wohl nie ein Klavier zustande.

»Ich persönlich kenne niemanden, der mit einem Hammer gegen Bäume klopft. Und wenn es mir einer weismachen will, halte ich das für ein Märchen«, sagt Thomas nachdrücklich und lebhaft, als ich ihm wiederhole, was ich gehört habe. »Wir suchen die Bäume nach dem Augenschein aus.«

Seit sieben Generationen stellt seine Familie aus mitteleuropäischen Baumsorten – im Speziellen Europäische Weißfichte, die in den österreichischen, deutschen und Schweizer Alpen wächst – Resonanzböden her. Als Achtjähriger wählte er erstmals zusammen mit seinem Vater Tonholz aus. Man kann nicht in einen Stamm hineinblicken, um dessen Qualitäten zu erkennen, aber Thomas verlässt sich auf die Sicherheit einer 185-jährigen Familientradition und auf seine eigenen 31 Jahre Erfahrung.

»Manchmal hat man so ein spezielles Gefühl«, sagt er, während wir über Reinhard Kirchners Holzplatz gehen. Wir sind Reinhard hierher gefolgt, nachdem wir den Wald bei Filzmoos besucht hatten, wo wir zusahen, wie der Förster Christian Maier Bäume aussuchte und die Holzarbeiter sie fällten und mit dem Schlitten abtransportierten. Jetzt hofft Reinhard, dass Thomas einige der hundert Rundhölzer kaufen wird, die er ausgesucht hat. Thomas ist sein am besten zahlender Kunde.

Die Rundhölzer liegen aufgereiht da, ein langer, kniehoher, dreieinhalb Meter breiter Wall, entrindet, die Leiber dicht aneinandergepresst.

»Wenn ich einen Stamm sehe, heißt es auf der Stelle Ja oder Nein«, sagt Thomas, während wir an den gefällten Bäumen entlanggehen. »Meine erste Entscheidung ist immer die beste. Ich mag es nicht, wenn es Nein heißt und der Lieferant sagt, ›Ach, nehmen Sie es doch‹. Niemand kann meine Ansicht ändern. Wenn ich Nein sage, heißt es nein.«

»Es ist schwer, einen Klavierbauer zu überzeugen«, stimmt Reinhard fröhlich zu, der uns von der anderen Seite beobachtet. Thomas untersucht jeden einzelnen Stamm und gibt sein Urteil kund. Lautet es »Passt!«, dann sprüht Reinhard einen orangefarbenen Punkt und die Buchstaben »str«, für Strunz, an das Stammende. Öfter aber heißt es »Nix«.

»Der gefällt mir nicht, zu viele Astlöcher.«

»Wir müssen den Bäumen beibringen, viereckig und ohne Astlöcher zu wachsen«, ruft Reinhard, der sich vor guter Laune beinahe überschlägt. »Wir müssen die Natur dazu bringen, sie ordentlich wachsen zu lassen!«

Reinhard weiß, dass Thomas nicht mehr als zwei bis drei Prozent der besten Holzauswahl kaufen wird. Aber für ihn ist das immer noch sehr profitabel. Ein Resonanzbodenhersteller bezahlt für einen guten Tonholzbaum einen Spitzenpreis, zwanzig Prozent mehr, als Reinhard von einem guten Möbeltischler oder einem Bautischler bekommt.

»Das Fichtenholz, das ich nicht nehme, kann Reinhard immer noch als Holz für Fensterrahmen verkaufen«, sagt Thomas. »Kein Problem für ihn.«

Heute aber gefallen ihm viele Rundhölzer.

»Perfekt«, sagt er wieder und wieder. »Das ist ein idealer Tonholzbaum.« Er hämmert eine Markierung mit einer Nummer in das Stammende auf unserer Seite. Dann dreht er den Hammer um und knallt das andere Ende direkt unter der Markierung in das Holz. Mit einem befriedigenden *»Tock«* graviert er seine Initialen, TH, ein. Die Stämme, die er ausgesucht hat, sind beinahe vollkommene Zylinder, ihre Jahresringe sind gleichmäßig und liegen eng beieinander.

»Ja, perfekt. Das ist genau der richtige Faserverlauf.« Er geht in die Knie und fährt mit dem Zeigefinger darüber. Die Wachstumsringe liegen so dicht beisammen, dass man sie beinahe nicht zählen kann. Der Stamm misst 66 Zentimeter im Durchmesser. Innerhalb dieser Breite befinden sich etwa 250 ausgewogen verteilte Jahresringe. Jahr für Jahr hat dieser Baum regelmäßige Schichten Cambium produziert, 250 Jahre lang.

Alles in allem hat Thomas 26 Rundhölzer ausgewählt, erster und zweiter Qualität, ein weitaus höherer Prozentsatz als sonst. Er zahlt nach dem Festmeter; Reinhard berechnet sofort den Preis. Aus dem Holz wird sein Abnehmer drei- bis vierhundert Resonanzböden für Pianinos und Flügel fertigen lassen.

»Zuerst zeigt er einem nur die schlechteste Qualität, und zum Schluss die beste«, beschwert sich Thomas und schüttelt die Faust, als wir zum Auto zurückkehren. »Ich könnte ihm eine verpassen!«

*

Mein Abenteuer bei den Holzwerken Strunz begann im bayerischen Pocking, nahe der österreichischen Grenze, wo Thomas' Betrieb steht. Seine Frau Martina und er haben mich seit dem Tag, als ich ankam, um zu sehen, wo Marlenes Resonanzboden hergestellt wurde, behandelt wie einen ausländischen Würdenträger. Beim gestrigen Abendessen erzählte mir Martina, eine feenhafte Innenarchitektin mit seelenvollen Augen, schüchtern die Geschichte, wie Thomas und sie einander kennenlernten. Im Haus ihrer Eltern brach ein Feuer aus, als diese verreist waren, und Thomas war einer der Feuerwehrleute, die auf Martinas Alarm hin kamen. Nachdem das Feuer gelöscht war, blieb er auf einen Tee und trank aus einem Becher, auf dem ihr Name stand. »Wer ist Martina?«, erkundigte er sich. Seitdem sind sie zusammen.

Thomas tritt immer noch mit dem heroischen Gestus eines Feuerwehrmanns auf. Er ist Herr seines Universums und sehr zufrieden damit. Max, der ältere der beiden Söhne des Ehepaares, ist so, wie Thomas früher war, sagt Martina. Ständig in der Werkstatt, mehr am Geschäft mit Resonanzböden interessiert als an der Schule.

*

Von Kirchners Holzplatz in Österreich gelangen die Rundhölzer per Laster zu einem Sägewerk nahe der Grenze zu

Deutschland. Tonholz-Stämme für Klavier-Resonanzböden werden vorzugsweise im Radialschnitt zerteilt. Der ganze Stamm wird der Länge nach halbiert, dann wird jede Hälfte noch einmal längs geteilt. Aus diesen Viertelhölzern werden Bretter geschnitten, deren Faser in Längsrichtung verläuft, wenn man sie hochkant aufstellt. Sie haben die für die Wölbung erforderliche Flexibilität.

In den 1820er Jahren, als Thomas Hilz' Vorfahr Peter Strunz sein Unternehmen gründete, wurde der Radialschnitt per Hand mittels Klobsäge durchgeführt, einer enormen Klinge, die von zwei Männern gehandhabt wurde: Einer stand in einer Grube unter dem Stamm, ein anderer auf dem Stamm, der von einem Gestell gehalten wurde. Heute allerdings erfordert der Radialschnitt eines 250 Jahre alten Baumes eine hochspezialisierte und teure Ausrüstung sowie besondere Fertigkeiten, um sie zu bedienen. In Österreich gibt es nur sechs oder sieben kleine Familienbetriebe, die dieses spezielle Schnittholz liefern können. Thomas Hilz ist mit allen im Geschäft.

»Sie leisten perfekte Arbeit«, sagt Thomas von dem Sägewerk, das wir heute besuchen werden. »Sie gehen mit dem Holz um, als wäre es ihr eigenes. Es ist wichtig, dass man es mit einem Sägewerksbesitzer zu tun hat, dem man vertrauen kann.«

*

Johann Esterbauer stapelt sorgfältig frisch geschnittene Fichtenbretter, die vom Förderband seines Sägewerks gleiten. Es ist ein trüber, frostiger Frühlingstag, er trägt einen grau gestreiften Pullover und eine Wollmütze. Das Holz wird in dünne Bretter geschnitten und dann quer über Leisten gelegt; dadurch werden die einzelnen Schichten getrennt, sodass Luft zwischen ihnen zirkulieren kann. Johann Esterbauer ist längst über das Rentenalter hinaus, verbringt aber noch immer jeden Tag im Sägewerk, das jetzt sein Sohn Karl betreibt. Er stapelt Bretter und versorgt Besucher mit Schokolade. Er ist hier, weil er etwas tun muss, ein fröhlicher Mann, der immer zu einem Scherz aufgelegt ist.

Esterbauers computergesteuerte Säge ist erst zwei Jahre alt, die Familie hat beinahe zwei Millionen Euro in sie investiert. Das Gerät ist in einer riesigen zweistöckigen, offenen Halle untergebracht, in der die Ernte des Winters – haushoch gestapelte Fichtenstämme – auftaut. Wenn Thomas Hilz' Rundhölzer aus Filzmoos eintreffen, müssen sie sofort geschnitten werden, bevor Insekten sie befallen.

Karl Esterbauer bedient das Gerät von einer verglasten Kontrollkanzel hoch oben unter dem Hallendach aus. Die titaniumbeschichtete Bandsäge ist über anderthalb Meter hoch und mehr als zwanzig Zentimeter breit, ihre gigantischen Zähne könnten aus dem Rachen eines prähistorischen Monsters stammen. Eine auf Schienen verlaufende fünfzehn Tonnen schwere Plattform transportiert die Stämme zur Säge. Karl sitzt im so genannten Pilotensitz, einem hochlehnigen Drehstuhl mit Schaltpulten in beiden Armlehnen und einer Computer-Tastatur vor sich. Direkt über seinem Kopf hängt ein Bildschirm. Die Armlehnen des Stuhls sind voller Knöpfe, Hebel, Joysticks und Skalen, alle in Primärfarben. Beim Bedienen der Steuerung sieht Karl aus wie der Kapitän in einer Episode von *Raumschiff Enterprise* oder vielleicht wie ein Puppenspieler, der hinter einem gläsernen Vorhang sitzt und seine Industrie-Marionetten führt.

Karl drückt auf einen Knopf: Unten werden zwei lange mechanische Arme ausgefahren, ergreifen einen Stamm mit ihren scharfen, meißelartigen Klauen und wuchten ihn auf die Plattform. Karl zieht den Joystick zurück, die Plattform führt das Rundholz in die Bandsäge, die es der Länge nach in zwei Hälften teilt. Für die Steuerung braucht Karl Fingerspitzengefühl, bei zu viel Druck würde die Kraft des sich bewegenden Stamms die Säge in Stücke reißen. Noch ein Knopfdruck, und eine Stammhälfte wird beiseitegezogen. Dann schneidet ein langes Messer die rauen Kanten der verbleibenden Hälfte weg und bereitet sie für das Schneiden der ersten Bretter vor.

Nachdem der Stamm halbiert worden ist, entscheidet Karl, ob er sich als Tonholz eignet. Ist das Holz sauber, ohne Astlöcher, ohne Harztaschen, stellt er den Computer so ein, dass die Säge den Stamm in 1,25 Zentimeter dicke Bretter schneidet. Andernfalls wird er auf 2,5 Zentimeter geschnitten und anderweitig verwendet.

Niemand weiß, wie ein Stamm von innen aussieht, bis er durch die Säge gegangen ist, und immer besteht ein Risiko: eine unschöne Farbe, besonders dunkle Jahresringe, so genanntes Buchsholz, zu viele Astlöcher oder sogar versteckte Fäule. Selbst Stämme von höchster Qualität weisen Bereiche auf, die nicht nutzbar sind. Im besten Fall können 10 Prozent eines Stammes für den Klavierbau verwendet werden, und bei erstklassigen Resonanzböden ist der Prozentsatz noch geringer – er liegt bei 3 bis 5 Prozent.

*

Die frisch geschnittenen Bretter werden sorgfältig auf Paletten gestapelt und auf einem Tieflader nach Pocking gebracht, in ein kleines Dorf südlich von Passau, westlich des Inns. Hier haben sich Thomas' Vater und Großvater 1950 niedergelassen, nachdem die kommunistische Regierung das Sägewerk und die Werkstatt der Familie in Kvilda, dem ehemals deutschen Außergefild im Böhmerwald, nur etwa fünf Kilometer östlich der Grenze zu Deutschland an der Moldau gelegen, enteignet hatte.

Im März 1946, beim Begräbnis seines Urgroßvaters, erhielt Thomas' Familie von der Polizei den Befehl, das Land unverzüglich zu verlassen. Sie war in der Ortschaft, die heute in der Tschechischen Republik liegt, damals aber zu Deutschland gehörte, an die dreihundert Jahre ansässig gewesen und sehr wohlhabend. Ihr Betrieb, bekannt als Holzstrunz Aussergefield, beschäftigte 250 Angestellte, sie besaßen vierzig Häuser. Mit nichts als den Kleidern, die sie am Leib trugen, mussten Thomas' Eltern und Großeltern gehen. Ihr Eigentum wurde später von der kommunistischen Regierung beschlagnahmt, das Werk niedergebrannt.

Thomas' Vater war damals erst fünfzehn und erlitt ein lebenslanges Trauma. »Jedes Jahr am 20. März war er sehr traurig«, erzählt Thomas. »Für ihn war das eine Katastrophe. Er kam nie darüber hinweg.«

Carl Hilz, Thomas' Großvater, stammte ursprünglich aus Bayern, und so zog er mit seiner Familie dorthin zurück. Wie Peter Strunz seinerzeit gründete er mit nur einer Klobsäge das Unternehmen neu und nahm die Familientradition wieder auf, Resonanzböden, Rippen und Klaviaturen zu fertigen. 1988 übernahm sein Enkel die Geschäftsführung, 1995 wurde er Alleineigentümer.

Thomas ist untersetzt, nicht gerade durchtrainiert, aber kräftig gebaut. Hinter seiner freundlichen, verbindlichen und impulsiven Art spürt man einen eisernen Willen. An einem Tag erledigt Thomas mehr als die meisten von uns in einer Woche, er ist ein Energiebündel, steckt voller Pläne und Einfälle. Ständig ist er unterwegs, um sein Geschäft auszubauen und sein Unternehmen zu bewerben, das seit seiner Volksschulzeit den Mittelpunkt seines Lebens bildet. Selbst jetzt, als alleiniger Geschäftsführer, sucht er persönlich jeden einzelnen Stamm aus, aus dem ein Strunz-Resonanzboden entstehen soll.

Nachdem die Tonholzbretter bei Strunz eingetroffen sind, werden sie drei Monate lang luftgetrocknet. Danach wird ihr Feuchtigkeitsgehalt in der Trockenkammer auf sechs Prozent gebracht. Von hier aus befördert man sie per Gabelstapler in ein riesiges geheiztes Lagerhaus, wo sie einen Monat ruhen. Dort stehen etwa sechs Meter hohe Bretterstapel, in der Mitte ein Ungetüm von einem rot emaillierten Heizkessel, der aus Sägemehl und Holzschnitzeln gepresste Holzbriketts verschlingt.

Wenn die lamellendünnen Bretter fertig sind, messen sie 3,60 bis 4,80 Meter. Am ersten Förderband prüfen Arbeiter jedes einzelne Brett und markieren die Astlöcher mit großen Leuchtstifttupfen. Werner Främhofer, seit 31 Jahren bei Strunz, umrahmt jedes Astloch mit zwei grell orangefarbenen Klammern. Auf halbem Weg am Förderband werden die Markierungen von einer computergesteuerten Ablängsäge abgelesen und ausgeschnitten. Während die Bretter weiter über das Förderband gleiten, werden sie von Sensoren abgetastet, die mechanische Greifer auslösen. Die Greifer schieben die Bretter vom Band auf Stöße von gleicher Länge.

Die Planken setzen nun auf weiteren Förderbändern ihre Reise durch die Werkshalle fort. Das Abfallholz wird in einen Häcksler geleitet und dann zu Holzbriketts verarbeitet. Die besten Bretter kommen in eine computergesteuerte Hobelmaschine, wo alle Kanten geglättet werden.

Inzwischen haben die besten Stücke viele unterschiedliche Längen – nun können jene ausgewählt werden, die sich für

Resonanzböden eignen. Es gibt vier Stationen für das Zusammensetzen der Resonanzböden, von denen jede mit einem taillenhohen Tisch und einer flachen Hydraulikpresse bestückt ist, die von der Decke heruntergelassen wird. Um jeden Arbeitsplatz stehen aufrecht Dutzende glatter weißer Holztafeln mit dem feinstmöglichen Faserverlauf.

Ein Arbeiter setzt auf seinem Layouttisch einen Resonanzboden zusammen, wobei er eine Schablone als Führung benutzt. Jeder Resonanzbodenbauer bestellt einen anderen Faserverlauf, verlangt eine andere Qualität, Farbe, Größe oder andere Umrissmaße. Die einen wollen eine feinere oder gröbere Faser, die anderen einen röteren oder weißeren Farbton.

Für Grotrian wählt der Layout-Arbeiter die weißestmögliche Fichte, die feinste und gleichmäßigste Faserung. »Die Böden für Grotrian haben Spitzenqualität«, erklärt Thomas. »Man würde eine Lupe brauchen, um die Jahresringe zu zählen.« Auf 2,5 Zentimeter kommen zwanzig Jahresringe, und das Holz ist makellos.

Liegen alle Bretter, Späne genannt, in der auf der Schablone vorgegebenen Faserrichtung an Ort und Stelle, lässt der Arbeiter die Presse auf die Holzplatten nieder und klopft mit einem Gummihammer leicht auf die freiliegenden Ränder, um sie zusammenzufügen. Dann zeichnet er ein großes V quer über alle Platten, schichtet die Planken übereinander und legt den Stapel auf ein grünes Metallgestell. Liegen zwölf Stapel auf dem Gestell, wird es zu dem Arbeitsplatz gerollt, wo die Resonanzböden zusammengeleimt werden.

Fjodor Tschense, ein Russe, der nach der Samtenen Revolution 1989 über die Tschechoslowakei nach Deutschland kam, fertigt je zwei Flügel-Resonanzböden auf einmal. Er klammert einen Stapel Planken zusammen, trägt weißen Leim auf die Kanten, legt die Planken auf eine Vorlage aus PET-Folie und passt sie so aneinander, dass das aufgezeichnete V wieder vollständig ist.

Fjodors metallgrauer Arbeitstisch, etwa neunzig Zentimeter hoch, sieht aus wie ein riesiges, in gleichmäßigen Abständen durchlöchertes Steckbrett. Auf diesem Tisch hält er die Resonanzboden-Bestandteile oben und an den Seiten mittels luftdruckbetriebener Zwingen zusammen. Die Seitenklammern sind Metallscheiben mit Federn. Ihr Gehäuse passt in die Löcher auf dem Tisch, die Scheiben dehnen sich gegen die Umrisskanten des Resonanzbodens hin aus.

Während ein Boden trocknet, beginnt Fjodor an einem Nebentisch mit dem nächsten. Nach zwanzig Minuten ist der Leim getrocknet, die Zwingen werden entfernt, und der Boden wird vom Tisch gehoben. Mit seinen eckigen, ungehobelten Umrisskanten sieht er wie ein gepixelter, digitalisierter Resonanzboden aus. Von den anmutigen Kurven eines Flügels ist noch nichts zu sehen.

Fjodor legt die Böden auf ein Trockengestell, wo sie einen Tag lang ruhen. Dann werden sie durch eine Hobelmaschine geführt und von Leimresten und Bleistiftmarkierungen befreit. Harztaschen werden an einem eigenen Arbeitsplatz mit einer Handfräse entfernt und mit Holzdübeln ausgebessert, bevor der Boden ein weiteres Mal abgeschliffen wird.

Anschließend kommen die Resonanzböden in einen 30 Grad warmen Raum, wo sie bleiben, bis sie an Grotrian spediert werden. Sie werden in einer computergesteuerten Hobelmaschine geglättet und nach den Vorgaben der Hersteller der jeweiligen Klaviermarke und des jeweiligen Klaviermodells geformt – 130 verschiedene Resonanzböden für 25 verschiedene Klavierbauer auf der ganzen Welt.

Unmittelbar vor dem Transport wird jedes Stück vom Vorarbeiter Heinz Seitz inspiziert, der mit Thomas seit Volksschultagen befreundet ist. Heinz Seitz testet die Resonanzböden, indem er sie über einem filzüberzogenen Buckel in jede mögliche Richtung biegt. Mit diesem Verfahren werden alle Böden ausgesondert, die durch den Druck bei der Wölbung splittern könnten. Am hinteren Ende der Werkshalle werden die fertigen Teile senkrecht auf Gestellen gelagert: Ihre Bestimmungsorte liegen so nah wie Stuttgart und so fern wie Korea.

Jeden Abend, bevor er nach Hause geht, betritt Thomas Hilz seine Werkshalle, blickt über die stillen Sägen, die ruhig daliegenden Förderbänder, fährt mit einer Hand über die stummen Resonanzböden und denkt an die wunderbare Musik, die ihnen entströmen wird. Hier sind die Herzen der besten Klaviere der Welt, sie warten auf ihre Bestimmung. Bald werden sie zu schlagen beginnen. Thomas legt sein Werk zur Ruhe, deckt es gleichsam zärtlich zu. »Es ist wie mein Herz«, sagt er. »Das Wichtigste im Leben ist, seine Arbeit zu lieben.«

Eigentlich hatte ich vor, mir einen Besuch in der alten Handelsstadt Passau zu gönnen, wo Inn, Ilz und Donau zusammenfließen. Von dort aus wollte ich zu Mozarts Geburtsort Salzburg weiterfahren und dann nach Wien, um Musik zu hören. Aber Thomas Hilz hat andere Pläne für mich.

»Wenn Sie Tonholz wirklich verstehen wollen, müssen Sie Norbert Fuchs in Mittenwald kennenlernen«, sagt er. Thomas spricht den Namen wie »Fox« aus. »Seine Familie verkauft Tonholz für Geigen, sie ist noch länger im Geschäft als meine. Er und ich stehen in Geschäftsbeziehungen – er nimmt die älteren Bäume für Geigen, ich die jüngeren für Klaviere –, aber wir sind auch befreundet, und ich habe ihn vierzehn Jahre nicht gesehen. Ich werde Sie persönlich zu ihm bringen.«

Mittenwald liegt ganz im Süden von Bayern, einige Stunden Fahrt in der entgegengesetzten Richtung zu meinem eigentlichen Ziel. Ja, natürlich werde ich dorthin fahren und Herrn Fuchs aufsuchen – nachdem ich in Wien war. Aber Thomas hat Ende der Woche in Berlin zu tun. Er kann nur jetzt mit mir hinfahren. »Sie brauchen mich nicht zu fahren, Sie haben schon so viel für mich getan«, sage ich. Doch Thomas' Entschluss steht fest, und er ist eine Naturgewalt. Meine Proteste fruchten nichts. Früh am nächsten Morgen lädt er meine Tasche in seinen Kofferraum, und auf geht's nach Mittenwald.

26

Mittenwald

Wir fahren durch Regenvorhänge, immer höher empor in die Berge. Wir schwingen uns um Serpentinen mit Achterbahnqualitäten, vorbei an Seen und Bauernhöfen mit ihren Ställen, verstreut auf grünen Wiesen, die auf den Sommer und die Kühe warten. Gruppen von hohen Fichten säumen unseren Weg, bis wir uns zwischen dramatischen, schneebedeckten Gipfeln in einer, wie es scheint, für Menschen zu unwirtlichen Landschaft wiederfinden. Gegen Abend erreichen wir ein Shangri-la von heute.

Mittenwald ist ein kleiner Ort am Rand eines abfallenden Alpentals, im Schatten des Karwendelgebirges dicht an der österreichischen Grenze gelegen. Jahrhundertelang befand sich hier eine Mautstation, wo Adelige den Händlern, die aus Italien kamen oder auf dem Weg dorthin waren, Steuern abknöpften. Seit dreihundert Jahren ist es das bayerische Cremona, ein Zentrum des Geigenbaus. Mozarts Geige wurde hier von einem Nachfahren des Matthias Klotz hergestellt, der die Geigenbautradition ins Leben rief. Die Gegend bot alle natürlichen Voraussetzungen: Aus den uralten Ahornbäumen und langsam wachsenden Fichten ließen sich hervorragende Geigenböden und -decken bauen. Obwohl das meiste Tonholz heute aus anderen Teilen der Alpen kommt, gibt es in Mittenwald immer noch überall Geigen- und Zitherbauer, welche die von ihren Ururgroßvätern begonnene Tradition weiterführen.

Der Frühling kommt spät in dieser Höhe. Noch sind die Bäume kahl, die Luft ist kühl. Aber über die Ufer des klaren Flüsschens, das sich seinen Weg durch den Ort bahnt, hängen Kaskaden von violetten Blumen, und die Pastellfarben – Rosa, Gelb, Korallenrot – der alten Gebäude wirken erfrischend. Die meisten Fassaden sind im bayerischen Stil mit riesigen Wandmalereien verziert. Da sind Engel, Heilige und biblische Szenen; da sind Szenen aus den Bergen – Hirsche, Ziegen und Schafe. Jedes Fenster ist von komplizierten, peinlich genau gearbeiteten Schnörkeln eingerahmt. Das ist Kitsch in höchster Vollendung.

Im Zentrum des Ortes, vor einem Hintergrund aus schneebedeckten Gipfeln, befindet sich das Herz der Gemeinde – eine etwa dreihundert Jahre alte rosafarbene Kirche. Auf dem Vorplatz prangt eine große Bronzestatue von Matthias Klotz, der eine Geige ins Dasein schnitzt.

Thomas Hilz und ich parken vor dem Hotel Rieger, wo ich ein Zimmer beziehe, von dessen Badewanne aus ich auf den Karwendel blicken kann. Überall in Mittenwald hat man imposante Berge vor Augen. Rasch mache ich mich frisch, ziehe mich um und gehe dann hinunter ins Hotelrestaurant, wo Thomas und sein Freund Norbert Fuchs bereits verschwörerisch über einer Flasche Wein beisammenhocken.

Norbert ist ein Hüne von Mann, siebzigjährig, groß und breitschultrig, mit dichtem, glänzendem weißen Haar und markanten Gesichtszügen. Er ist laut und dominant, wie die deutschen Rentner, denen ich in der Bahn begegnete, wo sie über die Tischchen hinweg Reden schwangen.

In Schnellfeuer-Englisch verkündet Norbert, dass er eben erst aus dem Kaukasus zurückgekehrt sei, einer Reise, die er einmal im Monat unternehme, um einige der besten und ältesten Ahornbäume der Welt für den Geigenbau zu kaufen. Die Reise hat es in sich: Erst fährt er sechzehn Stunden bis an die ukrainische Grenze, dort muss er dann in einen russischen Wagen umsteigen.

»Man kann nicht mit einem deutschen Auto hinfahren – lauter Mafia dort, Terroristen, sehr gefährlich, wir müssen sie andauernd schmieren«, sagt er zu Thomas, während er sich im Eifer über den Tisch beugt und das Weinglas in seinen großen Händen verschwindet. »Ab der russischen Grenze fahren wir dann noch mal vierundzwanzig Stunden.«

»Haben Sie keine Angst um Ihre Sicherheit?«, werfe ich ein.

»Ach, mir würden sie nichts tun.« Fuchs macht eine wegwerfende Handbewegung. »Ich bin schon so alt.« Er schmunzelt.

»Wie bringen Sie das Holz her?«

»Ganze Bäume rauszubringen ist illegal. Sie müssen dort geschnitten werden.« Norbert wendet sich wieder Thomas zu: »Die Leute dort reden alle Dialekt. Sogar wenn man Russisch spricht, versteht man sie nicht.«

Norbert Fuchs spricht Englisch. Thomas antwortet ihm auf Deutsch. Er wird wohl genug davon haben, den ganzen Tag Englisch sprechen zu müssen, aber das macht es schwer für mich, der Unterhaltung zu folgen. Als würde Norbert meine Gedanken lesen, wendet er sich mir zu und erzählt mir die Geschichte, wie er nach Mittenwald kam.

Norbert Fuchs' Tonholzfirma, Brüder Fuchs, ist seit sieben Generationen im Besitz der Familie und beliefert seit 1778 Saiteninstrumentenbauer. Das Unternehmen befand sich bis 1946 im tschechischen Eger. Als die amerikanischen Truppen im Zweiten Weltkrieg dorthinkamen, beging Norberts Mutter den Fehler, für sie zu kochen; als neun Monate später die Russen einrückten, wurde die Familie zum Fortgehen gezwungen. Einige Verwandte lebten in Mittenwald, und da dort so viele Geigenmacher ansässig waren, schien sich der Ort anzubieten, um das Geschäft dort wieder aufzubauen. Damals ging Norbert noch zur Schule und verstand kein Wort Deutsch.

Am nächsten Tag besuche ich sein Lager für Tonholz und sein Werk. »Fragen Sie mich, was Sie wollen!«, brüllt er zwischen zwei auf seinem Handy eingehenden Gesprächen. »Ich mache diese Arbeit seit achtundfünfzig Jahren!« Er zeigt mir Kisten mit Geigenbestandteilen – Schnecken, Böden, Hälse, Zargen, Decken. Er hat vierundzwanzig verschiedene Typen von Fräsen, um jeden Teil einer Geige herzustellen, und er kann fünfhundert Hälse an einem Tag produzieren. Sechs Minuten, um einen Geigenboden zu pressen! Hunderttausend vorgefertigte Sets von Geigenteilen pro Jahr!

Im Hauptgebäude lagern Abschnitte von Baumstämmen, groß wie Billardtische, 450 Jahre alt. In den ersten 150 Jahren sind die Jahresringe so eng, dass ich die einzelnen Linien nicht voneinander unterscheiden kann. »Ich nehme die großen, Thomas die kleinen«, erklärt Norbert. »Für eine Geige müssen alle Teile vom selben Baum stammen.«

Er geht hinaus, um mir zukünftige Geigenböden zu zeigen, die aus keilförmigen Stücken von geflammtem Ahorn hergestellt werden. Sein Gang ist der eines alten Cowboys, mit schweren, ausschwingenden Schritten. Die Keile werden zwei bis drei Jahre im Freien gelagert, bevor sie verkauft werden. Dann wird ein Geigenbauer sie weitere fünf bis fünfundzwanzig Jahre – vielleicht noch länger – aushärten lassen. Fuchs nimmt einen Keil vom Trockenstapel, klopft mit dem Knöchel dagegen und reicht ihn mir – er ist sehr schwer. »Die Faser muss ganz gerade sein!«

Ich frage ihn, warum Fichte und Ahorn am besten für Geigen geeignet seien. »Fragen Sie die Geigenbauer!«, dröhnt er und reckt einen Arm zum Himmel.

Ich überlasse ihn seinen mannigfachen Verhandlungen am Handy; seine Tochter fährt mich zum Treffen mit einem Geigenbauer.

Rainer Leonhardt ist auch Direktor des örtlichen Geigenbaumuseums. Seine Werkstatt befindet sich in einem Anwesen am Ortsrand. Alles hier sieht handgefertigt aus, vom Türklopfer über die Springbrunnen im Hof bis zum verglasten Diorama einer Geigenmacherwerkstatt im Vorraum und den prachtvollen Larven aus Holz an einer Wand der Werkstatt. Sie kommen jährlich beim Fasching zum Einsatz, ein alter Mittenwalder Brauch.

Ich frage Rainer Leonhardt, was seiner Meinung nach geschehe, wenn jemand sich in eine Geige verliebe, und er verweist mich rasch an jemand anderen. »Dazu müssen Sie meinen Kollegen Anton Sprenger befragen«, sagt er und schüttelt amüsiert den Kopf. »Hier ist seine Nummer.«

Zurück im Hotel wähle ich die Nummer, aber ich erreiche niemanden. Also schlendere ich durch die Ortschaft, sehe mich in der Apotheke um, esse in einem Café Tiramisu-Eis. Aus offenen Werkstattfenstern tönt Violinmusik auf die Straßen. Es wird wärmer. Mir gefällt es so gut in Mittenwald, dass ich beschließe, meinen Aufenthalt bis zum Wochenende zu verlängern. Der einzige Angestellte im Hotel, der Englisch spricht, meint, das sei kein Problem.

Ich schlüpfe in meine Wanderschuhe und mache mich auf in die Berge. Bald befinde ich mich in einer gezähmten Wildnis, mit asphaltierten Wanderwegen, Marterln und einem Gipfelrestaurant. Uralte Ahornbäume recken ihre anmutigen nackten Arme in den eisengrauen Himmel. Das Heidekraut blüht. Die zerklüfteten Gipfel scheinen zum Greifen nahe. Ich fühle mich beflügelt von dieser Schönheit und vergesse ganz die Enttäuschung darüber, hierher entführt worden zu sein. Ich fühle mich dieser Landschaft verbunden. Ich könnte mich auch in Montana befinden. Die Holzfäller bei Filzmoos könnten meine Freunde von den Missoula Smokejumpers sein, die in der Wildnis ihre Heldentaten vollbringen. Ich bin zuhause.

Als ich im Spätnachmittagslicht zurückwandere, bemerke ich, dass meine Wahrnehmungsfähigkeit geschärft worden ist. In den Gärten blühen Nieswurz und Kirschbäume. Auf den Gehsteigen vor den Reihenhäusern ist fein säuberlich Brennholz gestapelt. Apostel vergießen blutige Tränen, ihre Gliedmaßen hängen ungelenk herunter; bemalte Marienstatuen stehen in Mauernischen, Hunderte Kerzen flackern davor. Violinmusik zieht mich weiter, und als ich an der rosa Kirche im Ortszentrum vorbeigehe, entdecke ich ein winziges Schild – *Anton Sprenger, Geigenbaumeister* – und einen Pfeil, der eine enge Gasse hinunterweist. Ich folge ihm und finde mich bald am Flüsschen wieder. Kinder hören zu spielen auf und sehen zu mir hoch, während ich über die grünende Landschaft schaue. Durch ein niedriges Türchen trete ich in einen kleinen Hof.

*

Durch die Buntglasfenster tönt mir Bach-Musik entgegen; jemand spielt auf einer Geige. Die Türe zu Anton Sprengers Werkstatt steht offen. Als ich hineinschaue, lässt der Klang meine Nerven sirren; ich fühle, wie sich die Härchen auf meinen Armen aufrichten. Der Geiger sieht mich und senkt den Bogen.

»Bitte, sprechen Sie Englisch?«, frage ich.

»Ja. Kann ich Ihnen irgendwie behilflich sein?«

»Ihr Kollege Rainer Leonhardt hat mich zu Ihnen geschickt. Er meinte, mit Ihnen könnte ich darüber sprechen, wie Menschen auf Musikinstrumente reagieren. Sie seien der Richtige dafür. Es tut mir leid, dass ich Sie unterbrochen habe. Bitte spielen Sie weiter.«

»Ja, danke«, sagt Anton Sprenger mit einem jähen Nicken und einem kurzen Lächeln. »Ich bin gerade mit dieser Geige fertig geworden. Ich spiele zum ersten Mal darauf. Ich bin sehr zufrieden.« Er hebt die Geige wieder an sein Kinn und legt den Bogen an die Saiten.

Beim ersten Bogenstrich ist der Raum von gewaltigem Widerhall erfüllt. Der Klang vibriert kraftvoll in meinem ganzen Körper, Tonwellen lösen intensive Empfindungen in mir aus. Die tiefen Noten sägen durch meine Knochen. Die hohen reißen mein Herz entzwei. Bevor mir noch klar wird, was geschieht, rinnen mir Tränen über die Wangen.

Wie ungerecht!, denke ich verlegen. Die Geige ist zu schön. Und dann gebe ich mich ganz dem Klang hin und weine rückhaltlos. Mein Herz, mein ganzes Sein öffnet sich weit, wird strahlend vor Licht. Voller Erstaunen sehe ich Anton an. Wie ist es möglich, dass sein Spiel mich derart aufwühlt?

Schließlich senkt er den Bogen und legt die Geige auf eine wattierte Unterlage auf seiner Werkbank. Wir schweigen, sehen einander an, lassen den Nachklang der Musik verhallen. Endlich sage ich: »Was für eine Ehre, dieses Instrument zu hören!«

»Ja, ich glaube, es ist gut geworden.« Wieder das stille Lächeln. »Ich bin glücklich.«

»Was habe ich gerade erlebt?«

»Das ist sehr schwer zu erklären«, sagt der Geigenmacher, setzt sich auf seinen Arbeitshocker und stellt einen Fuß auf die Sprosse. Er trägt eine grüne Arbeitsschürze, seine Hemdärmel sind aufgekrempelt. Er stützt eine Hand auf jedes Knie, die Ellbogen abgespreizt. Seine Augen strahlen, seine Wangen sind gerötet. Mit 35 Jahren ist er erstaunlich jung für jemanden, der die Kunst des Geigenbaus beherrscht.

»Es gibt mehr Dinge auf Erden, als wir mit unseren Augen sehen. Dank dieser Auffassung baue ich so hochwertige Instrumente«, sagt er.

»Wie, glauben Sie, beeinflusst Ihre Intention die Art, wie Menschen auf Ihre Geigen reagieren?« Ich setze mich auf einen Klappstuhl und blicke erwartungsvoll in Antons gedankenversunkenes Gesicht.

»Es ist nicht einfach, darüber zu reden; Menschen, die nicht über die Kraft des Universums Bescheid wissen, halten mich für einen Idioten.« Er zuckt die Achseln. »Solche Dinge habe ich schon als Junge gespürt, aber man hat mir gesagt, ich würde mich irren. Wissen Sie, ich musste lernen, mir selbst zu vertrauen. Nicht leicht. Man muss es spüren. Darauf kommt es an.«

Ich deute auf meine immer noch feuchten Wangen und lache. »Sieht so aus, als würde ich es spüren!« Auch er lacht.

»Einmal kam ein Mädchen her, aus Japan. Sie probierte eine Geige aus und konnte nicht mehr zu spielen aufhören. Sie sollte noch am selben Tag aus Mittenwald abreisen, aber sie blieb über Nacht, weil sie acht Stunden lang auf der Geige spielte. Und sie hat die ganze Zeit geweint.«

Ich erkläre, dass ich, so sehr ich es auch wünschte, nicht auf einer seiner Geigen spielen kann. Ich spiele Klavier. Ich habe etwas Derartiges mit einem Flügel erlebt. Deshalb sei ich hier. Ich möchte verstehen, wie ein Baum zum Instrument wird, wie aus der Seele des Baumes die Seele eines Instruments wird und warum ihr Klang uns so berührt.

»Viele Leute kommen hierher, um über solche Dinge zu sprechen, und nicht um eine Geige zu kaufen! Oft bin ich der letzte Geigenbauer, den sie in Mittenwald aufsuchen.« Wieder lacht er. »Ich bin ein Knoten in einem Netzwerk. Ich setze Menschen auf die Spur. Sie sind nicht die Erste oder Einzige. Für mich ist es sogar wichtiger, über diese Dinge zu reden, als Geigen zu verkaufen.«

»Aber was sagen Sie den Leuten? Wie lautet Ihre Erklärung?«

»Ich glaube, alles beginnt bei der inneren Einstellung. Am besten sagt man sich: Das mache ich, weil es mir gefällt. Ich möchte heute besser sein als gestern und die besten Geigen bauen, die ich machen kann. In meiner Vorstellung lebe ich in der Renaissance; ich fühle mich nicht wie ein moderner Geigenbauer. Ich begegne der Welt wie die damaligen besten italienischen Geigenbauer. Ich höre Musik aus dieser Zeit. Ich verwende keine elektrischen Werkzeuge mehr, ich brauche sie nicht, ich kann überall arbeiten – auf einem Berg, wie vor fünfhundert Jahren.«

Auch der Ort, an dem er lebe, sagt Anton, sei wichtig. »Die Landschaft, die Bräuche, jemandes Familie – all das fließt in das Instrument ein.« Seit 180 Jahren werden in seiner Familie Geigen gebaut.

»Als Nächstes habe ich vor, eine Geige aus einem einzigen Stück Holz zu bauen – das finde ich phantastisch. Das war ein Baum, ein *lebender* Baum. Hier.« Er hebt einen schweren dunklen Holzblock hoch und balanciert ihn auf seinem Knie. »Das ist ein Stück Holz aus der Zeit vor 350 Jahren, es stammt aus einer Kirche. Der Baum ist 500 Jahre lang gewachsen. Stellen Sie sich das vor! Und daraus wird etwas, das so warm nachschwingt, und für so lange Zeit. Eine Geige ist das Maximum dessen, was man aus einem Baum herausholen kann.«

Aber, sagt er, der Baum sei nur ein kleiner Teil der Gleichung.

»Hier ist viel Wissenschaft und Natur beteiligt. Das Biochemische und das Biophysikalische müssen zusammenfallen. Alles ist Schwingung.« Er nimmt ein Töpfchen von seiner Werkbank und reicht es mir; es ist bis zur Hälfte mit einer klaren Flüssigkeit gefüllt. Ein rechteckiger weißer Zettel ist darauf geklebt, mit der Nummer 8. Aber es ist nicht bloß eine Nummer. Die Wörter »Liebe« und »Dankbarkeit« bilden eine fortlaufende Linie aus Achten – die Ziffer gilt als Symbol für Unendlichkeit.

»Die Acht hat die stärkste Schwingung«, sagt Anton. »Das ist der Lack, den ich auf meine Geigen auftrage. Die Ziffer 8 verändert die Schwingung des Lacks, sie harmonisiert sie. Sie sollten sie auf Ihren Computer kleben, auf alle elektrischen Geräte. Ich verwende diese Ziffer immer.«

Ich schwenke den Lack. Schwingung. Numerologie. Wo habe ich schon davon gehört? Ich habe das Gefühl, wieder an meinem Ausgangspunkt angekommen zu sein. Aber Anton Sprenger ist kein Anthroposoph, wie er mir versichert. Er ist Katholik und glaubt an Jesus. Er verwendet Weihwasser aus der rosa Kirche, wenn er seine Geigen nassschleift.

»Das ist sehr eigenartig«, sage ich, während ich zusehe, wie der Lack an der Innenseite des Glases hinunterläuft. »Wissen Sie, mein Großvater hat die Ziffer 8 als Symbol für ›Ich liebe dich‹ verwendet. Seine Briefe an uns hat er immer mit 8 unterzeichnet. Und ich bin an einem 8. geboren.«

»Ja«, sagt Anton und stellt das Töpfchen weg. »Leute, die hierherkommen, haben oft eine Verbindung zu dieser Ziffer. Sie findet sich in ihrer Telefonnummer oder ihrer Adresse.« Er zieht eine Lade heraus und zeigt mir Visitenkarten, die er gesammelt hat. Sie stammen aus allen Teilen der Welt. »Meine

Kunden sind etwas Besonderes. Ich denke, sie glauben an das alles. Sie sind sensibel. Sie spüren die Energie. Wenn man die Kraft des Universums in das Instrument legt, ist es wie Magnetismus.«

»Glauben Sie, Ihre Kunden reagieren auf das, was Sie sind? Besteht irgendeine Ähnlichkeit zwischen Ihnen und jemandem, der sich in eine Ihrer Geigen verliebt?«

»O ja. Es ist meine Art zu leben. Und wenn Menschen auf meinen Geigen spielen, kommt diese Energie zu mir zurück, aus der ganzen Welt. Tag und Nacht ist meine Energie auf der Erde zu spüren. In Taiwan spielt jemand ein Konzert, während in den USA die Leute schlafen. Phantastisch, wenn ich es bedenke. Geigen sind zudem sehr langlebig, sie können nicht sterben. Wenn man gute Geigen baut, kann man fünfhundert bis tausend Jahre lang auf ihnen spielen. Daran denke ich ständig. Das heißt, ich habe eine Verantwortung. Ich muss mich sorgfältig vorbereiten. Das erzeugt viel Druck. Deshalb arbeite ich auch nur dann, wenn meine Energie stimmt. Die Qualität der Geige hängt davon ab. Wenn ich mich schlecht fühle, gehe ich in die Berge, an einen See, in die Natur. Das ist wie bei einer Batterie – ich lade mich auf mit Energie von den Bergen, der Luft und der Sonne, von den Bäumen und aus dem Wasser. Es ist sehr wichtig, dass ich das mache. Außerdem sitze ich jeden Tag mit meiner Familie am Tisch, und dann herrscht Harmonie. Das ist ganz wesentlich. Ich glaube, dass es auch etwas ausmacht, wo ich lebe. Mittenwald ist eine ganz besondere Gegend.«

Ja, denke ich, das stimmt. Ich bin mit diesem Ort im Einklang, wie mit den Bergen in Montana. Wie mit dem Wald in Österreich, wo der Baum gefällt wurde, aus dem Marlene entstand. Und mit dem Werk in Braunschweig, mit den Handwerkern, die sie gebaut haben.

Ein Wissenschaftler, den ich zu meinem Erlebnis mit Marlene befragte, meinte, wenn er die Antwort fände, stünde ihm dafür der Nobelpreis zu. Aber nach meiner Audienz bei Anton Sprenger brauche ich sie gar nicht mehr unbedingt. Außerdem haben sich meine kritischen Fähigkeiten, mein Skeptizismus letztlich als nutzlos erwiesen. Um Musik zu verstehen, kommt es nicht aufs Denken an. Es geht ums Fühlen. Am Vorabend meiner Heimreise bin ich auf seltsame Weise vom Unbeantwortbaren, vom Unerklärlichen erfüllt.

Als ich diese Reise begann, war ich allein, an ihrem Ende bin ich eine von vielen, die ihren Kopf verlieren und ihrem Herzen folgen. Es genügt, in dieser Welt so viele verwandte Geister gefunden zu haben. Nun möchte ich einfach mein Klavier zurückbekommen.

27

Marlenes Heilung

Wir hatten einen Plan geschmiedet. Marc würde den Walnuss-Grotrian im Ausstellungsraum von Beethoven Pianos in der »Schubert-Konzertstimmung« stimmen, diese dann mit einem Accu-Tuner aufzeichnen und mir die Frequenzzahlen zukommen lassen. Dann würde Carl mir die Hämmer des Walnuss-Grotrian an den Stielen schicken. Tom würde sie einbauen und mein Klavier unter Verwendung von Marcs Zahlen mit seinem Accu-Tuner stimmen. Wenn alles gut ginge, würde ich endlich das Instrument in unserem Wohnzimmer stehen haben, in das ich mich damals im Ausstellungsraum verliebt hatte.

Aber der Fluss der wahren Liebe floss nie sanft zwischen Marlene und mir, und als ich heimkomme, entdecke ich, dass der Plan ein paar Haken entwickelt hat.

Zunächst einmal kann ich Carl nicht erreichen. Ich habe vor Monaten das letzte Mal mit ihm gesprochen, als wir zusammen zu Abend aßen und er mir anbot, mir die Hämmer an den Stielen zu schicken. Er ist nie im Geschäft, und er ruft auch nicht zurück. Sein Angebot ist unglaublich großzügig – ganz zu schweigen davon, dass es vom geschäftlichen Standpunkt aus wahrscheinlich eine unkluge Entscheidung ist –, aber etwas Besseres fällt mir nicht ein. Ich komme aus Europa zurück und finde das Klavier in einem schlechteren Zustand vor als je zuvor – ein fauchendes, misstönendes Kuddelmuddel. Ich muss etwas tun, egal was.

Dann kommt Marc ins Zweifeln. Er will nicht lernen, wie man einen Accu-Tuner benutzt, und er möchte nicht, dass ein anderer Klaviertechniker die Zahlen für die »Schubert-Konzertstimmung« sieht.

»Ich habe Angst, die denken, ich ticke nicht ganz richtig«, gesteht er. »Diese Stimmung ist etwas Subtiles, und in dieser Welt wird Subtilität nicht geschätzt.« Stattdessen möchte er sich mit mir die Kosten für einen Accu-Tuner teilen; ich soll lernen, wie man ihn anwendet, damit ich ihn übers Telefon anweisen kann, und dann schicken wir einander den Tuner zu. Mir klingt das alles viel zu kompliziert, aber Marc beharrt darauf. »Sonst gebe ich vielleicht etwas aus der Hand«, meint er, »und später bereue ich es. Überhaupt muss ich wissen, wann Carl Ihnen die Hämmer von diesem Klavier schickt.«

»Ich kann ihn nicht erreichen. Es ist ein bisschen eigenartig.«

»Na ja, wissen Sie, seine Mutter ist gestorben.«

»O nein!«

»Ich höre, es hat ihn sehr getroffen. Er hat drei Tage mit ihr in einem Zimmer verbracht und versucht, mit ihr in der jenseitigen Welt in Verbindung zu treten. Aber das ist schon eine Weile her.«

Es gelingt mir, Carls Handynummer zu ermitteln, und diesmal nimmt er den Anruf entgegen.

»Carl, es tut mir so leid wegen Ihrer Mutter.«

»Na ja«, sagt er. Seine Stimme klingt schwach. »Wir sollten feiern, wenn jemand aus diesem Leben geht. Trauern sollten wir, wenn wir geboren werden.«

Vorsichtig frage ich ihn nach den bestielten Hämmern. Ob er etwas von Grotrian gehört hat? Werden sie sie schicken?

»Da ist noch nichts weiter passiert«, sagt er, seine Stimme klingt noch schwächer. »Und ich habe es vollkommen vergessen. Ich kümmere mich gleich morgen früh darum.«

Am nächsten Tag bestätigt Carl, dass ich die Hämmer in drei Wochen erhalten werde. Ich rufe Tom Kuntz an und mache einen Termin mit ihm aus.

Dann ruft Marc immer häufiger bei mir an. Er fürchtet, Carl werde vergessen, was zu tun sei; er hat das Gefühl, ich würde ihn nicht genug antreiben. Er zermartert sich den Kopf wegen des Accu-Tuner. Er möchte, dass ich ihm garantiere, ich würde mit der Stimmung zufrieden sein.

»Marc, wenn Ihnen nicht wohl dabei ist, dann machen wir's nicht«, sage ich ihm. »Ich werde mit dem leben, was aus den neuen Hämmern und Toms Stimmung herauszuholen ist. Ich würde Marlene wahnsinnig gerne zurückhaben, aber wenn die Logistik zu kompliziert ist –«

»Nein, nein, nein, nein! Es ist in Ordnung, ich will es ja machen. Ich möchte nur, dass es funktioniert.«

Aber am nächsten Tag ruft er wieder an: »Ich würde zu gern wissen, ob es Ihr Problem lösen wird, wenn ich die Stimmung aufnehme«, verlangt er zu wissen.

»Ich weiß es nicht! Wie soll ich das wissen?«, entgegne ich gereizt. »Ich kann nicht hellsehen!«

»Warum glauben Sie nicht daran, dass die neuen Hämmer und die Stimmung Ihnen das verschaffen, was Sie möchten?«, beharrt er. Seine Stimme wird schrill. »Sie stellen die Uhr auf Null zurück. Sie drücken den Reset-Knopf und fangen noch mal von vorne an. Sie sind nur einen Satz Hämmer von einem neuen Musikinstrument entfernt, Perri. Natürlich werden Sie dadurch bekommen, was Sie haben wollen!«

»Es ist nicht so, dass ich es nicht glauben würde«, erkläre ich und versuche meine wachsende Ungeduld zu bezähmen.

»Ich bleibe einfach nur unvoreingenommen, bis ich es selbst höre.«

»Oh, mein Gott!«, japst Marc.

»Was?«

»Das war mir nicht klar! Ich bin nach Montana rausgefahren, um Carl zu helfen, weil er mein Freund ist. Ich habe Ihr Klavier schön klingen lassen, damit Sie es nicht zurückschicken, aber –«

»Richtig, das hat das Problem nicht gelöst. Ich habe das Klavier jetzt drei Jahre und in der ganzen Zeit war es vielleicht einen Monat lang in Ordnung. Also, ja, ich bleibe unvoreingenommen. Ich glaub's, wenn ich es höre.«

»Sie werden noch unvoreingenommen sein, wenn Sie durch den Todestrakt gehen!«, kreischt er, er klingt fast hysterisch. »Dann hoffen Sie einfach, dass kein Strom kommt, wenn die den Schalter umlegen!«

Todestrakt! Kaum zu fassen, diese Melodramatik.

»Sie hätten das Klavier schon längst zurückgeben sollen«, fährt er fort. »Es ist meine Schuld, dass Sie es nicht getan haben! Ich habe Sie beschwatzt. Ich habe Sie immer weiter getrieben, habe nicht verstanden, was Sie durchgemacht haben. Aber jetzt verstehe ich es.«

»Nun, Sie haben mir ja gesagt, wie überzogen manche Pianisten mit der Zeit reagieren, und dann mag keiner mehr mit ihnen arbeiten. Also habe ich nicht darüber gesprochen.«

»Hören Sie«, fährt er fort, seine Stimme klingt immer noch nervös. »Sie können jetzt tapfer weitergehen! Der Strom wird abgestellt! Ich kenne Sie, ich weiß, worauf Sie reagieren. Mit den neuen Hämmern wird es gehen. Die Stimmung wird funktionieren. Ich glaube an Zahlen. Ich komme mir ganz schön dumm vor! Habe mir wegen der Zahlen Sorgen gemacht und darüber, wer sie zu Gesicht bekommt.« Marc

klingt gequält. »Es ist mir egal, wer sie sieht. Ich kann jemanden anstellen, damit er die Stimmung aufnimmt.«
»Ich zahle das.«
»Neineineinein«, sagt er. »Da ist nichts dabei.«
Endlich legen wir auf. Ich sacke über meinem Schreibtisch zusammen, völlig erschöpft von diesem Wortwechsel. Marc ist so anstrengend! Dann klingelt das Telefon. Schon wieder Marc.
»Sind Sie Samstag in zwei Wochen zuhause?«
»Ja.«
»Dann könnte ich nach Missoula fliegen.«
»Nein, Marc, das ist verrückt.«
»Hören Sie. Die Stimmung sollte wirklich an Ihrem Klavier gemacht werden. So macht man das.«
Panik steigt in mir auf. Was hat er vor? Will er womöglich die Hämmer intonieren? Er wird seine weich machenden Chemikalien benutzen wollen. Dann stehe ich wirklich wieder am Anfang.
»Marc, das kann ich nicht zulassen!«
»Ich komme raus zu Ihnen! Ich bringe das in Ordnung. Sie haben genug mitgemacht! Wenn das so weitergeht, sind Sie bald bankrott bei dem Versuch, das hinzukriegen.«
»Marc! Das ist verrückt!«
»Ich habe gerade eben eine Flugreservierung aufgerufen. Ein Wort von Ihnen, und ich drücke die Taste, um sie zu bestätigen.«
»Nein.«
»Was meinen Sie mit nein?«
»Ich meine, ich kann Sie das nicht machen lassen. Ich kann Sie nicht hier einfliegen, ich kann Sie nicht für Ihre Arbeit bezahlen oder Ihre Spesen begleichen.«
»Müssen Sie auch nicht. Das ist eine Sache, die ich tun

muss.« Seine Stimme klingt beinahe hysterisch. »Ich muss es wieder in Ordnung bringen.«

Ich zögere bloß einen Augenblick. Marc nutzt die Gelegenheit.

»Es wird perfekt sein«, sagt er. »Und falls Carl die Hämmer nicht rechtzeitig geschickt hat, damit Tom sie einbaut, kann ich sie mitbringen und selbst einbauen.«

»Lassen Sie mich überlegen.«

»Perri!«

»Lassen Sie mich überlegen.«

»In Ordnung«, sagt er. »Sie haben Zeit bis heute Abend.«

Als ich auflege, zittere ich. Was soll ich jetzt tun? Ich kann Marc nicht an diese Hämmer lassen. Ich weiß nicht, ob ich noch irgendjemandem genug Vertrauen entgegenbringe. Ich lege mich aufs Sofa und versuche mich zu beruhigen. Aber sobald ich die Augen schließe, wird eine Stimme in mir laut: *Lass ihn kommen. Lass ihn dir helfen.* Soll ich? Ich setze mich auf. *Es ist okay, wenn du ihn dir helfen lässt.*

Das Telefon klingelt. Es ist erst vier Uhr nachmittags, aber Marc ist ungeduldig.

»Hören Sie, ich muss das jetzt erledigen. Sagen Sie ja, und ich reserviere.«

»Okay. Okay, Sie können kommen. Aber kein Intonieren.«

»Was?! Hören Sie mal, die Stimmung funktioniert nicht ohne Intonieren.«

»Ich weiß.« Ich wähle meine Worte mit Bedacht. »Das weiß ich. Aber, Marc, das Problem ist, dass Ihre Intonation ohne Ihre Stimmung bei mir nicht funktioniert. Das haben wir gesehen. Und die Stimmung hält nicht sehr lange. Bis wir sicher sind, dass Ihre Arbeit mit dem Accu-Tuner reproduziert werden kann, möchte ich nicht, dass die Hämmer intoniert sind.«

»Ich nehme keine Chemikalien. Ich versprech's. Nur Nadeln.«

»Marc, ich wohne so weit weg von Ihnen. Ich muss es langsam angehen.«

»Okay. Kein Intonieren. Kann ich jetzt diesen Flug reservieren?«

*

Am Sonntag waren die Hämmer nicht mehr in Ihrem Klavier!

Eine E-Mail von Jerry Korten. Ich habe ihm von unserem ursprünglichen Plan erzählt, und er muss zu Beethoven Pianos gegangen sein, um die »Schubert-Konzertstimmung« auf dem Walnuss-Grotrian zu hören. Er hat schon früher auf diesem Klavier gespielt. Damals sagte er zu mir: »Wenn Carl dieses Klavier schon gehabt hätte, als ich eines suchte, hätte ich meines nicht in Deutschland kaufen müssen.«

Tom baut sie gerade jetzt, wo ich das schreibe, in mein Klavier ein, tippe ich. *Ich weiß noch nicht, wie das klingen wird. Im Moment reguliert er die Höhe.*

OH MEIN GOTT, ICH HALTE ES FAST NICHT AUS!, lautet Jerrys Antwort.

Mir geht es ähnlich. Seit Tom am Morgen gekommen ist, bin ich hochgradig nervös.

Tom Kuntz dabei zuzusehen, wie er seine Werkzeuge zurechtlegt und das Klavier auseinandernimmt, ist ein vertrautes und tröstliches Ritual geworden. Heute Vormittag ist er gut gelaunt und macht neckische Scherzchen.

Sein Handy klingelt. Er sieht aufs Display, geht aber nicht dran, bis das Klingeln aufhört. Dann sagt er in das Telefon: »Hallo? – Das Weiße Haus? Der Präsident möchte heute sein

Klavier gestimmt haben? – Ach, Sie meinen George Bush? Sagen Sie George Bush, er muss sich bis morgen gedulden. Heute stimme ich Perri Nays Klavier.« Er bekommt den Lacher von mir, auf den er spekuliert hatte.

Ich verkünde ihm, falls die neuen Hämmer das Problem nicht lösten, würde ich mit einem Vorschlaghammer auf den Flügel losgehen und ihn dann in den Fluss werfen. »Oh nein, das werden Sie nicht tun!«, sagt Tom. »Ich nehme es Ihnen ab. Ich hätte dieses Klavier nur zu gerne.«

So viel ist in den letzten sechs Monaten geschehen, seit Tom das letzte Mal zum Stimmen hier war, so viel gibt es zu erzählen, dass ich nicht weiß, wie er zum Arbeiten kommen soll. Ich berichte ihm von der »Schubert-Konzertstimmung«. Ich zeige ihm die Fotos und Notizen, die ich bei Grotrian gemacht habe. Ich erzähle ihm von meinem Plan, mit Marc die Stimmung aufzunehmen, damit wir sie auf das Klavier übertragen können. Würde er da mitmachen?

»Sicher! Ich bin sehr gespannt, sie zu hören. Natürlich hat man mir schon von Stimmungen vorgeschwärmt, die ich fürchterlich fand«, warnt er. »Aber ich muss sie ja nicht mögen. Es ist Ihr Klavier.«

Er spielt einen Riff auf dem Grotrian. Das Klavier hat einen schwirrenden, schnarrenden Klang, wirklich scheußlich. Die neuen Hämmer einzusetzen wird wie eine Gehirntransplantation sein. Ich kann es kaum erwarten.

Tom erklärt, dass eine umfassende Regulierung der Mechanik erforderlich sein wird, um den Umstand auszugleichen, dass die Hämmer nun in einen anderen Klavierkorpus eingebaut werden. Alle Teile müssen aneinander ausgerichtet werden. Das wird Stunden in Anspruch nehmen.

Carl hat die Hämmer in einem gepolsterten Metallbehälter verschickt. Ich öffne ihn und entferne die Luftpolsterfolie, um den Inhalt bloßzulegen – an Stiele geleimte Hämmer, jeder mittels Gelenk mit einer Kapsel verbunden, in akkuraten Reihen verstaut. Tom legt einen nach dem anderen auf den Couchtisch, in genau der richtigen Reihenfolge, vom Diskant zum Bass. Wir treten zurück und bewundern sie einen Augenblick lang.

»So«, sagt er. »Möchten Sie, dass ich alle einsetze? Oder würden Sie sich lieber zuerst den einen oder anderen anhören? Vielleicht möchten Sie auch gerne einige Ihrer alten Hämmer behalten?«, frotzelt er.

»Sie machen wohl Witze«, sage ich lachend.

»Okay, okay. Gut!« Er grinst.

Tom zieht die Klaviermechanik heraus, dreht sie um, damit er den Klaviaturrahmen als Unterlage verwenden kann, und schraubt jede zweite Hammernusskapsel vom Mechanikbalken, beginnend bei der Diskantlage. Jeden fehlenden Hammer ersetzt er durch einen neuen, dann justiert er alle Hämmer und Stiele in diesem Bereich, bis sie sich korrekt bewegen und ausgerichtet sind. Das wiederholt er dann mit den übrigen. Ich hüpfe um ihn herum, während er arbeitet, lehne mich über den Rim, um zuzusehen und Fragen zu stellen, bis mir klar wird, dass ich lästig falle.

»Tom, Sie können mich jederzeit rauswerfen.«

»Ach, das ist schon in Ordnung!«

Ich gehe in mein Büro und versuche zu arbeiten. Aber das klappt nicht. Ich muss wieder zurück ins Wohnzimmer.

»Ich glaube, das wird funktionieren!«, sagt Tom. »Warum habe ich das nicht von Anfang an vorgeschlagen? Wie dumm von mir.«

Als alle neuen Hämmer im Klavier sind, wirken sie, als wären sie nicht ausgerichtet. »Wenn sie reguliert sind, sieht das besser aus«, beruhigt mich Tom.

Wir machen Mittagspause.

Im Hob Nob Café, wo Tom am liebsten zu Mittag isst, setzen wir uns an einen der Tische im Außenbereich, genießen die Sonne und den Blick auf die noch schneebedeckten Berge der Umgebung. Tom erzählt mir von seinem jüngsten Besuch in Italien, wo er im Fazioli-Werk an einem einwöchigen Seminar für Klaviertechniker teilgenommen hat. Er zeigt mir eine winzig kleine Wasserwaage, die man dort benutzt, um die Saiten auszurichten. Das Highlight der Reise sei gewesen, im Werk in einem Saal mit spezieller Akustik auf einem Drei-Meter-Konzertflügel zu spielen.

»Das war wirklich toll!« Er vergisst das Essen, und wirft sich in seinem Stuhl zurück, wie von einem Geschoss getroffen. »Die Schwingungen gehen einem durch und durch.« Er streckt den Arm aus, spielt auf einem Luftklavier und bebt am ganzen Leib, als hätte ihn ein elektrischer Schlag erwischt. »Mann! Das war das Höchste.«

»Ist das Fazioli also jetzt Ihr Lieblingsklavier? Und was ist mit dem Mason?«, necke ich ihn.

»Das Mason & Hamlin ist mein liebstes *amerikanisches* Klavier«, kontert Tom. »Das Fazioli ist mein liebstes *italienisches* Klavier.« Seinen neuen Hund hat er Fazioli genannt.

Nach unserer Rückkehr adjustiert Tom die Prallhöhe – die Entfernung, welche die Hämmer zurücklegen müssen, bis sie auf die Saiten treffen. Er prüft die Ausrichtung der Hämmer und die Spannung der Federn. »Das sind sehr gerade Stiele«, sagt er. »Nicht viel Arbeit, die zu richten.«

Aber es bleiben viele winzig kleine Anpassungen, und es liegen noch 87 Tasten vor ihm. »Schauen Sie mal, wie ich diese kleinen Knöpfchen einstelle«, er nimmt ein langes Metallwerkzeug, wie eine Zahnarztkürette, und stochert damit in den Löchern der Piloten. »Mit der Zeit wird sich der

Filz abnützen, dann werden Sie mich noch mal holen müssen.«

Tom fragt, ob wir ein wenig Musik hören können.

*

Fünf Stunden sind vergangen. Schließlich sind alle Hämmer reguliert – es ist an der Zeit zu stimmen. Während Tom arbeitet, kann ich hören, dass Marlenes Klang ein anderer ist. Kühler in der Farbe. Man wird ihn ein wenig aufwärmen müssen, aber damit kann ich mich später befassen. Diesmal werde ich mir selbst die Chance geben, mich an den neuen Klang zu gewöhnen, bevor ich irgendwelche Schritte unternehme, die nicht wieder rückgängig zu machen sind. Als das Stimmen beendet ist, fordert mich Tom auf zu spielen.

Als Erstes bin ich von der Klarheit und Schönheit des Diskants betroffen. Er reagiert auf den leisesten Anschlag, sofort, mühelos. Ich spiele den Chopin. Die Melodie glitzert, sie leuchtet.

Das ist nicht Marlene, aber es ist schön, und Tom hat bei der Mechanik hervorragend gearbeitet. Der Anschlag ist besser als je zuvor. Der Klang ist sehr ausgeglichen, voller gesättigter Farben. Wie wird Marcs Stimmung auf diesen Hämmern klingen? Abgesehen von einer leichten Schärfe sind sie ganz wunderbar, so wie sie sind.

Dann ist Tom dran und spielt ein wenig sanften Jazz.

»Es ist noch ein bisschen Regulieren und ein wenig Nachbesserung bei der Intonation erforderlich«, sagt er. »Aber heute habe ich keine Zeit mehr dafür.« Es muss zurück nach Coeur d'Alene, da er heute Abend mit seinem Jazztrio auftritt.

Ich klappe mein Scheckbuch auf und frage ihn nach der

Summe. Er verlangt das Übliche, aber ich weiß, dass diese Arbeit nicht das Übliche ist, also stelle ich den Scheck auf eine höhere Summe aus.

»Tom, warum kommen Sie den weiten Weg hier heraus?«

»Es ist interessant. Ich lerne was dabei. Zum Stimmen gehe ich so gut wie überall hin. Das ist ein Teil des Abenteuers.«

*

Nur noch ein paar Tage, bis Marc kommt, dem Klavier die »Schubert-Konzertstimmung« verabreicht und sie aufzeichnet. Als ich ihn anrufe, um vom Einbau der Hämmer zu berichten und davon, wie herrlich das Klavier jetzt klingt, will er wissen, was ich Tom bezahlt habe.

»Das war ein Schleuderpreis«, sagt er und klingt beinahe ärgerlich. Ich mache mir nicht die Mühe, ihn daran zu erinnern, dass wir in dieser Gegend keine New Yorker Preise haben. »Wird diese Sache zu Ende sein, nachdem ich für Sie gestimmt habe?«

»Ich weiß nicht, Marc. Wie können Sie annehmen, ich wüsste das?«

»Das ist keine akzeptable Antwort. Inzwischen haben Sie genug erfahren, um die Antwort zu kennen.«

Aber auch ich habe Fragen an Marc. Wird mir das Klavier mit diesen Hämmern und seiner Stimmung gut genug gefallen? Und wird es wieder das Klavier sein, in das ich mich verliebt habe?

»Nein«, sagt er so abrupt, dass es beinahe wütend klingt. »Das ist nicht möglich.«

Wir legen auf. In der letzten Zeit erschöpfen mich diese Telefonate mit Marc. Wie wird das sein, wenn er drei Tage hier ist?

28

Marc kehrt zurück

Er steht an der Bordsteinkante, winkt, neben sich einen großen Rollkoffer. Wie üblich ist er ganz in Schwarz gekleidet und trägt seine Telefonkopfhörer. Mit vereinten Kräften wuchten wir den schweren Koffer auf den Rücksitz meines Toyota. »Mit den Sachen in meiner Tasche könnte ich ein Flugzeug entführen«, fasst Marc die Reaktion der Security am Flughafen auf seine Technikerwerkzeuge zusammen. Er setzt sich nach vorn, und wir blicken uns einen Augenblick in stillem Wiedererkennen an. Plötzlich bin ich sehr froh, dass Marc hier ist. Er ist derjenige, der besser als jeder andere versteht, was alles hinter mir liegt. Und er ist gekommen, weil er sich gerufen fühlte – es kann keinen anderen Grund geben. Ich bin dankbar für diese Geste, obwohl ich nach wie vor meine Zweifel hege, ob es klug war, sie zuzulassen. Wird Marc wirklich widerstehen können, mein Klavier zu intonieren?

Als er mich vor ein paar Stunden während eines Zwischenstopps in Minneapolis anrief, hat er meine Zuversicht in dieser Hinsicht ganz und gar nicht beflügelt.

»Wie lange werde ich heute an Ihrem Klavier arbeiten?«, wollte er wissen. Ich wusste keine Antwort: Warum fragte er? Ich sagte ihm, ich wolle eine Zeitlang mit den neuen Hämmern leben, bevor ich entscheiden würde, ob sie intoniert werden müssten. Aber Marc möchte sein Ding durchziehen.

»Ihnen ist klar, dass Stimmen und Intonation Hand in Hand gehen?«

Ja, Marc, das weiß ich.

»Ich weiß nicht, wie die Stimmung mit Hämmern klingt, die nicht von mir intoniert worden sind.«

»Das sehen wir, wenn Sie stimmen«, sagte ich und spürte, wie sich meine Nackenmuskeln verkrampften. »Ich möchte die Hämmer nicht anrühren.«

»So arbeite ich normalerweise nicht«, drängte er. »Ich stimme, ich intoniere, ich stimme, ich intoniere.«

Ich antwortete nicht, in der Hoffnung, Schweigen würde meinen Entschluss besser vermitteln, als es Worte bisher getan hatten. Die tatsächliche Schwierigkeit ist das Gegenteil dessen, was Marc dafür hält – die Frage ist, wie seine Intonation ohne seine Stimmung klingt. So klang Marlene, als sie eintraf, und sie wird wieder so klingen, wenn Marc sie noch einmal intoniert. Es sei denn, er bleibt in Montana, sodass er das Klavier alle paar Tage stimmen kann.

Das Ende von Marlenes Geschichte wird nicht dann gekommen sein, wenn Marc sie für nur einen Tag in ihre prächtige Ausstellungsraum-Persönlichkeit zurückverwandelt. Es wird gekommen sein, wenn sie eine schöne, aber stabile Stimme hat, eine, die weder dumpf noch schrill klingt, die Tag für Tag anhält. Die neuen Hämmer haben das Klavier bereits sehr nahe an dieses Ideal herangeführt. Marcs Stimmung wird die letzte Politur, die Glasur auf dem Kuchen sein – aber ich möchte nicht, dass er den Kuchen anschneidet. Außerdem hat Marc die Hämmer noch gar nicht gehört. Er weiß nicht, welche Intonation sie benötigen oder nicht benötigen. Und er hört mir nicht zu. Ich bin ein wenig verärgert – bevor er das Flugticket kaufte, hatte er sich einverstanden erklärt, nicht zu intonieren. Ich fasse den Entschluss, fest zu bleiben: keine

Nadeln, keine Chemikalien, kein Garnichts. Und wenn ich ihn aus dem Haus werfen muss.

*

»Es ist nicht sehr verstimmt.«

Marc spielt ein paar Akkorde auf dem Grotrian. »Und die Intonation ist nicht so schlecht, dass sie das, was ich tun möchte, beeinträchtigen wird.«

»Manchmal sind da ein paar Kleinigkeiten, die mich stören«, sage ich und bringe ihm ein Glas Wasser, während er seine Geräte auspackt. »Aber dann spiele ich am nächsten Tag wieder und höre nichts Problematisches. Ich möchte also nichts überstürzen.«

Marc spielt Oktaven, Dezimen, Septemdezimen, lauscht auf die Beziehungen zwischen den Noten. Ich finde es wunderbar, ihm bei diesen vertrauten Akkorden zuzuhören, für mich sind sie zu Marcs Erkennungsmelodie geworden. Rasant fährt er mit einer Reihe von Dur-Akkorden bis in den hohen Diskant hinauf.

»Das ist heftig!«, flüstert er.

»Was?«

»*Whuuuh, whuuuh, whuuuh, whuuuh.*« Er gibt ein flüsterndes, sausendes Geräusch von sich, wie Wind, der durchs Gras streicht, in den Zweigen seufzt.

»Ist das gut oder schlecht?«

»Das ist weder gut noch schlecht!« Er klingt freudig-vergnügt. »Es ist bloß ein Geräusch, das Ihr Klavier von sich gibt.«

»Ein Freund von mir meint, es wären Feen darin.«

»Oh! Dem kann ich nur zustimmen!«, lacht Marc. Er hämmert blitzschnell auf einige Diskanttasten, und ich höre das zarte *Wschsch*, das im Nachklang der Töne aus dem Resonanzboden aufsteigt, wie glitzerndes Konfetti oder eine schimmernde Wolke aus Leuchtkäfern. Der farbige Mischanhang.

Das Geräusch kommt aus dem Korpus des Klaviers. Es ist die Chemie zwischen der Platte, dem Rim, dem Resonanzboden und dem Steg. »Sie wirken alle zusammen, damit der Klang frei schwingen kann, damit man eine große Amplitude erhält. Dies ist der Beginn der goldenen Epoche eines Klaviers. Beim Anschlag erzielen Sie eine große Amplitude, aber auch eine großartige Ausklingphase mit einem doppelten Anschwellen des Klangs. Die Ausklingphase wird sich mit der Zeit verbessern, die Amplitude wird allmählich abnehmen, und dann werden Sie weniger dynamischen Umfang haben, aber das unglaublichste Cantabile. Von da ab wird der Anschlag allmählich weniger kraftvoll sein, und dann wird der Klang immer zäher.«

»Ist das der Lebenszyklus eines Resonanzbodens?«

»Ja.«

»Wo steht mein Resonanzboden in diesem Zyklus?«

»Ich glaube, er steht am Beginn des Idealzustands. Ich kann mich nämlich nicht erinnern, dass er vor drei Jahren ganz so aufgeblüht war wie jetzt. Und ich habe ein ziemlich gutes Gedächtnis. Ich erinnere mich, dass er gespannter war, irgendwie *buuuummm* statt *bu-u-u-u-mmm*. So in der Art. Wenn Sie wissen, was ich meine.« Er hämmert noch einige Akkorde im Diskant. »Hören Sie nicht auf das, was ich spiele, hören Sie auf das, was danach kommt – es strömt nur so aus Ihrem Klavier heraus, der Boden lässt den Klang frei, statt ihn auszutreiben, da ist eine Symphonie aller Klänge, die man sich nur vorstellen kann.«

»Für mich klingt es, als wäre da drin ein lebendiges Wesen, eine körperlose Seele.«

»Das kommt nur bei einem besonders guten Korpus vor.«

Marc fädelt seinen Dämpferstreifen in das Klavier, isoliert die mittleren Saiten des jeweiligen Chors und beginnt mit dem Stimmen.

»Übrigens«, sagt er, während er Oktaven anschlägt und seinen Stimmhammer schwenkt, »ich mache diese Stimmung selten.«

»Ich dachte, das sei *meine* Stimmung!«

»Ja, das ist richtig. Sie ist nämlich tatsächlich genau dazu gemacht, Ihrem Ohr zu gefallen. Aber es gibt auch andere Leute, die das mögen. Ja, die gibt's.«

»Warum nennen Sie sie überhaupt ›Schubert-Konzertstimmung‹?«

»Wenn ich sage: Das ist eine enge Doppel-Oktav-Stimmung, versteht keiner, was ich meine. Aber wenn ich sage, es ist eine Stimmung, die besonders gut zu Schubert-Stücken passt, na, dann können die Leute was damit anfangen.«

»Was also ist nötig, damit Schubert schön klingt?«

»Die Stimmung ist nicht aufdringlich. Sie lenkt einen in keiner Weise ab. Sie leuchtet einfach irgendwie.«

»Spiegelglattes Wasser statt Wellengekräusel?«

»Ja, stimmt, genau. Hier, ich zeig's Ihnen.«

Marc ändert die Stimmung nur an den Randtönen der Oktave, zwei Cs. Ich höre die Verschiebung sofort. Der Akkord verliert das Schimmernde, Erhabene, Ätherische und wird metallisch, aufgeregt und extrovertiert. Mich schaudert es. Er nimmt ihn wieder zurück.

»Die Mondschein-Sonate, stimmt's?« Der Klang ist rein, klar, nachhaltig. Er ändert wieder etwas. Der oberste Ton im Akkord schwirrt, verschwindet dann. »Hören Sie die Schwebung?«

»Meins gefällt mir besser!«, lache ich.
»Bei Ihnen gibt es keine Schwebung, nur einen Wirbel.«
»Es ist so zart, nur eine andere Eigenart oder Farbigkeit, aber beide innerhalb der Stimmung.«
»Genau. Das alles findet in einer kleinen Mikrowelt statt, ungefähr so groß.« Er presst zwei Finger zusammen. »Aber das Ganze ist riesig! Das da ist nur eine von den vielen Versionen der Lüge, dass es gestimmt ist.«

Ich frage mich, ob der Accu-Tuner imstande sein wird, solch haarfeine Unterschiede zu messen.

Marc hat die Stimmung sehr rasch erledigt, und jetzt bin ich dran. Ich mache mir keinen Moment lang Sorgen, dass die Stimmung einen Deut weniger als perfekt sein könnte, aber Marc steht nervös neben mir. Er scheint unsicher, ob er ein weiteres Mal die Stimmung hingekriegt hat, der ich verfallen bin.

Sowie meine Hände die Tasten berühren, ist jeder Zweifel verflogen. Es ist eine wahre Wonne, als die Töne aus dem Korpus strömen – subtil, warm und komplex, mit einem zusätzlichen Sternschnuppengeglitzer in der Kopfnote; sofort erkenne ich die Signatur. Ich stürze mich in das Mozart-Andante, und das Klavier wird eine Ekstasemaschine, ein Opiattropf, ein Ritt in einen veränderten Daseinszustand. Die Stimmung ist transzendent, ich bin wie berauscht. Das hat nichts mit meiner Fertigkeit als Pianistin zu tun oder mit Mozarts Gabe als Komponist, es ist die Auswirkung jener besonderen Frequenzen, die Marc ausgesucht hat, und der Art, wie sie sich miteinander verbinden. Diese Beziehung zwischen sämtlichen Schwebungen innerhalb der Schwebungen interagierender Partialtöne werde »*Spreizungscharakteristik*« genannt, erklärt Marc. »Es ist ein inneres Vibrato, das ich verwende, um die Stimme des Klaviers unter Kontrolle zu halten.«

»Marc, Sie sind ein Zauberer!« Überwältigt von der Schönheit des Klaviers, neige ich den Kopf über die Klaviatur. »Zu schade, dass es nicht so bleibt.«

»Das kann es nicht«, sagt Marc. »Klaviere zerreißen sich selbst; jedes Mal, wenn der Hammer an die Saiten schlägt, ist das destruktiv. Sie sind verzaubert von einem kurzen, flüchtigen Augenblick.«

Außer dem Stimmen werden wir heute nichts tun. Marc hat sich zum Abendessen mit einem alten Freund verabredet, der aus Bozeman herüberkommen wird. Meine Aufgabe für den Abend wird es sein, herauszufinden, wie man den Accu-Tuner benutzt, damit wir morgen die Stimmung aufnehmen können. Offensichtlich will Marc mit dem elektronischen Stimmgerät so wenig wie möglich zu tun haben – er hat kein Verlangen danach zu lernen, wie man es gebraucht. Er lässt es samt Gebrauchsanweisung bei mir, aber ich werde kaum schlau daraus.

Der Accu-Tuner ist ein kleines blaues Kästchen, das man auf die Platte des Klaviers aufsetzt. Es hat ein Mikrofon, um die Töne aufzunehmen, eine digitale Anzeige, auf der die Tonfrequenzen sichtbar sind, und einen Kreis wie eine Schießscheibe mit fünf herumsausenden Lichtern, die langsamer werden und anhalten, wenn die Frequenz des Klaviertons und die Frequenzzahlen auf dem Display übereinstimmen. Ich beschließe, Tom anzurufen und ihn zu fragen, wie man es benutzt.

»Es kommt darauf an, wie Sie die Lichter stoppen. Sie müssen absolut einheitlich vorgehen«, sagt Tom. »Die Kunst besteht darin, einen schönen, klaren Ton zu bekommen, und machen Sie es bei jeder Note gleich lange. Je höher Sie raufgehen, desto schneller müssen Sie die Noten wiederholen. Geben Sie acht, dass die Lichter wirklich stillstehen. Wenn vier oder fünf Lämpchen aufleuchten, haben Sie es geschafft.

Schlagen Sie die Taste mit einem guten Anschlag an, mezzoforte, nicht wirklich fest. Und halten Sie die Taste nicht länger als zwei Sekunden unten. Lesen Sie nach dem ersten Anschlag ab.«

Dann erklärt er mir, wie man jede einzelne Zahl aufzeichnet. Das Gerät geht automatisch zur nächsten Note über, wenn die vorhergehende abgespeichert wurde. »Das Handbuch ist wirklich schwer zu verstehen. Wenn Sie morgen Schwierigkeiten haben, rufen Sie Rick Baldassin oder Jeff Stickney an.«

Ich hätte daran denken sollen, Jeff herzubitten. Aber ich hatte keine Ahnung, wie schwierig es für jemand Unerfahrenen wie mich sein würde, eine Stimmung nach Gehör aufzuzeichnen, und jetzt ist es zu spät, um ihn anzurufen.

Am nächsten Morgen hole ich Marc von seinem Hotel ab. Während ich Kaffee koche, nimmt er noch ein paar Änderungen an der gestrigen Stimmung vor, gleicht die Primen ab. Dann bittet er mich, noch einmal zu spielen, um sicherzugehen, dass es diese Stimmung ist, die wir aufzeichnen wollen.

»Das ist dann Sache Ihres Stimmburschen, die Primen zu erledigen.« Damit ist Tom gemeint. »Und er könnte die Primen anders machen als ich. Das Gerät kann keinesfalls aufzeichnen, wie ich Primen stimme.« Wir wissen immer noch nicht, wie wichtig die Primen für das sind, was ich mit dem Klavier erlebe.

Ich spiele, und es klingt genau so wunderbar wie gestern – Zeit für die Aufzeichnung. Ich schalte das Gerät an, die Lichter wirbeln um das mittlere Lämpchen. Aus Marc bricht Zorn hervor.

»WARUM SAUSEN DIESE LICHTER SO RUM?« Er klingt wie ein Irrer, und ich pralle schockiert zurück.

»Ich folge nur den Anweisungen. Sehen Sie mal. Hier.« Ich

zeige ihm die Bedienungsanleitung. Er beruhigt sich ein wenig.

»Sie haben ein besseres intuitives Gefühl für dieses Gerät als ich.«

»Ich habe bloß die Anleitung gelesen«, sage ich arglos, immer noch erschüttert von Marcs heftiger Reaktion. Er führt sich auf, als wäre das elektronische Stimmgerät eine Viper.

»Ich habe sie auch gelesen! Ich habe alles gelesen! Dieses Ding ist mir ein Rätsel!« Er klingt sehr aufgebracht. »Ich würde dieses Gerät niemals kaufen. Niemals! Es ist besser, wenn ich mich nur auf das Stimmen konzentriere, um das hinzukriegen, was Sie möchten.«

»Ja, ich denke, Sie sollten sich wirklich auf das Stimmen konzentrieren«, entgegne ich ruhig. Er macht sich wieder daran, den hohen Diskant zu verfeinern.

Ich kalibriere das Gerät auf Marcs a = 441. So wurde das Klavier vor langer Zeit eingestellt, und Marc will es zugunsten der Stimmstabilität so belassen. Er überprüft erneut die doppelten Oktaven, die Klaviatur rauf und runter. Sie klingen warm und voll. »Okay!«, ruft Marc. Er ist zufrieden.

Wir beginnen mit der ersten Note auf dem Klavier, A_2. Ich schlage die Taste an und lasse den Ton verklingen.

»Nein. Nein«, sagt Marc gereizt. »Spielen Sie weiter. Wissen Sie, was ich meine? Es sieht einfach aus, nicht wahr? Ich fange noch einmal an.« Er schnappt sich den Accu-Tuner und beginnt auf den Knöpfen herumzudrücken. »Sie haben nicht den richtigen Modus. Ich hab das schon eine Million Mal durchexerziert.«

»In Ordnung.«

»Nicht, dass mir das Spaß gemacht hätte! Das kann ich Ihnen sagen.« Er schäumt. »Meiner Ansicht nach ist dieses Ding da ein Stück ... Mehr sage ich besser nicht.«

Marc hämmert ununterbrochen auf die Taste. »Es hört den Partialton bei e nicht!«

Ich drücke auf die Knöpfe, um die Lämpchen zu stoppen, und notiere dann die Ziffern vom Display. Aber Marc ist nicht zufrieden.

»Machen wir es nicht unnötig kompliziert«, flehe ich.

»Tut mir leid, aber ich habe die Anleitung gelesen und habe immer noch zehntausend offene Fragen. Okay? Das ist keine gute Gebrauchsanweisung. Nirgends empfehlen sie, welche Partialtöne man nehmen soll. Nirgends!«

Ich stehe auf, um die Accu-Tuner-Firma anzurufen. Tom hat mir die Nummer gegeben, aber es meldet sich nur ein Anrufbeantworter. Natürlich, denke ich. Es ist Samstagvormittag. »Wir haben ein paar dringende Fragen«, spreche ich auf den Anrufbeantworter.

»Ist es das wert?«, faucht Marc mich an, als ich zurückkomme. Er sitzt immer noch am Klavier und drückt wild auf den Knöpfen des Accu-Tuner herum. Er hat einen richtiggehenden Anfall. »Das gefällt mir ganz und gar nicht.«

Bald bin ich so weit, ihn direkt hier auf der Klavierbank zu erwürgen. Das alles war ja nicht meine Idee. Hätte mir Michael Harrison nicht empfohlen, die Stimmung aufzuzeichnen, dann hätte ich Marc gebeten, Tom die Spreizungscharakteristik zu erklären, und damit hätte es sich gehabt. Als er darauf bestand, die Stimmung selbst aufzuzeichnen, habe ich versucht, ihn zu überreden, jemand anderen damit zu beauftragen. Ich habe auch versucht, ihn davon abzubringen, den weiten Weg hierherzukommen. Aber was soll's, jetzt ist er hier. Und er benimmt sich abscheulich. *Gib nicht mir die Schuld!*, möchte ich ihn anbrüllen. Aber ich beiße mir auf die Zunge.

Das Telefon läutet. Es ist Paul Sanderson, einer der Inhaber der Accu-Tuner-Firma. Telefonisch leitet er uns durch den gesamten Vorgang. Schritt für Schritt bessert sich Marcs Laune, als er den Dreh herausbekommt, wie das Gerät anzuwenden ist, und als wir beim Diskant anlangen, abwechselnd eine Note anschlagen und das Stimmgerät einstellen, damit die Lämpchen still stehen, dann den Namen der Note aufschreiben, den Partialton und die Frequenz, kann er wieder lachen.

Aber das Gerät hasst er immer noch. »Das ist, als würde man in die Kirche gehen, um Gott zu finden«, meint er verächtlich.

Als wir die Zahlen für alle 88 Tasten haben, legen wir eine Pause ein und unternehmen mit Tucker seinen täglichen Spaziergang. Während wir uns in der Sonne und an der frischen Luft bewegen und der alte Hund hinter uns her trottet, löst sich die Spannung vom Nachmittag allmählich auf.

Ich hatte Marc gebeten, mehr über Szott, seinen polnischen Kollegen bei Steinway, herauszufinden, dessen Arbeit die »Schubert-Konzertstimmung« angeregt hatte. Jetzt erzählt mir Marc, dass er einen alten Freund bei Steinway angerufen hat, der Szott viel länger kannte als er selbst. Ishmael Cunha arbeitet noch immer für die Konzert- und Künstlerabteilung bei Steinway. Er konnte sich gut an den alten Klavierstimmer erinnern.

Edward Szott stammte aus Krakau und hatte das Klavierstimmen in Deutschland gelernt. Bevor er 1985 aus Polen floh und zu Steinway in New York ging, hatte er für das Krakauer Radio-Symphonieorchester gestimmt. In Krakau hatte er auch ein halbes Bein verloren, als ein Panzer das Auto niederwalzte, in dem er saß.

Szott arbeitete als Stimmer bei Steinway, hatte aber dort keine herausragende Stellung. Seine Stimmungen wurden nicht von jedem geschätzt, da er sie nicht stabil gestalten konnte; sein polnischer Stimmhammer sei nicht präzise genug gewesen, vermutet Ishmael. Die Stimmungen waren laut Marc »wunderschön und erstaunlich«, die Oktaven vollkommen sauber und klar, aber sie waren vergänglich.

»Sie waren unglaublich«, erinnert er sich. »In mir lebt immer noch der Klang einer bestimmten Stimmung an einem gewissen Tag. Ich setzte mich ans Klavier, das er gestimmt hatte, und sagte mir: Gott, könnte ich doch auch so stimmen. Das rufe ich mir ins Gedächtnis, wenn ich heute stimme. Szott war der Erste, der mir beibrachte, wie ausschlaggebend die Spreizungscharakteristik ist. Es war ein Moment der Offenbarung, als ich das wirklich verstanden habe.«

Szott sprach nicht sehr gut Englisch und konnte Marc nicht vermitteln, wie er seine Stimmung gestaltete, aber Marc fand es heraus. Allerdings ist er sich nicht sicher, ob er die Stimmung jemals so genau wie Szott hinbekommen hat.

Szott fand ein sehr trauriges Ende. Zwei Tage vor Weihnachten 1991 verließ Ed Szott die U-Bahn-Station West 57th Street, um zur Arbeit in der Steinway Hall zu gehen. Mitten im morgendlichen Berufsverkehr brach er auf der Treppe zusammen und starb. Sein Herz hatte versagt. Er hinterließ eine Frau und eine kleine Tochter in Brooklyn und nur eine dürftige Lebensversicherung.

Es war Szotts Stimmung, an die Marc dachte, als eine deutsche Kundin ihm beschrieb, welchen Klang sie suchte. Sie wusste Bescheid über Spreizungsmerkmale, und sie gab Marc den Anstoß, in eine neue Richtung zu denken. Er begann zu experimentieren. Als er nach Bozeman kam, äußerte sich ein Konkurrent negativ über seine Arbeit und bezeichnete ihn als »Picasso-Stimmer«, da Marc mit Spreizungen experimentierte.

»Ich wollte noch einmal neu an das, was ›gestimmt sein‹

bedeutet, herangehen«, sagt Marc. »Unter dem Strich geht es immer um die Lüge und darum, wie man Unaufrichtigkeit einsetzt, um die Wahrheit erfahrbar zu machen. Manche Klavierstimmer glauben, es gebe nur eine richtige Stimmung. Sie schaffen exzellente, unendlich musikalische und stabile Stimmungen, aber trotzdem glauben sie, es gebe nur einen Weg.«

»Was bedeutet es also genau, wenn man sagt, ein Klavier sei gestimmt?«, frage ich, während wir zum Haus zurückkehren.

»Na ja«, sagt Marc, »es bedeutet gar nichts!« Er lacht sein irres Lachen. »Gestimmt sein bedeutet irgendwas Perfektes, und das ist eine große Lüge. Es ist lebendig. Es bleibt nicht sehr lange so, wie es war. So ist es! Da ist nichts zu machen.«

*

Zurück ins Haus und auf zum nächsten Schritt: die Stimmung mithilfe des Stimmgeräts überprüfen. So werden wir feststellen, ob wir sie richtig aufgezeichnet haben.

Zum dritten Mal bessert Marc die Primen nach. Er gestaltet die Stimmung so stabil wie möglich, sodass ich sie, auch wenn Tom monatelang nicht kommt, für eine lange Zeit genießen kann. Dann fädelt er wieder den Dämpferstreifen ein, und wir schalten den Accu-Tuner an.

»Was steht da bei A_2?«

Ich spiele A_2.

»Es ist stehen geblieben!« Marcs Stimme ist voller Entzücken. »Noch besser kann es nicht werden.«

»Okay! Probieren wir noch einen.«

»Gehen Sie eine Oktave höher.«

Ich spiele A_1.

»Iiih!«, rufe ich, als die Lämpchen am Stimmgerät nicht vollständig zur Ruhe kommen.

»Sagen Sie nicht ›Iiih‹.« Marc klingt verärgert. »Es hat ja angehalten. Das ist innerhalb der Parameter, kann ich Ihnen sagen.«

Ich spiele a. Wieder flackern die Lichter. Ich verspüre Unbehagen. Was, wenn das letzten Endes doch nicht funktioniert?

»Marc, beim Messen hatten wir etwas anderes im Sinn. Da sind die Lichter ganz stehen geblieben. Hat Ihr Nachbessern bei den Primen vielleicht etwas damit zu tun?«

»Nein. Nein, nein, nein, nein. Ich habe diese Noten nicht mal angerührt. Wir spielen das nicht zehn Mal. Ich spiele es nur ein Mal und kriege ein Gefühl dafür.«

Ich spiele a^1.

»Fünf Lichter! Das haben wir gemacht. Und uns die Haare gerauft. Ich checke bloß noch mal.« Er schlägt die Note einmal an, hart. »Sehen Sie? Das Licht ist stehen geblieben. Das reicht mir!«

Aber bei der nächsten Note, a^2, hat es sich ein wenig bewegt. Und ebenso bei den anderen Noten im Diskant. Marc bessert bloß dieses a^2 nach. »So weit weg ist es nicht«, sagt er. »Ich möchte nicht das ganze Klavier durcheinanderbringen. Ich habe hart gearbeitet, um es stabil zu kriegen.«

»Okay.«

Aber ich mache mir immer noch Sorgen, dass der Klang nicht derselbe sein wird, wenn wir nicht exakt arbeiten. Das regt nun wiederum Marc auf. »Ich sage Ihnen, es handelt sich um das Tausendstel eines Halbtons. Es ist nicht einmal so ungenau, wie es mit meiner Stimmgabel im besten Fall hinzukriegen wäre. Hören Sie endlich auf, sich über ein Tausendstel eines Halbtons aufzuregen!«

»Sie glauben, wir sollten die Zahlen behalten, die wir haben?«

»Ja, das glaube ich. Bei mir hat es angehalten.«

»Okay.« Ich gebe auf.

»Bei mir hat es angehalten!«, wiederholt Marc, als er mein Achselzucken sieht.

»Und es klingt immer noch gut«, sage ich in dem Versuch, vernünftig zu bleiben. Das Klavier klingt ja tatsächlich hinreißend.

»Ja, das stimmt wirklich. Überhaupt kein Unterschied.«

Marc reißt den Dämpferstreifen heraus und fordert mich auf, die Diskantlage mit den Primen im Spiel zu testen. Marlene ist wundervoll gestimmt. Schimmernde, spinnwebzarte, glitzernde Vollkommenheit.

»Es klingt wirklich sauber.«

»Genau. Ich sage Ihnen ja, das Ohr kann das Tausendstel eines Halbtons nicht hören.« Er fädelt den Dämpferstreifen wieder hinein. »Gehen wir noch einmal die Tonleiter rauf. Und ich werde jedenfalls nicht jedes Mal *iiihhhh* quietschen, wenn die Lichter nicht ganz stillstehen.«

Wir beenden unseren Testlauf. Der Diskant hat sich nur ganz leicht verschoben. Marc sagt, das komme von der leichten Änderung der Luftfeuchtigkeit seit heute Morgen. »Was mich angeht, haben wir das genau hingekriegt. Ich glaube, es funktioniert!«

Er schlägt eine weitere Note an. Die Lichter kommen vollends zum Stehen.

»Genau! Ja!«

»Wir haben's geschafft!«

*

Ich hatte beinahe vergessen, dass Marc ein Feinschmecker ist, der die Sommer seiner Kindheit bei seinem Großvater mütterlicherseits in Südfrankreich verbrachte, dass er jeden Tag auf den Markt geht und zuhause traditionelle französische Speisen zubereitet; ich wollte ihm einfach mit dem Besten danken, das Missoula zu bieten hat. Aber als Oliver, Marc und ich das »Pearl« betreten, einen nach dem Besitzer benannten französischen Landgasthof, und Marc die Einrichtung und die Speisekarte in Augenschein nimmt, fällt es mir wieder ein, und ich werde ein wenig nervös. Ich hoffe, er wird die Missoula-Version französischer Cuisine nicht so abstoßend finden wie die Accu-Tuner-Version eines gestimmten Klaviers.

Ich hätte mir keine Sorgen zu machen brauchen. Marc schwärmt von der Weinkarte, der Speisekarte, der Einrichtung und dem Service. Wir lassen ihm die freie Wahl, und er kostet etliche Weine, eine ganze Reihe Hors d'œuvres, darunter Entenleberpastete mit Kirschkompott und Portweinsirup, grübelt unschlüssig über den Vorspeisen und bestellt dann gegrilltes Rinderfilet mit Cognacsauce und grünem Pfeffer und zwei Desserts. Der Wein lässt ihn in eine Kaskade von Superlativen ausbrechen. Als die Entenleber serviert wird, nimmt er einen Bissen und fällt vor ungläubigem Entzücken beinahe in Ohnmacht, voll des Lobes.

»Das ist ja total authentisch! Was für eine Entdeckung!«

Er unterhält uns mit schönen Erinnerungen an die Sommerferien in Frankreich und beschreibt akribisch die aufwendigen Schlemmereien, die er und Connie zuhause aushecken. Offensichtlich ist er bei dem, was er isst, ebenso heikel wie bei Klavierklängen.

Stunden später begleiten wir Marc zu seinem Hotel und fahren dann im schwindenden Abendlicht langsam in Olivers Jeep nachhause. »Allein ihm zuzuhören, wie er über das Essen spricht, war die Ausgabe wert«, sagt Oliver und legt den Arm um mich. Oliver, mein unerschütterlicher Partner, der mir auf dieser langen und manchmal mühseligen Reise selbstlos beigestanden hat, weiß nur Großzügiges zu sagen. Ich drücke ihn ganz fest, eine Umarmung der Dankbarkeit. Ja, denke ich, er hat recht. Marc Wienert ist unnachahmlich, egal über welches Thema er auch spricht.

*

Als ich Marc am Morgen abhole, ist er vergnügt und entspannt; wir haben zu unserer alten Kameradschaftlichkeit zurückgefunden. Der Druck ist weg, und er gibt zu, dass der Gedanke an seinen Besuch ihm den Schweiß auf die Stirn getrieben hat. »Es war, als stünde man vor zwei Türen«, sagt er. »Hinter der einen ist der Tiger und hinter der anderen die Jungfrau.« Neben seiner Angst, die Stimmung würde auf einem Klavier, das ein anderer intoniert hatte, nicht funktionieren, und seiner Enttäuschung über den Accu-Tuner machte ihn auch die Vorstellung unglücklich, dass seine Stimmung mit Ziffern versehen werden sollte. »Das wäre so, als würde man einem Mysterium das Geheimnisvolle nehmen …«

»Das kann ich gut verstehen. Es ist wie eine Quantifizierung des Unbeschreibbaren.«

»Ja. Mir war mulmig zumute.«

»Aber nur weil etwas quantifiziert ist, bedeutet das nicht, dass es weniger wunderbar wäre«, sage ich. »Außerdem bezweifle ich, dass irgendjemand Ihre Stimmung genau so nachahmen kann, wie Sie sie machen. Ich wette, es ist wie eine Handschrift – sogar eine gefälschte Unterschrift fühlt sich nicht ganz so authentisch an wie das Original.«

Als wir im Haus sind, bessert Marc ein weiteres Mal die Primen nach, obwohl nicht viel zu tun ist. Noch einmal überprüft er die Zahlen auf dem Accu-Tuner anhand der Klaviernoten, um uns zu versichern, was wir bereits wissen – seine Arbeit ist getan.

Er bittet mich, für ihn zu spielen, und ich trage das Mozart-Andante und das Allegretto aus KV 330 vor. Die Stimmung lässt nichts zu wünschen übrig. Sie ist leuchtend, perfekt.

Die einzige Unbekannte ist, wie das Klavier klingen wird, wenn Tom die Ziffern in einigen Monaten verwendet, um die Stimmung zu reproduzieren. Es muss nur noch minimal intoniert werden. Manche Noten klingen für mich nach wie vor etwas spröde. Und Marc hört, dass noch einige Saiten ausgerichtet werden müssen. Aber er sagt, er könne nicht daran arbeiten, weil sonst eventuell die Stimmung leide. »Das soll Ihr Stimmbursche machen«, versetzt er. »Das ist sein Ressort. Mein Ziel war es, Ihnen die Stimmung und die Zahlen zu liefern.«

Ich drehe mich auf der Klavierbank um, hin zu Marc, der auf dem Sofa sitzt. »Glauben Sie nicht, Sie könnten nur diese eine kleine Saite richten?«, frage ich und lasse den Finger auf der anstößigen Taste hüpfen.

»Also, ich bin nicht zu Ihnen rausgekommen, um für Sie den Klavierstimmer zu spielen«, sagt er milde. »Das alles hier tun wir, damit Sie entscheiden können, ob Sie das Klavier behalten wollen oder nicht. Um diese existenzielle Frage zu lösen, bin ich da.«

»Sie ist gelöst.«

»Also lieben Sie Ihr Klavier wieder.«

»Ich habe das schönste Klavier der Welt. Und das habe ich eine ganze Weile lang nicht voller Überzeugung sagen können.«

»Ich weiß. Und ich empfinde große Erleichterung! Sicher nicht so große wie Sie!« Er lacht.

»Wissen Sie, das alles kommt mir so unwirklich vor«, gestehe ich. »Ich kann immer noch nicht recht glauben, dass das Klavier so bleiben wird. Dieses ganze Erlebnis war ein wenig traumatisch.«

»Ja, das verstehe ich. Leider ist Ihr Erlebnis nicht einzigartig. Wirklich nicht. Manche begeben sich auf eine unendlich lange Suche, um das perfekte Klavier zu finden. Sie denken, was man hört, kriegt man auch, und es käme Ihnen nie in den Sinn, dass ihr Instrument zuhause anders klingt. Und erst recht nicht, dass es anfängt, sich zu entwickeln, sobald sie darauf zu spielen beginnen. Dass es sich vollkommen verwandeln wird, sobald ihr eigener Techniker daran arbeitet. In der Vorstellung der meisten Klavierkäufer bleiben solche Faktoren vollkommen unberücksichtigt. Und nachher sagen sie: Nun, ich bin erst zufrieden, wenn Sie diese eine Note noch richten.« Er sticht mit dem Zeigefinger auf eine imaginäre Note. »Dann weiß ich, dass diese Leute für den Rest ihres Lebens an der Beziehung zu ihrem Instrument leiden werden. Ich habe mir also was überlegt: eine therapeutische Praxis für Klavierbesitzer. Ich glaube, auf diese Weise könnte ich mehr Gutes tun, als wenn ich an den Klavieren herumwerkle. Ich würde ein paar Flügel aufstellen, das gleiche Modell von einer Marke, unterschiedlich intoniert und gestimmt, und den Leuten etwas über Abweichungen und Erwartungshaltungen beibringen.«

»Zweifellos würden Sie die Menschen mit liebevoller Strenge behandeln«, ziehe ich ihn auf.

»Ja! Ich bin der Chefpsychologe der Klavierwelt.«

»Das ist wunderbar! Dr. Marc!«

*

Wir sind zu früh am Flughafen, sitzen vor dem Eingang zur Abflughalle im Auto und beobachten, wie die Flugzeuge starten und landen. Marc redet von seinem bevorstehenden Urlaub in Frankreich, von seinem Plan, in der Manhattan School of Music eine Restaurierwerkstatt einzurichten. Aber bald ist es für ihn an der Zeit zu gehen, und wir beide wissen, dass wir einander vielleicht sehr lange nicht mehr wiedersehen werden.

Ich helfe ihm, seinen Rollkoffer mit den Werkzeugen vom Rücksitz zu wuchten. Er breitet die Arme aus für eine Abschiedsumarmung. »Wir sind zusammen auf eine Reise gegangen, um die Quelle der Schwingung zu finden, und wir haben einige interessante Entdeckungen gemacht«, sagt Marc.

»Ja, und ich habe immer noch nicht herausgefunden, was sie eigentlich bedeuten.«

»Ich auch nicht.«

Ich mache ein paar Schritte zum Auto, den Schlüssel in der Hand, drehe mich dann aber um, und sehe ihn an.

»Marc, warum sind Sie hier herausgekommen?«

»Weil ich Sie mag«, sagt er liebenswürdig. »Damals bin ich das Risiko eingegangen, dass die Stimmung nicht funktionieren würde, aber für mich war das eine so einfache Sache und für Sie so entscheidend. Als mir erst einmal klar geworden war, dass es auf die Stimmung ankam, wusste ich, dass Sie verloren sein würden, wenn ich nicht käme. Ich fühlte mich verpflichtet, das zu tun.«

»Sie hätten das Klavier in New York stimmen und die Zahlen schicken können.«

»Und was, wenn ich das gemacht hätte, und es hätte wieder nicht funktioniert? Dann hätte ich erst recht kommen müssen, und Sie hätten noch viel mehr durchgemacht. Nein. Ihr Maß war voll.«

»Aber warum ich? Ich bin nur eine Amateurpianistin und nicht einmal eine sehr gute. Ich lerne doch noch.«

»Ist mir egal. Das hat für mich nichts zu sagen. Sie spielen mit Gefühl, und Sie sind außerordentlich musikalisch, auch wenn Sie nicht die Technik besitzen, alles, was Sie hören, auszudrücken. Und das, was Sie von einem Klavier verlangen, wollen die wenigsten Pianisten. Aber für mich ist das alles ganz real. Und ich möchte mit jemandem zusammenarbeiten, der wirklich glaubt. Sie sind eine wahrhaft würdige Verwalterin Ihres Instruments. Sie sind anspruchsvoll und wählerisch, und Sie wissen genau, was Sie wollen – und ich weiß, wie ich Ihnen das verschaffen kann. Das heißt, niemand braucht mich so sehr wie Sie! Sie haben die Fähigkeit, sich so intensiv in diesen Vorgang zu vertiefen wie der Techniker, der die Arbeit macht. Deshalb wollen Ihnen auch so viele Techniker helfen. Ihre Odyssee ist archetypisch, sie findet auf mythologische Weise ihren Widerhall, und deshalb tauchen auch mythologische Figuren darin auf – Steve Brady, Darrell Fandrich, Tom Kuntz –, all diese Leute, die hierherkommen und mit Ihnen arbeiten wollen. Sie sind auf einer prometheischen Wanderschaft, und so kommt Prometheus zu Ihnen. Mit anderen Worten: Wenn man etwas wirklich will, dann bekommt man es auch.«

*

Ich fahre langsam nachhause, tief berührt von Marcs Worten und von seiner Begabung. Wenn die Suche nach einem Klavier und der erfolgreiche Kauf mit Liebe und Heirat verglichen werden können, dann ist Marcs Stimmung sein Hochzeitsgeschenk für Marlene und mich, eine einzigartige Schöpfung für uns, auf dass wir ein langes und glückliches gemeinsames

Leben haben mögen. Die Stimmung macht unsere Beziehung komplett: Sie gehört zu diesem Klavier, und sie beschreibt uns beide auf einzigartige Weise – mit ihrer Hilfe können wir eine wunderbare Beziehung aufbauen. Endlich gestatte ich mir, an meine Zukunft mit diesem Klavier zu glauben, und dieses Gefühl lässt mich schwindeln. Ich eile zurück ins Haus, um zu spielen, und öffne mich weit dieser Erfahrung.

Erstaunlich. Der Bass ist ein Bass, den ich vorher nie gehört habe. Klar, üppig wie Schokolade, köstlich, warm, kraftvoll. Das kann nicht real sein, nicht mein Klavier. Einen ungläubigen Moment lang verharren meine Hände über den Tasten. Dann spiele ich wieder. Jede einzelne Note reagiert auf meinen Anschlag mit exakt dem Timbre, das mir vorschwebt, wechselt mit jedem Taktwandel die Farbe. Aus schierer Lust an dem Gefühl, wie die Töne durch meinen Körper sausen, spiele ich die gesamte chromatische Tonleiter rauf und runter. Dann nehme ich das Brahms-Intermezzo zur Hand, das ich eben zu lernen begonnen habe, Opus 118, Nr. 2. Brahms müsste der schokoladige Bass gefallen.

Das Klavier scheint sich von selbst zu spielen, und bald bin ich in seiner Klangwelt versunken. Der Ton führt mich an einen Ort des puren Seins, wo die Musik einfach da ist.

*

Tom klopft an die Tür. Ich drehe mich um und sehe ihn hinter der Glasscheibe. Mit der Linken überschattet er seine Augen, um hereinsehen zu können, und mit der Rechten vollführt er einen Fingertriller; in Khakishorts, Poloshirt und Sandalen wirkt er sehr sommerlich. Die Hitze der letzten Julitage knallt mit ihm herein. Er setzt seinen Werkzeugkasten neben der Klavierbank ab und lässt den Deckel aufschnappen.

»Das also ist die berühmte ›Schubert-Konzertstimmung‹«, sagt er, nimmt die Seiten mit den Zahlen vom Notenpult des Klaviers und überfliegt sie mit hochgezogenen Augenbrauen, einen Anflug von freundlichem Spott in der Stimme.

»Wie sehen die Zahlen aus?«, frage ich. Wirken sie vielleicht falsch auf ihn?

»Das weiß ich nicht, bis ich sie ausprobiert habe.« Er legt die Blätter nieder. »Marc ist also hierhergeflogen, nur um dieses Klavier zu stimmen?«

»Ja.«

»Wow! Sie trauen sich was! Sie wissen, dass eine Menge Techniker beleidigt wären, wenn man ihnen sagte, sie sollten die Stimmung eines anderen auf ein Klavier übertragen.«

»Ist mir klar. Ich weiß es wirklich zu schätzen, dass Sie das tun wollen.«

»Oh, mir macht das gar nichts aus. Ich hab nicht so ein Riesenego wie manche von diesen Burschen.«

»Vielleicht sind sie so, weil Klaviertechniker nicht genügend Anerkennung erhalten?« Ich wiederhole Marcs Worte, der Klaviertechniker als Neurochirurgen mit dem Gehalt eines Installateurs beschreibt.

Toms Augenbrauen gehen wieder in die Höhe. Er nimmt das Notenpult vom Klavier. »Wenn jemand mit sich selbst im Einklang ist, dann ist er am richtigen Platz.« Dann rollt er seinen Stimmhammer aus seinem Segeltuchbehältnis. »Die Welt kann man nämlich nicht glücklich machen. Okay, legen wir los.«

Die Lichter von Toms Accu-Tuner sausen im Kreis. Sie rotieren und blinken als Antwort auf jedes Wort, das ich sage. »Wir haben die Zahlen genau so aufgenommen, wie Sie es uns gesagt haben: mezzoforte, vier bis fünf Lichter müssen stehen bleiben.«

»Hmmm. Wow, sehen Sie, es ist exakt auf den Punkt, genau an der Stelle, die er gewählt hat. Man muss nur die Tonlage ein klein wenig erhöhen und die Primen nachbessern. Eine gute Stimmung, die er Ihnen da gemacht hat.«

Wir sitzen nebeneinander vor dem Klavier. Jedes Mal, wenn Tom eine Taste anschlägt, lese ich laut die Notenbezeichnung, die Bezeichnung des Partialtons und die Frequenzziffer vor. Dann versetzt Tom dem Stimmhammer einen kleinen Stupser. Ich lausche mit geschlossenen Augen. Ich höre, wie der Ton sich angleicht, dann wieder abweicht, eine *Wauwauwauwau*-Lautstärkeschwankung, die Stimmer »Schwebung« nennen. Die Lautstärkeschwankungen werden langsamer und wieder schneller, während Tom den Hammer bewegt.

»Übrigens könnten Sie lernen, wie man das macht«, sagt er zu mir. »Sie könnten sich einen Accu-Tuner zulegen und einen Stimmhammer und das selbst nachbessern.« Ich lausche, wie die Schwebungen nachlassen, während Tom eine Saite in die richtige Spannung bringt. Ich lausche auf jenen reinen, ruhigen, schimmernden Ton, kristallklar und gesanghaft. Wenn ich dann höre, wie Tom den nächsten Ton auf der Tonleiter spielt, öffne ich die Augen und nenne ihm die nächste Zahl.

»Ich glaube, besser nicht«, sage ich und blicke immer noch abwechselnd von meinen Notizen zu den Zahlen auf dem Stimmgerät, nur um sicherzugehen. Diese Zahlen sind Marlenes DNS. Sie dürfen nicht durcheinandergebracht werden. »Ich fürchte, ich würde meinen Stimmstock ruinieren. Außerdem habe ich gehört, für einen Laien sei das Nachbessern der Primen das Schwierigste am Stimmen.«

Wir kommen rasch voran. Tom hält inne und spielt einige Quarten. »Ich kapiere, was er vorhatte. Das ist fein. Sehr fein.

Hat er das nach dem Gehör gemacht? Der Typ ist ein wirklich guter Stimmer. Hat eine tolle Stimmung hingekriegt. Damit hätte er die Prüfung bestanden.« Tom ist in unserer Gegend für die Prüfungen der Klaviertechnikerinnung zuständig. »Unsere Stimmungen in der Innung sind anders. Dort möchten sie die Intervalle viel stärker gespreizt haben. Das da gefällt mir viel besser. Das sagt meinem Gehör mehr zu.«

Wir sind jetzt ganz oben in der Tastenreihe und stimmen die letzten, ungedämpften Noten, hier gibt es keinen Nachklang, und das Klavier klingt klimperig. Die Zahlen gehen hinauf und hinunter, sie folgen nicht der ununterbrochenen, voraussagbaren Kurve einer Stimmung mit dem Accu-Tuner. »So hört sein Ohr. Außerdem macht eine winzige Änderung an dieser Seite der Klaviatur eine Menge aus. Es bewegt sich um fünf Prozent, wenn man den Wirbel kaum dreht. Und am anderen Ende kann man bei fünf Prozent fast nichts wahrnehmen, während man es in der Tenorlage deutlich hört.«

Nun sind wir bei der letzten Note, ganz oben in der Tonleiter, angelangt, wo ich beinahe nie spiele. c^5 ist die letzte Note auf dem Klavier. Tom stimmt sie nach Marcs Zahlen und klopft dann mit dem Stimmhammer ein paar Mal, lauscht. »Dem Gehör nach ist das wunderbar. Er hat das c^5 getroffen. Unglaublich.«

Tom spielt einige Akkorde. Dann »Somewhere Over the Rainbow«. Das Klavier jubelt auf.

Jetzt ist es an der Zeit, die Primen nach dem Gehör zu stimmen. Wieder schließe ich die Augen, lausche, lausche, bis die Schwebungen verschwinden, bis der Ton vollkommen rein und klar wird, und dann höre ich Tom die Region jenseits der Schwebungen erreichen, auf der Suche nach dem Nachklang, nach dem größtmöglichen Nachklang innerhalb einer tonschwankungslosen Saite. Jede Note hebt an, steigt auf wie

Dampf, fährt voll und prägnant über den Resonanzboden, bis sie endlich, zu guter Letzt, ins Nichts entschwindet.

Das wird eine großartige Stimmung werden.

Als er fertig ist, spiele ich Debussys »Rêverie«, das perfekte Stück, um das Glitzern im Diskant zum Vorschein zu bringen.

»Tom! Es ist so schön!« Ich lehne mich auf der Klavierbank zurück und werfe ihm einen Blick voller Dankbarkeit zu. Er packt seine Werkzeuge zusammen. »Danke!«

»Besser als neu!«, ruft er, wie er es immer tut.

*

Doch noch ist Toms Besuch Zukunftsmusik. Heute hebe ich, während Marc durch die Lüfte auf dem Weg nachhause ist, wieder die Klappe hoch, nur um mit meinem Klavier zu sein. Chopin glitzert, Schumann singt. Brahms jedoch bringt das Beste an ihm zum Vorschein, einen so reichen, tiefen, dunklen, vielschichtigen und farbigen Ton, dass ich mich nicht losreißen kann. Ist es Marlene? Beinahe, aber besser als die ursprüngliche Marlene, mit einem noch unglaublicheren Umfang an Tonfarben, als sie ihn jemals hatte. Ich gebe mich dem süßen Geläut ihrer Stimme hin, lasse meine Hände schwer niedersinken, ergötze mich an der Reinheit des Tons selbst im Fortissimo, lasse mich in den Klang, in die Musik hineinfallen, tauche ein in ihr Klangparfüm.

Die Abendessenszeit ist vorüber, ich spiele. Oliver geht ins Bett, lächelt über die Hingerissenheit in meinem Gesicht, und weiter spiele ich. Mein Repertoire ist erschöpft, und ich beginne von Neuem, spiele Arpeggios, Intervalle, Dezimen, Septemdezimen, im Gedanken an Marc, an den vertrauten Klang seiner Stimmung, an seinen Erkennungsklang, nur um im Klang zu schwelgen. Es wird spät. Zwischen den Noten herrscht tiefe Mitternachtsstille. Ich unterbreche mein Spiel, um zu lauschen.

Mein Klavier. Tatsächlich. In unserem Wohnzimmer. Jeden Penny wert. Jeden Moment der jahrelangen Quälerei und immer neuen Entdeckungen wert. Sie ist hier. Sie war schon immer hier.

Ich weiß, dass sie nur einen Abend lang so klingen wird. Die Tausenden beweglichen Teile können nur für kurze Zeit die richtige Beziehung zueinander aufrechterhalten. Jedes Niederdrücken einer Taste, jeder Hammeranschlag wirft die Saiten zurück auf den unvermeidlichen Weg der Unvollkommenheit. Ein gerade gestimmtes Klavier ist eine goldene Kutsche, die bei Tagesanbruch wieder zum Kürbis wird.

Dann kommt der Klaviertechniker wieder, bringt sie in Ordnung und richtet sie her, und sie schlüpft für ein paar Stunden in ihr Kleid aus Goldlamé, zieht leuchtend wie ein Komet über den Himmel, nur um rasch wieder in der Dunkelheit zu erlöschen. Sie ist eine Sternschnuppe, und ich muss ganz im Augenblick sein, um mir von ihr etwas zu wünschen. Wenn ich Marlene in ihrem flüchtigen Moment großer Schönheit festhalten will, kann ich nicht bis zum Morgen warten. Ich muss die Gunst der Stunde nutzen.

Und so spiele ich weiter und weiter.

In den kommenden Monaten und Jahren, nachdem Marcs Stimmung viele Male auf das Klavier übertragen worden sein wird, nachdem die Hämmer eingespielt sein werden, nur ein wenig intoniert, dann wieder eingespielt, das Klavier wieder und wieder gestimmt worden sein wird, erreicht es die Homöostase – einen stabilen Zustand, in dem sein Zauber nicht mehr flüchtig ist, sondern beständig. Er wird sich mit der Zeit nur kaum merklich verändern. Marlene tritt dann ein in die goldene Phase – eine Sternschnuppenstimme, wann immer ich sie spielen möchte, immer wieder eine Quelle der Inspiration und der Neuwerdung auf Monate und Jahre. Aber jetzt, da sie noch in den Kinderschuhen steckt, bleibt sie ein vergänglicher Traum.

Und so spiele und spiele ich bis tief in die Nacht hinein.

Wie brillant sie klingt. Ich habe gar nicht bemerkt, dass ihr Deckel geschlossen ist. Aber jetzt fällt es mir auf, und ich stehe auf und hebe ihn hoch, so weit wie möglich, ziehe die Flügelstütze ganz heraus, lasse die volle Wucht ihrer vollkommenen Frequenzen über mich hinwegfluten. Und als ich das Brahms-Intermezzo erneut anklingen lasse, geschieht es, dass ich zum zweiten Flügel werde. Und zusammen erheben wir uns, mein Klavier und ich, in die Lüfte.

Danksagung

Dieses Buch hätte nicht geschrieben werden können ohne die großzügigen Gaben von Zeit, Liebe, Energie, Ratschlägen und Talent außerordentlich vieler Menschen. Nicht geringer ist das Ausmaß, in dem ich in ihrer Schuld stehe, obwohl hier nicht genügend Platz ist, sie alle namentlich anzuführen.

Mein Agent Nick Ellison stand mir als kluger und vertrauenswürdiger Berater, als formidabler Sachwalter und guter Freund zur Seite. Seine Assistentin Alexandra Lee steuerte wohlüberlegte Kritik bei und sorgte gemeinsam mit Colin Shepherd dafür, dass die Logistik reibungslos funktionierte.

Mein Lektor bei Scribner, Colin Harrison, half geduldig und einfühlsam, das Buch zur Welt zu bringen. Mit Colin zu arbeiten war ein außerordentliches Erlebnis, das ich stets zu würdigen wissen werde. Kein Autor könnte sich einen mitfühlenderen, kreativeren und talentierteren Lektor wünschen.

Mein tief empfundener Dank geht im Verlag Scribner auch an die Lektoratsassistentin Karen Thompson, den Hersteller Dan Cuddy, die Grafikerin Kyoko Watanabe sowie die Pressereferentinnen Molly Dorozenski und Jennifer Bernard für ihre engagierte und professionelle Arbeit. Ich weiß, dass bei Scribner noch viele andere ihr Bestes gegeben haben – ihnen allen danke ich.

Mein Mann Oliver Wendell Holmes ist der wahre Held dieses Buches. Ich werde ihm auf immer dankbar sein für seinen geduldigen und unerschütterlichen Glauben an mich. Er fungierte als mein erster Leser und unnachgiebiger Kritiker. Wenn Wendell von einem Kapitel im Buch begeistert war, obwohl er die oft schmerzlichen Details durchlebt – und von Klavieren die Nase voll – hatte, dann wusste ich, dass meine Arbeit den härtesten Test bestanden hatte. Wendell brachte viele und schwierige Opfer, damit ich dieses Buch schreiben konnte, und er brachte sie mit Liebe, Würde und Sinn für Humor.

Unter den vielen Freunden und Unterstützern des Buches hat niemand einen größeren Beitrag geleistet als Kim Brizzolara. Sie beherbergte mich wochenlang in New York, las und kritisierte das Manuskript und ließ mich stets ihre immer scharfsichtige Meinung wissen. Für ihre Freundschaft werde ich ihr stets dankbar sein.

Verpflichtet bin ich auch Richard Blood und Judith Crist, die sich von Anfang an für dieses Projekt eingesetzt haben. Mit seinem brummigen Zuspruch hat mich Dick Blood viele Male gerührt; dieser bedeutete umso mehr, als er einen furchterregenden Ruf als erbarmungsloser Kritiker hat. Er und Judith haben mir beide aufmunternde und wertvolle Ratschläge gegeben.

Viele andere haben unverzichtbare Beiträge geleistet: Lois Schlyer hat an die dreißig Stunden Tonbandaufzeichnungen von Interviews abgetippt, Pam Voth hat mein Porträtfoto beigesteuert. Paula Parcheta, Carol-Lynne Toleno, Frank White und Marilyn Beech kümmerten sich um meinen Körper und Geist, waren Diskussionspartner und lasen die ersten Entwürfe. Lisa Rogak, Marty Nemko und M. J. Rose steuerten ihre Sachkenntnis bei. William Dietrichs und James Johnsons Begeisterung für die Idee ermutigte mich, diese weiterzuverfolgen. Greg und Dorothy Patent stellten mir einen Platz zum Schreiben zur Verfügung. Unter den Freunden und Kollegen, die sonst noch Hilfe und Unterstützung anboten, seien genannt: Emily Benedek, Amber Husbands, Thomas McNamee, Robert Frenay, Constance Barrett, Connie Poten und Andy Sponseller, Clara Erickson, Phil O'Connell, Diane Haddon, Linda Raye, Rick Wheeler, David Burton, Jerry Korten und Norbert Marten.

Meine Dankbarkeit gilt ebenso allen, die in dieser Geschichte vorkommen. Danke an erster Stelle an Marc Wienert, ohne den dieses Buch nicht hätte geschrieben werden können. In Europa teilten die Führungskräfte und Arbeiter in der Pianofortefabrik Grotrian-Steinweg in Braunschweig, Thomas und Martina Hilz in Pocking sowie Piera Ciresa und Fabio Ognibeni in Tesero (Italien) äußerst großzügig mit mir ihr Wissen, ihre Zeit und Gastfreundschaft. Danke auch an Carl Demler und seine Mitarbeiter bei Beethoven Pianos in New York, Darrell und Heather Fandrich in Stanwood, Washington, Del und Barbara Fandrich in Centralia, Washington, Frank Baxter und die Pianophilen auf Piano World sowie an die vielen begabten Klaviertechniker, die an meiner Seite waren. Michael Harrison widmete mir großzügig Zeit und Geduld, um mich etwas über die Physik des Stimmens zu lehren und das Manuskript durchzusehen.

Mein Bruder Michael Knize hat mir großzügig Liebe und Unterstützung zuteil werden lassen, kam vorbei, wenn es nötig war, und machte mir Geschenke, die ganz besonders waren. TANA, Mike.

Zu guter Letzt gelten meine Liebe und mein Dank meinem Vater Leon Knize, der seine Leidenschaft für Musik an mich weitergab und mein Gehör schulte, um sie würdigen zu können. Ein größeres Geschenk, so viel ist sicher, kann ein Elternteil seinem Kind nicht machen.

Dank der Übersetzerin

Die Übersetzerin dankt Herrn Michael Handler, Chefklaviertechniker im Konservatorium Wien, für seine freundliche und kompetente Beratung bei der Übersetzung von Fachbegriffen – er war eine unersetzliche Hilfe.

Ein herzlicher Dank geht an Herrn Ingenieur Christian Maier von den Österreichischen Bundesforsten für seine Auskunftsbereitschaft.

Ein ebenso herzlicher Dank gilt Herrn Burkhard Stein, Geschäftsführer von Grotrian-Steinweg Pianofortefabrikanten, für seine kritische Durchsicht des »Braunschweig«-Kapitels.

Brigitte Hilzensauer

Inhalt

Präludium   Von einem Baum im Wald   7

I
1 Ein Moment der Erleuchtung   15
2 Eine Lektion mit Mozart   29
3 Klavierstunden   36
4 Die Piano-Party   49
5 Die Suche beginnt   62
6 Piano World   78
7 Piano Row – die Straße der Klaviere   102
8 Begegnung mit Marlene   120
9 Der Kauf   132
10 Die Lieferung   143
11 Ursachenforschung   162
12 Der Intoneur   173

II
13 Eine Klavierlektion   193
14 Beethovens Lagerhaus   232
15 Die Pianotour   274
16 Tom   296
17 Hämmer   310
18 Die Intoneure   329

III
19 Die Grotrians   357
20 Szotts Geheimnis   368
21 Der Anthroposoph   385
22 »Revelation«   393
23 Physik und Metaphysik   412
24 Braunschweig   434
25 Österreich   468
26 Mittenwald   481
27 Marlenes Heilung   493
28 Marc kehrt zurück   505

Danksagung   533
Dank der Übersetzerin   536

Tom Rachman im dtv

Die Unperfekten

Roman
Aus dem Englischen von Pieke Biermann
ISBN 978-3-423-14097-3
ISBN 978-3-423-21901-3
ISBN 978-3-423-24821-1 (dtv premium)

Rachmans wunderbar hintergründiger, ernst-komischer Gesellschaftsroman über eine internationale Tageszeitung und ihre Macher – tief und zugleich von bezwingender Leichtigkeit. Ein Panoptikum unserer Zeit. »Rachmans Roman ist so gut, dass die New York Times schier ausflippt.« *ZEIT Magazin*

Aufstieg und Fall großer Mächte

Roman
Aus dem Englischen von Bernhard Robben

ISBN 978-3-423-28035-8

Tooly liebt Tee, lange Spaziergänge und ihren Buchladen in einem kleinen walisischen Städtchen. Sie hütet nicht nur Tausende Bücher, sondern eine Fülle von Geheimnissen, ihre eigene Vergangenheit betreffend, die sie selbst nicht alle kennt. Mit der E-Mail eines lange verschollenen Ex-Freundes kehren die Geister der Vergangenheit zurück.

Bitte besuchen Sie uns im Internet: www.dtv.de

Michael Ondaatje im dtv

»Das kann Ondaatje wie nur wenige andere:
den Dingen ihre Melodie entlocken.«
Michael Althen in der ›Süddeutschen Zeitung‹

In der Haut eines Löwen
Roman
Übers. v. Peter Torberg
ISBN 978-3-423-11742-5

Kanada in den zwanziger und dreißiger Jahren. Ein Land im Aufbruch, wo mutige Männer und Frauen gefragt sind.

Der englische Patient
Roman
Übers. v. Adelheid Dormagen
ISBN 978-3-423-19112-8

1945. Vier Menschen finden in einer toskanischen Villa Zuflucht. Im Zentrum steht der geheimnisvolle »englische Patient«, ein Flieger, der in Nordafrika abgeschossen wurde …

Die gesammelten Werke von Billy the Kid
Übers. v. Werner Herzog
ISBN 978-3-423-12662-5

Die größte Legende des Wilden Westens – Liebhaber und Killer, ein halbes Kind noch und stets dem Tode nah.

Die Kunst des Filmschnitts
Gespräche mit Walter Murch
Übers. v. Gerhard Midding
ISBN 978-3-423-13690-7

Anils Geist
Roman
Übers. v. Melanie Walz
ISBN 978-3-423-12928-2

Im Auftrag einer Menschenrechtskommission kehrt die junge Anil in ihre Heimat Sri Lanka zurück und begibt sich in größte Gefahr.

Divisadero
Roman
Übers. v. Melanie Walz
ISBN 978-3-423-13743-0

Außenseiter und Getriebene, verlorene Seelen, getragen und verknüpft durch den melancholischen Tonfall von Ondaatjes grandioser Erzählkunst.

Katzentisch
Roman
Übers. v. Melanie Walz
ISBN 978-3-423-14286-1

»Von der Sehnsucht nach dem echten Leben und davon, dass dies vielleicht nur in der Phantasie erreichbar ist.« (Süddeutsche Zeitung)

Bitte besuchen Sie uns im Internet: www.dtv.de

Sofka Zinovieff im dtv

Athen, Paradiesstraße

Roman
Aus dem Englischen von Eva Bonné

ISBN 978-3-423-14420-9

»Ein historischer Roman, der die Wunden offenbart, die die jahrelangen Unruhen unter den Griechen bis heute hinterlassen haben. Und gleichzeitig eine faszinierende Geschichte über starke Frauen, Liebe, Hass und zerrissene Familienbande.«
Giovianna Riolo, Freiburger Nachrichten

Athen, 2008: Nach seinem rätselhaften tödlichen Unfall wird der bekannte 62-jährige Journalist Nikitas Perifanis zu Grabe getragen. Am Rande der Trauergesellschaft hält sich eine alte Frau im Schatten der Bäume. Es ist Antigone, Nikitas' Mutter, die nach sechzigjährigem Exil aus Moskau zurückgekehrt ist. Doch warum begrüßt sie nicht einmal ihre Schwester, die sie seit Jahrzehnten nicht gesehen hat? Ihre Schwiegertochter Maud, die nichts von den familiären Verwerfungen weiß, vermutet einen Zusammenhang zwischen Nikitas' Tod und seinen jüngsten Recherchen. Sie sucht in seinem Büro nach Antworten und ahnt nicht, dass der Schlüssel zur Wahrheit im Familienhaus in der Paradiesstraße liegt. Die Wunden, die der griechische Bürgerkrieg hinterlassen hat, sind bis heute nicht verheilt.

In ihrem berührenden Roman erzählt Sofka Zinovieff von Liebe und Verlust, von Familienbanden und Familienfehden – und von dem fatalen Riss, der nicht nur die griechische Gesellschaft spaltete, sondern auch mitten durch Familien hindurchgeht.

Bitte besuchen Sie uns im Internet: www.dtv.de